연산군을 위한 변명

폭군의 멍에를 벗긴다

연산군을 위한 변명—폭군의 멍에를 벗긴다

초판 제1쇄 발행   2003. 9. 19.
초판 제7쇄 발행   2018. 12. 24.

지은이   신동준
펴낸이   김경희
펴낸곳   (주)지식산업사
　　　　본사 ● 10881, 경기도 파주시 광인사길 53 (문발동)
　　　　　　　전화 (031)955-4226~7 팩스 (031)955-4228
　　　　서울사무소 ● 03044, 서울특별시 종로구 자하문로6길 18-7 (통의동)
　　　　　　　전화 (02)734-1978 팩스 (02)720-7900
　　　　한글문패   지식산업사
　　　　영문문패   www.jisik.co.kr
　　　　전자우편   jsp@jisik.co.kr
　　　　등록번호   1-363
　　　　등록날짜   1969. 5. 8.

책값은 뒤표지에 있습니다.

이 책을 읽고 저자에게 문의하고자 하는 이는
지식산업사 전자우편으로 연락 바랍니다.

연산군을 위한 변명

폭군의 멍에를 벗긴다

신동준 지음

지식산업사

머리말

요즘 흔히 나오는 TV 사극이나 각종 소설, 수필을 보면 연산군을 만고의 폭군으로 묘사하고 있다. 이는 《연산군일기》의 내용을 무비판적으로 그대로 인용한 데 따른 것이라고 할 수 있다. 그러나 역대 〈조선왕조실록〉 가운데 《연산군일기》만큼 역사적 사실을 왜곡한 실록도 없다는 사실을 주지할 필요가 있다.

고구려와 백제의 역사를 알기 위해서는 《삼국사기》를 참고해야만 한다. 그러나 사료비판도 하지 않은 채 《삼국사기》의 기록을 그대로 인용하는 것은 매우 위험천만한 일이 아닐 수 없다. 마찬가지로 연산군의 통치행위 등을 알기 위해서는 반드시 《연산군일기》에 대한 엄밀한 사료비판이 전제되어야만 한다. 모시던 주군을 몰아낸 반정세력이 《연산군일기》 편찬을 주도한 사실을 감안할 때 이러한 작업은 필수적이다.

그러나 불행하게도 아직까지 어느 누구도 《연산군일기》에 대해 정밀하면서도 총체적인 사료비판을 가한 적이 없다. 가장 심각한 문제는 전문 연구자들조차 비록 사료비판을 하고는 있지만, 평가잣대만큼은 전래의 성리학적 기준을 그대로 받아들여 연구를 진행하고 있다는 점이다. 이는 연구자 자신의 의도와는 상관없이, 결과적으로 반정세력의 처지를 대변할 우려가 크다는 점에서 적잖은 문제가 있는 것이다.

성리학의 기준에서 볼 때 연산군을 폭군으로 지목하기에 꼭 들어맞는 사건이 연산조에 적잖이 일어난 것은 사실이다. 그 가운데서도 특히 사림세력이 대거 죽임을 당한 무오사화와 갑자사화는 연산군을 폭군으로 지목할 때 빼놓을 수 없는 사건이다. 그러나 중종조에 일어난 기묘사화는 그 규모나 참혹성 면에서 연산조의 사화보다 더하면 더했지 결코 덜하지 않았다. 그럼에도 중종은 폭군으로 몰리지 않았다.

이 같은 사실에서 알 수 있듯이, 연산군이 만고의 폭군으로 몰린 근본원인은 무엇보다 연산군의 폐위라는 역사적 사실에서 찾아야만 한다. 연산군은 돌연변이처럼 갑자기 나타난 미치광이 폭군이 결코 아니었다. 다만 다른 왕보다 제왕의 풍류를 즐겼고 왕권강화에 남다른 집착을 보였다는 점이 다르다면 다르다고 할 수 있다.

불행하게도 연산군은, 왕도주의를 추구하는 성리학이 지배하는 나라에서 제왕의 신분으로 풍류를 즐기면서 패도주의를 추구했다는 이유 등으로 만고의 폭군으로 낙인찍히고 말았다. 그러나 당시에도 제왕이 풍류를 즐기고 패도주의를 추구한다는 이유만으로 보위에서 쫓겨나야만 하는 것은 아니었다. 이 같은 관점에서 볼 때 연산군은 힘의 논리에 따른 역사적, 이념적 희생자라고 할 수 있다. 이 책을 쓰는 가장 큰 이유도 바로 이 같은 사실을 알리려는 데 있다. 연산군이 폭군으로 몰리게 된 배경을 탐구하는 것은 곧 역사적 진실을 밝히는 작업이 되기 때문이다.

이 책에서는 성리학의 기준에 따라 연산군을 평가하는 기존의 평면적인 접근을 거부하고, 연산군의 통치 전반을 종합적 입체적으로 분석하려 시도하였다. 연산군을 완전히 새로운 각도에서 재조명할 수 있었던 것은, 전적으로 은사이신 서울대 정치학과 최명(崔明) 교수님과 동경대 동양문화연구소에서 성균관대 동아시아연구소로 자리를 옮기신 미야지마 히로시(嶋宮博史) 교수님의 격려와 조언이 있었기 때문에 가능했음을 아울러 밝히고자 한다.

2003년 4월 정릉 수공재(隨空齋)에서

차 례

제 1 장
폭군론

특히 어질고 뛰어난 이를 뽑아 서호로 보낸 뜻은 特推賢俊送西湖

참으로 충성한 자 구함이지 속이는 자 구함이 아니오 以收眞忠不收諆

바람은 아지랑이 빛을 끌어 푸른 물결에 더하고 風曳嵐光添綠浪

경치는 화창한 빛으로 옮겨져 맛 좋은 술병 띄웠네 景推和色泛芳壺

길을 막아 있는 화류는 아리따움을 다투고 擁途花柳爭嬌爛

정자에 가득한 여인은 날씬함을 겨루누나 滿亭紅粧鬪態姝

뉘 알리요 넓은 은혜와 정성으로 내린 술이 誰料汪恩誠賜下

취중에도 나라 보전에 더 힘쓰란 것인 줄 醉中增勉保邦圖

《연산군일기》 12. 3. 29

# 1. 제왕과 진신

폭군은 신권세력이 규정하였다

최근 일부 소장학자들이 연산군 치세의 제반 정책과 통치이념 등을 상당히 긍정적인 시각에서 바라보고 있어 매우 고무적이다. 이는 우리 역사에 대한 일반인들의 관심고조와 이에 부응키 위한 소장학자들의 활발한 연구 분위기에 힘입은 바 크다. 그동안 폭군으로만 알려져 온 백제의 의자왕과 고려의 궁예, 조선의 광해군 등은 이들 소장학자들의 연구에 힘입어 이미 상당수준 복권된 상태이다.

사실 광해군은 이미 1930년대에 일본의 사학자 이나바 이와기치(稻葉岩吉)가 조선왕조 최고의 외교수완가로 평가한 바 있다. 이나바는 '택민주의'(澤民主義)라는 용어까지 만들어 가면서 광해군을 백성의 이익을 앞세운 훌륭한 군왕이었다며 극구 칭송하였다. 그동안 우리나라 학계는 이나바의 연구성과를 애써 무시해 왔으나, 최근 그의 연구성과에 바탕한 긍정적인 평가가 나오고 있어 다행이 아닐 수 없다.

그러나 안타깝게도 연산군에 대해서는 기존의 '폭군설'을 반박할 만한 본격적인 연구성과가 아직 나오지 않고 있다. 이는 기존의 사료를 중시하는 학계의 전통 때문이라고 생각된다. 《연산군일기》는 연산군에 대한 악의적인 묘사로 가득 차 있다고 해도 과언이 아니다. 연산군과 관련한 《중종실록》의 기록 역시 별반 차이가 없다. 만약 실록의 기록이 사실이라면 연산군은 황음무도하기 짝이 없는 미치광이 폭군이 될 수밖에 없다. 그러나 승리자의 일방적인 주장을 그대로 믿을 수는 없다.

반정세력은 연산군이 쫓겨나기 직전까지만 하더라도 엄연히 그의 신하였다. 신하가 주군을 몰아내는 것은 공자만 하더라도 결코 찬성한 적이 없었다. 상식적으로 생각해봐도, 반정세력은 자신들의 행위를 정당화하기 위해 주군을 극악무도한 폭군으로 몰아세웠을 개연성이 크다.

그렇다면 과연 이들의 주장이 얼마나 역사적 사실에 바탕한 것인지, 《연산군일기》와 《중종실록》등을 정밀하게 재검토해볼 필요가 있다. 중종반정이 과연 진정한 반정인지, 아니면 반정의 가면을 쓴 반역인지는 바로 이들의 주장을 항목별로 세밀히 분석, 검토해보면 자연히 드러날 수밖에 없다. 분석의 타당성을 높이기 위해 우선 폭군의 의미부터 살펴보기로 하자.

중국의 저명한 역사학자 전목(錢穆)은 일찍이 통치권력을 황제권(皇帝權)과 재상권(宰相權)의 갈등·견제구도로 파악

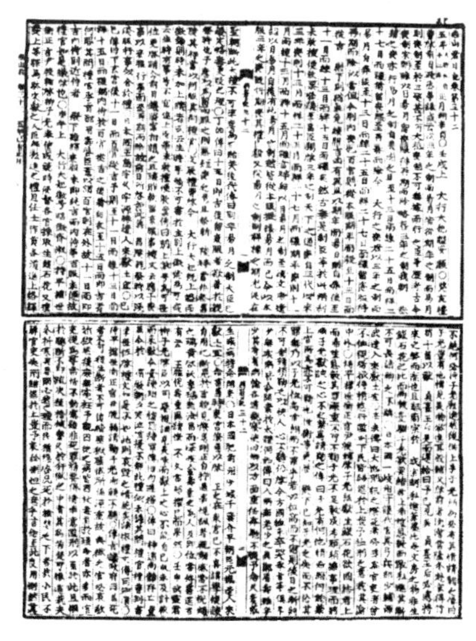

《연산군일기》 영인본

해, 중국의 역사는 황제권 강화의 역사라고 논파한 적이 있다. 동서양을 막론하고 폭군으로 지목된 군주는 거의 예외 없이 기득권세력과 대립하는 정책을 펼쳤다는 공통점을 보이고 있다. 동양의 경우 기득권세력은 대략 '봉건귀족→지방호족→신권세력'으로 변화했다고 할 수 있다. 우리의 기득권세력 역시 삼국시대·고려왕조·조선왕조를 거치면서 이 같은 변화양상을 보여왔다고 할 수 있다.

이 같은 특징에 착안해볼 때 '제왕권(帝王權) 대 진신권(縉紳權)'의 분석 틀은, 중국과 한국 등 동양사에 등장하는 역대 제왕의 통치행위를 분석할 때 매우 유용한 것임을 알 수 있다. 진신은 과거에 급제해 조정에 출사한 관료뿐만 아니라 자의(自意)로 출사를 거부한 사림세력을 포함한 말로, 대략 일반 사대부를 뜻한다.

폭군을 통치학적으로 정의하면 "제왕 자신의 사적인 이익을 보장 또는 관철하기 위해 통치제도와 통치관행을 무시하고 통치권력을 자의로 운용한 군왕"으로 요약할 수 있다. 이는 사마천의 《사기》에 나오는 "왕도를 폐하고 사사로운 정권을 세운다"는 의미의 '폐왕도입사권'(廢王道立私權)을 기준으로 한 것이다. 이른바 '제왕권의 사권화(私權化)'를 초래한 제왕이 곧 폭군이 되는 셈이다.

그러나 중국에서는 황제권의 사권화가 황제 개인의 이익을 확대해준 것은 아니었다는 점에 주의를 기울일 필요가 있다. 황제권의 사권화는 황제 자신에 의한 것이 아니라, 황제를 둘러싸고 있는 외척이나 환관들이 자신들의 이익을 위해 촉진한 것이다. 물론 황제는 황제권의 사권화로 자신의 사적인 이익이 확대되지는 않았지만, 진신세력의 간섭을 받지 않는 개인적 방탕을 보장받기는 했다. 중국의 경우 황제권의 사권화 경향은 명나라 중기 이후 뚜렷해진다. 당시 황제는 모든 것을 환관을 통해 전달받고 지시했다.

　　황제권의 사권화로 황제는 절대권에 가까운 황제권을 보유했음에
도 점점 더 명목상의 보유자로 전락해 갔고, 당연한 결과로 거의 무제
한에 가까운 방탕에 빠져들었다. 명나라가 망한 이유도 따지고 보면 황
제권의 사권화가 개선되기는커녕 점점 더 고질화한 데서 찾을 수 있다.
이 같은 관점에서 볼 때 황제권의 사권화를 방치한 명나라 중기 이후의
황제는 대부분 폭군임이 틀림없다. 그러나 이들이 그 때문에 신하들에
의해 쫓겨난 적은 없었다.

　　폭군임을 면할 길 없는 명대의 황제들이, 같은 시기 조선에서 일어
난 반정과 같은 변혁을 통해 폐위되지 않은 것은 매우 주목할 만한 일
이다. 몇몇 환관이나 일부 권신이 장기간 국정을 농단하여 전 인민이
도탄에 빠진 경우는, 중국 전 역사를 찾아봐도 명대 이외에는 거의 없
다. 그럼에도 황제가 폐위당하지 않고 명나라가 3백 년 가까이 유지될
수 있었던 이유는 무엇일까?

　　비록 황제가 황제권을 직접 행사한 것은 아니지만, 개국 이래 확립
된 황제권 자체가 너무도 막강했다는 사실에서 그 원인을 찾을 수 있
다. 이를 보면, 강력한 제왕권은 폭군을 만들어내는 충분조건이기는 하
되 필요충분조건은 아님을 알 수 있다.

　　명나라에 이 같은 유형의 폭군들이 많이 나올 수밖에 없었던 것은
송대에 극성한 성리학에서 그 원인을 찾을 수 있다. 사대부로서 중국
역사상 가장 강력한 힘을 보유했던 송대 진신세력은, 주자학의 왕도주
의를 내세워 황제로부터 '군신공치'(君臣共治)의 이념을 적극 수용하
겠다는 약속을 받아냈다. 군신공치는 말 그대로 천하의 통치권을 제왕
과 신하가 고르게 나누어 갖자는 것이다.

　　따라서 송대 진신세력은 군신공치라는 황제의 약속을 담보하기 위
해 기발한 제도를 마련했다. 대표적인 것이 바로 '경연'(經筵)제도다.

이는 황제가 학식 있는 신하들과 함께 경전을 놓고 신하들과 토론을 벌이면서 국정을 논하는 것을 말한다. 성리학이 추구하는 왕도주의의 이상을 구현하기 위해서는 황제 역시 왕도주의 이론에 밝은 신하들에게 강학(講學)을 받아야 한다는 것이 이 제도의 근본취지였다. 앞으로 황제가 될 황태자 역시 '서연'(書筵)을 통해 왕도주의에 관한 조기교육을 받지 않으면 안 되었다. 송대에 황제권의 사권화 현상이 나타나지 않은 것은 군신공치 이념에 말미암은 바 크다고 할 수 있다.

그러나 송나라가 여진족과 몽골족의 막강한 무력 앞에 힘없이 무너지면서, 성리학은 위기에 처한 나라를 구하는 데는 결코 유용한 통치이념이 아니라는 사실이 입증되었다. 그리하여 명태조 주원장(朱元璋)은 개국 초부터 이전과 비교할 수도 없는 막강한 황제권을 확립하였다. 비록 송대의 멸망을 거울삼아 군신공치의 반동으로 나타난 것이기는 했지만, 명나라의 황제권은 이른바 '황제독치'(皇帝獨治)를 가능케 할 정도로 막강하였다.

주원장은 승상의 직위와, 승상이 영도하는 최고의 행정기관인 중서성을 폐지했다. 그는 나아가 6부의 상서들이 황제에게 직접 보고하는 조치 등을 통해 막강한 황제권을 확립했다. 주원장의 이 같은 조치는 송나라의 멸망에서 교훈을 얻은 것이기는 했으나 또 다른 위험성을 내포하고 있었다. 그것은 바로 유능한 황제가 나오지 못할 경우, 막강한 황제권을 외척세력이나 환관 등이 자의적으로 운용할 가능성이 매우 높다는 점이다.

이 같은 우려는 곧바로 현실로 나타났다. 주원장의 넷째 아들로 제3대 황제에 오른 영락제는, 조카를 몰아내고 황제의 자리에 오르는 과정에서 환관에게 결정적인 도움을 받았다. 이로 말미암아 환관이 중용되기 시작했다. 역대 명대 황제 가운데 가장 위대한 황제로 일컬어지는 그가 역설적으로 후대 황제가 폭군으로 전락하는 단초를 연 셈이다.

우리나라에서는 고려 말 우왕 때 주자학이 성행하기 시작하면서 처음으로 '서연'이라는 이름으로 경연제도가 도입되었다. 조선왕조에 들어와 경연제도와 서연제도가 분리되면서 송대의 군신공치 이념을 금과옥조로 받아들이게 되었다. 조선왕조는 성리학을 명실상부한 통치이념으로 내걸고 이상국가 실현을 주창하고 나선 것이다.

그러나 조선시대에 환관이 왕을 대신해 막강한 제왕권을 행사한 적은 없었지만, 외척세력이 제왕권을 사적으로 운용한 사례는 있었다. 그 대표적인 실례로, 명종조 당시 외척세력이던 윤원형이 누이인 문정왕후의 세력을 배경으로 제왕권을 빙자해 사적인 이익을 도모한 경우를 들 수 있다. 그러나 명종은 때를 기다리다가 문정왕후가 죽자마자 즉각 윤원형을 제거함으로써 제왕권의 변칙운용을 차단하고 나섰다. 외척세력이 제왕권을 자의적으로 행사했음에도 명종이 폭군으로 불리지 않은 이유가 바로 여기에 있다.

또 한 예로, 조선왕조 말 외척세력이던 안동 김씨 일문이 통치권력을 오로지했던 이른바 '세도정치'를 들 수 있다. 안동 김씨 세력이 가장 극성했던 철종조에, 철종은 명대의 황제와 비슷한 모습을 보였다. 철종은 성리학을 잘 알지도 못했겠지만 대부분의 시간을 후궁들과 보내는 데 열중했다. 안동 김씨 세력이―명대의 환관들이 그러했듯이―제왕의 통치권 참여를 원천적으로 봉쇄하기 위해 철종의 방탕한 생활을 부추긴 것은 사실이다. 그러나 우리는 철종을 무능한 우군(愚君)이라고 부르기는 해도 폭군으로 매도하지는 않는다. 그 이유는 무엇일까? 세도정치가 극성하던 당시는 왕권이 명목상으로만 존재했을 뿐 사실상 궤멸된 상태였기에 폭군 여부를 논할 가치가 없기 때문이다.

따라서 조선왕조 5백년 동안 폭군은, 두 번에 걸친 반정이 보여주듯이, 연산군과 광해군 두 사람밖에 없었다는 결론에 도달할 수밖에 없다. 사실 이들 두 사람은 막강한 왕권을 자의적으로 운용한 폭군으로 알려져 왔다. 그러나 광해군의 경우는 이미 신권세력이 막강해져 제왕권을 행사하기 어려웠다는 점 등을 감안할 때, 폭군으로 지목하는 것은 문제가 있다. 그렇다면 조선왕조에서 폭군으로 지목할 수 있는 요건을 갖춘 군왕은 오직 연산군뿐이다. 사실 실록의 기록만을 놓고 보면 연산군은 폭군이라는 지탄을 피할 길이 없다. '제왕권의 사권화' 측면에서 보더라도 그는 막강한 제왕권을 자의적으로 행사했다는 지적을 받을 소지가 많았다.

그러나 연산군이 등극할 당시는 사림 출신의 소장 신권세력이 극단적인 명분론에 바탕한 이른바 '조선성리학'을 형성해 가던 중이었다. 조선성리학은 4백 년 전의 송대 성리학과 비교할 때, 절의와 명분을 숭상하는 면에서 비교가 안 될 정도로 강도가 높았다. 고려조의 불교정책에 대한 반동으로 등장한 조선성리학은 송대의 멸망을 단순히 힘에 의한 굴복으로 해석했다. 이로 말미암아 송대 성리학이 지닌 병폐를 고스란히 드러낼 위험을 지니고 있었다. 이 같은 우려가 그대로 표출된 것이 바로 선조 때 출현한 붕당의 성립과 뒤이은 외침이다.

원래 신권세력이 황금률로 내세운 군신공치 이념은 왕권이 제대로 작동해야만 제 기능을 발휘할 수 있는 것이다. 그러나 조선에서는 정반대의 길로 나아감으로써 이른바 '진신독치'(縉紳獨治)의 양상마저 띠게 된 것이다. 그렇다면 연산조 통치의 특징은 무엇일까? 그것은 바로 왕권의 압도적인 우위를 전제로 '시혜적인 군신공치'를 시도한 데 있다. 그러나 이는 신권 우위로 치닫고 있던 당시의 전반적인 흐름을 거슬린 것이었다. 연산군은 세조의 본을 받아 성종 때 후퇴한 왕권의 원상회복과 강화작업을 추진하다가 불행히도 폭군으로 몰렸다고 볼 수 있는 것이다.

사실 연산군은, 왕도주의를 내세운 신권세력의 주장을 기존의 통치환경을 인위적으로 바꾸려는 불순한 기도로 간주했다. 그는 초반부터 이에 강력 대응함으로써 조선은 영원한 왕권국가임을 보여주고자 했다. 이는 기존의 '연산군 폭군설'을 반박하는 데 매우 중요한 이론적 출발점이 아닐 수 없다. 이 같은 관점에서 바라본다면, 연산군을 폭군으로 내몬 폭정의 내용 등을 전면적으로 재조명할 수밖에 없다. 이 책에서는 이와 관련해 조목조목 항목별로 제왕권 대 진신권의 분석 틀 등을 이용해 이를 정밀하게 재검토해 나갈 것이다.

2. 원수와 황제

네로와 진시황은 과연 만고의 폭군인가

세계사를 보면 연산군 못지않은 폭군으로 알려진 인물이 전혀 없는 것은 아니다. 대표적인 인물이 바로 서양의 네로와 동양의 진시황이다. 그러나 네로와 진시황은 이미 만고의 폭군이라는 누명을 벗은 지 오래다. 이들과 연산군, 세 사람은 모두 재위 기간 동안 당시 기득권세력이라고 할 수 있는 원로원의 귀족세력, 잔존한 봉건제후세력, 성리학으로 무장한 관료세력 등과 격렬하게 충돌했다는 공통점이 있다. 따라서 네로와 진시황에 대해 살펴보는 일은 연산군이 폭군으로 낙인찍히게 된 배경을 분석하는 데 좋은 참고가 될 것이다.

네로와 진시황은 무슨 이유로 2천여 년 넘게 각각 서양과 동양에서 만고의 폭군으로 낙인찍히게 된 것일까?

네로는 역사적 음모의 희생자였다

그동안 네로는 어머니와 아내 등을 살해하고 로마 시내를 방화한 뒤 무고한 기독교도를 화형시킨 악마의 화신처럼 여겨져 왔다. 네로가 이같이 평가받게 된 가장 큰 원인은 일차적으로 타키투스(P. C. Tacitus)의 《연대기》 때문이라고 할 수 있다. 현대의 저명한 서양사학자인 크레인 브린튼(C. Brinton)도 "로마가 불탈 때 네로가 키타라(고대 그리스의 대표적인 발현악기)를 타고 있었다는 주장에는 일말의 진리가 있다"며 "네로는 사람들의 이목을 다른 곳으로 돌리기 위해 수백 명의 기독교도에게 죄를 씌워 학살했다"고 주장하고 있다.

그러나 최근 네로의 일대기를 깊이 연구한 피니(M. Fini)는 "네로는 역사적 음모의 희생자였다"며 네로에 대한 재평가를 촉구하고 나섰다. 그의 주장인즉 네로는 지금까지 알려진 바와 같이 미치광이 폭군이 결코 아니라는 것이다. 과연 네로는 만고의 폭군이었을까, 아니면 역사적 음모의 희생자였을까? 우선 네로를 폭군으로 지목하는 가장 큰 이유로 거론되는 로마의 대화재 사건부터 검토해볼 필요가 있다.

서기 64년 7월 중순 로마 시내에서 일어난 대화재는 취객이 저지른 실화(失火)였다는 주장이 설득력을 얻고 있다. 사실 당시 네로는 화재가 났다는 긴급보고를 받고 서둘러 화재현장으로 달려가 이재민들에게 가능한 모든 지원을 아끼지 않았다. 자신의 정원을 이재민 수용소로 개조하고 이재민들을 구호하기 위해 곡물수송을 재촉한 사실이 이를 증명한다.

당시 근위대는 네로의 경호원이자 정예소방대원이었다. 이들은 불을 질러 불을 끄는 방법을 동원했다. 네로 연구자들은, 로마 시민들이 불을 지르는 근위대원을 보고 네로가 방화를 지시한 것으로 오해했을 공산이 크다고 지적하고 있다. 이 같은 주장이 사실이라면, 타키투스는 항간의 소문을 토대로 화재의 책임을 네로에게 물은 셈이다. 그러나 후대의 사가들은 타키투스의 기록을 토대로 네로가 마치 방화의 장본인인 양 묘사했다.

당시 네로는 화재의 책임을 기독교인들에게 돌렸다. 로마 시민들에게 가장 먼저 떠오른 용의자는 이들일 수밖에 없었다. 일부 기독교인들이, 부패로 찌들은 로마에 신이 불의 징벌을 내릴 것이라며 공공연히 떠들고 다녔기 때문이다.

네로가 기독교인들에게 유죄판결을 내린 것은 어디까지나 방화에 대한 책임을 물은 것이었다는 점을 간과해서는 안 된다. 사실 그가 일반 기독교인을 박해한 일은 전혀 없었다. 당시 방화혐의로 체포되어 처형된 기독교도는 로마에 있던 기독교도 3천 명 가운데 10퍼센트도 안 된다. 그러나 네로는 훗날 이 때문에 무고한 기독교도를 살해한 잔악한 폭군으로 매도되었다.

이 밖에도 네로를 폭군으로 모는 근거로는, 그가 자신의 어머니와 부인 그리고 동생을 죽인 사건을 들 수 있다. 네로가 어머니와 부인 등을 죽음으로 몰아넣은 것은 사실이다. 그러나 나름대로 이유가 있었다. 네로는 원래 옥타비아누스의 혈통을 이어받은 양친 사이에서 태어났다. 옥타비아누스의 조카손자인 부친은 그가 세 살 때 병사했다. 그의 어머니 역시 당시 로마공화정의 원수였던 오빠 칼리굴라의 암살음모에 연루되어 코르시카로 추방된 까닭에, 네로는 어릴 때 숙모의 손에서 클 수밖에 없었다.

야심에 찬 그의 어머니 아그리피나는 당시 거부였던 두 번째 남편과 사별한 뒤, 근위대에게 암살된 오빠의 뒤를 이어 보위에 오른 숙부 클라우디우스를 유혹해 결혼하는 데 성공한다. 네로는 어머니의 책략으로 클라우디우스의 딸인 옥타비아와 정략결혼을 하게 된다. 이로써 네로는 외할아버지뻘인 클라우디우스의 의붓아들이자 사위가 되었다. 네로는 클라우디우스가 독버섯을 먹고 죽자 그의 뒤를 이어 보위에 올랐다. 아그리피나는 17세의 소년인 네로를 프린켑스(princeps : 로마 제정 초기에 로마 황제를 이르던 말. 라틴어로는 '제1인자'를 뜻한다)로 등극시킨 뒤 모든 권력을 손아귀에 틀어쥐었다.

그러나 네로가 보위에 오른 지 얼마 안 되어 클라우디우스의 친아들인 브리타니쿠스가 죽는다. 타키투스는 네로가 독살했다고 기록했다. 그러나 네로 연구자들은 브리타니쿠스는 몸이 약해서 병치레를 많이 했고 간질을 앓고 있던 사실을 들어, 브리타니쿠스는 발작증세를 일으켜 죽은 것이 확실하다고 주장하고 있다. 네로가 보위를 유지하기 위해 간질증세를 앓고 있던 브리타니쿠스를 고의적으로 죽였을 가능성은 매우 희박하다고 생각한다.

그렇다 하더라도 네로가 자신의 어머니와 부인을 죽음으로 몰아넣은 책임은 피할 수 없지 않을까? 그러나 여기서는 아그리피나가 지나친 권력욕을 보인 점과, 네로가 자신의 측근인 오토의 부인 포파이아와 깊은 사랑에 빠지게 된 점 등을 감안해야만 한다. 훗날 원수(元首)의 자리에 올랐다가 근위대에게 척살당한 오토는 당시 로마에서 둘째가라면 서러울 정도로 부패하고 사치한 인물이었다. 네로 연구자들은 오토가 무언가 이득을 보려고 아내를 네로에게 보냈다고 파악하고 있다. 그 배경이야 어떻든 포파이아와 네로가 연인관계로 발전한 것만은 분명한 사실이다.

당시 오토와 이혼한 포파이아는 결혼의 선결조건으로, 아그리피나의 손에서 벗어날 것과 옥타비아와 이혼할 것을 네로에게 강력히 주문했다. 네로 연구자들에 따르면, 어머니와 아내를 죽이라고 네로를 강력히 부추긴 인물이 네로의 스승 세네카와 포파이아였다고 한다. 세네카는 네로가 어머니를 죽이지 않으면 오히려 어머니가 네로를 죽일 것이라고 충동질했고, 포파이아 역시 임신을 구실로 네로의 결단을 촉구했다고 한다.

아무튼 네로는 결국 어머니와 부인이 죽게 됨으로써 폭군이라는 오명을 피하기 어렵게 된 것은 사실이다. 그러나 네로가 탁월한 외교수완과 정치적 결단력으로 로마의 위신을 한껏 높인 사실만큼은 인정해 주어야 한다. 그럼에도 네로는 끝내 자살로써 삶을 마감해야만 했다. 왜 이 같은 일이 일어난 것일까? 일단 경제정책의 실패와 그의 지나친 인문주의 경향에서 그 원인을 찾을 수 있다.

그는 그리스의 인문주의 문화를 성급하게 들여오려다가 귀족들의 거부와 멸시를 불러일으켰다. 네로의 친그리스적인 경향의 대표적인 실례로는, 로마 시민들이 광적으로 즐겼던 검투사 경기를 폐지한 것을 들 수 있다. 당시 네로는 원형경기장을 피비린내 나는 공공도살장에서 낭만과 문화가 넘치는 그리스식 예술공연장으로 바꿔놓으려고 했다. 네로의 이 같은 인문주의적 조치는 역사적으로 볼 때 매우 높게 평가할 만한 것이다. 그러나 네로는 이로 말미암아 귀족들은 물론 이제는 서민들의 반발까지 사는 결과를 낳았다.

여기서 알 수 있듯이 네로가 실패한 원인은, 일차적으로 자신의 인문주의적 경향을 너무 노골적으로 드러냄으로써 스스로를 고립시킨 사실에서 찾을 수 있다. 그러나 네로의 이 같은 인문주의적 성향 자체를 매도할 수는 없는 일이다. 어찌 보면 네로는 시대를 앞서간 인물이었는지도 모를 일이다. 당시 네로가 비지성적인 로마문화를 그리스문화를 기초로 하여 전 민족을 아우르는 세계문화로 바꾸어 나가려 한 것은 사실이기 때문이다.

네로가 실패한 둘째 원인으로는 그가 취한 일련의 경제정책이 결과적으로 국가재정을 위기로 몰아간 점을 들 수 있다. 네로는 서기 63년과 64년 화폐의 평가절하를 실시했다. 이는 중산계층이나 하층민들을 위해 지도층에게 불이익을 감수토록 한 것이었으나, 화폐가치의 급속한 폭락으로 국가재정에 엄청난 주름살을 안겨주었다. 이 같은 일련의 사태로 말미암아 64년 초, 네로의 스승 세네카를 비롯해 근위대장 등이 연루된 대규모 네로 암살미수 사건이 일어난다. 이 일로 20여 명에 달하는 원로원 의원들과 10여 명의 장교들이 처형을 당한다.

그는 서기 66년 8월 대규모 수행원을 이끌고 그리스로 간다. 이는 일종의 문화혁명을 준비하기 위한 것이었다. 네로는 1년 반 가까이 그리스에 머물면서 모든 그리스인이 참여하는 올림픽 경기 등에 빠짐없이 출전했다. 이는 로마를 세계 최고의 문화국가로 만들려는 자신의 의지를 퇴색시킬 수도 있는 기괴한 행보였음이 틀림없다. 그러나 그는 올림픽 경기의 마차경주와 음악경연대회에 직접 출전함으로써 문화혁명의 의지를 몸으로 보여주려 했던 것이다.

모든 경연대회에서 네로는 측근들의 막후작업 덕택에 쉽게 승리의 월계관을 쓸 수 있었다. 그는 자신의 모든 예술적 능력이 최고로 인정받은 것에 한없이 고무되었다. 의기양양해진 네로는 같은 해 말 그리스의 전면적인 자유를 인정하는 폭탄선언을 했다. 이로써 그리스는 완전한 독립국은 아니나, 로마 총독의 감독을 더는 받지 않게 되었다. 그러나 이 사건을 계기로 로마의 귀족들은 어떤 식으로든 네로를 제거하지 않으면 안 된다는 생각을 굳히게 되었다.

이듬해 초, 상황이 심상치 않다고 판단한 네로는 곧바로 로마로 건너왔지만 상황이 나쁘게 돌아가기 시작했다. 69년 3월 갈리아의 젊은 총독 빈덱스가 반기를 든 것을 계기로 네로는 중대한 위기국면에 처하게 되었다. 다행히 그 해 5월 말 게르마니아의 총독이 반군에게 총공격을 가해 빈덱스가 자살함으로써 네로의 승리가 확실시되는 듯했다. 그러나 당시 네로는 잔당을 소탕해야 하는 결정적인 상황에서 소극적인 태도를 취함으로써 반대파에게 반전의 계기를 제공하는 우를 범했다. 사태의 추이를 관망하면서 태도를 유보하던 많은 사람들이 점차 네로에게서 등을 돌리기 시작했다. 특히 근위대장의 배반은 그의 몰락에 결정적이었다. 근위부대는 네로에게, 민심이 이미 떠난 것은 물론 모든 군대가 반기를 들었다는 거짓정보를 흘렸다.

네로는 이미 사태가 기울어진 것으로 지레 짐작하고 도망가다가, 자신의 군대가 새로운 원수를 추대했다는 소식을 접하자 곧 단검으로 자신의 목을 찔렀다. 그는 죽을 때 "참으로 훌륭한 예술가인 내가 죽는구나"라고 말했다고 한다. 그러나 이는 후세에 네로를 조롱하기 위해 만들어낸 말일 공산이 크다.

아무튼 네로는 결정적인 상황에서 사소한 실수 때문에 비참한 최후를 맞이하게 된 셈이다. 이를 두고 타키투스는 매우 통쾌한 어조로 "네로는 무력이 아니라 소문에 의해 몰락했다"고 썼다. 그러나 네로는 비록 타키투스와 같은 귀족들에게는 폭군이나 미치광이로 보였을지 몰라도, 서민들에게는 친구이자 수호자로 비쳐졌다. 네로가 죽은 뒤 이름 모를 인민들이 줄을 지어 남몰래 그의 무덤에 꽃을 바친 사실이 이를 증명한다.

이상 간략히 살펴본 바와 같이, 네로는 역대 원수들과는 다른 매우 특이한 삶을 살다간 인물이다. 그에 대한 평가는 다양하나, 최소한 단순한 미치광이 폭군이 아니었던 것만은 분명하다. 네로의 삶은 연산군의 그것과 매우 흡사하다는 점에서 좋은 참고가 된다. 특이한 출생배경과 등극과정에서 겪은 우여곡절, 음악과 시를 광적으로 좋아한 인문주의적 취향, 기득권세력인 원로원 귀족 및 신권세력과 빚은 끊임없는 알력, 방화혐의를 받은 기독교도를 화형한 일과 왕권에 도전한 신권세력을 주륙한 일, 도망가다 자살한 것과 유배지에서 횡사한 것 등 여러 면에서 매우 닮아 있다.

그러나 네로는 피니를 비롯한 일부 학자들의 끈질긴 노력으로 미치광이 폭군이라는 억울한 누명을 어느 정도 벗은 셈이다. 네로가 이 같은 누명을 벗기까지는 무려 2천 년 가까운 세월이 필요했다. 아직도 기독교적 세계관이 지배하고 있는 서양에서 반기독교적 폭군이라는 누명을 벗기가 얼마나 어려운 것인지를 보여주는 좋은 사례가 아닐 수 없다. 한마디로 말해 네로가 폭군으로 몰린 것은 피니가 주장하듯이 역사적 음모의 결과였던 셈이다.

네로의 경우에 비추어볼 때 연산군의 경우는 비록 5백 년밖에 흐르지 않았지만, 현재 시점이 그의 누명을 벗기는 데 결코 이른 것은 아니다. 왜냐하면 우리는 성리학이라는 통치이념을 던져버린 지 이미 1백여 년도 넘었기 때문이다.

진시황은 왕도이념의 희생양이었다

그렇다면 동양에서 대표적인 폭군으로 알려진 진시황이 2천여 년만에 폭군의 누명을 벗은 것은 어떤 연유에서일까? 그가 희대의 폭군이라는 누명을 벗게 된 과정을 살펴보는 일은 연산군을 재평가하는 데 좋은 참고가 될 것이다.

진시황 평가에 대한 극적인 반전은, 1960년대 중반부터 거의 10년 동안 전개된 중국의 문화대혁명 기간에 일어났다. 문화대혁명은 수천 년 동안 중국의 정신세계를 지배해온 유가사상을 뿌리째 뽑아버린 엄청난 사태였다.

당시 모택동의 처 강청을 필두로 요문원, 왕홍문, 장춘교 등 소장 극좌파 인사들로 구성된 사인방(四人幇)은 '사인방=진보주의자=진시황', '반사인방=보수반동분자=공자'라는 도식을 만들어 주은래와 등소평 등을 정점으로 한 반사인방을 일거에 제거하려 하였다. 이들은 권력장악 음모를 은폐하기 위해 춘추전국시대에 전개된 유가와 법가의 사상논쟁을 맑스의 유물사관에 교묘히 짜깁기해, 이른바 '유법투쟁사'(儒法鬪爭史)라는 기괴한 이론을 만들어냈다.

그리하여 2천 년 넘게 최고의 성인으로 일컬어진 공자는 일거에 보수반동의 괴수로 낙인찍혔고, 정반대로 진시황은 공전절후의 미래지향적인 진보주의자로 칭송받게 되었다. 물론 모택동이 죽은 뒤 곧바로 사인방이 체포되어 거세됨으로써 이들의 주장은 그대로 수용되지는 않았다. 그럼에도 이 기간에 제기된 진시황에 대한 새로운 평가는 지금까지 상당부분 타당한 것으로 인정되고 있다.

그렇다면 진시황은 과연 어떤 인물이었을까? 진시황은 기원전 3세기 중엽 초나라에 인질로 잡혀간 진나라 왕자 자초(子楚)의 아들로 초나라에서 태어났다. 자초는 초나라에 체류하고 있을 때 당대의 거상(巨商) 여불위(呂不韋)의 첩을 아내로 맞아들인 뒤 10개월 만에 아들을 낳았다. 그가 바로 진시황이다. 정월 초에 태어났기 때문에 진시황의 이름은 '정'(政)이 되었다.

자초는 이후 여불위의 적극적인 지원에 힘입어 화양부인의 양자로 들어간 뒤 선왕의 뒤를 이어 장양왕이 되었다. 진시황은 장양왕의 뒤를 이어 13살 때 진나라 왕이 되었다. 그러나 《사기》는 진시황이 치밀한 음모에 의해 등극한 것으로 기록해 놓고 있어 지금까지 논란이 되고 있다. 사마천이 진시황은 자초의 아들이 아니라 여불위의 아들이라고 주장한 것이다. 사실 진시황과 여불위의 특이한 관계는 사마천의 주장과 같이 여러 추측을 낳기에 충분한 것이었다. 여불위는 장양왕이 등극하는 데 결정적인 구실을 했을 뿐 아니라 진시황의 어머니와도 밀접한 관계를 맺고 있었던 것이 사실이기 때문이다.

진시황은 기원전 221년 중국 최초의 중앙집권적 통일국가를 만들어냈다. 진시황은 전국을 36군으로 나눠 황제의 명을 받는 관료의 지휘 아래 획일적으로 다스림으로써 새로운 제국체제를 확립했다. 이는 중앙에 있는 왕의 분봉(分封)에 의해 제후국이 독립적으로 존재하던 이전의 봉건체제가 완전히 종식되었음을 만천하에 선포한 것이었다. 그는 이전의 왕호(王號)를 대신할 수 있는 새로운 호칭을 창안해낼 것을 신하들에게 명했다. 학자들의 자문을 거쳐 신하들이 처음에 건의한 칭호는 '태황'(泰皇)이다. 그는 직접 태황의 '황' 자에, 은나라 때부터 신(神)을 의미해온 '제'(帝)라는 말을 합성한 '황제'(皇帝)라는 최초의 제호(帝號)를 채택했다. 황제라는 용어 자체가 인간으로서는 감히 범접할 수 없는 지고(至高)의 절대적인 존재를 의미하는 것이다.

진시황의 이 같은 조치는 뚜렷한 자의식에서 출발한 것이었다. 법가사상의 부국강병책에 바탕해 천하를 통일한 진시황은, 오직 법가사상만이 유일한 통치사상이 될 것을 의심치 않았다. 법가사상은 유가사상과 달리 통치권은 오로지 군왕에게만 있다는 철저한 군권주의(君權主義)를 바탕으로 성립한 사상체계였다. 그는 사상 초유의 제정을 성공적으로 이끌기 위해 다양한 통일작업에 착수했다. 그는 우선 문자와 서법, 도량형을 통일한 데 이어 마차의 차축(車軸)을 일정하게 했다. 차축을 일정하게 한 것을 흔히 동궤(同軌)라고 한다. 전국시대에는 각 나라의 차축이 모두 달랐는데, 이는 적국의 침입을 저지하기 위한 것이었다. 동궤를 거부하는 이른바 불궤(不軌)라는 말이 반역을 뜻하게 된 것도, 바로 이 같은 역사적 배경에서 비롯된 것이다.

동궤는 5백 년에 걸친 분열의 시대에 종지부를 찍고 새로운 통일의 시대를 열기 위해 반드시 해결해야만 하는 과제였다. 진시황은 방대한 제국체제 구축작업을 정열적으로 추진했다. 후대 사람들은 진시황이 양민을 강압적으로 동원해 만리장성을 쌓았다는 식으로 몰아갔지만, 당시 백성들의 원성이 있었음에도 장대한 만리장성을 축조한 것 역시 동궤의 차원에서 이해해야만 한다.

흔히 진시황을 폭군으로 매도하는 자들은, 이른바 '분서갱유'(焚書坑儒)를 진시황을 폭군으로 몰아가는 결정적인 근거로 제시하곤 한다. 이는 네로가 대화재 때문에 폭군으로 몰린 것과 흡사하다. 그러나 분서사건과 갱유사건은 전혀 별개의 것으로, 두 사건 모두 당시 상황에서는 불가피한 측면이 있었다는 사실을 지나쳐서는 안 된다.

기원전 213년에 일어난 분서사건은, 기왕에 알려진 것처럼 무자비하게 유가의 경전과 각국의 역사서 등을 불태워버린 사건이 아니다. 당시 법가사상의 기준에서 볼 때 유가의 경전은 시대에 뒤떨어진 봉건제도를 찬양하는 것으로 비춰졌다. 나아가 천하가 통일된 상황에서 이전의 각국 왕실의 역사서는 제국의 통일성과 안전을 위협하는 것으로 비춰질 수밖에 없었다.

이 분서사건은 진나라 역사책을 제외한 역사서와, 박사가 아닌 자가 소유한 제자백가서를 몰수해 불태울 것을 건의한 이사(李斯)의 주청에 따른 것이었다. 당시 이사는, 옛것을 숭상하거나 옛것을 가지고 지금을 비난하는 자는 일족을 주살하는 등 강력히 처벌해야 한다고 건의했다. 또한 그는, 불온서적을 소지한 사람이 분서령(焚書令)이 내려진 뒤 30일 안에 책을 불태우지 않으면 몸에 문신을 새기고 성을 쌓는 노역형에 처할 것을 건의했다. 이는 매우 가혹한 형벌임이 틀림없으나 당시 법가사상가들에게는 당연한 조치이기도 했다. 《사기》에 기록된 이사의 말을 들어보면 이를 쉽게 확인할 수 있다.

어리석은 유생들이 천하통일의 의미도 모른 채, 법을 배워 관리로 나설 것은 생각지도 않고 사사로운 주장으로 비방을 일삼으며 백성들을 미혹케 하고 있으니 장차 커다란 무리를 이룰 조짐이 있습니다.(《진시황본기》)

그는 제국체제를 비난하는 유생들을 방치할 경우 황제의 권위가 실추되는 것은 물론 제국체제가 뿌리째 흔들릴 것으로 판단하였다. 이사의 분서령 건의는 현실주의적인 법가사상가로서 당연히 생각할 수 있는 것이었다. 후세에 이사와 진시황은 이 때문에 문화를 말살한 반문화주의자로 매도되었다. 그러나 이는 역사적 사실을 무시한 처사가 아닐 수 없다. 왜냐하면 이사나 진시황이 유가의 서적을 비롯한 제자백가서와 통일 이전의 각국의 사서를 '모조리' 불태우라고 명령한 적은 결코 없기 때문이다.

분서의 대상이 된 모든 책은, 당시 수도이던 함양의 황실 서고와 함양에 거주하고 있던 70명의 박사들 개인 서고에 고스란히 보관되어 있었다. 이들 박사들이 분서의 대상이 된 서적을 보유할 수 있었다는 사실은, 당시에도 학자들의 연구작업만큼은 자유롭게 보장했음을 의미하는 것이기도 하다. 정작 이 같은 책들이 전하지 않는 까닭은, 진시황이 죽은 뒤 항우(項羽)가 함양에 쳐들어와 분탕질을 하면서 옥석을 가리지 않고 모두 불태워 버렸기 때문이다. 따라서 이사와 진시황을 마치 반문화주의자의 표상으로 매도하는 것은 잘못이다.

역사적 사실이 왜곡되기는 분서사건 이듬해에 벌어진 갱유사건도 마찬가지다. 유생들을 산 채로 매장했다는 갱유사건은 분서사건과는 전혀 다른 차원에서 이뤄진 것이다. 또 유생들만을 생매장한 것도 결코 아니다. 이 사건은, 로마 대화재의 방화범을 찾는 과정에서 방화혐의가 짙은 기독교인들이 다수 희생된 사건과 매우 닮아 있다. 갱유사건도 우연히 유생들이 다수 연루된 까닭에, 마치 유생들을 탄압하기 위해 진시황이 이 같은 일을 저지른 것처럼 오해를 불러일으킨 것이다.

당시 진시황은 제국 초기만 해도 신선사상에 현혹되어, 영원히 늙지도 죽지도 않는 이른바 불로장생의 비약이 있다고 믿었다. 그는 미신적인 도교에서 얘기하는 이른바 '진인'(眞人)이 되겠다는 생각을 품고 있었던 것이다. 지극히 현실주의적인 법가사상을 신봉한 진시황이 이같이 황당무계한 미신에 현혹된 것은 쉽게 이해가 가지 않는다. 그러나 달리 해석하면 그의 인간적 순수함이 이 같은 황당한 믿음을 품게 한 것으로 볼 수도 있다. 사실 당시 민간에서는 영생불사를 연구하는 이른바 방사(方士)들이 마치 제 세상을 만난 듯 횡행했다. 대표적인 인물이 바로 제나라 출신의 서복(徐福)과 연나라 출신의 노생(盧生)이다. 서복은 신선이 사는 동쪽 봉래산에서 불사약을 구해 오겠다고 거짓말을 꾸며 진시황에게서 막대한 자금을 받아낸 뒤 도주한 희대의 사기꾼이다.

진시황 생전에 그는 약을 구하지 못한 핑계로 늘 발해만에 있는 큰 고기 때문에 봉래산을 향해 출항할 수 없다고 둘러댔다. 그가 말한 큰 고기가 무엇인지는 알 길이 없으나, 진시황은 손수 연발식 활인 연노(連弩)로 큰 고기를 쏘아 죽인 뒤 봉래산행 출항을 독촉했다. 궁지에 몰린 서복은 차일피일 미루다, 진시황이 죽은 뒤 또다시 엄청난 금은보화를 싣고 중국을 떠나 돌아오지 않았다. 그의 행방을 놓고 후세의 많은 사람들이 한반도나 일본에 정착한 것으로 주장했으나 근거가 희박하다.

아무튼 《사기》를 보면 바로 서복과 같은 도사들의 사기행각이 갱유사건의 발단이 되었음을 쉽게 짐작할 수 있다. 갱유사건은 서복에 이어 등장한 노생이 거만금을 받고도 불사약을 구하기는커녕 진시황을 비난하고 도주한 데서 비롯되었다. 노생은 평소 진시황에게, 황제의 거처를 외부인이 전혀 눈치채지 못해야만 진인이 찾아올 것이라고 거짓말을 하면서 엄청난 재화를 사취했다. 결국 사기행각이 드러날 것을 우려한 노생은 배은망덕하게도, 진시황은 불사약을 얻을 자격이 없다는 식으로 비난하고 도주해 버리는 방법을 선택했다. 이 사실을 안 진시황은 대노했다.《사기》에 실린 진시황의 격노한 발언을 보면 이들이 얼마나 진시황을 우롱했는지 쉽게 짐작할 수 있다.

서복은 거만금을 받고도 종내 불사약을 얻지 못하고, 노생은 짐이 하사한 것이 심히 많은데도 지금 오히려 짐을 비방하는 지경에 이르렀으니, 이로써 짐의 부덕이 더욱 깊어졌노라. 짐은 이제 함양에 있는 제생(諸生)들 가운데 요사스런 말로 백성들을 미혹케 하는 자가 있는지 어사들을 보내 조사코자 하노라.(《진시황본기》)

《사기》는, 진시황이 이 같은 명을 내린 뒤 이들이 서로 밀고한 나머지 총 4백 60명이 검거돼 모두 산 채로 땅에 묻히는 형벌을 받았다고 기록하고 있다. 이것이 바로 갱유사건의 전말이다. 진시황은 노생이 도주한 이후 방사들을 극도로 불신하였음이 틀림없다. 그런데 노생의 도주로 터진 갱유사건에 왜 유생들이 대거 연루되었을까? 여기에는 유생들의 책임이 컸다. 왜냐하면 당시 유생들이 제국체제를 불평하는 얘기를 털어놓고 다녔기 때문이다. 갱유사건 당시 진시황의 명령은 '유생'(儒生)을 잡아넣으라는 것이 아니라, 백성들을 미혹케 하는 '제생'(諸生)들을 잡아내라는 것이었다.

제생은 명청(明淸)시대에 오면 오직 유생만을 뜻하는 것으로 의미가 축소되나, 진한(秦漢)시대만 하더라도 유생뿐만 아니라 제자백가의 사상을 공부하는 모든 연구생들을 의미했다. 따라서 당시 유생들이 진시황의 제국체제를 큰소리로 비판하고 다니지만 않았어도, 일부 방사들만 처벌받았을 공산이 컸다고 봐야 한다. 그러나 유생들은 제국체제를 비난하고 다닌 평소 행동 때문에 이 같은 소탕령에 가장 많이 연루된 것이다. 이는 로마 대화재 당시, 기독교도들이 부패한 로마를 신이 불로 징벌할 것이라는 주장을 공공연히 펼치다가 대거 화형을 당한 것과 매우 비슷하다.

우리는 여기서 갱유가 결코 유생들을 탄압하기 위한 일은 아니었다는 점을 간과해서는 안 된다. 갱유사건 당시 용의자들을 산 채로 매장한 형벌 역시 잔인한 것이기는 했으나 당시 기준에서는 통상적인 형벌이었다. 그러나 진시황은 이 사건으로 말미암아 무자비한 폭군으로 낙인찍히게 되었다. 이는 기독교가 국교로 채택된 뒤 네로가 꼼짝없이 만고의 폭군으로 몰린 것과 비슷하다.

진시황이 전무후무한 반문화적 폭군으로 매도된 가장 큰 이유는 무엇일까? 이는 진시황이 죽은 지 60여 년 만에 등장한 한무제가 이른바 '독존유술'(獨尊儒術) 정책을 실시한 데서 찾는 것이 좋을 듯싶다.

독존유술은 오직 유가사상만을 공식적인 통치사상으로 채택할 것임을 천하에 공포한 일종의 이념선언이었다. 이로 말미암아 진시황이 채택한 법가사상은 통치사상으로 거론하는 것조차 철저히 금기시되었다. 당연한 결과로 진시황이 법가사상에 바탕해 채택한 모든 정책과 통치행위 역시 비판의 도마 위에 오르게 되었다. 분서사건과 갱유사건을 진시황의 폭거로 왜곡한 것 역시, 독존유술을 선전하기에 더없이 좋은 홍보자료로 그것들을 각색한 데 따른 것으로 해석할 수 있다.

그러나 한나라 황실 자체는 독존유술을 공포한 뒤에도 결코 법가사상의 통치술을 버린 적이 없었다. 오히려 내부적으로는 은밀히 법가사상의 통치술을 유가사상의 통치술에 녹여내 구사하는, 이른바 '유법합류'(儒法合流)의 통치술을 구사했다고 할 수 있다. 중국의 역대 황실이

표면적으로는 유가의 '왕도'(王道)를 내세우면서도 법가의 '패도'(覇
道)를 적절히 섞어 구사하는, 이른바 '왕패병용주의'(王覇竝用主義)의
전통을 유지한 것도 한나라의 전통을 따른 것이라고 할 수 있다.

사실 한무제를 비롯해《삼국지》의 조조로 더욱 잘 알려진 위무제,
역대 황제 가운데 가장 위대한 성군으로 일컬어지는 당태종, 역사에 존
재했던 제국 가운데 세계 최대의 세력을 이루었던 원세조 쿠빌라이, 조
카를 몰아내고 보위에 올랐음에도 명대 최고의 황제로 알려진 영락제,
이민족 통치자였음에도 중국 역사에서 가장 위대한 황제로 일컬어지는
청대의 강희·옹정·건륭제, 아편전쟁 이후 1백여 년에 걸쳐 중국을 옥
죄던 제국주의의 사슬을 끊어낸 현대 중국의 모택동 등은 모두 따지고
보면 탁월한 왕패병용주의자라고 볼 수 있다.

어찌 보면 진시황은 이들이 왕패병용의 놀라운 통치술을 구사하는
데 하나의 좋은 참고사례가 되었다고 해도 과언이 아니다. 진시황은 뛰
어난 결단력이 있으면서도 동시에 태평천하를 이루기 위해 불철주야
노력하는 매우 부지런한 통치자였다. 그는 저울을 사용해 정확히 무게
를 달 듯이 똑같은 양의 정해진 과제를 매일 처리했다. 확정된 사안도
철저히 검토하기 전에는 결코 잠자리에 들지 않았다. 게다가 그는 10년
동안에 나라 구석구석을 시찰하는 이른바 '천하순행'을 무려 다섯 번
이나 결행하는 지극한 열정을 보여주었다.

그러나 진시황은 기원전 210년 7월 마지막 천하순행 도중 하북성의
조그마한 마을에서 50세의 나이로 갑자기 숨을 거두었다. 이는 당시의
평균수명을 감안하더라도 뜻밖의 일이었다. 진시황이 보통사람으로서
는 하기 힘든 천하순행을 다섯 번이나 했다는 사실은 그가 매우 건강했
음을 의미하기 때문이다. 진시황이 환관과 공범자들에게 독살되었을
가능성이 높다는 주장이 최근에 제기되어 주목을 끌고 있다.

아무튼 진시황이 창시한 제국체제는 진나라가 멸망한 뒤에도 영속성이 있다는 사실이 확인되었다. 항우가 진나라의 흔적을 일소하고 이전의 봉건제도를 재건하려다가 실패한 사실이 이를 증명한다. 진시황이 이룩한 제국체제는 봉건체제라는 구질서를 파괴하는 데 확실히 성공한 것이다. 진시황 사후 빚어진 진나라 내부 반란은 부분적으로 봉건질서를 회복하려는 욕망에서 출발했다. 그러나 이는 오히려 진시황이 구축한 과거와의 단절이 얼마나 확실하게 이뤄졌는지를 확인시켜 주었을 뿐이다.

진나라 이후 중국의 역대 제국은 비록 이따금 중단되기는 했으나, 2천 년이 넘는 세월 동안 진시황이 이룩한 제국체제의 큰 틀에서 한치도 벗어나지 않았다. 공산주의를 채택한 현재의 중국 역시 그 통치체제의 본질을 들여다보면 진시황이 만든 제국체제에서 크게 벗어나지 않는다. 진시황이 창출해낸 제국의 이 같은 특성이, 바로 진시황을 2천여 년 만에 만고의 폭군에서 만고의 성군으로 탈바꿈시킨 한 원인이 되었다고도 볼 수 있다.

한동안 대만정권이 '현대판 진시황'으로까지 매도했던 모택동이 죽은 지도 벌써 30년 가까이 된다. 그 사이 중국은 이른바 사회주의 시장경제라는 독특한 경제모델을 창안해 미국에 필적하는 초강대국으로 발돋움했다. 모택동은 인민들에게 오늘의 중국을 만드는 데 초석을 놓은 거인으로 추앙받고 있다. 중국이 이만큼 발전한 것도 따지고 보면, 진시황이 결코 단순한 폭군이 아니었다는 사실을 재확인한 데서 비롯되었는지도 모를 일이다.

한동안 한국에서도 일부 정치지도자들을 '현대판 연산군'으로 지목한 적이 있었다. 특히 일부 학술논문조차 '연산군＝황제＝만고의 폭군'이라는 식의 논리를 전개하고 있어 적잖은 우려를 낳고 있다. 그러나 이 같은 비유는 엄밀한 분석도 없이 '연산군＝만고의 폭군'이라는 전제에서 출발한 것인 만큼 정치적 구호에 가까운 것이라고 할 수 있다. 연산조 통치의 특징과 공과 등을 정밀하게 분석한 뒤에야 비로소 이 같은 비유도 타당성을 지닐 수 있다.

연산군은 중국황제와 같이 막강한 제왕권을 보유한 적도 없었고, 반정세력이 주장한 바와 같이 미치광이 탕자도 결코 아니었다. 따라서 최소한 '황제 연산군' 또는 '현대판 연산군'과 같은 비학술적, 비역사적인 슬로건이 난무하는 것만큼은 막아야 한다. 이를 위해서라도 연산군에 대한 정당한 재평가는 매우 시급한 과제가 아닐 수 없다.

제2장
연산조의 시대적 배경

1. 태평성세(太平盛世)
당대는 사치가 극성을 부린 풍요로운 시대였다

흔히 제4대 임금인 세종이 보위에 있던 시기를 조선왕조 5백년에서 가장 태평한 시대로 거론하곤 한다. 그러나 연산군의 부왕인 성종 때가 세종 때보다 훨씬 안정되어 있었다. 25년에 걸친 성종조의 시대상황을 살펴보는 일은 연산군의 치세를 이해하는 데 반드시 필요하다. 성종 때 형성된 여러 제도와 관습 등이 연산군이 취한 제반 조치의 기본 배경이 되었기 때문이다.

우리는 우선 재위 12년에 걸친 연산군의 치세가 최소한 대외적인 면이나 경제활동 면에서는 성종조보다 훨씬 안정적이면서도 활동적인 시기였음을 염두에 둘 필요가 있다. 물론 연산군 시대에 빚어진 양대 사화 등을 감안하면 언뜻 연산조가 성종조보다 훨씬 혼란스러웠던 시기로 해석할 여지가 많은 것도 사실이다. 그러나 이 같은 혼란은 지배층 내부에 국한된 사건이었다. 따라서 연산조가 성종조보다 경제활동 등에서 훨씬 활발했다고 해도 틀린 말은 아니다.

그 근거로 우선 연산군 때 조선이 대외적으로 매우 안정된 모습을 보여주었다는 사실을 들 수 있다. 연산조에 들어와 북쪽 야인들의 변경 침입이 잦아들었고 남쪽 왜인들의 소요도 성종 때보다 훨씬 적었던 것이다. 대내적으로 볼 때도 연산군 때의 경제활동이 훨씬 활발했다. 이는 연산군 때에 사치가 훨씬 심했다는 사실로도 쉽게 짐작할 수 있다.

노비도 큰 집을 짓고 살았다

성종과 연산군의 치세 기간에 사치가 가장 심했던 부분은 혼례와 상례이다. 특히 조상숭배를 중시하는 성리학의 영향으로 상례의 사치는 도를 넘었다. 당시의 사치는 비단 관혼상제에 그친 것이 아니었다. 활발한 경제활동의 영향으로 적잖은 부호들이 생겨남에 따라 호화주택이 대량 건설되었다. 다음 상소를 보면 사대부는 물론 일반 서민들에 이르기까지 집 단장에 얼마나 신경을 썼는지 알 수 있다.

이제 공경대부들이 사치에 익숙하여 큰 집을 다투어 짓는 것을 일반으로 여겨 재력을 다하여야 그칩니다. 더구나 장사하는 무리와 미천한 노비조차 돈이 있으면 또한 분수를 헤아리지 않고 큰 집을 다투어 지어 집의 크기와 화려함이 공경대부보다 더합니다.《성종실록》2. 6. 8)

당시 주택에 대한 사치가 대단했음을 쉽게 짐작할 수 있다. 특히 사농공상의 엄격한 신분사회인 당시 상황에서, 가장 낮은 층에 속해 있는 상인과 노비들이 사대부의 집보다도 더 큰 집을 짓고 살았다는 것이 놀랍기만 하다. 당시 경제상황이 풍족했음을 짐작케 하는 대목이 아닐 수 없다.

의복을 비롯한 일반적인 생활풍속 역시 절제가 없을 정도로 사치스러웠다. 사대부들은 친구와 손님을 접대할 때, 하던 일을 젖혀두고 재물을 탕진했다. 부녀자들 사이에서는 요즘의 밍크코트에 해당하는 비싼 담비 옷이 유행했다. 당시 담비가죽으로 만든 옷은 매우 값이 비싼 외제품이었다. 부녀자들이 담비 옷을 입지 않으면 나들이를 나가지 않았을 정도였다고 하니 그 폐해를 짐작할 수 있다. 조선에서 나는 담비는 그 숫자가 한정되어 있었기 때문에 거의 모두 북쪽의 여진족들에게 말과 소 등을 주고 바꿔 온 것이었다. 다음 기록은 공부하는 유생들 사이에서도 사치풍조가 만연했음을 보여준다.

요즘 유생들이 사치를 다투어 숭상하여 살찐 말을 타고 가벼운 옷을 입고 다니면서 책을 갖고 다니지 않으니, 청컨대 지금부터는 유생이면서 책을 끼고 다니지 않는 사람은 모두 죄의 경중에 따라 형벌에 처하게 하소서. 근래에 유생들에게 푸른 깃의 겉옷을 입도록 했지만 모두 이를 부끄럽게 여겨 학교 문을 나서면 곧바로 벗어버리니 선생이 어찌 이를 금하겠습니까. 앞으로 말을 타고 다니는 사람은 마땅히 사헌부에서 금해야 하겠습니다.(**《성종실록》** 11. 1. 16)

사치품이 말에서 자가용으로 바뀌었을 뿐, 5백 년이 지났어도 어쩌면 그 내용이 한결같은지 새삼 놀랍기만 하다. 당시 유생들은 겉멋이 들어 외출할 때 교복을 벗어 던지고 사복으로 갈아입은 것이다.

사치는 둘째 치더라도 선생을 보고도 인사조차 제대로 하지 않았다는 것은, 단순히 사치가 부른 폐단으로 치부할 수 있는 일만도 아니었다. 국가의 초석이라고 할 수 있는 성균관 유생들이 이토록 방자하고 사치했다면 이는 결코 작은 문제가 아니다. 성균관 유생들의 이 같은 모습은 권문세가의 위세가 이미 도를 넘고 있음을 반증하는 것이다. 유생들 대부분이 권문세가의 자제들이었기 때문이다. 훗날 연산군이 성균관을 대대적으로 혁파하게 된 것도 이와 무관치 않다.

당시 여러 차례 내린 사치금지령이 실효를 거두지 못한 가장 큰 이유는 궁중이 사치의 주범이었기 때문이다. 이는 당시 왕실이 값비싼 외제품을 앞장서 수입하는 창구 구실을 한 사실을 통해 쉽게 확인할 수 있다. 일반백성에 이르기까지 외제품을 선호하는 풍조가 만연하게 된 것은 당연한 일이었다. 당시 사헌부가 올린 다음과 같은 상소를 보면 이를 쉽게 확인할 수 있다.

요즘은 사신이 북경에 갈 때마다, 우리 면포를 화려한 무늬가 있는 비단 가운데 빼어난 것하고만 바꿔 이를 궁중에서 사용하고 있습니다. 이로 말미암아 일반백성마저 혼례의 의복과 음식을 다투어 사치스럽게 하여 가산을 탕진하고 있습니다. 더욱이 가난한 자는 이를 감당하지 못하여 예를 올리지 못하고 혼인의 기한을 어기면서도 오로지 이같이 하려고만 힘쓰고 있습니다.(《성종실록》 25. 10. 28)

이 상소는 성종이 죽기 직전에 올라온 것이다. 그러나 성종은 오히려 궁중의 의복을 마련하기 위해 부득이한 일이라며, 이 같은 무역관행을 옹호하고 나섰다. 궁중의 사치가 일반백성들에게 전염된 이유가 바로 여기에 있었다. 성종의 이같이 미온적인 태도가 바로 궁중의 사치를 조장한 가장 큰 배경이 된 셈이다.

이 같은 상황에서 당시 대신들 역시 궁중의 사치를 흉내내기 위해 노력했다. 그러나 대궐의 사치를 흉내내기 위해서는 적잖은 재원이 필요했다. 이를 위해 일부 대신들은 드러내놓고 고리대금업을 하기도 했다. 이는 요즘 기준에서 보면 있을 수 없는 일이나, 성종이 혁파를 하기 전까지만 해도 왕실금고인 내수사(內需司)에서 고리대를 한 일이 있었기 때문에 당시에는 그리 황당한 일도 아니었다.

성종의 치세 기간에는 적잖은 고관들이 공공연히 고리대금업을 운영했다. 그러나 성리학이 지배하던 시절 대신들이 고리대금업을 한다는 것은 결코 떳떳한 일이 될 수 없었다. 원로대신인 정인지(鄭麟趾)가 대간들의 논박을 받고 고리대금업 행적을 황급히 변명하고 나선 사실이 이를 증명한다. 그는 고리대를 한 사실이 드러나자, 모든 사람들이 다 한 짓이니 창피할 것이 없다고 변명하는 후안무치한 모습을 보였다.

청화백자 유입으로 막대한 국부가 유출되다

이같이 성종 때 일기 시작한 사치는, 궁중이 주도적 역할을 수행한 가운데 대신들은 물론 일반백성들에게까지 광범위하게 퍼진 퇴폐풍조였다. 특히 값비싼 중국도자기를 무분별하게 수입한 것은 '국부(國富)의 대량 유출'이라는 점에서 매우 심각한 사안이 아닐 수 없었다. 당시 중국도자기는 가장 값비싼 외제수입품이었다.

주지하다시피 우리나라는 원래 고려자기로 유명한 나라이다. 그만큼 도자기의 수준이 높았던 나라였다. 그런데 어찌된 일인지 조선왕조에 들어와서는 그 명맥이 뚝 끊어져서, 궁중에서는 할 수없이 중국의 값비싼 도자기를 수입해 사용했다. 이 때문에 세조 때는 궁중을 제외하고는, 서민들은 말할 것도 없고 공경대부조차 도자기를 사용하는 것을 엄히 금하는 법이 나오게 되었다.

다행스럽게도 성종조에 들어와서는 조선산 순백자를 다량 번조(燔造)하게 됨에 따라 엄청난 도자기 수요를 어느 정도 충족시킬 수 있었다. 그러나 상대적으로 도자기가 흔해지자 이번에는 값비싼 중국산 청화백자(靑華白磁)를 손에 넣어 주변에 자랑하는 사치풍조가 만연하게 되었다. 이는 사실 불법이었다. 성종 때까지도 사대부가―중국도자기는 말할 것도 없고―조선산 순백자를 소유하는 것을 엄히 금하고 있었기 때문이다.

세조 때는 일찍이 대소관원으로서 자기를 사용한 자는 장형(杖刑)에 처하도록 하는 금지령을 내린 바 있다. 세조가 이 같은 금령을 내린 일차적인 이유는, 백자에 그림을 그리는 청화안료를 중국에서 고가로 매입할 수밖에 없었던 당시 상황에서 찾을 수 있다. 세조는 자기를 은밀히 만들거나 사사로이 매입하는 것은 물론 관아에서 사용하는 것조차 금지했다. 세조 때 자기를 사용할 수 있는 곳은 오직 궁중 한 곳뿐이었다. 세조는 이도 못 미더웠는지 아예 자기의 바탕흙[胎土]인 고령토가 산출되는 지역을 엄격히 관리토록 하는 조치를 취했다.

그러나 성종조에 들어서면서 왕실전용의 백자기를 일반 사대부가

청화백자용문호(靑華白磁龍文壺, 왼쪽)와 청화백자용문병(靑華白磁龍文瓶)

에서 소장하는 일이 늘어나기 시작했다. 이는 사대부가가 법을 어기고 은밀히 도자기 장인에게 부탁하여 백자를 만들어 소지하거나, 궁궐 내부에서 은밀히 유출되는 자기를 사사로이 소유한 데 따른 것이었다. 이 때문에 세조 때 만들어진 도자기 금제(禁制)는 완전히 유명무실해지고 말았다. 사대부가에서 순백자는 물론 수입품인 청화백자까지 사사로이 소유하게 된 것이다. 이렇듯 사대부가에서 중국의 청화백자를 선호하여, 명나라와 밀무역이 성행하게 되었다. 엄청난 국부 유출이 일어난 것은 당연한 결과였다.

이상 살펴본 바와 같이 당시의 사치는 이미 그 도를 넘고 있었다. 그러나 다른 시각에서 보면, 당시의 국가경제가 이 같은 사치를 뒷받침할 수 있을 정도로 제법 탄탄했음을 의미하는 것이기도 하다. 특히 서민은 물론 노비에 이르기까지 사치가 만연했다는 것은 당시 민중들이 경제적으로 매우 윤택한 생활을 누렸음을 뜻한다. 연산군이 궁중에서 자주 연회를 베풀고 사냥을 자주 나갈 수 있었던 것도 바로 당시의 풍요로운 경제상황과 밀접한 관계를 맺고 있었다. 이 같은 시대배경을 무시한 채 연산군이 방탕한 생활을 했다고 매도하는 것은 적절한 지적이 아니다. 연산조의 풍요는 대간들의 다음과 같은 지적을 보면 쉽게 확인할 수 있다.

근래 사람들이 크든 작든 일단 술자리를 마련하기만 하면 기생 없이는 술을 마시지 않으며, 혹은 활 쏘는 곳에 모여 기생과 악공을 불러다가 거르는 날이 없이 마시는데, 사헌부로 하여금 엄히 규찰하게 하소서.(《연산군일기》 3. 5. 29)

사대부들의 유흥이 연산조에 들어와 더욱 방탕한 모습으로 나타나고 있음을 확인할 수 있다. 성종조에는 술을 마실 때 반드시 기생과 악공을 불러다 주흥을 돋울 정도로 사치스럽지는 않았다. 실록의 기록을 보면 유생들이 말을 타고 등교하거나 사치스런 옷을 입고 다니는 풍조는 성종 때보다 더 심한 것으로 나타나고 있다. 왕권주의자인 연산군이 성균관 유생들에게 강경한 태도를 취한 데는 이 같은 폐풍이 적잖이 영향을 미쳤을 것이다. 사실 연산군 때 사치는 의식주 등 모든 방면에서 성종 때보다 더욱 심해지는 양상을 보였다. 이는 연산군의 다음과 같은 전교를 보면 알 수 있다.

지금 음식·혼인·주거·복식 등의 제도에 대하여 금령을 이미 반포했음에도, 사대부에서 서민에 이르기까지 법을 지키기는커녕 오히려 금령을 무시하여 사치와 화려함만을 서로 숭상하여 물가가 치솟고 습속이 천박하게 되니 그 폐단을 이루 말할 수 없다. 옛 제도를 새롭게 다듬고 금지령을 거듭 밝혀야겠다.(《연산군일기》 4. 5. 28)

성종이 재위 당시 사치에 관한 〈금제절목〉을 만들었듯이, 연산군은 재위 4년이 되던 해에 구체적인 〈금제절목〉을 만들도록 명했다. 연산군의 명에 따라 원로대신들과 예조가 머리를 맞대고 만들어낸 〈금제절목〉은, 의복은 물론 귀가리개 등 세세한 품목에 이르기까지 모두 23항에 걸친 것이었다.

23항의 〈금제절목〉 가운데 눈에 띄는 것은, 아전과 상인들이 결탁해 공권력을 무력화시키는 비리를 제재하는 조항이다. 이는 당시 최하급 계층으로 분류되던 상인들의 발언권이 점차 커져가고 있음을 보여주는 것이다. 연산군 때 상업활동이 전례 없이 매우 활발하게 전개되었음을 보여주는 명백한 증거가 아닐 수 없다.

연산조의 〈금제절목〉은 성종 때의 것보다 훨씬 구체적이고 세밀했다. 연산군 때 사치풍조가 이전보다 광범위하면서도 다양하게 확산되었음을 반증하는 것이다. 당시 연산군은 혼례의 사치를 막기 위해 좀더 강력한 단속을 강구토록 지시했다. 이에 따라 사헌부 주도 아래 서리와 나장, 의녀 등으로 구성된 현장 단속반원이 투입되었다. 그러나 연산군 때도 이 같은 사치금지령은 제대로 지켜지지 않았다. 이는 성종 때와 마찬가지로 금령을 어기는 진원지가 바로 대궐과 권문세족의 안방이었기 때문이다.

성종조에 형성된 풍요가 연산조까지 그대로 이어져 왔다는 사실은 매우 중요한 의미를 담고 있다. 제왕의 통치행위를 평가할 때 폭군과 성군의 갈림길은, 기본적으로 주어진 상황에 제대로 대응했는지 여부에 달려 있기 때문이다. 태평시대에는 사실 성종같이 약간은 우유부단하면서도 이중적인 모습을 보이는 것이 오히려 성군으로 평가받기에 유리할 수 있다. 그러나 연산군은 단호하면서도 강력한 왕의 의지를 관철했다. 이는 사실 태평시대에는 잘 어울리지 않는 모습이다. 태평시대에 강력한 왕권을 추구하는 군왕은 자칫 폭군으로 몰리기 십상이기 때문이다.

그럼에도 연산군은 이에 아랑곳하지 않고 강력한 왕권을 추구한 것이다. 이 때문에 그가 폭군으로 몰린 것 또한 부인할 수 없는 사실이다. 그러나 연산군이 태평시대에 어울리지 않게 강력한 왕권을 추구한 것은 나름대로 이유가 있었다.

2. 군신공치(君臣共治)

당대는 신권이 왕권에 맞서는 이념시대였다

통치에 관한 성리학의 기본이념은 왕권과 신권이 균형을 이루는 이른바 '군신공치'(君臣共治)에 있다. 그러나 군신공치는 사실 신권의 우위를 전제로 한 것이었다. 따라서 군신공치 이념은 어린 왕이 등극해 왕권이 극도로 취약해지면 그 본색을 드러낼 수밖에 없는 것이었다. 소수의 진신세력이 왕권을 무력화시킨 가운데 통치권력을 사실상 독점하는 '진신독치'가 바로 군신공치 이념의 가장 타락한 모습인 것이다. 군신공치 이념은 신하들에게 주군을 무능하거나 부덕하다고 평가할 수 있는 권한을 부여했다. 나아가 유사시에는 신하들이 힘을 모아 모시던 군왕을 얼마든지 내쫓을 수 있다는 논리까지 내포하고 있었다.

조선개국 당시 성리학을 통치이념으로 도입하는 데 결정적인 역할을 한 정도전(鄭道傳)은 바로 성리학의 이 같은 군신공치 논리에 매료된 인물이었다. '도를 전하기 위해 태어났다'는 뜻의 개명한 이름으로도 짐작할 수 있듯이, 그는 왕도주의를 내걸면서 사실상 신권세력이 통치권력의 주도권을 장악하는 통치체제를 만들고자 했다. 조선을 진신세력이 우위에 서는 이른바 신권국가로 만들고자 했던 것이다. 그러나 이방원(李芳遠, 태종)이 정도전을 무력으로 제거하면서 조선의 왕권은 비로소 제 구실을 할 수 있는 기반을 마련하게 되었다.

동양에서 발달한 제국·왕국체제는 왕의 건재를 전제로 성립한 통치체제이다. 유가사상에 입각해 덕치를 행하든 법가사상에 바탕해 법치를 솔선하든, 군왕의 가장 큰 임무는 인민을 관인(官人)의 착취로부터 보호하는 것이다. 만일 정도전이 이방원을 제압하고 주도권을 잡았다면 조선은 어떤 나라가 되었을까? 진시황 이전에 등장했던 귀족봉건체제와 유사한 '문벌정치'로 후퇴했거나, 조선 말기에 등장한 '세도정치'와 같은 변칙적인 통치행태가 일찍 나타났을지도 모를 일이다.

왕권이 극도로 약해진 가운데 진신세력이 실질적인 통치권을 장악하는 관행이 굳어질 경우, 가장 문제가 되는 것이 일부 지배층에 의한 고위관직의 독점화현상이다. 이 경우에는 능력에 따른 신분이동이 원천적으로 봉쇄되는 이른바 문벌정치가 나타날 수밖에 없다. 비록 관료체제를 유지한다 할지라도 결국 고위관직의 독점화현상으로 말미암아 귀족집단에 버금가는 특권집단이 형성될 것은 불 보듯 뻔한 일이다. 정도전이 내세운 신권국가는 그럴싸한 명분이 있었지만 이처럼 위험한 요소를 내포하고 있었던 것이다.

홍문관의 설치로 신권 우위의 발판이 마련되다

조선왕조는 세종의 치세에 접어들면서 신권세력이 서서히 목소리를 내기 시작하는 새로운 양상을 띠기 시작한다. 이는 세종이 태종 때 형성된 공신집단을 견제하고자 집현전(集賢殿) 출신 소장 신권세력을 육성한 결과였다. 세종의 이 같은 제신술(制臣術)은 소기의 성과를 거

뒤 세종이 훗날 조선의 성군으로 추앙받는 데 결정적인 배경이 되었다. 세종은 이들 소장 신권세력이 자신의 뒤를 이을 왕들의 든든한 지원세력이 될 것을 의심치 않았다. 이는 세종과 이들 집현전 인사들 사이에 얽힌 숱한 일화를 보면 쉽게 수긍할 수 있다. 성삼문(成三問)을 비롯한 집현전 출신 인사들 대부분이 세종의 이 같은 기대를 저버리지 않았다. 그들은 목숨을 버리면서까지 어린 단종을 지키려 했다.

세조는 즉위 초부터 신하의 신분으로 왕을 겁박(劫迫)해 왕위에 올랐다는 비난을 의식하지 않을 수 없었다. 그는 단종복위사건이 터지자마자 집현전을 가차없이 철폐했다. 집현전을 계속 놔둘 경우 자신의 재위기간은 물론 후대에 이르기까지 왕통의 정통성 문제가 끊임없이 제기될 것을 우려한 것이다. 그러한 세조의 우려는 그가 죽은 뒤 현실로 나타났다. 성종이 집권하면서 예문관의 일부 기능을 독립시켜 집현전의 후신이라고 할 수 있는 홍문관(弘文館)을 개설한 것이 그 발단이었다.

홍문관을 중심으로 성종 때 부상하기 시작한 소장 신권세력은 세종 때 등장한 집현전 출신 소장 신권세력과는 여러 점에서 차이가 있었다. 세종 때의 소장 신권세력과는 비교할 수도 없을 정도로, 성리학으로 단단히 무장한 신진 기예들이 든든한 지역기반을 토대로 대거 등장했기 때문이다. 명분을 중시하는 고려 말 충신 길재(吉再)의 학통을 이어받은 영남 사림세력이 주축을 이루고 있었다. 이들의 중앙정계 진출은 조선개국 후 근 1백 년 만에 처음 일어난 일이었다. 영남 사림세력의 대표자 격에 해당하는 김종직(金宗直)은 부친이자 스승인 김숙자(金叔滋)에게서 명분론을 중시하는 길재의 학통을 이어받았다. 그의 중앙정계 진출은 비록 성종의 정치적 계산에 따른 것이기는 했으나, 조선이 이제까지와는 전혀 다른 신권국가로 나아갈 것임을 예고한 것이었다.

홍문관은 원래 왕의 경연을 전담시키기 위해 발족한 전문 연구기관
이었다. 성종이 홍문관을 설치해 소장 신권세력을 적극 양성하고 나선
것은 세조 때 형성된 훈구세력을 견제하기 위한 것이었다. 홍문관 설치
는 성종이 의도한 바대로 훗날 성종을 성군으로 떠받들게 한 중요한 배
경이 되었다. 물론 김종직이 중앙정계에 진출한 이후 사림세력이 신권
세력의 명실상부한 주축세력이 되기까지는 또 다시 1백 년에 가까운
세월이 흘러야만 했다. 그 와중에 이들 사림세력은 숱한 시련을 겪지
않으면 안 되었다. 그러나 이들 사림세력은 값비싼 대가를 치른 만큼
소기의 성과를 얻어냈다. 조선이 신권국가로 탈바꿈한 것이 바로 그 보
답이었다.

성종 때는 홍문관 출신 인사들이 대거 사헌부와 사간원의 관원으로
충원되면서, 홍문관은 자연스럽게 언론기관의 기능을 수행하였다. 기존
의 양사(兩司)와 더불어 홍문관이 명실상부한 언론기관으로 작동함에
따라, 이른바 '언론 3사'가 막강한 언론권을 장악하게 되었다. 이는 이
후 조선왕조가 끝날 때까지 계속 문제가 되었다. 신권세력이 언론 3사
를 통해 왕권을 압도한 결과 통치권력의 실질적인 주도권을 장악하게
되었으나, 그로 말미암아 엄청난 부작용이 빚어졌기 때문이다. 왕이 조
정자의 역할을 수행할 수 없었기 때문에 온갖 대소 사안을 놓고 모든
정파가 갑론을박하는 국론분열 상태가 지속되었다. 18세기의 실학자
유수원(柳壽垣)은 자신의 저서 《우서》에서, 이 같은 폐단의 근원이 바
로 홍문관의 설치에 있었다고 질타했다.

아무튼 양사를 중심으로 했던 언론기관은, 성종의 강력한 후원을
배경으로 탄생한 홍문관의 가세로, 그 권한과 역할이 이전과는 비교할
수 없을 정도로 막강해졌다. 특히 이들 소장 신권세력은 대부분 영남의
사림 출신들로 형성된 까닭에 끈끈한 결속력을 지니고 있었다. 언론권

을 장악한 소장 신권세력이 점차 재상권을 장악한 훈구세력을 대신해 신권의 대표세력을 자임하는 양상이 나타나면서, 두 세력 사이의 갈등 또한 점점 깊어질 수밖에 없었다. 특히 명분을 중시하는 언론 3사의 관원들은 고위관직을 차지하고 있는 훈구세력을 처신술에 능란한 비루한 인물로 여기고 있었다.

언론 3사가 점차 신권의 중심기관으로 부상함에 따라, 성종 역시 본의 아니게 언론기관의 주장을 전폭 수용해야만 하는 무언의 압력을 받게 되었다. 이들 언론 3사의 관원들을 모두 성리학의 통치이념을 앞장서서 실천하는 인물로 여기는 분위기가 은연중에 형성되었기 때문이다. 이는 이들 언론 3사의 관직을 청요직(淸要職)으로 통칭해 부른 데서 쉽게 확인할 수 있다. 왕이 제 아무리 똑똑하다 할지라도 언론 3사의 의견을 무시하는 것은, 곧 스스로 사리에 어두운 암군(暗君)이거나 아니면 무지막지한 폭군임을 자인하는 꼴이 되었다.

한마디로 언론 3사의 출현은, 이제 바야흐로 통치권력의 중심축이 왕권에서 신권으로 이동할 것임을 예고한 것이나 다름없었다. 성리학의 통치이념이 확산되면 확산될수록, 군신공치는 요즘의 민주주의 이념만큼이나 당연한 것으로 간주될 수밖에 없었다. 따라서 이미 성종조에 언론 3사의 장악은 곧 실질적인 통치권력의 분점을 의미했다. 조선 중기 이후 사대부들이 사색당파로 나뉘어 싸운 것도, 바로 이들 언론 3사를 누가 장악하느냐 하는 문제와 깊은 연관이 있었다.

언론 3사가 힘을 합쳐 간쟁하는 것을 흔히 '삼사합사'(三司合司)라 하고, 이들 3개 기관 가운데 2개 기관이 합사하는 것을 '양사합사'(兩司合司)라 했다. 양사합사는 대개 사헌부와 사간원의 합사를 의미했으나 홍문관이 사헌부나 사간원을 대신해 합사하는 경우도 드물지 않았다. 언론기관 단위가 아닌 기관원 개개인의 연합간쟁은 '합사'(合辭)라

하여, 3사가 연합하는 '합사'(合司)와 구별하였다.

언론 3사가 서로 다투거나 같은 기관의 상관과 하관이 다툴 때는, 간쟁이 대부분 소속 언론기관의 위신을 높이기 위한 방편의 성격을 띠었다. 언론 3사의 관원들은 소속기관과 자신의 선명성을 부각시키기 위해 이 같은 갈등을 유도했다. 일종의 선명성 경쟁인 셈이다. 이는 성리학이라는 강고한 통치이념을 채택한 나라가 지닌 특징이자 한계이기도 했다. 언론 3사가 종종 비난받은 것도 바로 선명성 경쟁으로 원칙론만을 들먹이는 고루함을 내보였기 때문이다.

연산군은 즉위 초부터 이들 언론기관들과 힘겨운 줄다리기를 해야 했다. 연산군은 특은(特恩)을 자주 내렸다. 그럴 때마다 언론기관의 논박이 뒤따랐으나 연산군은 이를 무시했다. 그는 언론기관의 논박을 왕의 고유권한에 대한 도전으로 생각한 것이다. 이에 반해 언론기관은 아무리 왕이라 할지라도 작상(爵賞 : 벼슬을 새로 주거나 높여 주어 표창하는 일)은 천하의 공기(公器)인 까닭에 왕도 이를 사사로이 운용할 수 없다는 주장을 펼쳤다. 연산군이 즉위 초부터 언론기관과 정면으로 맞붙을 수밖에 없었던 것도, 바로 왕의 권한에 대한 이 같은 견해 차이에서 비롯된 것이다.

연산조에 대간들은 자신들의 주청이 받아들여지지 않을 경우 파직을 요구함으로써 연산군을 자주 궁지에 몰아넣었다. 이들은 내심 연산군이 결코 자신들을 파직하지는 못할 것이라는 점을 계산하고 있었던 것이다. 연산군의 처지에서 보면 곤혹스럽기 짝이 없는 일이었다. 대간들의 논박이 잦다는 것은 곧 언론권의 활성화를 의미하는 것이기는 하지만, 한편으로는 왕권의 약화를 불러올 소지가 크다. 연산군은 강력한 왕권을 확립하기 위해 왕의 권위에 도전하는 신권세력의 발호를 가차없이 제압했다. 사간원과 홍문관을 혁파한 것도 왕권강화작업의 하나로 벌인 일이었다.

중국의 경우 신권세력이 가장 극성했던 송대에도 조선왕조와 같이 막강한 언론권을 지닌 신권세력은 없었다. 이는 조선의 실질적인 통치 권력이 신권세력의 수중으로 넘어갈 것을 예고한 것이다. 성리학 국가의 성군은 원튼 원치 않든 반드시 언론권을 장악한 세력과 적당히 타협하지 않으면 안 되었던 것이다.

따라서 군신공치를 원론적으로 주장할 경우 연산군과 같이 강력한 왕권주의자를 만나게 되면 필연적으로 파열음이 날 수밖에 없다. 이 경우 언론 3사는 왕과 전면전을 벌여 왕을 굴복시키든지 아니면 왕권에 굴복하든지 양자택일의 기로에 서게 된다. 연산군이 즉위 초부터 언론 3사와 줄곧 마찰을 빚은 것은, 성종조에 상대적으로 약화된 왕권을 제자리로 돌려놓는 와중에서 빚어진 일이었다. 사실 연산군이, 부왕인 성종과 마찬가지로 언론권을 장악한 신권세력과 적당히 타협했으면 성군으로 기록됐을지도 모를 일이다.

그러나 연산군은 이 같은 타협을 거부하고 신권세력의 도전을 강력한 수단을 동원해 제압하고 나섰다. 신권세력이 내세운 도식적인 군신공치 이념을 거부한 것도 연산군이 폭군으로 몰리게 된 한 이유가 되었다고 할 수 있다. 사실 이는 당시의 기준에서 볼 때 성리학의 왕도주의 통치이념을 정면 거부한 것으로 비춰질 소지가 컸다.

제3장
연산군의 성장 배경

조정에서 존호를 받으니 부끄럽고 황망할 뿐 朝尊崇號愧吾荒

돕는 힘 버리지 않으면 국세는 날로 퍼지리 補力無弛國勢長

성대한 오늘 잔치 보기 드문 경사이니 今日華筵仍罕慶

즐거이 취하기를 달빛 볼 때까지 하여라 須期懽醉賞蟾光

《연산군일기》 11. 8. 27

# 1. 부전자전(父傳子傳)

연산군은 부왕 성종의 기질을 꼭 빼닮았다

세종과 성종은 태종과 세조가 이미 강력한 왕권을 구축해 놓았기 때문에 왕권의 위엄을 확보하기 위해 신권세력과 신경전을 벌일 이유가 없었다. 이들은 신권세력과 줄다리기를 하며 소비해야 할 정력과 시간을 다른 곳에 투자할 수 있는 좋은 조건을 갖추고 있었던 것이다. 이들은 결단이 필요한 현안이 아닌 한, 신하들의 요구를 모두 너그럽게 받아들이는 모습을 보여주는 것만으로도 신권세력에게 매우 후한 점수를 받을 수 있었다. 만일 이들이 호학(好學)하는 모습을 보여줄 수만 있다면 성군으로 칭송받을 수 있는 모든 조건을 갖추는 셈이었다.

성종 자신이 이 같은 점을 의식했는지는 알 수 없으나 공교롭게도 그는 세종이 취한 일련의 통치행태를 그대로 좇았다. 물론 성종은 태평시대에 어울리는 성군의 자질을 지니고 있었다. 그는 성리학을 연마한 신하들과 논쟁해도 결코 지지 않을 정도로 학문을 좋아했다. 그가 집현전의 후신인 홍문관을 설립한 것도 그의 이 같은 호학기질과 무관한 것이 아니었다.

그러나 그는 몇 가지 점에서 세종과 다른 모습을 보여주었다. 세종이 근면한 군왕의 모습을 보여준 것과 달리, 성종은 시와 사냥, 술과 여인을 탐닉하는 모습을 보여준 것이다. 물론 세종도 시 짓기와 사냥을 전혀 하지 않은 것은 아니나 성종처럼 즐겨하지는 않았다. 이 같은 점에서 볼 때 성종은 세종보다 태평성대에 훨씬 잘 어울리는 낭만적인 군주였다고 할 수 있다.

어찌 보면 연산군의 타고난 낭만적인 기질은 성종에게 물려받은 것인지도 모른다. 다만 연산군은 자신의 낭만적인 기질을 노골적으로 발산한 점에서 부왕과 차이가 있다고 할 수 있다. 그러나 두 사람 모두 태평시대에 걸맞은 자질을 타고났다는 점에서는 전혀 차이가 없다.

그럼에도 왜 연산군의 낭만적인 기질은 방탕한 자질로 비난받고, 성종의 그것은 성군의 인간적인 모습으로 해석되고 있는 것일까? 성종의 낭만적인 기질과 연산군의 그것이 질적으로 다른 것으로 인식된 까닭은, 전적으로 후세의 이중적인 평가잣대 때문이다. 성종은 홀몸으로 자신을 키워 보위에 오르게 한 인수대비(仁粹大妃)의 그늘에서 벗어나지 못했다. 성종이 자신의 타고난 낭만적인 기질을 마음껏 펼치지 못한 가장 큰 이유가 여기에 있었다고 짐작된다. 이에 반해 연산군은 특별히 눈치를 볼 대상이 없었다. 따라서 연산군은 즉위한 뒤에 자신의 기질을 거리낌없이 드러낼 수 있었다.

태평시대에 잇달아 낭만주의 군왕이 나타나다

사실 태평성대에 군림하면서 낭만적인 기질을 지닌 제왕으로서 술과 여인, 시와 사냥 등을 즐기지 않은 경우는 그리 많지 않다. 성종과 연산군 역시 예외가 아니었다. 다만 두 사람은 표현방법과 내용에 차이가 있었을 뿐이다. 실록을 보면 성종과 연산군은 누가 더랄 것도 없이 시와 사냥을 매우 좋아했음을 쉽게 확인할 수 있다. 술을 즐기는 것도 연산군이 더 호방하게 술을 마시기는 했으나 주연의 횟수와 내용에는 별반 차이가 없었다.

차이가 드러나는 부분은 여인네들과 관련된 두 왕의 기록이다. 《성종실록》어디를 찾아보더라도 성종이 창기나 사대부 부녀 등과 어울렸다는 기록은 전혀 없다. 일부 야사에는 성종이 영흥 기생과 자주 어울렸다는 등의 애기가 있으나 그다지 믿을 만한 것이 못 된다. 따라서 성종은 술과 시와 사냥을 즐기기는 했으나 사대부집 여인이나 기생들과 염문을 뿌린 적은 거의 없었다고 보는 것이 옳을 듯하다.

그렇다면 성종은 여인을 멀리하고 술과 시와 사냥만을 즐긴 것일까? 그렇지 않다. 실록을 자세히 살펴보면 성종이 여색을 적잖이 탐한 임금임을 확인할 수 있다. 그가 많은 후궁을 둔 사실이 이를 증명한다. 다음과 같은 상소를 보면 그가 얼마나 여색을 가까이했는지 쉽게 알 수 있다.

열성(列聖)께서 비빈의 수를 3명을 넘지 못하게 한 것은 그 후왕을 위하여 염려함이 지극하다고 이를 수 있습니다. 전하께서는 그 제도를 무너뜨리고 해마다 대성(大姓)을 취하여 이미 5명이 되었습니다. 비록 하나의 후궁을 폐하더라도 셋이 넘는데 오히려 부족하여 또 처녀를 선발하니, 바로 여색에 빠지는 조짐이 있는 게 아닙니까. 금년에 하나를 선발하고 명년에 하나를 선발하며 또 명년에 하나를 선발한다면 한나라의 조비연(趙飛燕)이나 당나라의 양귀비(楊貴妃) 같은 자가 대내에 들어온 뒤에야 그만두게 될 것입니다.(《성종실록》 10. 7. 16)

성종은 이 같은 지적에 후궁선발은 대비의 명에 따른 것일 뿐이라고 변명하면서, 종사를 잇고자 하는 대의를 알지 못하고 상소를 올린 장흥고 주부(注簿) 정윤정(鄭允貞)을 국문하도록 명했다. 그러나 고려 말의 충신인 정몽주(鄭夢周)의 증손자 정윤정의 이 같은 상소는 여색을 탐하는 성종의 행태를 통렬하게 지적한 것이었다. 더구나 성종이 처녀선발을 명한 때는 공교롭게도 왕비였던 연산군의 생모 윤씨를 내친 지 불과 1달밖에 안 된 때였다. 상식적으로 생각해도 대비들과 성종의 태도가 지나친 것임을 쉽게 짐작할 수 있다. 그러나 정윤정은 이 같은 상소로 성종의 노여움을 사, 이후 죽을 때까지 등용되지 못하는 불이익을 받았다.

성종은 조선의 역대 왕 가운데 가장 많은 비빈(妃嬪)을 거느린 군왕이다. 이에 대해 성종은 "태종과 세종은 후궁을 각각 6인과 7인을 두었고 문종은 세자였을 때 이미 5인이나 되었다"며 스스로를 합리화했다. 이 때문인지는 몰라도 그는 가장 많은 첩을 두었던 세종보다도 2명이나 더 많은 9명의 후궁을 두었다. 결국 그는 병사하거나 쫓겨난 정실부인까지 합치면 모두 11명의 비빈을 둔 셈이다. 조선의 역대 왕 가운데 이같이 많은 비빈을 둔 왕은 그밖에 없다. 그리고 성종은 연산군을 포함해 모두 28명의 자녀를 두었다. 이 또한 역대 왕 가운데 가장 많은 자식을 둔 것임은 말할 것도 없다.

아무리 왕조시대였다 하더라도 11명의 비빈과 28명의 자녀를 두는 것은 결코 쉬운 일이 아니다. 따라서 성종은 드러나지만 않았을 뿐 사실은 여인을 매우 가까이했다고 보아야 한다. 어찌 보면 시와 사냥 등을 좋아하는 낭만적인 군주가 오직 여색만을 밝히지 않았다는 것 자체가 어색한 일인지도 모른다.

그러나 《성종실록》의 사관은 이에 대해 한마디의 비평도 하지 않았다. 이에 반해 《연산군일기》는 연산군을 시종일관 황음무도한 군왕으로 묘사하고 있어 극명한 대조를 이루고 있다. 더구나 사관이 어떤 구체적인 사실을 토대로 이같이 기록한 것도 아니다. 대부분이 시중에 떠도는 풍문과 자신의 짐작을 마치 사실인 양 사평(史評) 등의 형식을 빌려 기록해 놓은 것이다. 한마디로 신빙성이 떨어지는 기록이다.

물론 연산군이 여인을 탐한 것은 부인할 수 없는 사실이다. 그러나 《연산군일기》에 묘사된 것과 같이 황음무도한 군왕으로 단정하는 것은 적잖은 문제가 있다. 낭만적인 행각으로 해석할 수 있는 사실조차 가차 없이 매도했기 때문이다. 따라서 성종과 연산군의 여인들을 구분해 한쪽은 정숙한 여인들이고 다른 한쪽은 음란한 여인들이라고 단정하는 것은 문제가 아닐 수 없다.

한마디로 성종과 연산군이 지닌 낭만적인 기질을 질적으로 다른 것이라고 생각하는 것은 잘못이다. 연산군은 부전자전이라는 소리를 들을 정도로 술과 여인, 시와 사냥을 좋아한 점에서 부왕인 성종을 그대로 빼닮은 아들이었다. 그리고 두 왕의 낭만적인 행보를 평가할 때, 이들이 재위한 시기가 조선왕조 5백년을 통틀어 가장 풍요로운 시절이었다는 점을 반드시 감안해야만 한다. 두 사람을 조선왕조 역대 왕 가운데서 가장 낭만적인 군왕으로 손꼽을 수 있는 이유도 바로 여기에 있다.

연산군의 낭만적인 기질이 성종을 빼닮은 것이라는 사실은 두 사람의 행보를 살펴보면 쉽게 확인할 수 있다. 성종과 연산군은 비빈과 신하들을 대동하여 각종 연회를 자주 베풀었다. 두 사람 모두 단순히 주연만을 즐긴 것이 아니라 거의 예외 없이 음악과 미술, 여인 등이 어우러진 매우 흥겨운 향연을 즐겼다.

다만 성종은 연산군처럼 직접 시를 짓지는 않았다. 성종은 신하들이 지은 시를 감상하는 것에 만족한 것이다. 이는 성종이 성리학자들의 예상되는 눈총을 의식한 데 따른 것으로 짐작된다. 당시 조선성리학은 군왕이 시를 짓는 것에 매우 비판적이었다. 이들 성리학자들은 시를 지을 시간과 정력이 있으면 경전에 나오는 성현의 가르침을 한 구절이라도 더 탐구하는 것이 낫다고 생각한 것이다.

그러나 성종이 전혀 시를 짓지 않은 것은 아니다. 성종 역시 특별한 경우에는 예외적으로 직접 시를 지었다. 실록에는 성종이 지은 시 몇 편이 전해지고 있다. 대표적인 예로 성종 12년 2월 월산대군(月山大君) 집에 놀러가 잔치를 베풀고 손수 지은 율시 1편을 내려준 것을 들 수 있다. 성종은 동복형인 월산대군을 지나치리만큼 후대했다. 이는 형을 제치고 왕위에 오른 데 대해 내심 미안한 마음이 있었기 때문으로 보인다. 성종의 어제시(御製詩)는 이토록 매우 특별한 것이었다.

원래 시흥을 돋우는 데는 술만큼 좋은 도구가 없다. 성종이 재위 초기에 신하들에게 술을 하사하지도 않고 시만을 짓도록 명하다가, 중기 이후부터 술을 하사한 것도 이와 무관치 않을 것이다. 시와 술을 함께 하며 대신들과 즐겼다는 점에서는 성종과 연산군이 전혀 차이가 없다. 단지 연산군의 경우에는 그 규모가 크고 횟수가 잦았다는 차이밖에 없다. 두 사람이 대개 주연의 명목으로 대비전 진연(進宴)을 내세운 점 또한 똑같다.

그러나 그에 대한 평가는 극단적으로 엇갈리고 있다. 성종의 진연은 효도를 하기 위한 것으로, 연산군의 그것은 효도를 가장한 유흥으로 평가하고 있는 것이다. 이는 두 사람의 낭만적인 기질이 질적으로 다르다는 전제에 서 있기 때문에 빚어진 왜곡이다. 다음 기록을 보면 성종이 내세운 대비전 진연이 연산군의 그것과 아무런 차이가 없음을 확인할 수 있다.

임금이 두 대비전에 잔치를 올리고 이어 대신들과 승정원·홍문관·춘추관 관원을 대궐 앞뜰에서 모아 풍악을 내려 주면서 전교하기를, "모두 마음껏 마시도록 하라" 하였다. 또 명하여 잔치에 참여한 관원들에게 동짓날에 대하여 칠언율시를 지어서 올리라고 하자, 영돈녕 윤호(尹壕)가 술에 취하여 기생과 시끄럽게 떠들고 춤을 추면서 말하기를, "임금께서 이미 이 기생을 나에게 내려주셨다" 하니 사람들이 모두 웃었다.(《성종실록》 16. 11. 6)

이 기록을 보면 성종이 베푼 대비전 진연이 자못 성대한 규모로 베풀어졌음을 짐작할 수 있다. 원래 조선시대에 대비전 진연에 참석하는 기생은 당상관 이상의 관원 옆에서 시중을 드는 관기(官妓)를 말한다. 따라서 기생을 끼고 임금이 베푸는 잔치에서 술을 먹으려면 승정원이나 홍문관, 춘추관 등 특별 관서의 관원을 빼고는 당상관 이상의 고관이 아니면 안 된다.

성종이 베푼 대비전 진연에는 항시 대소 신료들을 위한 연회가 곁들여졌다. 이때는 기생들이 반드시 참석해 주흥을 돋우었다. 역대 왕들 모두 기생들을 참석시킨 가운데 대소 신료들에게 흥겨운 주연을 베풀었다. 따라서 유독 연산군이 베푼 대비전 진연만 효도를 가장한 방탕한 유흥으로 치부하는 것은 뭔가 이상하다고 생각할 수밖에 없다.

성종이 베푼 연회가 비단 대비전 진연이나 명절날 축하연에 국한된 것은 아니다. 성종 역시 평시에도 경치 좋은 곳에 신하들과 함께 놀러 가 술을 마시며 시를 짓는 식의 연회를 자주 베풀었다. 다음 기록을 보면 이를 쉽게 확인할 수 있다.

임금이 사냥을 나갔다가 환궁하는 도중에 삼전포에 이르러 누선을

타고 배 10여 척을 매어 방주를 만든 뒤 술자리를 차리고 음악을 연주하
게 하였다. 임금이 즐거워하며 사면을 둘러보고 주위 사람들에게 명하여
즉석에서 율시를 지어 올리게 하였다. 광천군 이극증(李克增)은 대취하
여 손뼉을 치며 몸을 으쓱거렸고 자리에서 일어나 춤을 추려고 한 것이
여러 번이었다. 임금이 돌아보고 웃으면서 도승지에게 명하기를, "광천
군이 취해 넘어져 다칠까 염려되니 그 아우 이극균(李克均)으로 하여금
보호하여 돌아가게 하라" 하였다.(《성종실록》 20. 9. 3)

성종의 낭만적인 기질이 재위 20년에 이르러서는 거리낌없이 표현
되고 있음을 쉽게 알 수 있다. 사냥에서 돌아오는 길에 강 위에서 방주
를 만들어 주연을 즐긴 것은 연산조에도 없던 일이다. 성종의 호방함이
연산군보다 더하면 더했지 결코 덜하지 않음을 알 수 있다.
　성종은 재위 말년에는 친필로 시구를 써서 신하들에게 시를 짓도록
하는 모습을 보이기도 했다. 이는 이전에는 전혀 상상도 하지 못한 모
습이었다. 재위 말년에 나타난 성종의 이 같은 모습은 연산군과 꼭 닮
았다. 연산군이 어필(御筆)로 시를 지어 신하들에게 하사하거나 시평을
요구한 것도, 따지고 보면 성종이 재위 말년에 보여준 이 같은 호방함
을 그대로 보고 배운 것인지도 모를 일이다.

부자 모두 지나치게 사냥을 좋아했다

연산군이 성종의 모습을 꼭 빼닮은 것 가운데 하나로 도를 넘을 정
도로 잦았던 출렵(出獵)을 들 수 있다. 두 왕은 조선왕조 역대 왕 가운
데서도 가장 사냥을 즐긴 왕이다. 성종의 낭만적인 기질은 사실 그의
사냥행위에서 극명하게 나타나고 있다. 원래 왕의 사냥은 짐승몰이를
위해 대규모 군사를 동원하는 까닭에 단순한 사냥놀이로 평가할 수 없

는 것이다. 그래서 왕의 사냥은 흔히 '강무'(講武)라 표현했다. 이 말은 임금이 사냥을 할 때는 군사들을 조직적으로 동원해 마치 진법훈련을 하듯이 짐승몰이를 한 데서 나온 말이다.

실록은 성종과 연산군이 사냥을 나가 심심치 않게 범을 잡은 사실을 기록하고 있다. 이 같은 기록에 비추어 당시에는 범이 매우 흔해 서울 주변에까지 나돌아 다녔던 것으로 짐작된다. 대규모 군사를 동원한 강무는 호환(虎患)을 막기 위해서도 필요했던 것이다. 따라서 임금이 하는 사냥은 단순한 사냥놀이가 아니라, 군사훈련의 일환으로 보아야 한다. 동원된 군사들이 짐승을 적으로 여겨 몰이를 하기 때문에 군사훈련이라고 해도 틀린 말이 아니다.

그러나 휴식 중인 군사를 차출해 짐승몰이에 참여토록 하는 것은, 아무리 사냥이 중요한 군사훈련이었다 하더라도 비난받을 소지가 있었다. 당시 군인들은 일정한 기간을 돌아가면서 당번병이 되어 복무했기 때문이다. 따라서 왕은 강무 시기를 잘 선택해야만 했다.

사실 성종과 연산군이 사냥을 좋아하게 된 것도 태조 때부터 내려오는 왕실의 상무(尙武)전통과 무관하지 않다. 태종과 세조는 특히 매사냥을 매우 즐겼다. 세조는 심지어 궁궐의 후원에 짐승들을 풀어놓고 매사냥을 하기도 했다. 성종 역시 매사냥을 매우 좋아했다. 그러나 그는 재위 후반기에나 겨우 매사냥을 할 수 있었다. 대간들의 강한 반발 때문이었다.

당시 대간들은 왕이 매사냥에 나서는 것에 몹시 비판적이었다. 성종은 내심 매사냥이 매우 하고 싶었으나, 초기에는 대간들의 반발을 꺼려 이를 입 밖에도 내지 못했다. 왕실의 상무전통을 이어나가려는 성종과 이를 저지하려는 대간들은 각각 사냥을 다르게 해석하고 있었던 것이다. 성종은 군사훈련의 일환으로 해석해줄 것을 기대했고, 대간들은 지나친 사냥이 유흥으로 흐를 것을 염려했다.

이 때문인지는 몰라도 성종은 사냥을 그토록 좋아했음에도 사냥을 좋아하는 속내를 한번도 솔직히 밝힌 적이 없었다. 성종이 대간들이 따지고 들 때마다 자신의 사냥은 어디까지나 강무를 위한 것이라고 변명한 사실이 이를 증명한다. 연산군은 비번인 군사를 차출한 일로 대간들에게 숱한 논박을 받았다. 그러나 성종은 똑같은 일을 해도 대간들의 논박을 전혀 받지 않았다. 성군으로 불린 성종은 사냥을 그렇게 좋아하면서도 세조나 연산군처럼 후원에서 사냥한 적은 없었던 것일까. 그러나 성종 역시 후원에서 사냥을 한 적이 있었다. 다만 그 횟수가 적었을 뿐이다.

성종은 선왕의 능침(陵寢) 주변에서 사냥을 하다가 대간들의 지적을 받고 사과하였다. 그리고는 더는 공박을 받지 않았다. 《성종실록》에는 이에 대한 사관의 촌평조차 없다. 그러나 연산군은 똑같이 선왕의 능침 주변에서 사냥을 한 일 때문에 천하에 무도한 임금이라는 사관의 혹평을 듣게 되었다. 능침 주변은 입산금지 구역이기 때문에 많은 짐승들이 서식하기에 안성맞춤인 곳이었다. 사냥을 좋아하는 성종과 연산군이 이를 그냥 둘 리 없었을 것이다. 그런데 사관은, 불경스럽게도 선왕의 능침 주변에서 사냥했다며 유독 연산군만 무도한 군왕으로 매도한 것이다.

왕이 사냥을 하기 위해 거둥할 때는 통상 융복(戎服)을 입고 백관들의 전송을 받았다. 융복은 요즘으로 말하면 일종의 군복이다. 행군시 규율을 어길 때는 군율에 따라 엄히 다스리게 되어 있었다. 당시 왕의 사냥 군기가 얼마나 엄했는지 짐작할 수 있다. 이는 사냥이 강무의 일환이라는 뜻을 대내외에 분명히 알리기 위한 조치의 하나였다.

더구나 왕이 사냥할 때는 대부분 몇 일간 행궁(行宮)에 머물면서 사냥하는 일이 흔했다. 이 또한 왕이 참여하는 사냥이 본질적으로 강무의 일환임을 보여주는 증거이다. 유흥을 위해서 며칠 동안 궁성을 비워둔다는 것은 당시의 기준에서 볼 때 있을 수 없는 일이기 때문이다. 성종도 연산군과 같이 사냥을 나가면 며칠을 행궁에서 보내곤 했다. 그러나 성종은 이 문제로 대간들의 논박을 받은 적이 거의 없었다. 이에 반해 연산군은 사냥을 나갈 때마다 대간들의 논박을 받았다. 대간들은 연산군의 사냥을 결코 강무의 일환으로 보아주지 않았던 셈이다.

성종은 대신들마저 짐승몰이에 동원한 적이 있었다. 사냥을 나갈 때 대신들을 대동한 것은 특별히 이상하게 볼 일이 아니나, 대신들을 사냥몰이에 동원한 것은 당시의 기준에서 보더라도 이상한 일이 아닐 수 없다. 성종이 왜 나이 많은 대신까지 짐승몰이에 동원했는지는 자세히 알 길이 없지만, 군신이 합심해 사냥을 한다는 순수한 취지에서 대신들을 동원한 것이 아닌가 짐작된다. 만일 연산군이 이 같은 일을 했다면 사관들이 가차없이 비판했을 것이다. 그러나 성종의 이 같은 행위에 대해 사관은 촌평조차 하지 않았다. 똑같은 사안을 놓고도 얼마나 다르게 평가될 수 있는지를 보여주는 실례가 아닐 수 없다.

연산군은 가끔 악공을 대동하고 사냥에 나섰다. 일행이 사냥 도중에 쉬거나 사냥을 마친 뒤 휴식을 취할 때 강무의 흥겨움을 더하기 위해서였다. 사관들은 연산군의 이 같은 조치를 놓고 이는 유흥을 위한 사냥을 증명하는 것이라며 가차없이 비판했다. 그러나 사실 성종도 재위 12년 되던 해, 비록 대간들의 논박으로 실행에 옮기지는 못했지만 악공들을 데리고 사냥에 나서려고 시도한 적이 있었다.

성종은 재위 13년 되던 해 매사냥을 결행하기로 작정하고 함경·평안감사에게 송골매를 잡아 진상토록 명했다. 매사냥의 유혹을 참지 못한 것이다. 한번 매사냥의 재미에 빠진 성종은 이후 매사냥의 유혹에서 헤어나질 못했다. 그의 관심은 온통 매사냥에 쏠리게 되었다. 뒤늦게 알게 된 매사냥은 거의 마약과 같은 것이었다. 다음과 같은 대간들의 지적을 보면 성종의 매사냥 애호가 한계수위를 넘어서고 있었음을 쉽게 확인할 수 있다.

요즈음 성상께서 송골매를 좋아하셨는데 조련하는 군사가 이를 놓치면 밤에도 궁문을 열어놓고 궁중의 군사를 풀어 이를 찾는 경우도 있습니다. 지금 창고의 곡식으로 그 군사를 먹이는데, 올해는 흉년이 들어서 곡식이 귀하므로 창고의 곡식을 낭비할 수 없습니다. 한 마리의 송골매를 잃은 것이 나라에 무슨 손상이 되기에 이렇게까지 하시는 것입니까.(《성종일기》 17. 2. 7)

매사냥을 즐긴 연산군도 송골매를 놓쳤다고 한밤중에 군사를 풀어 수색하는 소동을 벌이지는 않았다. 그러나 성종의 매사냥 탐닉은 상상을 초월하는 것이었다. 정작 당사자인 성종은 자신이 도를 넘어서고 있다는 사실을 전혀 자각하지 못하였다. 얻기 힘든 송골매를 찾느라고 잠시 시끄러웠던 것이 무슨 잘못이냐며 오히려 대간들에게 역공을 펼친 사실이 이를 증명한다.

연산군은 세자 시절에 성종의 이 같은 모습에 깊은 감명을 받았는지도 모를 일이다. 성종이 재위 20년 되던 해에 연산군은 감수성이 한참 예민한 10대 중반의 나이였다. 연산군은 즉위 초부터 자신의 소신을 분명히 밝히는 당당한 군주의 모습을 보였다. 성종이 재위 초반에 대간들의 논박에 쉽게 굴복하던 것과는 전혀 다른 모습이었다. 동시에 연산군은 자신이 좋아하는 일에 구구한 변명을 늘어놓지도 않았다. 이는 성종이 재위 말년에 보여준 당당한 모습과 매우 흡사한 것이었다. 그러나 똑같은 사냥행위를 놓고 한 사람은 성군의 강무행위로 평가받았고 한 사람은 폭군의 유흥으로 비난받았다.

사실 연산군의 사냥행위는 성종의 그것과 본질적으로 다른 것이 아니었다. 단지 그 횟수가 잦았고 기분이 내킬 때 이를 참지 않고 곧바로 행동에 옮겼다는 것 등이 다를 뿐이다. 연산군의 사냥을 폭군의 유흥으로 매도한 것은, 앞서 살펴본 바와 같이 사관들이 이중적인 잣대를 들이댄 결과가 아닐 수 없다. 연산군이 즐긴 모든 풍류행위가 부왕인 성종의 그것과 아무런 차이가 없는데도, 폭군의 소행으로 평가받았다는 사실을 염두에 둘 필요가 있다.

2. 자력계위(自力繼位)
연산군은 스스로의 힘으로 보위에 올랐다

연산군은 태어날 때 매우 운이 좋았다고 할 수 있다. 그가 태어나기 불과 3달 전에 생모인 윤씨가 후궁에서 중궁으로 발탁되었기 때문이다. 윤씨는 2년여에 걸친 시험기간에 대비들에게 가장 좋은 점수를 얻어 드디어 비어 있던 중궁전의 주인이 될 수 있었다. 연산군은 자칫 후궁 소생의 일개 '군'(君)으로 태어날 뻔했다가, 생모가 중궁의 자리에 오르면서 일약 '원자'(元子)로 그 신분이 격상된 셈이다.

연산군은 성종 7년인 서기 1476년 음력 11월 6일 자정에 태어났다. 그가 태어날 당시 대궐은 매우 들떠 있었다. 성종은 원자 탄생을 기리기 위해 한 해에 너무 잦은 사면령을 내린다는 일부 대간들의 반대를 무릅쓰고 대대적인 사면령을 내렸다. 처음으로 원자를 본 성종의 기쁨이 어느 정도였는지 짐작할 수 있는 대목이다.

그러나 연산군은 불행하게도 4세 때 생모가 쫓겨난 데 이어 7세 때는 생모가 사약을 받는 참혹한 상황에 처하게 되었다. 윤씨의 죽음은 억울한 측면이 많았다. 연산군은 어렸기에 이 같은 내용을 자세히 알 수 없었다. 어찌 보면 연산군이 왕위에 오르기까지 생모의 죽음에 대해 제대로 알 수 없었던 것은, 그에게 불행 중 다행이었다.

윤씨는 억울하게 쫓겨났다

윤씨는 후궁으로 들어와 왕비에 책봉된 뒤 폐출(廢黜)된 까닭에 흔히 '폐비 윤씨'로 통칭되고 있다. 그녀는 판봉상시사를 지낸 윤기견(尹起畎)의 딸이다. 윤기견은 경상도 함안 출신으로 사헌부와 사간원의 관직을 두루 역임한 매우 충직한 사람이었다. 실록에 나타난 그의 행적을 보면, 문종과 단종 시절 사헌부와 사간원에서 성삼문 등과 같이 봉직하면서 매우 충직한 인물로 통했음을 알 수 있다. 세조가 즉위할 당시에는 원종공신 2등에 책록된 사실에 비추어, 그는 세조의 등극에 적극 동조하고 나섰음이 틀림없다.

성종은 일찍이 한명회(韓明澮)의 둘째 딸과 결혼했으나 그녀가 일찍 죽어서 계비(繼妃)를 맞이해야만 했다. 한명회의 둘째 딸은 서기 1467년 13살의 나이로 한 살 어린 성종과 가례를 올렸다. 두 해 뒤에 성종이 갑자기 왕위를 잇게 되자 그녀는 왕비로 책봉되었다. 그러나 그녀는 성종 재위 5년째 되던 해에 17세의 나이로 소생도 없이 죽었다.

성종은 소혜왕비(昭惠王妃)가 죽기 1년 전에 두 명의 후궁을 맞아들였다. 성종이 이때 맞아들인 2명의 후궁은 모두 사대부집안 출신이었다는 점에서 앞서 들어온 후궁과 차이가 있었다. 두 명의 후궁은 바로 연산군의 생모인 윤씨와 중종의 생모인 또 다른 윤씨였다. 두 후궁은 모두 종2품인 숙의(淑儀)의 작첩을 받았다. 연산군의 생모인 윤씨는 당시 후궁 가운데서 서열이 가장 높았다. 윤씨의 정확한 나이는 실록에 기록이 없어 자세히 알 길이 없으나 성종보다는 나이가 좀 많았던 듯하다.

윤씨는 후궁에 책봉된 지 3년 만에 왕비에 오르게 되었다. 이때 성종의 나이는 19세였다. 연산군은 바로 그 해 11월에 태어났다. 연산군은 윤씨가 후궁의 신분일 때 임신했지만, 태어날 때는 생모가 정식으로 왕비로 책봉된 덕분에 명실상부한 적통(嫡統) 원자의 신분을 갖게 되었다. 성종은 원자의 탄생을 기념해 작고한 장인 윤기견을 함안군으로 추봉(追封)하고 매년 제사를 지내도록 하는 특은을 내렸다.

그러나 불행하게도 연산군의 생모인 윤씨는 연산군이 태어난 지 채 1년도 안 되어 폐출 위기에 몰리게 되었다. 이는 그녀가 후궁을 질투하여 사특한 주술행위를 한 혐의가 드러났기 때문이다. 당시 폐비논의에는 성종의 어머니인 인수대비가 깊숙이 관여하고 있었다. 이는 윤씨에게 치명적이었다. 왜냐하면 성종은 죽을 때까지 인수대비의 명을 한 번도 어긴 적이 없는 천하의 효자였기 때문이다.

사실 윤씨의 폐출논의가 일어나기 불과 보름 전만 하더라도 윤씨의 덕성을 칭송하는 소리가 대궐을 가득 메웠다. 윤씨는 당시 새 봄을 맞아 내외 명부를 거느리고 뽕밭에 나아가 친잠(親蠶)하는 의식을 행했다. 이는 왕이 대신들과 함께 손수 밭갈이를 하는 친경(親耕)과 같이 왕비의 덕을 세상에 널리 알리는 상징적인 행사였다.

그런데 당시 이 행사에는 훗날 윤씨 폐출사건에 깊숙이 관여한 것으로 알려진 후궁 정씨와 엄씨 등이 참석하지 않았다. 공교롭게도 윤씨의 친잠행사가 있은 지 불과 보름 만에 엄청난 일이 터진다. 실록은 사건이 터지기 직전인 그 해 3월 28일, 윤씨의 친정오라비인 돈녕부 참봉 윤우(尹遇)와 선전관 윤구(尹遘)가 갑자기 의금부에 하옥된 사실을 기록하고 있다.

이들이 의금부에 하옥된 날이 3월 28일이니 늦어도 3월 27일경에 폐비사건의 발단이 드러났을 것으로 추측된다. 그렇다면 도대체 그 사이에 어떤 일이 벌어진 것일까? 실록은 그 자세한 내용을 3월 29일자 기록에 싣고 있다. 성종은 이날 일찍이 정승을 지낸 사람들과 의정부· 육조 판서·대사헌·대사간을 부르게 하였다. 성종이 이날 내관을 시켜 신하들에게 보여준 다음과 같은 대비의 언문 의지(懿旨 : 왕대비, 왕비, 왕세자, 왕세손의 명령)는 폐비논의의 배경이 어디에 있었는지를 잘 보여주고 있다.

이 달 20일에 사헌부 감찰 집에서 보냈다고 일컬으면서 권숙의의 집에 언문을 던지는 자가 있었는데, 권숙의의 집에서 주워 펼쳐 보니 그 내용인즉 정소용과 엄숙의가 서로 짜고 중궁과 원자를 해치려고 한다는 것이었다. 하루는 주상이 중궁에서 보니 종이로 쥐구멍을 막아 놓았는데 쥐가 나가자 종이가 보였다. 중궁이 작은 상자를 감추는 것을 빼앗아 열어 보았더니 그 안에는 굿하는 책과 비상(砒霜)이 든 작은 주머니가 있었다. 쥐구멍에 있는 종이를 가져다가 맞춰보니 굿하는 책의 잘린 부분이었다. 지금 바야흐로 주상의 사랑을 받고 있는데도 하는 일이 이와 같은데, 혹시 조금이라도 뜻대로 되지 않는 일이 있다면 어찌 이보다 지나친 일이 없으리라고 할 수 있겠는가.(《성종실록》 8. 3. 29)

대비의 언문의지는 세조비인 정희대비(貞熹大妃)와 예종비인 안순대비(安順大妃), 성종의 모후인 인수대비 등 세 대비들이 의견을 수렴해 만든 것이다. 50대 후반의 세조비를 비롯해 30대 후반의 예종비와 인수대비 모두 공교롭게도 비교적 젊은 나이에 과부가 된 공통점이 있었다. 특히 인수대비는 일찍이 과부가 되어 두 아들을 키운 탓에 병적일 정도로 자식의 안위에 민감한 반응을 보였다.

이 같은 상황에서 동병상련의 세 과부대비들이 의기투합해 며느리와 갈등구도를 형성하는 것은 충분히 예상할 수 있는 일이다. 이는 "윤씨의 투기로 말미암아 장차 성종에게 어떤 위해가 닥칠지 모르니 미리 예방조치를 취해야 한다"는 이들의 주장을 보면 대략 짐작할 수 있다. 이들은 비록 언문의지에 이를 구체적으로 밝히지는 않았으나 사실은 '폐비'(廢妃)라는 극약처방을 염두에 두고 있었던 것이다. 이들은 폐비라는 극단적인 조치로 일거에 갈등구도를 해결하려 한 셈이다.

그러나 상식적으로 생각해 보아도 윤씨가 남편인 성종을 해칠 가능성은 전무했다고 보아야 한다. 따라서 사안을 확대 해석해 한 나라의 국모를 단순한 징계도 아닌 폐출로 몰아간 것은 문제가 아닐 수 없다. 언문교지는 대비들의 과잉반응에 오히려 더 큰 문제가 있었음을 보여주는 것이다.

세 대비들은 자신들의 손으로 윤씨를 왕비의 자리에 올려놓고도, 왜 1년도 안 되어 윤씨를 폐출하기 위해 이토록 안달한 것일까? 성종을 독점하기 위한 윤씨의 행보가 이들 세 대비의 눈에 거슬렸을 가능성이 크다. 윤씨가 줄곧 하루빨리 대비들의 그늘에서 벗어나라고 성종을 부추긴 사실이 이를 증명한다. 이 일이 소문으로 전해지면서 대비들의 노여움은 극에 달했을 것이다.

이 같은 상황에서 윤씨의 무지한 소행이 드러나자 대비들이 칼을 뽑아든 것으로 볼 수 있다. 사실 윤씨의 소행은 부녀자들의 통상적인 질투심의 발로로 치부할 수 있는 일이었다. 장차 성종을 해할지도 모른다는 대비들의 주장은 지나친 비약이 아닐 수 없다. 아무리 윤씨가 질투심에 눈이 멀었다 할지라도, 남편인 성종을 죽이면서까지 어린 자식을 보위에 올려놓을 이유는 없기 때문이다.

당시 원자인 연산군은 성종이 얻은 첫 적장자였다. 더구나 월산대군을 물리치고 왕위에 오른 성종이, 연산군을 배제함으로써 왕통의 정통성 위기를 재생산할 가능성은 거의 없다고 보아야 한다. 윤씨의 행위가 비난받을 만한 것이기는 했으나 꼭 폐출해야 할 정도의 사안은 아니었다고 할 수 있다. 결국 대신들이 중궁의 폐출을 모두 반대하는 상황에서 세 대비전이 없던 일로 하기로 결정함에 따라, 윤씨는 폐출 위기에서 가까스로 벗어나게 되었다.

이 사건은 비록 사흘 만에 마무리되어 일과성 소동으로 끝나기는 했으나, 윤씨가 폐출 일보 직전까지 몰린 사실로 짐작할 수 있듯이 결코 간단한 문제가 아니었다. 세 대비전은 오히려 이 사건이 일과성 소동으로 마무리되자 윤씨를 더욱더 미워하게 되었기 때문이다. 결국 윤씨는 2년 뒤 세 대비가 쏘아댄 증오의 독화살을 맞고 단 하루 만에 폐출되고 말았다. 도대체 그 사이에 어떤 일이 일어나, 없던 일로 하기로 한 사건이 또 다시 불거져 윤씨를 비극의 주인공으로 만든 것일까? 이를 알기 위해서는 이 사건이 벌어진 뒤 윤씨와 관련된 기록을 더듬어볼 필요가 있다.

윤씨 폐출 소동이 있은 지 2달 만인 그 해 6월 1일 중궁의 생일이 있었다. 그러나 성종은 윤씨에 대한 하례를 정지시켰다. 이 때문에 백관들은 옷감만을 올렸다. 이로 미루어 대비전이 성종에게 무언의 압력을 가한 것이 아닌가 하는 생각이 든다. 특별한 이유도 없이 하례를 정지시킨 이유를 달리 생각하기 어렵기 때문이다. 다음 기록을 보면 대비전과 윤씨의 갈등이 시간이 갈수록 점점 심화되고 있음을 알 수 있다.

임금이 명하여 예조의 당상관 이승소(李承召) 등을 불러서 말하기, "중궁이 동지를 앞두고 세 대비전에 하례하는 관례는 예를 행하는 것 중에서도 큰 것인데 이를 예조낭청에게 맡긴 것은 어찌된 것인가. 예조의 직책을 가지고 있으면서도 예조의 일을 알지 못한다면 오히려 다른 관사에 겸하게 하고 예조를 폐지하는 것이 좋을 것이다" 하고, 곧 사헌 부에 명하여 이를 국문하게 하였다.《성종실록》8. 11. 7)

　중궁이 동지 하례를 앞두고 세 대비전에 인사하는 행사를 예조의 일개 관원에게 대신토록 한 것은, 그 원인이야 어디에 있든 당시 기준으로 보아 있을 수 없는 일이다. 대비전과 윤씨의 갈등이 더욱 깊어져 가고 있음을 짐작케 하는 대목이다. 그러나 당시 중간에 서 있던 성종의 행보는 오히려 윤씨 쪽에 가까웠다. 윤씨에 대한 총애가 폐출 소동 이후 오히려 더욱 깊어진 것이 아닌가 하는 느낌마저 주고 있다. 윤씨가 이 사이에 연산군의 아우를 임신한 사실이 이를 뒷받침한다.

　이듬해 4월에는 윤씨의 오라비들이 토지송사에 연루되어 성종에게 주의를 받는 일이 일어났다. 윤씨의 어미 신씨가 자식들의 토지송사를 권력으로 해결하기 위해 중궁에게 청을 했다가 사건이 불거지게 되었다. 예나 지금이나 재산과 관련한 송사문제는 권력으로 해결될 사안이 아니다. 윤씨가 이 일 때문에 오라비를 불러 혼을 낸 것으로 보아, 아마 이 사건은 당시 궁 안에 널리 소문이 난 것으로 보인다. 이 사건은 역설적으로 윤씨에 대한 성종의 총애가 간단치 않았음을 반증하고 있다. 그러나 이로 말미암아 윤씨에 대한 세 대비전의 적의(敵意)는 더욱 커졌음이 틀림없다.

　실록에는, 이 사건 이후 성종 10년 6월 1일 중궁의 탄신일 기록이 나올 때까지 근 1년여 동안 윤씨에 대한 기록이 전혀 나오지 않고 있어, 그동안 구체적으로 무슨 일이 있었는지 확인할 길은 없다. 다만 폐비교서의 내용에 미루어, 성종과 윤씨의 사이는 그런 대로 괜찮았으나 윤씨에 대한 대비전의 증오심은 시간이 갈수록 더욱 커져 갔음을 짐작할 수 있을 뿐이다.

그러나 성종 10년 6월 1일 중궁 탄신일에 관한 기록을 보면 이때를 전후해 뭔가 심상치 않은 일이 벌어졌음을 짐작할 수 있다. 이날은 윤씨의 생일이었음에도 축하연을 생략하고 옷감만 올렸다는 기록이 나오기 때문이다. 아니나 다를까 드디어 이날 저녁 일이 터지고 말았다.

실록에 나타난 성종의 이날 모습은 무언가에 쫓기는 듯 매우 다급하기 그지없다. 성종은 이날 저녁 대신들과 야대(夜對 : 왕이 밤중에 신하를 불러 경연을 베풀던 일)를 끝낸 뒤 급히 승지들을 불러모았다. 다시 조금 있다가는 정승을 비롯한 원로대신들을 다음날 이른 아침에 입궐토록 조치하였다. 윤씨에게는 2년 전의 악몽이 떠오르는 불길한 조짐이 아닐 수 없었다.

이튿날 새벽 영의정 정창손(鄭昌孫), 상당 부원군 한명회, 우의정 윤필상(尹弼商) 등이 급히 대궐로 들어왔다. 성종은 승지와 사관들이 입시(入侍)한 가운데 선정전에 나아가 이들의 인사를 받은 뒤 곧바로 중궁의 폐출문제를 거론하고 나섰다. 성종의 다음과 같은 언급은 윤씨가 단 하루 만에 전격적으로 폐출된 배경을 잘 설명해주고 있다.

중궁의 일을 여러 경들에게 말하는 것은 진실로 부끄러운 일이라 하겠다. 그러나 지금 중궁의 일이 매우 중대하므로 말하지 않을 수 없다. 궐 안에는 후궁의 방이 있는데, 일전에 내가 마침 이 방에 갔는데 중궁이 아무 연고도 없이 이 방에 들어왔으니 어찌 이와 같은 일이 있을 수 있는가. 근자에 침실을 따로 하고 스스로 새로워질 것을 바랐으나 그래도 고치지 않았는데 능히 허물을 뉘우치겠는가. 만일 허물을 뉘우칠 기미가 있다고 하면 내가 어찌 감히 폐한다고 하겠는가.(《성종실록》 10. 6. 2)

이날 대신들은 윤씨의 폐출을 강력하게 반대하고 나섰으나, 성종의 의지가 워낙 강한 데다가 화를 내며 자리를 뜨는 바람에 더는 어쩔 수 없었다. 당시 대신들은 한때 중궁이던 윤씨를 아무런 조치도 취하지 않은 채 사제(私第)로 내쫓는 것은 곧 성종 자신을 욕하는 셈이라고 주장했다. 그러나 성종의 생각은 확고하기만 했다. 성종은 오히려 자신의 답답한 심정을 몰라준다고 한탄하면서 격노하는 모습을 보였다. 성종의 마음이 윤씨에게서 완전히 떠났음을 보여주는 대목이 아닐 수 없다.

결국 윤씨는 자신의 폐출문제가 거론된 지 반나절도 안 되어 승정원이 마련해준 가마를 타고 대궐을 나가 사제로 쫓겨갔다. 윤씨가 쫓겨난 날은 그녀의 생일 다음날이다. 이는 칠거지악이 지엄한 당시의 기준에서 보더라도 원자를 생산한 중궁에 대한 조치로는 박정하기 그지없는 처사였다. 실록에 기록이 없어 윤씨가 폐출된 구체적인 사유를 알

창덕궁 선정전 : 창덕궁의 편전으로 국왕이 신하들과 함께 어전회의를 하거나 집무를 볼 때 쓰던 건물

길이 없으나, 실록의 여러 기록을 종합해보면 몇 가지 사항을 유추해낼 수 있다.

우선, 윤씨는 어느 날인가 성종이 머무르고 있는 후궁 방에 불쑥 들어가 성종의 격노를 산 것이 확실하다. 이때 윤씨가 후궁의 방에 쳐들어간 시간은 대략 성종이 후궁과 잠자리를 같이 하기 위해 준비 중인 저녁시간이었을 공산이 크다. 해가 떨어지기 전이라면 설령 중전이 후궁 방을 불쑥 들어갔다고 해도 그리 심각한 문제가 되지는 않았을 것이기 때문이다. 이로 미루어 성종과 윤씨는 그 이전에 후궁 문제를 놓고 격돌했을 가능성이 크다.

흔히들 이때 윤씨가 성종의 얼굴에 상처를 낸 것으로 알고 있으나 이는 역사적 사실과는 거리가 먼 허구일 뿐이다. 이는 윤씨 폐출의 배경을 설명하기 위해 윤씨의 사소한 잘못까지 빠짐없이 언급한, 대비들의 언문의지에서도 이런 얘기를 전혀 언급하고 있지 않은 것만 봐도 쉽게 알 수 있다. 성종이 반포한 폐출교서에서도 이와 관련해서는 단 한 줄도 언급하고 있지 않다는 것도 좋은 증거가 아닐 수 없다.

이와 관련해 주목해야 할 사항은 성종이 당시 윤씨와 잠자리를 같이 하지 않았다는 점이다. 이는 성종의 언급을 통해 쉽게 확인할 수 있다. 성종이 윤씨와 잠자리를 함께 하지 않은 것은, 아마도 세 대비들이 윤씨와 별거할 것을 강력히 사주했기 때문이 아닌가 싶다.

그러나 성종이 공식적인 절차를 모두 생략한 채 폐출을 실행에 옮긴 것은 지나친 처사가 아닐 수 없다. 아무리 잘못을 저질렀다고 하더라도 국모를 단 하루 만에 폐출할 수는 없기 때문이다. 이는 성종이 대비들의 의사를 전격 수용한 결과로 해석하는 것이 옳을 듯싶다. 윤씨의 폐출일이 공교롭게도 윤씨의 생일 다음날이라는 사실이 이를 증명한다. 성종이 윤씨의 폐출을 줄곧 생각해 왔다면 폐출일을 하필 윤씨의 생일 다음날로 잡을 이유는 없기 때문이다.

대비들이 내뿜는 증오심의 표적은 비단 윤씨에 한한 것이 아니었다. 예종의 아들인 제안대군(齊安大君)의 처 역시 윤씨가 폐출된 지 불과 두 달 만에 안순대비의 극성에 못 이겨 쫓겨나고 말았다. 이 때문에 제안대군은 두 번이나 정실부인을 쫓아냈다가 결국 첫째 부인과 다시 재결합하는 우여곡절을 겪어야만 했다. 당시 며느리에 대한 세 대비의 피해의식은 상식을 벗어난 것이었다.

이들 대비들은 며느리를 쫓아낼 때 결코 이성적인 입장에 서 있지 않았다. 그것은 이들이 제시한 근거를 보면 확연히 알 수 있다. 세 대비들의 억지논리는 자칫 성종이 다칠지도 모른다는 피해망상에서 비롯된 것이다. 이는 인수대비가 윤씨를 수라상 근처에 오지도 못하게 한 사실로도 극명하게 알 수 있다. 피해의식에 사로잡힌 시어머니가 자식을 보호하겠다는 일념으로 며느리를 무리하게 내친 사례는 고금사에 그리 드문 일이 아니다.

그러나 더 큰 문제는 사실 성종 자신이 대비들과 유사한 심리상태를 보여주었다는 점에 있다. 이는 윤씨 폐출에 반대하는 대신들을 일일이 불러 윤씨의 폐출 사유를 설명한 성종의 다음과 같은 언급에서 쉽게 확인할 수 있다.

지난 정유년에 윤씨가 몰래 독약을 품고 사람을 해치고자 하여 비상을 바른 곶감을 주머니에 넣어 두었으니, 이것이 나에게 먹이고자 한 것인지도 알 수 없지 않는가. 혹 나로 하여금 자식을 두지 못하게 하거나 혹 반신불수가 되게 하려는 것일 수도 있다. 대비께서는 당시에 발각된 비방을 적은 책과 이를 담은 상자를 지금까지 가지고 있다.(《성종실록》 10. 6. 5)

성종 또한 대비들과 마찬가지로 일종의 피해망상에 사로잡혔음을 쉽게 알 수 있다. 이 같은 상황에서 윤씨가 버텨내는 것은 사실상 불가능했다고 보아야 할 것이다. 또 대비들과 성종은 어린 나이에 생모를 잃고 성장해야만 하는 어린 연산군을 전혀 배려하지 않았다. 원자 생모의 폐출이 몰고 올 파장을 간과한 채 윤씨의 폐출을 결정한 이들의 행동은 너무나 안이하면서도 충동적인 것이 아닐 수 없다.

당시 사제로 쫓겨난 윤씨는 실록의 기록으로 보아 매우 어려운 상황에 처해 있었음이 틀림없다. 끼니를 제때 해결하는 것도 쉽지 않았기 때문이다. 당시 많은 신하들이 윤씨의 거처를 다른 곳으로 옮길 것을 간청했으나 성종은 오히려 화를 냈다. 그리고 윤씨가 사제로 쫓겨간 지 5달 뒤에 윤씨의 집에 도둑이 들었을 때도 성종은 냉담한 반응을 보였다. 한때 국모였던 윤씨 집에 도둑이 들었다면 마땅히 범인을 찾아내 엄벌에 처해야만 했다. 이는 군왕을 모욕한 사건으로 볼 수도 있기 때문이다. 그러나 성종은 오히려 냉소적인 반응을 보였다.

성종은 왜 이 같은 반응을 보인 것일까? 아마도 윤씨와 대비의 갈등 때문이었을 것이다. 성종은 말 그대로 효자 중의 효자였다. 성리학은 부모자식간의 관계를 천륜(天倫)으로 본 데 반해 부부간의 인연은 인륜(人倫)으로 간주했다. 따라서 성리학의 관점에서 보자면 시어머니와 갈등을 빚은 윤씨는 천륜에 도전한 셈이다.

실록은 윤씨의 사가에서의 행적에 대해서는 전혀 기록하고 있지 않다. 그러나 많은 대소 신료들이 끊임없이 윤씨의 처소 이전 등 처우개선을 요청하다가 성종의 노여움을 사게 된 과정은 소상히 기록하고 있다. 이러한 신료들의 요청으로 말미암아 성종과 대비들은 오히려 윤씨를 그대로 놔둬서는 안 되겠다는 생각을 더욱 굳혔을 공산이 크다. 성종의 다음과 같은 언급이 이를 증명한다.

경들이 만일 윤씨의 가난하고 헐벗음을 불쌍히 여기는 것이라면 어찌하여 그대들의 녹봉으로써 공급하지 않는가. 그대들은 짐의 뜻을 알 만한데도 말하는 것이 이와 같으니, 그대들은 윤씨의 신하인가 아니면 이씨의 신하인가. 경들은 "온 나라의 신하와 백성들이 통한해 하지 않는 이가 없다"고 하는데, 그렇게 통한하였다는 자들이 과연 누구누구인가?(《성종실록》 13. 8. 11)

윤씨를 동정하는 분위기가 성종과 대비들로 하여금 모종의 결단을 촉구했음을 이 기록을 통해 짐작할 수 있다. 이 일이 있은 지 불과 5일 뒤에 윤씨의 사사를 명하는 전지(傳旨)를 의정부에 내린 사실이 이를 뒷받침한다. 이를 보면, 성종이 원래는 윤씨를 복위시킬 생각이 있었는데 대비들의 흉계에 빠져 윤씨에게 사약을 내렸다는 《금삼의 피》의 내용은 완전한 허구임을 확인할 수 있다. 성종은 결코 윤씨를 사면하려는 생각을 품은 적이 없었다. 이는 성종이 윤씨에게 사약을 내린 바로 그 날 재상들을 빈청에 불러모아 음식을 대접하면서 자신의 조치를 자랑한 사실을 보면 쉽게 알 수 있다. 한때 그토록 총애하던 여인에 대한 대우치고는 참으로 혹독한 것이 아닐 수 없다. 성종의 잔인한 일면을 엿볼 수 있는 대목이다.

성종은 윤씨를 왜 이토록 미워한 것일까? 짐작컨대 대비들은 윤씨가 폐출된 뒤에도 윤씨가 살아 있다는 사실에 대해 매우 불안해한 것으로 보인다. 대비들의 이 같은 강박관념이 성종에게 그대로 옮아갔을 가능성이 크다. 그렇지 않고는 성종이 윤씨에게 사약을 내린 뒤에도 윤씨를 이토록 증오하는 모습을 보일 리는 없기 때문이다. 윤씨는 사제로 쫓겨간 지 3년 만에 사약을 받았다. 그러나 윤씨가 비록 투기 등의 이유로 폐출된 것은 그렇다 하더라도 결코 사약을 받을 만한 죄를 저지른

것은 아니었다. 윤씨의 사사는 성종의 치세 기간에 일어난 가장 잔인한
사건이다.

연산군의 등극에는 당시의 국제관계가 크게 작용했다

윤씨의 죽음은 어린 연산군의 앞날에 두 가지 가능성을 암시한 사
건으로 볼 수 있다. 하나는, 윤씨의 죽음에 개입한 당사자들에게, 차마
연산군까지 연루시킬 수는 없다는 동정심을 일으켰을 가능성이다. 이
는 어린 연산군에게는 긍정적인 측면으로 작용했을 수 있다. 연산군이
보위에 오를 수 있었던 데는 이 같은 가능성도 하나의 배경으로 작용했
을 것으로 짐작된다.

다른 하나는, 어린 연산군에게는 비록 상징적인 의미에 불과했지
만, 마지막 버팀목이 무너짐으로써 유사시 생모의 전철을 밟을 위험성
이 높아졌다는 점이다. 윤씨가 폐출된 지 불과 10일 만에 연산군의 어
린 동생이 죽은 사실이 이를 증명한다. 당시 연산군의 아우는 아직 젖
을 떼지 못한 영아였음이 틀림없다. 연산군이 태어난 성종 7년 11월을
기점으로 계산해보면, 연산군의 동생은 아무리 빨리 태어났다 할지라
도 윤씨가 폐출될 당시에는 겨우 만 1년 6개월된 영아였을 것이다.

특별히 허약하지도 않았을 연산군의 동생이 윤씨가 쫓겨난 지 불과
10일 만에 죽은 것은 아무리 보아도 이상한 일이 아닐 수 없다. 당시 이
름도 알려지지 않은 채 죽은 연산군의 동생은 비록 생모가 폐위되기는
했으나 엄연히 정실 왕비의 소생이었다. 따라서 사관은 대군이 죽은 이
유에 대해 최소한 한 줄이라도 언급했어야만 한다. 그러나 아무런 설명
도 없다. 비록 생모가 쫓겨났다 해도, 잘 자라던 어린 왕자가 곧바로 죽
는 것은 상식적으로 있을 수 없는 일이다. 젖을 주지 않는 식의 이른바
부작위에 의한 영아 살해음모가 개입되었을지도 모를 일이다.

고립무원의 처지에서 외부의 침해에 무방비 상태로 놓여 있던 연산군이, 동생이 맞이한 운명을 피할 수 있었던 것은 거의 기적에 가까운 일이었다. 그러나 무엇보다도 연산군이 보위에 오르는 과정에서 최대의 고비는 세자로 책봉되는 과정이었다.

어린 연산군이 세자로 책봉된 데는 여러 가지 요인이 복합적으로 작용했다. 그러나 어린 연산군에게 주어진 기본 환경은 결코 유리하지 않았다. 특히 성종은 윤씨가 죽은 뒤에도 윤씨를 증오하는 마음을 품고 있었다. 이는 연산군의 앞날에 적신호가 아닐 수 없었다. 그렇다면 연산군은 어떻게 해서 세자에 책봉된 것일까? 당시 조선과 중국의 관계를 염두에 두지 않고는 그 해답을 찾아낼 수 없다.

당시 조선은 왕과 왕비는 물론 왕세자 자리에 변동이 생기면, 반드시 중국의 황제에게 이를 보고한 뒤 재가를 받아야만 했다. 대개 중국 황제는 특별한 일이 아닌 한 조선이 주문(奏聞)하는 내용대로 재가하는 것이 관례였다. 그러나 폐왕(廢王)이나 폐세자(廢世子)처럼 중대한 사안은 중국의 안위와도 밀접히 관련된 사안이기 때문에 황제의 재가를 받기가 어려웠다. 중종 때 조선 조정에서 황제의 재가를 받기 위해, 연산군이 자발적으로 보위를 넘겨준 것으로 거짓 보고한 사실이 이를 증명한다.

당시 성종은 조선왕조 개국 이래 처음으로 일어난 폐비문제를 놓고 황제의 반응이 어떻게 나올지 매우 노심초사했다. 그러나 성종은 의외로 쉽게 재가를 얻어냈다. 중국은 황후를 폐위한 전례가 많은 나라였다. 황제는 조선 최초의 폐비문제를 조선왕실 내부의 문제로 치부한 것이다.

그러나 새 왕비의 책봉을 주문하는 일은 전혀 다른 문제였다. 새 왕비를 책봉한다는 것은 곧 폐세자 문제로 비화될 수 있는 사안이기 때문이다. 중국의 황제에게 조선의 폐세자 문제는 매우 중요한 관심사항이 아닐 수 없다. 따라서 중국측이 폐비문제부터 꼬치꼬치 캐묻고 나오면 사안이 예상치 못한 방향으로 나아갈 수도 있었던 것이다.

고립무원의 연산군이 무난히 세자의 자리에 오르게 된 데는, 바로 당시의 이 같은 국제질서가 중요한 배경으로 작용했다고 보아야 한다. 이는 성종이 새 왕비의 고명(誥命)을 받는 과정에서 안절부절못한 사실을 통해 쉽게 짐작할 수 있다. 성종은 황제의 재가를 받아내기 위해 연산군의 적통성(嫡統性)을 중국측에 강변했을 공산이 크다. 새 왕비의 고명을 요청하기 위해 주문사(奏聞使)로 다녀온 한명회가 소임을 마치고 그 결과를 보고하는 대목을 보면 이를 명백히 확인할 수 있다.

임금이 선정전에 나아가 한명회를 위로한 뒤 묻기를, "고명을 주문한 일에 대해 중국측 관원이 불가하다고 하였다는데 과연 사실인가?" 하니, 한명회는 "황제가 내관을 시켜 신에게 묻기를 '폐비는 무슨 까닭으로 폐하였고 아들은 과연 있는가?' 하여, 신은 '아들이 있는 왕비를 폐한 것은 부득이한 조치였습니다'라고 고하였습니다"라고 대답했다.(《성종실록》 12. 4. 19)

한명회가 황제의 내관에게 "아들이 있는 왕비를 폐한 것은 부득이했다"고 말한 것은, 곧 "왕비는 폐했지만 소생 아들의 지위는 아무 변동이 없을 것"이라고 대답한 셈이다. 사실 한명회의 대답은 성종의 지시를 그대로 따른 것이었다. 황제도 이 같은 사실을 확인하고 새 왕비의 고명을 내렸다고 보아야 한다. 연산군은 생모의 죽음으로 말미암아 오히려 세자도 되기 전에 중국 황제의 인준을 받은 셈이다.

한명회가 복명한 지 한 달 만에 중국에서 고명사신이 왔다. 중국 황제의 재가는, 한명회를 통해 전달한 조선측의 약속을 전제로 성종의 조치를 공식 승인해준 것이다. 연산군이 세자의 자리에 오르는 데 당시의 국제질서가 '보이지 않는 손'의 구실을 한 셈이다.

그러나 황제가 새 황비 책봉을 재가함으로써 윤씨의 복위는 사실상 불가능해졌다. 윤씨가 이후 사제에서 비참한 생활을 하다가 사약을 받고 유명을 달리하게 된 것도 이 같은 바탕 위에서 이뤄진 것으로 볼 수 있다.

원론적인 면에서 보면 폐비의 생사문제는 황제에게 보고를 해야 할 사항은 아니기 때문에 조선 조정이 근심할 바는 아니다. 그럼에도 당시 조선 조정은 윤씨에게 사약을 내린 사실이 중국측에 알려질까 매우 전전긍긍하는 모습을 보였다. 조선 조정은 왜 이 같은 모습을 보인 것일까? 이는 폐비를 사사한 사실이 중국에 알려질 경우 황제의 하문(下問)이 내릴까 우려했기 때문이다. 폐비를 사사한다는 것은 곧 폐세자 문제와 직결될 수밖에 없는 사안인 것이다. 다음 기록은 성종 역시 이 문제로 적잖이 고심했음을 보여주고 있다.

한명회가 와서 "만일 중국 조정에서 폐비 윤씨의 일을 물으면 어떻게 대답해야 하겠습니까" 하니, 왕이 말하기를 "폐하여 사제에 있다고 대답하고 만약 끝까지 묻거든 근심이 병이 되어 파리해져 죽었다고 대답하는 것이 가하다" 하였다.(《성종실록》 14. 1. 8)

신하에게 거짓을 교사하는 성종의 옹색한 모습에서, 윤씨에게 사약을 내린 일이 얼마나 떳떳치 못한 조치였는지를 쉽게 확인할 수 있다. 그의 궁색한 변명에서는, 과거 대신들 앞에서 윤씨가 마땅한 죗값을 치른 것이라고 호언하던 당당한 모습은 찾을 길이 없다.

그러나 시간이 지나면서 성종이 자신의 잘못을 어느 정도 뉘우치게 된 것은 그나마 다행이었다. 성종 역시 날로 커가는 연산군을 바라보면서 윤씨를 한정 없이 무주고혼(無主孤魂)으로 방치하기는 어려웠을 것이다. 성종이 밀봉한 어서를 대신에게 내려 약식이나마 윤씨를 제사토록 조치한 것은, 연산군의 앞날을 생각할 때 매우 다행스러운 일이었다. 어서에 나오는 성종의 다음과 같은 언급을 보면 윤씨에 대한 나쁜 감정이 상당히 누그러졌음을 알 수 있다.

폐비의 악덕은 분명히 드러나 있고 황제 역시 폐출을 허락했으니 어찌 다시 논할 수 있으랴. 다만 지금 세자의 정리를 생각하면 어찌 측은한 마음이 없겠는가. 특별히 일정한 제사를 드려 자식의 심정을 위로하여 영혼이 감응하게 하고자 한다. 그러나 내가 죽은 뒤에라도 영원토록 바꾸지 말고 아비의 뜻을 지키게 하는 것이 어떻겠는가.(《성종실록》 20. 5. 16)

성종의 이 같은 조치로 윤씨는 죽은 지 7년 만에 처음으로 제사상을 받게 되었다. 당시 연산군은 14살이었다. 세자가 날로 장성해 가는데, 세자의 생모가 아무리 죄를 지어 사사되었다 할지라도 제사조차 못 지내게 할 수는 없는 일이었다.

그러나 성종의 이 같은 전교는 너무 뒤늦은 것인 데다가 내용 또한 빈약한 것이었다. 나아가 자신이 죽은 뒤에도 윤씨에 대한 추숭(追崇)을 하지 못하게 못박은 것은 지나친 처사가 아닐 수 없다. 성종은 훗날 연산군이 윤씨를 추숭할 것을 염려해 이 같은 조치를 취한 것이다. 이는 살아 생전에 내린 일종의 유교(遺教)에 해당한다. 생모를 향한 연산군의 그리움을 제도적으로 차단하고자 한 것이다.

왕은 특별한 일이 없는 한 선왕의 유교를 지키는 것이 원칙이다. 그러나 상황에 따라서는 다른 조치를 취할 수도 있는 것이다. 연산군이 즉위 초부터 대간들과 충돌하게 된 데는 윤씨의 신원(伸寃)문제가 중요한 배경으로 작용했다. 연산군이 훗날 선왕의 유교를 저버린 폭군으로 몰린 것도, 따지고 보면 바로 성종의 이같이 무리한 유교가 발단이 되었다고 할 수 있다.

성종은 비록 인수대비에게는 효자일지 몰라도 그 아내와 자식에게는 끝까지 비정한 지아비이자 무심한 아비였던 셈이다. 성종도 자신의 처사가 지나치다고 생각했는지 얼마 지나 윤씨의 제사를 제법 격상하는 조치를 취했다. 명절날에 한해 윤씨의 제사형식을 왕후와 동일한 격식에 맞추도록 명한 것이다. 이로써 성종은 연산군을 위해 자신이 할 수 있는 조치는 다했다고 생각했을지도 모를 일이다. 성종은 이 같은 조치를 취한 지 5년 뒤에 급작스레 병으로 죽고 만다.

사실 어린 연산군에게 생모의 죽음은 치명적인 것이었다. 더구나 죄인으로 몰려 사약을 받아 죽었으니 말할 것도 없다. 그러나 연산군은 이같이 불리한 상황에서도 꿋꿋하게 성장하여 당당하게 보위를 이어받았다. 이 과정을 자세히 분석하지 않고는 연산군의 통치를 제대로 파악하기 어렵다. 그러나 다음 기록이 보여주듯이, 연산군의 성장과정에 관한 실록의 기록은 매우 악의적이기만 하다.

연산군은 윤씨가 폐출될 때 아직 강보 속에 있었는데, 성종은 그가 어머니를 여읜 것을 불쌍히 여기고 또한 그가 적장자였기 때문에 왕세자로 세웠다. 그런데 연산군의 성질이 모질고 시기심이 많은 것이 그 어미와 같은 데다 지혜롭지도 못했다. 하루는 성종이 시험삼아 서무를 재결시켜 보았으나 매우 우매하여 이를 분간하지도 못하므로 성종이 연산군을 꾸짖었다. 연산군은 이 때문에 부왕 뵙기를 꺼려 불러도 아프다고 핑계하고 가지 않은 적이 많았다. 성종은 세자를 폐하고 싶은 마음이 많았으나, 진성대군(晉城大君, 중종)이 아직 어린 데다 다른 적자가 없는 상황에서 연산군이 어리고 의지할 곳이 없음을 불쌍히 여겨 차마 그리하지 못하였다.(《중종실록》 1. 9. 2)

《중종실록》에 나타나는 연산군은 성질이 모질고 우매한 데다가 거짓말까지 잘하는 못된 인물이다. 이는 악의적인 왜곡이 아닐 수 없다. 세자 시절 연산군의 모습을 담고 있는 《성종실록》의 기록과는 정반대로 묘사하고 있기 때문이다. 이는 중종의 즉위를 정당화하기 위해 악의적인 왜곡을 서슴지 않은 결과이다. 사실 중종은 연산군을 폐위하고 자리에 오른 만큼, 연산군을 악의적으로 묘사하지 않으면 정통성 시비에 휘말릴 수밖에 없었을 것이다.

연산군은 불과 4세 때 일어난 생모의 불행한 죽음에 관해 아무것도 모르고 컸다. 어느 정도 장성할 때까지는 중종의 생모를 친어머니처럼 따르면서 큰 것이 틀림없다. 연산군이 즉위 전에 자신의 생모에 대해 어느 정도나 알고 있었는지는 구체적인 기록이 없어 자세히 알 길이 없다.

다만 이를 짐작할 수 있는 기록이 유일하게 《연산군일기》의 앞부분에 남아 있을 뿐이다. 연산군이 성종의 묘지문을 작성하는 과정에서 비로소 자신의 외가에 대해 처음으로 알게 된 사실을 묘사한 다음과 같은 기록이다.

왕은 성종의 묘지문을 보고 승정원에 전교하기를, "판봉상시사 윤기견이란 어떤 사람이냐. 혹시 영돈녕부사 윤호를 윤기견으로 잘못 쓴 것이 아니냐" 하였다. 승지들이 아뢰기를, "이는 실로 폐비 윤씨의 아버지인데 윤씨가 왕비로 책봉되기 전에 죽었습니다" 하였다. 왕이 비로소 윤씨가 죄로 폐위되어 죽은 줄을 알고 수라를 들지 않았다.(《연산군일기》 1. 3. 16)

　　윤호는 중종의 외조부이고 윤기견은 연산군의 외조부이다. 그런데 연산군은 윤기견이라는 인물이 존재했다는 사실조차 전혀 몰랐던 것이다. 그는 자신의 외가에 관해 잘못된 정보를 입력시키고 있었던 것이다. 나아가 연산군은 윤씨가 폐출되어 사사된 사실 역시 전혀 몰랐다. 이는 윤씨에 관한 정보가 전혀 입력되어 있지 않았거나 왜곡된 정보가 입력되어 있었음을 뜻한다. 한마디로 말해 연산군은 그동안 자신의 모계혈통과 관련해 완전히 잘못된 정보를 갖고 있었던 것이다.

　　그러나 연산군이 승지들에게서 윤씨에 관한 구체적인 정보를 얻기 전까지, 자신의 생모가 윤씨라는 사실조차 전혀 몰랐다고 보기는 어렵다. 만일 그랬다면 승지들의 얘기를 듣고도 고작 "수라를 들지 않았다"는 것은 아무래도 이상하다. 이는 상식적으로 생각해볼 때 충격적인 얘기를 들은 자식의 모습치고는 너무 평범한 모습이다. 연산군이 윤씨의 죽음과 관련해 자세한 정보를 수집하기는커녕 바로 다음날 일상의 모습으로 돌아온 것도 이 같은 관측을 뒷받침한다.

　　따라서 연산군은 승지들이 자세한 얘기를 해주기 전에도, 대략 생모가 무슨 불경스런 죄를 저질러 폐출되었다는 사실만큼은 막연하게나마 알고 있었다고 보아야 한다. 따라서 당시 승지들은 연산군이 자세히 알지 못했던 윤씨의 죽음에 관한 정보를 전해주었다고 해석하는 것이 옳다. 이는 연산군이 즉위할 때 이미 20세의 청년이었다는 사실을 감안하면 더욱 그렇다. 20세가 다 되도록 자신의 생모가 누구였는지조차 몰랐다는 것은 상식적으로 납득하기 어려운 것이다.

연산군은 어릴 때부터 얼굴에 진물이 나는 창병(瘡病)으로 무척 고생을 했다. 이를 두고 연산군이 천연두에 걸렸던 것 같다고 주장한 사람이 있으나 확실치는 않다. 연산군이 세자 시절 서연을 많이 결강한 것도 이 창병 때문이지, 공부를 싫어했기 때문에 결강한 것은 아니다. 다음 기록을 보면 세자인 연산군의 얼굴에 난 창병이 얼마나 심각했는지 알 수 있다.

세자의 얼굴에 난 종기가 오래도록 낫지 않는데, 우리나라 의원은 견문이 넓지 못하여 약을 쓰지만 효험이 없습니다. 중국에는 반드시 뛰어난 의사가 있을 것이니, 사은사로 하여금 사행 길에 중국의 명의를 방문케 한다면 어찌 좋은 처방을 가르쳐 주지 않겠습니까.(《성종실록》 25. 8. 12)

이 기록에서 알 수 있듯이 연산군의 창병은 가벼운 병이 아니었다. 그가 즉위한 뒤에도 창병은 호전되는 기미를 보이기는커녕 악화되는 양상마저 보였다. 이 때문에 그는 즉위한 뒤에도 경연에 자주 나갈 수 없었다. 그러나 당시 대간들은 이 같은 사정을 감안하지 않고 무턱대고 경연 참석을 다그치고 나섰다. 연산군은 대간들에게 얼굴에 난 창병으로 진물이 나기 때문에 제왕의 체면상 경연을 빠진 것이라고 해명하곤 했다. 그러나 실록은 이를 두고 연산군이 의도적으로 경연을 빼먹었다고 기록하고 있다.

연산군은 왜 몹쓸 창병에 시달렸던 것일까? 아마도 생모의 따뜻한 보호를 받지 못한 게 한 이유가 되었을 것이다. 그렇다면 세 대비와 성종은 어릴 때 생모를 잃은 연산군이 창병으로 고생하는 것을 보고 측은

한 마음을 가졌을까? 아마도 그렇지는 않았을 것이다. 오히려 이 같은 이유로 연산군을 세자의 자리에서 폐하려고 은밀히 논의했을 가능성이 더 높다. 연산군이 세자가 된 것은, 결코 세 대비와 성종의 측은지심을 자극해 얻어낸 반사이익이 아니다.

윤씨가 사사될 당시 연산군은 원자의 자리마저 **빼앗길** 수 있는 위태로운 상황에 처해 있었다고 보아야 한다. 윤씨가 폐위되자마자 연산군의 동생이 사인이 밝혀지지도 않은 채 죽은 사실을 상기할 필요가 있다. 그렇다면 윤씨가 사사된 그 해에 연산군이 세자에 책봉된 사실을 어떻게 해석해야 할까? 그때 연산군의 나이는 8세였다.

8세의 어린 원자를 세자로 세운 이유는 간단치 않을 듯싶다. 성종은 연산군을 세자로 세우기 전에 세 대비의 재가를 받았을 것이다. 그 어미가 미우면 그 자식도 미운 법인데, 세 대비와 성종은 왜 8세의 어린 연산군을 세자로 책봉하는 데 동의한 것일까?

그 해답은 연산군에게서 찾을 수밖에 없다. 연산군이 어린 나이에도 자신에게 주어진 위기상황을 슬기롭게 헤쳐나갔다고 보아야 한다. 연산군에게 문제가 있었다면 성종이 어린 왕자를 서둘러 세자로 세울 리는 만무하기 때문이다. 그렇다면 과연 연산군이 세자 자리에 오른 이후 아무런 탈 없이 보위에 오르게 된 배경은 무엇일까? 이를 파헤치기 위해서는 실록의 기록을 면밀히 검토할 필요가 있다.

윤씨가 폐출된 지 1년 뒤인 성종 11년 11월, 윤호의 딸 윤숙의가 성종의 세 번째 계비가 되었다. 실록에는 그녀가 왕후에 책봉된 다음날 한명회가 성종을 독대하고 나와서 한 말이 실려 있다. 사관은 한명회에게서 성종과 독대한 얘기를 전해듣고 다음과 같이 기록해 놓았다.

내가 주상께 아뢰기를 "신이 왕비 책봉의 주문사로 북경에 가면, 황

제게서 반드시 이전 왕비는 무엇 때문에 폐하였고 원자는 어떻게 조처
하였는지를 물으실 듯하니 어찌 하리까” 하였더니, 성상이 전교하기를
“폐비한 까닭은 주청하는 글에 갖추어져 있고, 원자는 어미를 폐하였다
고 하여 의심스럽게 조치하는 것은 불가하다” 하셨다. 또 아뢰기를 “원
자는 자질이 영명하니 금번 북경사행에 아예 세자 책봉까지 주청하여
나라의 근본을 정하도록 하겠습니다” 하니, 성상이 전교하기를 “원자
는 아직 어리니 몇 해를 기다렸다가 세자로 책봉해도 늦지 않다” 하셨
다.(《성종실록》 11. 11. 9)

당시 한명회를 비롯한 대소 신료들은, 과연 연산군이 원자의 자리
를 계속 유지하여 세자의 자리에 오를 수 있을지 하는 문제에 비상한
관심을 가지고 있었다고 보인다. 노회한 한명회가 성종에게 세자 책봉
까지 주청하자고 제안한 것은, 실은 성종의 의중을 넌지시 떠보고자
한 것이다.

성종의 대답은 단호했다. 성종은 폐비와 폐세자 문제를 연결시키는
것 자체를 거부한 것이다. 성종은 원자인 연산군이 장차 세자의 자리에
오를 것임을 강력히 시사한 셈이다. 성종은 왜 폐비문제를 폐세자 논의
로 확대 해석하는 것을 적극 제지하고 나선 것일까? 아마도 폐세자 논
의가 몰고 올 정국의 혼란을 두려워했기 때문으로 보인다. 아무튼 연산
군은 이로써 일단 폐세자 문제가 일으킬 수도 있는 위험한 고비를 넘기
게 된 셈이다.

그러나 연산군이 확정적으로 세자가 된 것은 아니다. 성종의 말대
로 연산군은 세자로 책봉되기까지 아직 몇 년 동안의 검증기간을 무사
히 넘겨야만 했기 때문이다. 성종이 단서를 단 것은, 원자인 연산군이
세자후보로는 가장 유력하나 아직은 좀더 두고보자는 의중을 드러낸

것으로 해석할 수 있다. 한마디로 말해 연산군의 위치는 아직까지 불안정한 상태였던 것이다.

성종이 언급한 '몇 해'가 어느 정도의 기간을 염두에 두고 말한 것인지는 짐작하기 쉽지 않다. 성종은 대략 연산군이 10세 전후가 되는 때를 상정한 게 아닌가 생각된다. 그렇다면 그 사이에 무슨 일이 일어날지 아무도 알 수 없는 것이다. 연산군은 자신의 앞날에 관해 성종의 공식표명이 나온 지 3년 만에 세자로 책봉되었다. 성종이 예상보다 빨리 연산군을 서둘러 세자로 책봉한 이유는 무엇일까? 아무리 생각해도 8세의 원자를 세자로 책봉하는 것은 빠른 감이 있다. 특히 당시 성종이 27세의 한창 나이였던 점을 감안하면 더욱 그렇다. 만일 연산군을 세자로 세우기로 마음먹었다면 연산군의 나이와 학문이 좀더 무르익기를 기다렸다가 세자로 책봉해도 무방한 일이었기 때문이다.

여기에는 아마도 생모 윤씨의 죽음이 적잖은 영향을 미쳤을 것으로 짐작된다. 윤씨는 연산군이 세자로 책봉되기 불과 7개월 전에 사약을 받았다. 앞서 살펴본 바와 같이 윤씨에게 사약을 내린 것은 억지논리에 따른 것이었다. 당시 백성들 사이에는 윤씨의 억울한 죽음에 대한 동정여론이 엄청났다. 《금삼의 피》에 나오듯이, 윤씨가 피에 물든 비단 옷소매를 남겨 자식에게 복수토록 했다는 식의 속설이 만들어진 것도 이와 무관치 않을 듯싶다. 이는 물론 허구에 지나지 않는 얘기이지만, 당시 동정여론의 수위를 짐작케 하는 증거가 아닐 수 없다.

성종은 바로 시중의 이 같은 동정여론을 무마하기 위해 연산군의 세자 책봉을 서둘렀을 개연성이 높다. 이는 동시에 윤씨의 죽음은 왕실의 감정적인 대응에 의한 무리수가 아니라는 점을 백성들에게 보여주는 데도 더없이 좋은 수단이 되었을 것이다. 세 대비들의 생각도 성종과 다르지 않았을 것이다. 연산군이 영특한 데다 세 대비에게 효성스럽기 그지없었던 점도 주요한 고려사항이 되었을 것이다.

　아울러 황제가 윤씨의 죽음을 추궁하고 들 경우에 대비한 방어책으로, 연산군의 세자 책봉을 서둘렀을 가능성도 배제할 수 없다. 중국에 변명하는 방안으로는, 사사된 전비 소생의 원자를 세자로 책봉했다는 것보다 더 좋은 방법은 없었을 것이다. 이 같은 분석에 바탕해서 볼 때, 《연산군일기》와 《중종실록》에 실려 있는 연산군의 어린 시절 기록이 얼마나 악의적으로 왜곡되었는지 짐작할 수 있다.

　연산군의 세자 책봉과 관련해 또 하나 생각할 수 있는 것은, 연산군이 보위에 오를 때까지 생모의 생사 등에 관해 자세히 모르고 있었던 것이 매우 중요한 요인으로 작용했다는 점이다. 만일 연산군이 사건의 전모를 알고 있었다면 적잖은 우여곡절을 겪을 수밖에 없었을 것이다. 세 대비와 부왕을 대하는 연산군의 태도가 어딘지 부자연스러워질 수밖에 없고, 그리 되면 당연히 세 대비의 위기의식을 자극했을 것이기 때문이다. 자칫 생모의 전철을 밟았을지도 모를 일이다.

　그러나 연산군은 이를 잘 극복했다. 앞서 언급한 바와 같이, 연산군은 세자로 책봉되기 이전에 최소한 자신의 생모가 부왕과 대비들에게 어떤 잘못을 저질러 폐출되었다는 정도의 정보는 갖고 있었음이 틀림없다. 그렇다면 연산군은 자신의 생모 문제를 더 이상 알아보려고 하지 않았다고 해석할 수 있다. 물론 알고 싶은 마음이 있었더라도 내색을 하지 않았다고 해석할 수도 있다. 연산군의 이 같은 행동은, 촉각을 곤두세우고 연산군의 행보를 예의 주시하고 있던 세 대비에게 안도감을 주었을 것이다. 연산군으로서는 세자 책봉을 앞두고 최대의 위기를 넘긴 셈이다.

　연산군은 세자로 책봉된 이후 더욱더 학문에 정진하면서 효성스런 모습을 잃지 않았다. 그렇지 않았다면 곧바로 세 대비들의 눈 밖에 나

가차없이 세자의 자리에서 쫓겨났을 것이다. 이는 세자의 스승들이, 어린 세자를 성균관에 입학시켜 본격적인 제왕훈련을 시켜야 한다고 주청하고 나선 사실로 쉽게 알 수 있다. 그러나 성종은 연산군이 12세가 될 때까지 이 문제를 미루었다. 성종은 연산군의 성균관 입학문제와 세자빈 간택문제를 동시에 결정하려 한 것이다.

연산군은 성균관에 입학한 지 얼마 안 된 성종 19년 2월 의정부 좌참찬인 신승선(愼承善)의 딸을 세자빈으로 맞아들였다. 이는 연산군에게 매우 의미심장한 사건이었다. 연산군은 이제 누가 뭐라고 해도 성종의 뒤를 이어 보위에 오르기로 정해진 명실상부한 세자가 되었기 때문이다. 이 일을 계기로 연산군은 과거처럼 상의할 곳 하나 없는 고립무원의 상태에서 벗어나 든든한 지원세력을 얻게 된 것이다.

연산군은 윤씨가 비명에 죽은 지 꼭 6년 만에 스스로의 노력으로 명실상부한 세자의 자리를 굳히게 된 셈이다. 이제 연산군은 부왕인 성종이 살아 있는 동안 큰 실수를 저지르지만 않는다면 자신의 위치를 더욱 확고부동하게 다질 수 있게 된 것이다.

연산군은 역사 공부에 많은 노력을 기울였다

연산군이 세자빈을 맞아들인 이후 4년 동안 《성종실록》에는 그에 관한 기록이 나오지 않고 있다. 그 사이에 연산군이 어떻게 지냈는지는 헤아리기 쉽지 않지만, 대략 훌륭한 스승 밑에서 제왕학을 열심히 연마했을 것으로 짐작된다. 이는 성종이 세자에게 가르칠 교과목을 놓고 신하와 토론을 벌인 기록을 보면 쉽게 짐작할 수 있다.

우승지 권경희(權景禧)가 아뢰기를 "세자께서 오로지 《논어》, 《맹자》등의 경서만을 읽기 때문에 금년에 이미 춘추가 17세인데도 아직도 문리를 해득하지 못하십니다. 세자로서 고금의 흥망사를 몰라서는 안 될 것이니 모름지기 먼저 역사서를 읽도록 해야 합니다. 조강(朝講)과 주강(晝講)에는 경서를 가르치고 석강(夕講)에는 역사서를 강의한 뒤, 그 내용을 빈객 및 서연관이 세자와 더불어 토론함으로써 문리를 완전히 통하도록 해야 합니다"라고 하였다. 임금이 말하기를 "그 아뢴 바를 서연관에게 전하도록 하라" 하였다.(《성종실록》 23. 1. 29)

연산군은 세자로 책봉된 뒤 근 10년 동안 사서삼경 등의 경서만 집중적으로 교육받았음을 확인할 수 있다. 이는 서연관이 성리학에 깊이 빠진 나머지 역사교육을 소홀히 하고 성리학 교육에만 열중한 데 따른 것으로 보인다. 연산군은 이후 경서 공부와 역사서 공부를 병행했을 것으로 짐작된다. 그가 역사서를 공부한 기간은 즉위하기 전까지의 시간을 계산할 때 대략 3년에 해당하는 셈이다. 이 짧은 기간에 연산군이 얼마나 제왕학의 진수를 파악했는지는 자세히 알 길이 없다. 그러나 연산군이 훗날 고사를 자주 인용한 사실로 미루어 고금사에 대한 이해 수준은 매우 높았을 것으로 짐작된다.

이 같은 분석에 바탕해서 볼 때, 연산군이 어릴 때부터 공부하기를 싫어했다는 《연산군일기》와 《중종실록》의 기록은 악의적인 왜곡이 아닐 수 없다. 세 대비와 성종이 공부하기를 싫어한 연산군에게 보위를 순순히 물려줬을 리 없다고 보아야 옳다.

연산군의 세자 시절을 왜곡한 것 가운데 가장 심한 것은, 연산군과 성종이 적대적인 관계에 있었다는 이른바 '부자갈등설'이라고 할 수 있다. 이는 중종반정을 정당화하기 위해 만들어낸 악의적인 왜곡이다. 다음 기록을 보면 부자갈등설의 근거가 얼마나 박약한지를 쉽게 확인할 수 있다.

성종이 승하하자 왕은 상중에 있으면서도 서러워하는 빛이 없었고, 후원의 사슴을 쏘아 죽여 그 고기를 먹으며 놀이 즐기기를 평일과 같이 하였다.(《중종실록》1. 9. 2)

이 짤막한 기록은 이후 모든 기록에 그대로 인용되면서 연산군을 폭군으로 모는 데 중요한 근거로 악용되었다. 연산군이 평소 부왕과 사이가 좋지 않아 부왕의 죽음을 내심 반기면서, 부왕이 죽자마자 부왕이 아끼던 후원의 사슴을 잡아먹은 불효막급한 세자였음을 강하게 암시하고 있다. 과연 연산군은 부왕과 빚은 갈등 때문에 부왕의 죽음에 내심 쾌재를 올린 것일까?

이 기록은 논리적으로 앞뒤가 맞지 않는 악의적인 왜곡이 아닐 수 없다. 연산군이 부왕의 상중에 서러워하는 빛도 없고 부왕이 아끼는 사슴마저 잡아먹은 게 사실이라면, 연산군은 바보천치였거나 천진난만한 철부지였다는 결론이 나올 수밖에 없기 때문이다. 《성종실록》에는 오히려 다음과 같이 정반대되는 모습이 기록되어 있다.

세자의 생신이므로 백관이 마땅히 축하해야 하는데, 세자가 아뢰기를 "근래에 성상께서 편치 않으셔서 오랫동안 조회를 받지 않으셨는데 신이 생일이라 하여 하례를 받는 것은 매우 미안한 일입니다" 하였다.(《성종실록》 25. 11. 7)

연산군은 성종이 재위 25년 되던 해에 갑자기 자리에 눕게 되자, 자신의 생일축하연까지 취소하며 부왕의 쾌유를 기원한 것이다. 이와 같이 효성스럽기 그지없던 연산군이 무슨 연고로 갑자기 부왕이 죽자마자 후원의 사슴을 잡아먹는 패륜을 저질렀다는 것인지 알 수가 없다.

　　연산군이 부왕인 성종에게 얼마나 효성스런 자식이었는지는, 성종의 임종 직전 모습을 보면 더욱더 확연하게 드러난다. 성종은 매일 약시중을 들던 연산군을 옆에 두고 임종 직전에 원임(原任) 대신을 불러후일을 당부했다. 당시 상황을 담은 기록에는 효자 연산군의 모습이 잘묘사되어 있다.

　　오후 4시에 파평부원군 윤필상, 영의정 이극배(李克培), 좌의정 노사신(盧思愼), 우의정 신승선 등이 침전에 들어가니 임금이 곤룡포를입고 앉았고 세자는 옆에서 왕을 모시고 있었다. 임금이 말하기를, "이병은 처음에는 대수롭게 여기지 않았는데 점점 음식을 먹지 못하여 살이 여위었다" 하였다. 신승선이 아뢰기를, "신이 몇 해 전 이와 비슷한증세로 앓았는데 바람이 온화하고 날씨가 따뜻해지자 저절로 나았습니다" 하자 모든 사람들이 마침내 엎드렸다. 조금 지나서 임금이 물러가도록 명하였다. 세자가 윤필상 등을 돌아보면서 말하기를, "성상께서물러가도록 명하십니다" 하자 윤필상 등이 뒷걸음질쳐 물러나갔다.(《성종실록》 25. 12. 23)

　　이 기록을 보면 성종이 임종하기 직전에 연산군은 꼬박 밤을 새워가며 부왕의 시약(侍藥)에 혼신의 노력을 기울였음을 쉽게 짐작할 수있다. 앞서 지적했듯이, 만일 연산군이 성종 생전에 털끝만큼이라도 불효한 행동을 보였다면 보위에 오르기는커녕 폐세자가 되어 비참한 최후를 맞이했을 것이다. 세 대비가 시퍼렇게 살아 있고 대비들의 명이라면 물불을 가리지 않은 성종이 살아 있는 상황에서, 부왕과 갈등관계를형성한다는 것은 곧 자멸을 의미하는 것이기 때문이다.

　　이 같은 분석을 바탕으로 볼 때, 연산군이 부왕의 상중에 부왕이 아끼던 사슴을 잡아먹었다는 등의 얘기는 얼마나 터무니없는 왜곡인지를 쉽게 짐작할 수 있다. 사실 연산군은 세 대비에게 지극한 효성을 바친 것은 물론 부왕에게 모든 효성을 아끼지 않은 효자 중의 효자였다.

그럼에도 연산군의 어질고 효성스런 행동들을 연산군이 폐위된 뒤 모두 악의적으로 왜곡하고 만 것이다. 고금사를 막론하고 불효자가 순탄하게 제왕의 자리를 차지한 적은 없다. 수양제(隋煬第)와 같이 부왕을 죽이고 힘으로 보위를 차지하기 전에는 절대 불가능한 일이다. 연산군이 모든 어려움을 극복하고 보위에 오르게 된 것은 남다른 효성과 뛰어난 총기, 부단한 노력, 남모르는 인내 등이 있었기 때문에 가능한 것이었음을 염두에 둘 필요가 있다.

제 4 장
연산군의 사상적 배경

태평한 때 가을 관광 꺼리지 마오 淸時莫厭賞秋光

국화 떨기 금빛 품고 향기 아직 안 토했네 叢菊含金未吐芳

푸른 술 향기로워 궁온에 떠우니 靑蘂可香宮醞泛

서리 내린 후 온 가지가 누렇다 할 것 없네 不須霜落滿枝黃

조야가 편안하여 태평한 이때 朝野邊諡屬昇平

잔치를 허했으니 취할 만하오 恩許華筵可醉舡

언제나 용렬한 짐 덕이 없어 부끄러운데 每愧庸子無令德

오늘은 인재들 많아 되레 즐기워라 還欣今日齊群英

큰 은혜 깊어 느껴 즐기기를 꺼려 마소 眞感鴻恩不厭歡

낮닭이 한창 조나 해가 어찌 기울랴 午鷄方睡日何闌

대궐 술 다시 받기 사양치 마오 莫辭更受黃門酒

호방한 임금 나라 편케 하도록 힘쓰면 되네 都勉豪君欲國安

《연산군일기》 11. 8. 17

# 1. 풍류천하(風流天下)

연산군은 제왕의 풍류를 즐긴 낭만주의자였다

흔히 교양인이 낭만적인 삶을 살아가는 것을 일컬어 '풍류'(風流)라고 한다. 풍류인의 시초로는 대략 전국시대에 이름을 날린 제나라의 맹상군(孟嘗君)과 초나라의 춘신군(春申君) 등을 들 수 있다. 그러나 유가사상이 확고한 통치이념으로 지배하기 시작하면서부터는 이 같은 풍류인을 찾아보기 어렵게 되었다. 군신 모두 풍류를 즐길 여가에 경사서를 읽고 치국(治國)의 요체를 습득할 것을 강요받았기 때문이다.

따라서 치국 수련에 헌신해야 했던 조선왕조의 왕은 기본적으로 풍류인이 되기에는 근본적인 한계가 있었다. 그런데 조선왕조에서 이 같은 굴레를 벗어 던지고 왕의 신분으로 풍류인의 삶을 살다간 인물이 있다. 그가 바로 연산군이다. 그는 성리학이라는 각박한 통치이념이 지배한 조선사회에서 자유로운 풍류인의 삶을 살다간 유일무이한 군왕이다.

망국은 신강(臣强)에서 비롯된다

연산군도 스스로를 풍류인으로 자처했다. 그렇다면 그는 풍류를 어떻게 해석한 것일까? 연산군이 언급한 풍류는 그의 통치관과 통치행위를 분석할 때 빼놓아서는 안 될 핵심어다. 연산군은 군왕의 풍류를 "풍요를 구가하는 치세에 부합하는 호걸들의 생활양식"으로 해석했다. 이는 그의 다음과 같은 언급에 자세히 나타나 있다.

예부터 호걸스러운 제왕들 가운데 풍류와 여색에 빠진 자가 많으나 사실 국가의 흥망은 여기에 있지 않다. 비록 왕의 덕이 요순보다 낫더라도 임금이 약하고 신하가 강하면, 어진 보필을 기대할 수 없고 임금을 얕보게 되는 무리가 많아져 나라가 위태로운 상황을 면하기 어려운 것이다. 비록 왕이 풍류와 여색에 빠진다 할지라도 국세가 당당하여 온몸을 던져 충성하는 신하가 조정에 가득하면, 나라를 위태롭게 하려 해도 되지 않고 국가의 복이 무궁한 것이다. 국가의 안위는 신하가 충성스러운지 여부에 달려 있는 것이니 당나라 현종 때의 난리도 풍류나 여색에 연유한 것이 아니다.(《연산군일기》 12. 7. 17)

연산군은 '제왕의 풍류'와 '군약신강'(君弱臣强)이 국가의 '흥망성세'와 어떤 관계를 맺고 있는지 일목요연하게 논파한 셈이다. 그의 주장은 '호걸＝풍류', '망국＝신강', '풍류≠망국'이라는 3가지 관계식으로 요약할 수 있다. 제왕의 풍류와 국가의 흥망성쇠는 완전히 다른 별개의 사안이라는 것이 이 주장의 핵심이다. 그의 이 같은 주장은 과연 옳은 것일까?

우선 '호걸＝풍류'의 논리부터 검토해보기로 하자. 호걸이 풍류를 즐기려면 최소한 난세(亂世)가 아닌 치세(治世)를 만나야 한다. 흔히 광해군을 연산군과 같이 풍류인의 삶을 살다간 군왕으로 알기 쉬우나, 이는 잘못이다. 광해군은 임진왜란의 전흔이 채 가시지 않은 상황에서 가까스로 등극했기 때문에 삶에 여유가 없었다. 그가 재위한 시절은 풍류를 즐길 수 있는 상황이 아니었다. 따라서 광해군과 같이 난세에 보위에 있던 군왕은 우선 치세의 호걸 대상에서 제외해야 한다.

이에 반해 성종과 연산군의 치세는 조선왕조 최고의 태평성대였다. 따라서 두 사람 모두 풍요를 구가하는 시대적 배경이 뒷받침되었기 때문에 풍류를 즐길 수 있는 여유가 있었다. 풍요가 전제되지 않으면 기본적으로 치세의 호걸이 나올 수 없는 것이다. 따라서 '호걸=풍류'는 결국 '치세의 호걸=풍류'를 주장한 것이나 다름없다. 그렇다면 이 논리는 맞는 것일까?

고래로 치세를 만난 호걸스런 제왕은 모두 예외 없이 풍류를 즐겼다는 이 논리는, 성리학의 잣대를 들이대지 않는 한 역사적인 사실에 미루어볼 때 분명 타당성이 있다. 그렇다면 호걸과 성군은 어떤 관계에 있는 것일까? 조선왕조 최고의 성군으로 불리는 세종은 치세의 호걸일까?

연산군이 내세운 '치세의 호걸=풍류' 논리가 이 질문에 답하기 위해서는 '치세의 호걸≠치세의 성군'이라는 조건을 만족시키거나, '세종=풍류'라는 조건을 충족시켜야만 한다. 그러나 세종은 역사적인 사실에 비추어 풍류를 즐기지 않았다고 보아야 한다. 그렇다면 연산군의 주장은 '치세의 호걸≠치세의 성군'을 전제로 성립해 있는 셈이다.

그러나 성종은 앞서 살펴보았듯이 성군이라는 칭송을 들으면서도 풍류인의 풍모를 지닌 군왕이었다. 그렇다면 연산군의 전제는 잘못된 것이 아닐까? 성종은 연산군과 달리 '치세의 호걸=치세의 성군'이 가능하다고 생각했음이 틀림없다. 그는 실제로 이를 증명하기 위해 노력했다고 볼 수 있다. 그러나 이는 성리학의 통치이념에 비추어볼 때 통할 수 없는 논리였다. 성종이 대간들의 반박을 받을 때마다 이중적인 태도를 취한 것도 바로 이 같은 모순에서 비롯된 것으로 볼 수 있다. 따라서 성리학적 통치이념의 틀 속에서 규정된 치세의 성군은 결코 치세의 호걸과는 양립할 수 없는 개념임을 염두에 둘 필요가 있다.

결국 '치세의 호걸＝풍류' 논리의 전제조건인 '치세의 호걸≠치세의 성군'이라는 논리는 옳은 것으로 보아야 한다. 사실 연산군은 애초부터 치세의 성군과 호걸을 전혀 별개의 개념으로 상정하고 있었다. 그는 성리학적 기준에 꿰어 맞춘 성군이 되려는 생각이 애당초 없었다고 보는 것이 옳다. 그가 후세에 자신을 혹여 폭군으로 해석해도 할 수 없다고 언급한 대목을 보면 이를 쉽게 확인할 수 있다. 따라서 연산군이 내세운 '치세의 호걸＝풍류' 논리는, 성종처럼 성군이 되려는 욕심과 병행해 추진한 것이 아니므로 아무런 모순이 없다고 보아야 한다.

나아가 그가 제시한 '망국＝신강'이라는 논리도 역사적으로 볼 때 진실이다. 군왕의 힘과 권위가 한없이 추락하면 신하들이 통치권력을 농단하는 지경에 이르러 망하지 않은 경우가 없었기 때문이다. 춘추전국시대에 법가사상가들이 강력한 왕권을 주장한 이유도 바로 여기에 있었다. 그러나 왕도주의를 내세운 반정세력은 연산군의 이 같은 법가적 주장을 폭군의 논리로 매도해 버렸다.

마지막으로 '풍류≠망국'의 논리는 과연 타당성이 있는 것일까? 이에는 약간 의문이 있다. 왜냐하면 임금이 풍류와 여색을 지나치게 밝히면 나라를 위기로 몰아갈 가능성 또한 커지는 것이 사실이기 때문이다. 제왕의 풍류도 정도를 지나치면 분명 방탕으로 흐를 수밖에 없고 결국은 나라를 망치는 한 원인으로 작용할 수 있다.

그렇다면 연산군은 과연 이 같은 역사적 사실을 모르고 무리하게 이런 주장을 펼친 것일까? 그렇지 않다. 그가 흥망성세의 근원으로 파악한 '망국=신강'이라는 논리가 망국의 논리에서 볼 때 더 근원적인 논리이기 때문에, 그의 이 같은 주장은 나름대로 타당성이 있는 것이다. 따라서 연산군의 주장은 기본적으로 옳은 것이라고 결론지을 수 있다.

다만 '풍류≠망국'의 논리와 관련해, 반정세력은 '풍류=망국'으로 확대 해석한 데 반해 연산군은 '풍류≠망국'으로 축소 해석했다고 볼 수 있다. 객관적으로 볼 때 제왕의 풍류는 망국의 한 원인이 될 수도 있고, 정반대로 치세를 구가하는 낭만적인 군주의 삶이 될 수도 있다. 결국 풍류의 내용이 어떤 것이냐에 따라 정반대의 해석이 가능한 셈이다.

이 같은 관점에서 볼 때 제왕의 풍류는 크게 망국적 풍류와 비망국적 풍류로 나눌 수 있다. 따라서 반정세력이 연산군의 풍류를 망국의 직접적인 원인으로 간주한 것은 문제가 있다. 그들은 연산군의 풍류를 평가할 때 ① '망국=신강'이라는 보편적인 원칙에는 눈감은 채 ②연산군의 풍류를 모두 망국적 풍류로 간주한 것은 물론 ③ '망국적 풍류→망국'이라는 지엽적인 원칙을 마치 보편적인 원칙인 양 확대 해석했기 때문이다.

이는 논리적 비약이 아닐 수 없다. 망국 원인의 비중을 따질 때 결코 망국적 풍류와 신강을 같은 무게로 평가할 수는 없다. 왕이 아무리 풍류를 자제한다 하더라도 신하들이 제 구실을 하지 못하면 나라는 쉽게 망할 수 있다. 선조와 인조 때 외침을 당한 것은 당시의 왕이 풍류에 빠졌기 때문이 아니다. 당시 동서분당으로 공론이 양분되어 방비를 제대로 하지 못한 데서 그 원인을 찾아야 한다. 당 명황(唐明皇 ; 玄宗)이 아무리 양귀비에 빠져 있었다 해도 신하들이 제 구실을 해냈다면 안록산의 난도 미연에 막을 수 있었던 것이다.

결론적으로 말해 제왕의 풍류가 설령 망국적 풍류로 치달았다 할지라도 망국의 근본원인이 될 수는 없는 것이다. 망국에 이르는 과정에서 제왕의 망국적 풍류는 어디까지나 지엽적인 문제일 뿐이다. 망국의 근본원인은 어디까지나 몸을 던져 나라를 건지겠다는 사직지신(社稷之臣)이 없었다는 데서 찾아야 한다.

백보 양보해 연산군이 반정세력의 주장처럼 설령 망국적 풍류를 즐겼다 하더라도 그 때문에 보위에서 쫓겨나야만 하는 것은 아니다. 그가 망국적 풍류를 즐길 때 나라가 누란(累卵)의 위기에 빠진 것도 아니었고, 나아가 그의 풍류는 잡배들의 방탕도 아니었다.

물론 반정세력이 연산군을 폭군으로 몰아갈 때, 비단 그의 풍류행위만을 문제삼은 것은 아니다. 양대 사화와 서모장살, 금표 설치 등 많은 사안을 연산군을 매도하는 공격자료로 이용하였다. 그러나 이는 과장, 왜곡, 날조된 측면이 많아 액면 그대로 믿을 수 없다. 더구나 이들은 당시 신권세력이 신강으로 치닫던 문제에 대해서는 전혀 언급하지 않았다.

연산군은 교조적인 성리학이 지배한 조선왕조 5백년을 통틀어 기존의 고루한 틀을 벗어 던지고 풍류를 즐긴 유일무이한 군왕이다. 그는 고루한 이념에 얽매인 치세의 성군이 되기보다는, 풍류를 즐기면서 인간미가 넘치는 치세의 호걸이 되기를 바랐던 것이다. 당시의 기준으로 보더라도 연산군이 보여준 풍류군주의 모습이 비록 성군의 모습은 아닐지언정, 결코 폭군의 그것은 아니었다. 아무리 성리학의 왕도주의 이념이 지배하는 조선사회였지만 왕이 풍류를 즐기는 행위 자체를 금기시한 것은 아니었기 때문이다.

앞서 살펴보았듯이 성종 역시 똑같은 풍류행위를 즐겼지만, 그의 풍류행위를 망국적인 풍류로 매도하지는 않았다. 그러나 연산군의 똑같은 행위는 폭군의 방탕으로 규정하였다. 반정세력은 동일한 풍류에 대해 왜 이같이 상이한 평가를 내린 것일까? 그 배경을 알아내기 위해서는 연산군의 풍류에 대한 반정세력의 주장부터 검토할 필요가 있다. 우선 연산군의 시부터 알아보기로 하자.

연산군은 시로써 자신의 통치사상을 밝혔다

연산군의 시는 실록에 나온 것만 해도 무려 130여 편에 달한다. 연산군의 시는 초월자(超越者)의 관점에서 정정(政情)과 인정(人情), 물정(物情)의 핵심을 은유적으로 표현한 것이 특징이다. 이는 그가 시를 통치사상을 표현하는 도구로 사용한 데 따른 필연적인 현상이라고 할 수 있다. 연산군의 시는 곧 그의 인생관과 통치관을 엿볼 수 있는 하나의 좋은 거울인 셈이다. 다음 시를 보면 그가 이상적으로 생각한 통치관이 확연히 드러난다.

들국화 시들었는데 집국화는 난만하고 野菊已殘家菊闌
붉은 매화 떨어지자 흰 매화 한창이네 紅梅纔謝白梅濃
사물을 감상하며 하늘 이치 안다지만 莫言玩物推天理
임금의 도는 우선 화목한 정치에 있네 君道宜先講政雁

《연산군일기》 9. 10. 14)

이 시의 전반부에 나타나는 들국화와 집국화, 붉은 매화와 흰 매화의 대조는 삼라만상의 성쇠(盛衰)를 시적인 대구로 표현한 것이다. 후반부에 나타나는 하늘의 이치와 군왕의 치도, 화목한 정치는 자신의 통치관을 시적으로 표현한 것이다. 서경(敍景)과 서사(敍事)를 자연스럽게 연결시켜 통치의 요체를 논파한 셈이다.

이 시는 연산군의 통치관이 어디에 기초하고 있는지를 잘 보여주고 있다. 연산군이 말하고자 한 바는 '정안'(政雁)이라는 매우 함축적이면서도 은유적인 시어에 집약되어 있다. 이 시는, 무릇 군도(君道)란 기러기 떼가 날아가듯이 질서가 있으면서도 화목한 통치를 이루는 데서 그 요체를 얻어야 한다는 주장을 담고 있는 것이다. 역대 제왕 가운데 통치의 요체를 '정안'이라는 창의적인 한마디 시어로 요약한 사람은 연산군뿐이다.

연산군의 시에 대한 애착은 단순한 애호의 수준을 넘는 매우 각별한 것이었다. 그가 '어제찬집청'을 설치해 시집을 발간하려고 한 것도 이와 무관치 않다. 그렇다면 군왕의 시 짓기를 탐탁지 않게 여긴 반정세력이 왜 연산군의 시를 이토록 많이 실록에 수록해 놓은 것일까. 아마도 연산군이 이토록 많은 시를 지은 것이 얼마나 잘못된 것인지를 보이고 싶어했기 때문으로 짐작된다. 당시 반정세력은 후세 사람들이 연산군의 많은 시를 보고 부정적인 평가를 내릴 것으로 판단했음이 틀림없다.

연산군은 시를 잘 지었을 뿐만 아니라 글씨 또한 매우 잘 썼다. 조선에 오는 중국 사신마다 그의 글을 받아가기 위해 안달했을 정도로, 연산군은 자타가 공인하는 명필이었다. 그러나 연산군의 어필(御筆)을 받아간 중국 사신은 아무도 없었다. 당대의 명필로 알려진 부왕 성종과 마찬가지로, 연산군 역시 어필을 함부로 내돌리지는 않았기 때문이다. 다만 연산군은 자신이 지은 시를 직접 친필로 써 승지들에게 내리기는 했다. 연산군이 어제시를 어필로 써서 하사한 경우는 주로 시흥을 주체하지 못할 때였다.

조선왕조는 일명 도학(道學)으로도 불리는 성리학을 통치이념으로 삼았던 까닭에, 과거시험 역시 당연히 경서를 중심으로 한 논술시험을 채택했다. 시부(詩賦) 작성을 위주로 하는 이른바 사장학(詞章學)은 무릇 도학을 공부하는 선비가 애써 배울 바가 못 된다고 생각했던 것이다. 그러나 연산군의 생각은 전혀 달랐다.

연산군은 명분을 내세우며 지나치게 격식을 따지는 성리학에 결코 호의적이지 않았다. 그는 자신의 치세와 같이 풍요를 구가하는 시기에는 성리학에 얽매인 무미건조한 인물은 관료로서 적합하지 않다고 판단했다. 그가 과거시험 제도를 논술에서 시문 작성으로 바꾼 이유가 바로 여기에 있다. 그는 성리학적 소견에 입각해 각종 시국문제를 논하는 이른바 대책(對策) 대신 시를 짓는 것으로 과거시험제도를 바꿔 놓았다. 이는 성리학을 불변의 통치이념으로 채택한 당시 상황에서는 엄청난 파격이 아닐 수 없었다.

성리학자들은 과거시험을 시문으로 평가한다는 것은 곧 성리학을 저버리는 것으로 판단했다. 그러나 연산군의 생각은 달랐다. 오히려 문학적 소양이 있는 인물이 고루한 성리학자보다는 태평성대의 목민관으로서 훨씬 잘 어울린다고 생각한 것이다. 연산군은 성리학자들을 문학적 소양도 거의 없이 매양 교조적인 왕도주의만을 내세워 왕권을 압박하는 오만한 무리라고 판단했다. 그가 과거제도의 틀을 바꾼 해의 첫 시문작성 시험에 손수 시제를 낸 것은, 그의 이 같은 생각이 얼마나 확고한지를 잘 보여주는 일이다.

연산군은 성리학의 고식적인 명분론에 집착해 융통성도 없이 논박을 일삼는 자들을 두고, 한낱 이름만 낚으려는 '조명배'(釣名輩)에 불과하다고 폄하했다. 그가 보기에 조명배는 왕도주의를 내세워 임금을 우습게 여기거나 왕권에 감히 도전하는 자를 뜻했다. 왕도주의의 실천 이론으로 제시된 군신공치는 본질적으로 신권 우위를 바탕으로 한 이론임을 꿰뚫고 있었던 것이다.

그러나 사관은 이를 두고 "율시 4운으로 시험을 보아 선비를 취하므로 당시 사람들은 과거시험을 빗대어 연구아동방(聯句兒童榜)이라고 조롱했다"며 연산군의 이 같은 조치를 은유적으로 비난했다. 연구아동방은 고려 말 과거시험에서 젊은 유생들이 시문을 통해 대거 합격한 것을 놓고 '분홍방'(粉紅榜)이라고 비아냥거린 것에 착안해 만들어낸 말이다. 이는 '시 몇 수를 연결시킨 어린애를 급제시키는 과거'라는 뜻을 지니고 있다.

그러나 이 같은 비난은 문제가 있다. 당송 8대가의 최고봉으로 손꼽히는 송대의 소동파(蘇東坡)와 《자치통감》의 저자인 사마광(司馬光)만 하더라도 모두 시문을 통해 입격(入格)한 사람들이다. 인재를 오직 경서만으로 선발하려는 것 자체가 하나의 독선에 불과한 것이다. 물론 성리학을 금과옥조로 생각하는 자들은 시를 지어 과거시험에 급제하는 것 자체를 인정할 수 없었을 것이다. 그러나 그들은 성리학의 문제점에 대해서는 따져볼 생각조차 하지 않고 오직 주자만을 맹종한 무리였다. 이들의 눈에는 시문을 잘 지어 급제한 자들 모두가 시구를 잘 지어 합격한 어린아이들로 보였을 것이다.

그러나 시문으로 시험을 보는 것이 그렇게 간단한 일은 아니었다. 시문을 잘 지으려면 다양하면서도 깊이 있게 공부하지 않으면 안 된다. 이는 기존의 과거시험에서 '대책'을 잘 짓기 위해서는 많은 독서를 하지 않으면 안 되는 것과 마찬가지라고 볼 수 있다. 오히려 경사서만 달달 외워 대책문을 쓸 때보다 더 많은 독서량이 필요했을지도 모른다.

사실 역사적으로 볼 때 관인 선발시험에서는 성리학의 이론시험보다 시문으로 합격자를 뽑은 적이 더 많다. 고려조가 그러했고, 중국에서도 성리학이 나오는 송대 중기 이전까지만 해도 오직 시문으로만 합격자를 뽑았다. 성리학 시험으로 합격한 자만이 진정한 과거합격자라는 생각 자체가 고루한 것이다.

고립무원의 상황에서 등극한 연산군은, 당시 성리학을 들먹이며 왕권을 무시하려든 신하들에게 단호한 조치를 취하지 않으면 안 되었다. 갑자사화를 거치면서 연산군의 이 같은 생각이 구체화된 것이 바로 과거제도의 개혁이다. 물론 그가 성리학을 무시하고 아무런 대안을 제시하지 않았다면 폭군으로 몰릴 소지가 있다. 그러나 그는 시문을 잘하는 자가 성리학만을 고집하는 고루한 자보다 오히려 정사도 잘 보고 훨씬 충성스럽다고 확신한 것이다.

그럼에도 연산군의 이 같은 개혁적인 발상은, 그가 폐위된 후 갑자년 합격자가 모두 취소된 사실이 보여주듯이 '폭군의 망상'으로 매도되고 말았다. 그러나 조선왕조 내내 성리학이 끼친 폐해를 생각하면 연산군의 이 같은 발상은 성리학의 문제점을 간파한 매우 혁신적인 것이었음이 틀림없다.

연산군이 특히 좋아한 시풍(詩風)은 이태백, 백거이, 두목지 등의 시풍과 같이 호방하면서도 낭만적인 것이었다. 그는 실제로 이 같은 시풍을 지닌 시를 지은 사람을 주로 선발토록 주문했다. 원래 한시의 작풍(作風)은 크게 두 가지 부류로 나눌 수 있다. 두보를 중심으로 한 사실주의 계열과 이태백, 두목지 등을 태두로 하는 낭만주의 계열이 그것이다. 성종이 두보의 깊은 맛을 좋아했음에 반해 연산군은 이태백과 두목지의 낭만적인 시풍을 좋아했다. 연산군의 기상이 바로 이들의 시풍과 통했기 때문인 듯하다.

그러나 연산군이 재위 말년에 지은 시에는 이전의 낙천주의 색채보다는 인생과 권력의 무상함을 읊은 도가풍의 염세주의 색채가 짙게 나타나고 있다. 어찌 보면 두 번의 사화를 거치면서 왕권을 확고히 세운 연산군의 눈에는 세상사 모든 것이 허무하게 보였을지도 모를 일이다.

험난하기만 했던 왕세자 시절과 즉위 초기의 힘겨운 나날을 거쳐 마침내 강력한 왕권을 확립하게 된 연산군에게는, 막강한 지존의 자리도 허무하게 보였을 공산이 크다.

연산군의 시에 나타나는 도가적인 색채는 법가사상의 강력한 왕권주의와 깊은 관련이 있다. 사실 연산군이 신권세력을 강력히 제압한 것은 법가적인 발상이 아니고는 불가능한 일이었다. 연산군에게서 도가풍의 시가 다수 나타난 시기는, 갑자사화의 피바람이 지나가고 조정의 모든 백관들이 모두 연산군 앞에 부복해 있을 때였다. 더는 왕권에 대한 도전이 있을 수 없는 상황이었다. 다음 시를 보면 당시 그의 생각이 어떠했는지 대략 짐작할 수 있다.

가벼이 대답함은 서로 깊게 믿음을 알고 輕待知深信
사사로이 말함은 두터이 친하기 때문일세 私言感厚親
호기를 내는 것은 천성을 따른 것이고 發豪從本性
미친 짓 하는 것은 천진난만함에서 오니 狂作自天眞
군신이 해학하며 노는 것을 말하지 말라 莫言君臣謔
나무라고 비웃음은 나라를 어지럽히는 것이니 羈喎亂國人
덧없는 인생을 뉘라 애석해하지 않으리 浮生誰不惜
봄을 핑계하여 취하는 것을 어찌 마다하랴 何厭醉憑春

(《연산군일기》 12. 2. 25)

이 시에는 삶에 대한 달관의 경지가 그대로 표출되어 있다. 호기를 부리는 것은 천성에서 비롯되고 미친 짓 또한 천진함 때문이라는 주장은 도가풍의 표현이다. 사실 시를 잘 지으려면 천성(天性)과 천진(天眞)을 잃어서는 안 된다. 그것들을 잃으면, 시는 촌철살인의 직핍성(直逼

性)을 잃게 되어 공허한 시어가 뒤섞인 언어의 유희로 전락할 가능성이 크다. 천성과 천진은 도가에서 극히 숭상하는 개념이다.

그리고 "군신이 어울려 노는 것을 말하지 말라"고 한 구절은 법가적 발상에서 비롯된 것이라고 할 수 있다. 법가사상에서는 왕에게 신하들의 속셈을 환히 꿰고 있을 것을 주문한다. 그렇지 않으면 신하들의 역심(逆心)을 부추길 우려가 크기 때문이다. 이 구절은 연산군이 법가사상에 일가견이 있음을 보여주는 대목이다.

원래 엄정한 법치를 주장하는 법가사상은 묘하게도 무위자연을 주장하는 도가사상과 맥이 통하고 있다. 이는 법가사상을 집대성한 한비자가 노자를 변호하고 나선 사실로도 알 수 있다. 아무튼 재위 말년에 나타나는 연산군의 시가 도가와 법가의 색채를 진하게 띤 것은, 그의 통치사상이 법가적인 왕권우위사상과 도가적인 무위자연사상에 깊이 뿌리박고 있음을 반증한 것이라고 할 수 있다.

그러나 연산군은 비록 도가풍에 빠져들기는 했으나, 진시황이나 한무제와 같이 신선이 되어 영생불사하고자 하는 허황된 꿈을 꾸지는 않았다. 그는 다만 살아 생전에 신선과 같은 삶을 살려 했을 뿐이다. 다음 시를 보면 이를 확연히 알 수 있다.

> 동산에 가득한 봄빛은 햇빛에 찬란한데 滿苑春色爛艶陽
> 꽃바람이 새로 단장한 옷자락을 나부끼고 芳風和拂麗新粧
> 짙은 녹색 연분홍 화려하기도 하네 濃綠嫩紅繁華地
> 그 누가 청광을 위해 이슬향기 가져왔나 誰奉淸狂竊露香
>
> 《연산군일기》 12. 3. 19)

이 시에서 중요한 핵심어는 '청광'(淸狂)이다. 청광의 삶이란 이슬을 마시며 사는 신선의 삶이다. 속인의 눈으로 볼 때 청광은 미친 짓으로밖에 보이지 않는다. 그러나 도인의 경지에서 보면 청광은 청아하고 탈속한 운치가 가득하기만 한 것이다. 연산군은 바로 청광의 삶을 살고자 했던 듯하다. 사실 우여곡절을 거쳐 막강한 지존의 자리에 오른 군왕에게는 권력만큼 무상하게 느껴지는 것도 없을 것이다. 연산군은 인생과 권력의 무상함을 너무나도 잘 알고 있었다.

그러나 그는 노장사상을 접하기는 했으나 결코 신선사상의 신비주의로 빠지지는 않았다. 연산군은 오히려 인간의 본성에 충실하면서 태평시대에 걸맞은 호방한 군주의 삶을 살고자 했다. 성종은 세 대비들의 눈치를 봐야 했고, 신하들의 견제 때문에 내면의 호방한 기질을 제대로 표출하지 못하고 살아갔다. 그러나 연산군은 부왕과 달리 자신이 말하고자 하는 바를 그대로 표출했다. 총애하는 승지 강혼(姜渾)에게 하사한 다음 시는 그의 이 같은 기질을 잘 보여준다.

대궐 안에서 꽃과 달의 시구를 누가 가르쳤던가 誰敎宸裏花月句
두고 읊으매 생각이 간절히여 정분만 더하네 留吟思婉疑情高
다시 보매 밝은 햇살이 도리를 감쌌구나 更看桃李昭陽擁
내가 바로 삼한 제일의 호걸임을 문득 알겠네 眞覺三韓第一豪

(《연산군일기》 12. 3. 20)

연산군이 어디에도 얽매이지 않는 천하제일의 호걸처럼 살고 싶어 했음을 알 수 있다. 이 시에서 도리(복숭아와 오얏)는 연산군을 상징한다. "밝은 햇살이 도리를 감쌌다"고 한 것은, 믿음직한 승지를 포함한 뭇 신하들이 군왕을 보필하는 것을 비유한 말이다. 연산군은 바로 이같은 충직한 신하들의 보필을 받는 자신이야말로 조선에서 제일가는

호걸이 아니겠느냐고 자부한 것이다. 이를 단순히 연산군이 스스로를
삼한 제일의 호걸로 자대(自大)하였다고 풀이하는 것은 시어의 의미를
제대로 파악하지 못한 소치이다.

그러나 연산군이 왕위에서 쫓겨나기 3개월 전부터는 그의 시에 살
벌한 시어가 등장하기 시작한다. 연산군의 시가 이전과는 완전히 다른
색채를 띠기 시작한 것이다. 연산군이 무언가에 쫓기고 있다는 느낌마
저 주고 있다. 짐작컨대 당시의 어수선한 정국이 적잖은 영향을 미친
것으로 보인다.

연산군은 미색을 탐하지 않았다

연산군은 여인에 대해서는 어떤 생각을 가지고 있었던 것일까? 반
정세력은 연산군을 황음무도한 호색한으로 몰아가는 데 광분했다. 그
러나 결론부터 말하면 연산군의 여인관은 반정세력의 주장과는 정반대
였다. 이는 그가 어느 겨울날 승지들에게 화답을 주문하면서 내린 다음
시를 보면 쉽게 알 수 있다.

> 비단 소매엔 향기가 없고 거울엔 먼지 끼니 羅袖無香鏡有塵
> 한 가지의 꽃이 여위어 봄 모양이 아니네 一枝花瘦不成春
> 십 년 동안 군왕의 얼굴조차 보지 못하니 十年不見君王面
> 비로소 아름다움으로 잘못 살았음을 알겠노라 始信嬋娟解誤人
>
> 《연산군일기》 10. 12. 16)

왕의 총애를 받던 여인이 나이가 들어가면서 총애가 시들해지는 것
을 한탄하고 있다. 이 시에는 인생과 사랑에 대한 허무함이 담겨 있다.
인생이 유한하듯이 사랑 또한 유한할 수밖에 없음을 한탄하고 있는 것

이다. 인생의 무상함에 대한 달관 없이는 불가능한 표현이다.

이 시가 말하고자 한 바는 "비로소 아름다움으로 잘못 살았음을 알 겠노라"는 마지막 한 구절에 집약돼 있다. 이는 연산군의 여인관이 기 본적으로 허무주의에 기초하고 있음을 보여주는 것이다. 그의 여인관 이 허무주의 경향을 띠는 것은 그의 권력관이 허무주의에 바탕하고 있 는 것과 무관치 않다. 다음 시를 보면 그의 허무주의 경향을 쉽게 확인 할 수 있다.

> 비 개고 구름 걷혀 밤 기운이 맑으니 雨散雲收夜氣淸
> 달 밝은 윤각에 꿈 이루기 어렵구나 月明綸閣夢難成
> 해마다 좋은 때를 구경할 수 없으니 年年未得佳時賞
> 어옹의 한 평생 지남만도 못 하네 不似漁翁過一生
>
> 《연산군일기》 6. 8. 1)

연산군은 승지들에게 이 시를 내리면서, 이 시로써 적적한 심정을 일시에 풀 수 있었다고 밝힌 바 있다. 연산군은 이 시를 지으면서, 지존 의 자리에 앉아 있건만 마음대로 구경갈 수도 없는 자신의 처지가 한 늙은 어부의 삶보다 나을 것이 없다고 생각했음이 틀림없다. 그는 권력 과 인생의 무상함을 깊이 통찰하고 있었던 것이다.

사실 지존의 자리는 세상에서 가장 존귀한 것임에도, 그 자리에 오 른 이는 마음내키는 대로 나다닐 수도 없다. 연산군은 대궐이 마치 창 살 없는 감옥과 같다고 생각했을지도 모른다. 그는 속인들로서는 이해 할 수 없을 정도로 삶과 권력에 진한 우수(憂愁)를 느끼고 있었던 것으 로 보인다. 이는 지존의 자리에 있는 제왕이거나, 극부(極富)의 재산을 지닌 부호이거나, 절색(絶色)의 칭송을 듣는 여인들만이 느낄 수 있는 우수인지도 모른다.

연산군은 권력과 부, 명예, 미색 등 속인들이 원하는 통속적인 가치에 대해 기본적으로 허무주의적 태도를 보였다. 삶을 달관한 경지가 아니면 이 같은 소회가 자연스럽게 나오기는 어렵다고 보아야 한다. 연산군의 여인관은 앞의 시를 풀이한 그의 다음과 같은 해석을 보면 더욱 뚜렷하게 드러난다.

아름답기에 박명하므로 잘못 살았다고 하는 것인가, 아니면 아름답기에 참소를 당해 총애를 잃어 잘못 살았다고 하는 것인가. 옛말에 "추한 여자라도 그 지아비는 오히려 사랑한다" 하였으니, 얼굴은 비록 아름다울지라도 마음이 착하지 못하다면 어찌 사랑을 받을 수 있겠는가.(《연산군일기》 10. 12. 16)

여인의 아름다움에 대한 이 같은 생각은 인생과 여인을 달관한 경지가 아니면 불가능한 것이다. 예로부터 아름다운 여인은 총애를 받아도 걱정이게 마련이다. 언제 총애가 식을지 모르기 때문이다. 아름다운 여인이 박명한 가장 큰 이유는 주변의 시기 때문이었다고 보아도 과언이 아니다.

예나 지금이나 크게 다를 것이 없지만, 조선시대에 미색이 출중한 여인은 대개 왕가나 명문가로 시집갈 공산이 컸다. 그러나 그녀가 시집갔을 때 남편은 대개 이미 수많은 첩실을 거느리고 있다. 이 같은 상황에서 남편의 총애를 독차지하기란 쉽지 않았을 것이다. 설령 총애를 독차지한다 해도 주변의 참소를 막아내기가 여간 만만치 않았을 것이다.

나아가 아무리 빼어난 미색이라 하더라도 시간을 이길 수는 없는 것이다. 늙어가면서까지 총애를 계속 독차지하기란 당초부터 불가능한 것이다. 총애를 잃지 않기 위해 노력하면 할수록 그만큼 많은 심적 고통을 받을 수밖에 없고 수명 또한 단축될 수밖에 없다. 한마디로 미인은 그 아름다움 때문에 제 명에 살기가 힘든 것이다. 연산군은 바로 미인이 불행할 수밖에 없는 이유를 정확히 파악하고 있었다.

연산군이 여인을 평가할 때 중시한 것은 미모가 아니라 그 마음이다. 이는 그가 "추한 여자일지라도 그 지아비는 오히려 사랑한다"고 언급한 데서 확연히 드러난다. 연산군이 진정 사랑하고자 한 여인은 미색이 뛰어난 여인이 아니라 마음이 선한 여인이었다. 실제로 연산군과 관련해 실록에 등장한 여인들 가운데 미색이 출중하다고 기록된 여인은 단 한 명도 없다. 이 같은 연산군을 황음무도한 폭군으로 모는 것은 무리이다. 미색에 주안점을 두지 않는 사람은 말 그대로 여색을 탐하는 인물이 될 수 없기 때문이다.

연산군의 여인편력과 관련해 반드시 등장하는 것이 홍청(興淸)이다. 홍청은 후술하는 바와 같이 태평성세를 기리기 위한 여성가무악대였다. 홍청에 대한 그의 기본인식은 다음과 같은 전교를 보면 쉽게 알 수 있다.

옛날에는 주숙진(朱淑眞)·소약란(蘇若蘭)과 같이 시에 능한 여자가 있었다. 여자로서 시에 능한 자를 중외에서 뽑아 올리도록 하라.(《연산군일기》 12. 6. 7)

주숙진과 소약란은 각각 송대와 남북조시대에 살면서 매우 뛰어난 시를 많이 남긴 인물들이다. 연산군은 홍청을 설치해 왕의 권위와 위엄을 나타내기 위한 각종 행사에 동원한 바 있는데, 폐위되기 불과 3달 전에 시를 잘 짓는 여인을 찾아보라는 명을 내린 것이다.

이 전교는 연산군이 숱한 비빈과 흥청들 속에 둘러싸여 있으면서도 매우 외로워했음을 역설적으로 보여주고 있다. 흥청과 음악을 같이 즐길 수는 있어도 시를 같이 논할 수는 없었기 때문에 이 같은 명령을 내린 것이다. 그가 흥청을 한낱 환락의 도구로 이용한 호색한이었다면 이 같은 명을 내렸을 리 없다. 연산군이 좋아한 여인은 예술적 재능과 총기가 뛰어난 인물이었다. 연산군은 여인의 예술적 재주를 사랑한 것이지 결코 미색을 사랑한 것이 아니다.

물론 연산군의 시 가운데는 미인을 읊은 것이 적지 않다. 그러나 이는 그가 미색을 탐했기 때문이 아니라, 미색으로 말미암은 여인의 슬픔을 통해 인생무상을 노래하고자 했기 때문이다. 이는 연산군이 폐위되기 직전 미인의 모습을 그린 다음 시를 보면 쉽게 확인할 수 있다.

푸른 이슬은 밤에 맺혀 비단치마 적시고 翠露凝宵濕絳裳
가을바람은 소슬하여 앳된 간장을 녹이누나 金風蕭瑟斷芳腸
난간에 기대 기러기 소리 들으니 달빛은 차갑고 憑欄聞鴈蟾光冷
눈물 가득한 눈시울엔 슬픈 마음 메어지네 淚滿星眶不勝傷

(《연산군일기》 12. 7. 30)

이 시는 마치 자신의 앞날을 예상이라도 한 듯 음울한 색조를 띠고 있다. 연산군은 이 시를 평하면서 낭군을 기다리는 미인의 마음을 상상하여 지은 시라고 밝힌 바 있다. 푸른 이슬과 가을바람, 기러기 소리, 차가운 달빛 등 가을을 상징하는 말들이 앳된 간장, 눈물진 눈시울 등 슬픔을 표현하는 말과 절묘하게 맞아떨어지고 있다.

연산군을 다룬 그간의 창작물을 보면 연산군을 하나같이 황음무도한 폭군으로 묘사하고 있다. 엽기적인 호색한으로까지 묘사한 것도 적지 않다. 그러나 이는 역사를 더욱 왜곡하는 구실을 할 뿐이다. 사실 연산군의 여인관은 기본적으로 성종과 유사했다. 그 기질과 마음 씀씀이 등이 모두 흡사했다. 다만 연산군은 부왕보다 그 표현방법이 적극적이었을 뿐이다.

그러나 반정세력은 아무 거리낌도 없이 연산군을 주색에 빠진 탕자로 몰아갔다. 그러나 이미 살펴본 바와 같이 연산군은 결코 미색에 혹한 호색한이 아니었다.

술은 태평성세의 상징이었다

그렇다면 술에 넋이 나간 주정뱅이였다는 반정세력의 주장은 맞는 것일까? 그러나 그는 시와 여인을 음미할 줄 알았기 때문에 술을 찾았을 뿐 결코 술 자체에 빠진 적은 없었다. 이는 이태백이 시를 짓기 위해 술을 즐긴 것을 생각하면 쉽게 이해할 수 있을 것이다.

물론 연산군은 술을 무척 좋아했다. 그가 가는 데는 항상 술이 따라다녔다. 특히 신하들과 시 짓기 놀이를 할 때는 예외 없이 술이 등장했다. 천의무봉(天衣無縫 ; 일부러 꾸민 데 없이 자연스럽고 아름다우면서 완전함을 이르는 말)한 시를 즐겨 쓴 이태백이 술과 더불어 산 것도 다 이유가 있는 것처럼, 호방한 시를 좋아한 연산군이 술을 가까이한 것은 나무랄 일이 아니다. 그러나 반정세력은 연산군을 형편없는 주정꾼으로 몰아갔다. 그렇다면 과연 연산군은 술에 대해 어떤 생각을 가지고 있었던 것일까? 다음 시를 보면 그 해답을 찾을 수 있다.

고요한 은대에 낮이 더디기만 한데 寂寂銀臺晝漏遲
승지들은 무더위로 졸고만 있네 平堪薰暑坐眠時
연꽃을 꺾어 은근히 주리니 池荷折賜慇懃賞

붉은 소주 가득한 잔 마다치 말게 莫厭紅醪滿滿巵

《연산군일기》 6. 6. 22)

이 시는 더운 여름날 승지들이 꾸벅꾸벅 조는 모습을 보고 연산군이 즉석에서 지은 시이다. 태평성세를 그린 격양가(擊壤歌)에 가까운 시라고 하겠다. 사실 태평성대에는 관청이 할 일이 많지 않다. 특히 승정원은 왕명이 자주 내릴 리 없으니 더욱 한가하기만 하다. 연산군은 더운 여름날과 승정원의 한가한 모습을 절묘하게 연결시켜 자신의 치세를 노래한 것이다.

연산군은 이 시를 지으면서 붉은 색이 감도는 소주와 참외 등 술과 안주를 승정원에 많이 내렸다. 연산군의 시에 나오는 '술'은 거의 예외 없이 태평성대의 풍요를 의미하는 것이다. 그는 바로 이 같은 의미에서 술을 노래하고 즐긴 것이다. 다음 시를 보면 그가 술을 어떻게 풍류의 도구로 활용하였는지 알 수 있다.

대궐 안 찌는 듯 더워 흐르는 땀 장물 같고 寥簷蒸鬱汗飜漿
불같은 해 타는 구름에 낮이 더욱 지겹구나 火日彤雲晝漏長
향기로운 한잔 술 마실 수가 있으니 賴有一杯香酒飮
오히려 더운 곳이 서늘해지네 却於炎處作淸涼

《연산군일기》 6. 6. 27)

대궐이라고 해서 무더운 여름날에 특별히 시원했을 리 없다. 그러나 연산군은 더위를 향기로운 술로 달래는 독창적인 피서법을 가지고 있었던 것이다. 짐작컨대 당시 궁중에는 여름날에 마시는 향내나는 시원한 냉주(冷酒)가 있었던 듯하다. 반정세력은 이토록 정밀(靜謐)하면서도 운치 있는 피서법을 구사한 사람을 황당하게도 폭음(暴淫)을 위해 폭음(暴飮)을 일삼았다고 주장한 것이다. 과연 이같이 운치 있게 술을 마실 줄 아는 사람이 형편없는 주정뱅이가 될 수 있는 것일까. 상식적으로 생각해봐도 이는 있을 수 없는 일이다.

이번에는 음악을 즐긴 연산군의 풍류를 반정세력이 어떻게 왜곡했는지 알아보기로 하자. 연산군은 시문 못지않게 음악에도 조예가 깊었다. 그는 거문고를 비롯하여 몇 가지 악기를 다룰 줄 알았다. 또한 그는 악기 연주뿐만 아니라 작사, 작곡까지 했다. 그러나 반정세력은 이를 어릿광대의 놀음으로 깎아내렸다. 연산군의 다음 시를 보면 그들의 이 같은 주장이 얼마나 악의적인 왜곡인지를 쉽게 알 수 있다.

> 고요한 밤 대궐 뜰 오동잎에 비소리만 싸늘한데 夜靜殿頭桐雨凉
> 귀뚜라미 귀뚤귀뚤 이내 수심 일으키네 寒蛩喞喞起愁腸
> 한가로이 거문고에 새 곡조를 올려보니 瑤琴閑取飜新曲
> 한없는 가을 시름 흥과 함께 굴러가네 無限秋思興轉長
>
> 《연산군일기》 12. 7. 1)

이 시는 이른바 '기승전결'(起承轉結)이 매우 자연스럽게 전개되고 있다. 전반부에 나타나는 가을과 귀뚜라미로 상징되는 가을날의 우수가 후반부에 나타나는 거문고 소리에 묻혀 말끔히 사라지고 있다. 여기서 극적인 반전을 일으키는 도구는 거문고다. 거문고는 이 시에서 '낙이불음 애이불상'(樂而不淫 哀而不傷 : 즐기나 음탕하지 않게 즐기고, 슬퍼하나 마음이 상하지 않도록 슬퍼함)이라는 풍류의 극치를 일깨우는 도구인 것이다.

선비들이 기본적으로 배워야 하는 과목으로 흔히 '금기서화'(琴棋

書畫) 또는 '금기서사'(琴棋書射)를 든다. 어느 경우이든 맨 앞에 있는 것이 '금'(琴)으로 이는 거문고를 뜻한다. 거문고는 연주자세도 웅장하지만 소리 또한 매우 장쾌해 '악기의 왕'으로 불린다. 그래서 선비들은 대개 글을 읽다가 시간이 나면 거문고를 즐겨 탔다. 일반 서민들은 거문고나 바둑, 글, 그림, 활 등을 접하는 것 자체가 어려웠기 때문에 거문고를 타는 것은 곧 '사대부의 풍류'를 의미하는 것이었다.

거문고는 최소한 10년 이상 연마해야만 어느 정도 소리를 낼 수 있을 정도로 배우기가 어렵다. 연산군처럼 거문고에 새 곡조를 올릴 수 있을 정도의 수준이라면 기본적인 자질도 있었겠지만 이미 엄청난 공력을 쌓았다고 보아야 한다. 앞의 시를 보았을 때 연산군은 거문고에 조예가 깊었다고 평가해도 좋을 듯싶다. 이같이 음악에 조예가 깊었던 연산군을 과연 천박한 광대로 평가해도 좋은 것일까.

연산군이 음악 전반에 걸쳐 조예가 깊었음은, 그가 궁중음악 가사를 개사한 사실로도 쉽게 확인할 수 있다. 당시 연산군은 대표적인 궁중음악으로 전해져 온 〈영산회상〉의 가사를 바꿨다. 반정세력은 이를 두고 어릿광대의 짓거리로 매도했다. 그가 남을 웃기거나 자신을 과시하기 위해 이 같은 작업을 한 것일까? 그러나 음악을 모르고는 함부로 가사를 바꿀 수 없다는 사실을 염두에 둘 필요가 있다. 연산군이 음악에 깊은 조예와 남다른 애정이 있었기 때문에 이 같은 일을 벌인 것으로 보는 것이 사리에 합당하다.

사냥은 강무의 일환이었다

이제 마지막으로 반정 당사자들이 연산군의 사냥행위를 어떻게 왜곡했는지 검토해보자. 연산군은 즉위 초부터 성종보다 더하면 더했지 결코 덜하지 않을 정도로 사냥을 즐겼다. 연산군은 나아가 늦은 밤이나 백설이 가득 찬 추운 겨울날에도 사냥을 멈추지 않았다. 흥이 날 때는 시간에 구애받지 않고 수종(隨從) 몇 명만을 거느리고 사냥을 나간 적도 있다. 그의 이 같은 사냥행위는 분명 사냥에 절도가 없다는 비난을 받을 만했다.

과연 연산군의 이러한 사냥행위를 어떻게 평가해야만 하는 것일까? 결론부터 말하면 연산군은 왕의 사냥행위를 군사훈련의 일환으로만 해석하는 성리학적 접근을 거부했을 뿐이다. 사실 왕도 여가활동의 하나로 얼마든지 사냥을 할 수 있는 것이다. 물론 연산군도 대부분 군사훈련의 하나로 사냥을 한 것임은 말할 것도 없다. 연산군의 사냥행위를 모두 싸잡아 무조건 폭군의 무절제한 사냥놀이로 매도하는 것은 지나친 일이 아닐 수 없다.

연산군이 자주 사냥 나간 곳은 성종 때와 마찬가지로 살곶이(箭串)와 두모포(豆毛浦)였다. 살곶이는 지금의 뚝섬 지역이고 두모포는 지금의 옥수동 일대를 말한다. 두 곳 모두 당시 '한양10경'(漢陽十景)에 속하는 지역으로 매우 경치가 뛰어난 곳이었다. 당시에는 산의 모습이 완연해 틀림없이 많은 동물들이 살았을 것이다. 살곶이 사냥을 묘사한 다음 기록을 보면 연산군이 사냥을 어떻게 이해하고 있었는지 대략 짐작할 수 있다.

전교하기를, "풀피리를 부는 악공 몇 사람을 모두 어가가 머무는 곳으로 나오도록 하라" 하였다. 승지 신용개(申用漑)가 아뢰기를 "풀피리 부는 악공이 각처에 흩어져 있기 때문에 지금 걸어서 온다면 시간에 맞추어 당도하지 못할 듯하오니 말을 줌이 어떠하옵니까" 하니, 전교하기를 "아뢴 대로 하라" 하였다.(《연산군일기》 7. 4. 16)

연산군이 자주 사냥을 나간 살곶이 다리(위쪽)와 두모포

연산군의 이날 사냥에는 종친과 재상, 여러 장수와 승지들이 따랐다. 연산군은 이들이 사냥을 하다가 쉬는 도중에 술과 음식을 대접하면서 풍악까지 내리기 위해 악공을 불러오도록 명한 것이다. 연산군이 사냥을 단순히 군사훈련으로만 생각하지 않았음을 확인할 수 있다. 틀에 얽매이지 않는 그의 자유로운 기질이 사냥을 무미건조한 군사훈련으로만 놓아두지 않은 것이다. 연산군은 사냥이 비록 군사훈련의 하나라 할지라도 딱딱한 분위기로만 일관할 수 없다고 생각했음이 틀림없다. 이 기록은 연산군이 사냥을 할 때 요즘의 위문공연과 같이 술과 음악을 곁들여 흥을 더욱 돋우었음을 보여주고 있다.

이상 살펴본 바와 같이, 연산군이 제왕으로서 즐긴 풍류는 성리학적 기준에서 볼 때 성군의 모습과는 거리가 먼 것이었다. 그렇다 하더라도 그런 그의 풍류가 결코 잡배의 방탕은 아니었다. 오히려 당시의 기준에서도 생각하기에 따라서는 얼마든지 제왕의 파격(破格)으로 용인할 수 있는 것이었다. 실제로 성종의 풍류는 결코 잡배의 방탕으로 매도하지 않았다. 그럼에도 유독 연산군의 풍류만 무지막지하게도 잡배의 그것으로 매도하였다. 여기에는 여러 이유가 있을 수 있으나, 최소한 성종과 연산군을 평가할 때 두 개의 상이한 평가잣대를 들이댔다는 사실만큼은 부인할 수 없다.

2. 패도천하(覇道天下)

연산군은 덕보다는 힘을 중시한 패도주의자였다

강력한 왕권을 도모한 역대 제왕들은 기본적으로 법가적 통치사상을 구사한 군왕이었다고 할 수 있다. 법령을 위반할 경우 지위고하에 상관없이 엄한 형벌을 가하는 '중전'(重典)과 강한 군사력으로 유사시를 대비하는 '독무'(黷武)가 법가적 통치행위의 특징이다. 연산군의 통치행위 역시 이 같은 특징에서 크게 벗어나지 않는다. 중전과 독무는 통치학적으로 볼 때 패도주의의 기본 통치술이다. 이는 왕도주의가 덕을 우선으로 하여 불가피할 경우 최소한의 형벌에 그치는 '관전'(寬典)과 무력대결보다는 외교적 타협을 추구하는 '교린'(交隣)을 중시한 것과 큰 차이가 있다.

반정세력은 연산군이 시행한 중전만을 예로 들어 그를 폭군으로 규정하는 데 주저하지 않았다. 성리학의 통치이념인 왕도주의의 시각에서 볼 때 중전을 구사하는 패도주의자는 폭군의 범주에서 벗어나기 힘들다. 연산군은 중전을 구사했기 때문에 폭군으로 몰릴 소지가 다분했던 것이 사실이다.

왕도든 패도든 통치의 목적은 같다

그러나 원래 왕도주의든 패도주의든 궁극적으로 추구하는 바는 나라와 백성의 안녕을 뜻하는 '영국안민'(寧國安民)에 있다. 따라서 목적에 어떤 차이가 있는 것은 아니고 오직 방법론에서 차이가 있을 뿐이다. 왕도주의는 너그러운 덕치(德治)로 이를 실현하려고 한 데 반해, 패도주의는 엄한 법치(法治)로 이를 실현하려고 했을 뿐이다.

결국 양쪽 모두 그 본질에서는 아무런 차이가 없는 것이다. 그러나 양쪽 모두 극단적으로 흐를 경우에는 실패할 수밖에 없다. 현실은 왕도주의 시각과 같이 그렇게 이상적이기만 한 것도 아니고, 패도주의에서 보는 것처럼 그렇게 각박하기만 한 것도 아니기 때문이다.

따라서 역대 제왕들은 비록 표면적으로는 왕도주의를 표방할지라도, 실질적으로는 어느 정도 패도주의를 가미해 통치하지 않으면 안 되었다. 만일 왕도주의로 일관할 경우 비록 성군이라는 칭송을 들을지는 몰라도, 국란의 시기를 만나면 무능한 군왕으로 평가받기 십상이다. 반대로 패도주의로 일관할 경우 비록 폭군이라는 비난을 받을지는 몰라도, 국란의 시기를 만나면 오히려 성군으로 칭송받을 소지도 있는 것이다.

이런 관점에서 볼 때 연산군은 태평시대에 중전을 구사한 점에서 지탄받을 소지가 있다. 그러나 그는 결코 중전만을 구사한 단순한 패도지상주의자는 아니었다. 그는 방법론적으로 패도주의에 바탕해 통치의 이상향을 추구하려고 했을 뿐, 왕도주의의 이념을 완전히 무시한 것은 결코 아니었다. 연산군은 단순히 중전만을 구사한 것이 아니라 공을 세운 자에게는 후한 상을 내리는 '중상'(重賞)을 동시에 구사했다는 사실을 지나쳐서는 안 된다.

원래 중전과 중상은 동전의 앞뒷면과 같은 것으로 이를 동시에 구사할 줄 알아야만 진정한 패도주의를 확립할 수 있다. 이들 양자는 본질적으로 같은 것이다. 신권을 압도하는 확고한 왕권을 구축하기 위해서는 양쪽 모두 필요한 것이다. 연산군은 재위 기간에 강력한 왕권을 확립하기 위해 중전과 중상을 자주 구사했다.

물론 중전과 중상 가운데 어느 한쪽으로만 쏠릴 경우 폭군이나 암군(暗君)으로 몰리기 십상이다. 자그마한 일에도 가차없이 중벌을 가하면 폭군으로 몰리고, 커다란 공을 세운 것조차 제대로 평가해주지 않으면 암군으로 몰리기 때문이다. 중상을 구사할 줄 모르면서 중전만을 시행하면, 신민들은 자칫 위에 저촉되는 이른바 '촉상'(觸上)의 범죄를 저지르지나 않을까 전전긍긍하게 마련이다. 따라서 겉으로는 중전이 두려워 순종하는 모습을 보이지만 속으로는 늘 반감을 품게 마련이다. 반대로 중전을 구사할 줄 모르면서 중상만을 시행하면 신민들이 왕을 우습게 여겨 위를 범하는 이른바 '범상'(犯上)을 부추길 소지가 크다. 따라서 신하들은 겉으로는 군왕과 나라를 위한다고 떠들지만 속으로는 개인과 가문의 번영만을 추구하기 십상이다.

그러나 성리학의 왕도주의 시각에서 볼 때 패도주의는 용납할 여지가 없었다. 연산군이 쫓겨난 뒤 왕도주의 이념을 포기한 폭군으로 규정된 것도 성리학의 이 같은 고루한 시각과 무관치 않다. 그러나 진정한 패도주의자는 왕도와 패도의 근원적인 차이를 부인한다는 점을 염두에 둘 필요가 있다. 왕도든 패도든 국가와 백성을 살리기 위한 것이라면 모두 임기응변으로 구사할 수 있다고 보기 때문이다. 과거 중국의 등소평이 이른바 '흑묘백묘론'(黑猫白猫論)을 전개하면서 개방정책을 강력히 추진한 것을 상기하면 쉽게 이해할 수 있을 것이다.

이 같은 시각에서 볼 때 연산군은, 성리학의 왕도주의가 지배하는 상황에서 왕도주의를 표면에 내걸고 패도주의적 통치술을 구사한 진정한 패도주의자였다고 평가할 수 있다. 이는 연산군이 군신간의 위계질서를 지킨 자에게는 중상을 내리고 이를 훼손한 자에게는 중전을 가차없이 적용한 사실에서 잘 나타나고 있다. 조선왕조 5백년을 통틀어 연산군을 제외하면 진정한 의미의 패도주의를 제대로 이해한 군왕은 없었다고 해도 지나친 말이 아니다.

> 특별히 정자에서 구경하기 허락하니 特許芳亭賞景遊
> 싸늘함이 비를 타고 맑은 가을 재촉하네 新凉憑雨催淸秋
> 온화 위엄 양립해야 참 왕도일세 和嚴兩立眞王道
> 충성 다해 은혜 갚을 신하 누구뇨 誰竭孤忠報惠周

《연산군일기》 11. 8. 13)

이 시는 갑자사화 이후에 나온 시다. 이 시에 나타난 '화엄양립'(和嚴兩立)이 바로 연산군이 추구한 패도주의의 실체가 무엇인지를 단적으로 보여주고 있다. 연산군은 군왕이란 모름지기 온화함과 위엄을 동시에 갖추어야만 진정한 치도를 이룰 수 있다고 생각한 것이다. 온화함과 위엄은 진정한 패도주의에서 말하는 중전과 중상을 의미하는 말이다.

연산군은 이를 '진정한 패도'가 아니라 '왕도'라고 표현했을 뿐이다. 성리학이 지배하던 당시 상황에서 연산군은 내놓고 패도를 말할 수는 없었기 때문에 자신의 통치사상을 왕도로 표현했을 공산이 크다. 아니면 연산군 스스로 자신의 치도를 왕도로 간주했을지도 모른다.

그러나 이는 중요한 문제가 아니다. 당시 상황에서는 학술적으로 왕도와 패도 문제를 심도 있게 논의할 여지가 전혀 없었기 때문이다. 성리학은 아예 패도 자체를 치도로 간주하지 않는다. 따라서 연산군은 자신의 치도가 왕권의 우위를 전제로 한 진정한 패도주의에 바탕한 것인지를 알아채지 못했을지도 모른다. 그러나 어느 경우든 통치학적인 관점에서 볼 때, 그의 통치사상은 분명 중전과 중상을 동시에 구사하는 진정한 패도주의에 입각한 것이었다.

이 같은 관점에서 볼 때, 연산군의 통치행위를 왕도주의의 시각만으로 분석하거나 통치행위의 어느 일면만을 부각시켜 분석할 경우 왜곡될 소지가 많다. 지금까지 연산군에 대한 모든 평가는 바로 이 같은 기준에 따라 이루어졌다. 따라서 연산군의 통치사상을 정확히 분석하기 위해서는 우선 사관들이 어떤 시각에서 연산군의 통치를 평가했는지 검토할 필요가 있다.

연산군은 즉위 초에 커다란 가뭄이 닥치자 대간들의 반대를 물리치고 기우제를 지낸 뒤 대대적인 사면령을 내렸다. 이는 혹여 있을지도 모를 백성들의 억울함을 풀어주어 천지의 화기(和氣)를 드높이려는 취지에서였다. 다음과 같은 사면령을 보면 연산군이 즉위 초부터 군왕의 책무를 다하기 위해 얼마나 노심초사했는지 알 수 있다.

과인은 부덕한 자격으로 대업을 계승하였으니 혹시 하늘의 뜻에 믿음을 주지 못할까 하여 늘 경계하고 두려운 생각을 품었다. 그런데 지금 벼가 패기도 전에 수십 일 동안 비가 내리지 않아 장차 말라죽게 되었으니, 하늘의 견책이 어찌 까닭 없이 내리겠느냐. 이것은 비록 과인의 부덕한 소치로 불러들인 것이지만 옥송(獄訟)을 혹시 잘못 다루어 억울한 사실이 있는지도 모르겠다.(《연산군일기》 1. 7. 29)

기우제는 왕도주의를 추구하는 성리학에서 매우 중요시한 행사다. 하늘이 왕의 부덕을 경고하기 위해 가뭄을 일으켰다고 보기 때문이다. 따라서 기우제는 왕이 자신의 부덕을 반성하는 계기로 인식되었다. 이는 일종의 참위설(讖緯說)에 입각한 것으로 성리학의 미신적 속성을 보여주는 것이기도 하다.

이는 매우 비과학적인 것이기는 하나 성리학은 참위설을 확신하고 있었다. 물론 참위설에 긍정적인 측면이 전혀 없었던 것은 아니다. 모든 천지변화를 왕의 통치행위와 연결시킴으로써 왕으로 하여금 겸손을 배우게 하는 데는 안성맞춤이었기 때문이다.

그러나 참위설은 신권의 우위를 확립하는 데 결정적인 기여를 한 이론이라는 점을 염두에 둘 필요가 있다. 성리학이 극성한 중국의 송대에 참위설이 맹위를 떨친 것도 이와 무관치 않다. 역사적으로 볼 때 혁명이나 반정 등과 같이 왕을 몰아내거나 왕조를 뒤엎을 때 참위설은 천명론(天命論)과 함께 가장 많이 원용된 이론이기도 하다.

연산군은 즉위 초부터 왕도주의로 무장한 신료들과 통치이념을 놓고 치열한 신경전을 벌이지 않으면 안 되었다. 일종의 기세싸움과 같은 것이었다. 이 같은 상황에서 신료들의 견제에 적극 대응하기 위해서는 연산군 역시 불가피하게 왕도주의의 이상을 표방하지 않을 수 없었을 것이다. 연산군이 즉위한 이듬해 초 거의 폐지되다시피 한 사가독서제(賜暇讀書制)를 부활시킨 것도 같은 맥락에서 이해해야만 할 것이다.

사가독서제는 학풍을 진작하기 위해 신하들에게 휴가를 주어 학문에 열중하도록 하는 제도이다. 요즘의 제도로 보면 일종의 안식년 휴가와 비슷하다. 연산군이 사가독서제를 부활시킨 것은 성리학의 관점에서 볼 때 오히려 성군의 모습에 가까운 것이었다. 이는 연산군이 어릴 때부터 학문에 관심이 없었다고 한 사관의 평이 얼마나 왜곡된 것인지

를 반증한다. 연산군의 성군에 가까운 모습은 그가 직접 출제한 다음과
같은 대과시험의 논술제목을 보면 더욱 쉽게 확인할 수 있다.

> 옛날 제왕 가운데 능히 그 치도를 다하여 그 효험을 거둔 자는 누구
> 이며, 그 치도를 다하지 못하여 나라를 망친 자는 누구인가? 과인은 부
> 덕한 몸으로 왕업을 이어받아 지극한 치도를 이루려고 새벽부터 밤늦
> 도록 스스로 조심하고 두려워하여 그 허물이 없기를 바라는데도 수행
> 이 미진하기만 하다. 백성을 구원하라는 교서를 여러 번 내렸는데도 항
> 간에는 간혹 수심과 한탄에 쌓인 소리가 나오고, 오랑캐를 회유하는 방
> 법에서도 극진하지 않은 것이 없는데도 남쪽 왜인과 북쪽 야인이 이따
> 금 발동하고 있다. 과연 어떻게 하면 지극한 치도를 다하여 지극한 공을
> 이룩할 수 있겠는가?(《연산군일기》 3. 9. 4)

연산군이 즉위 초부터 나라의 평안과 백성들의 생업을 위해 얼마나
애썼는지를 보여주는 대목이다. 연산군의 즉위 초기에는 삼포의 왜인
을 비롯해 북변의 여진족들이 크고 작은 소란을 가끔 일으켰다. 연산군
은 이 문제를 근원적으로 해결하기 위해 노심초사했다.

나라의 안위와 백성들의 생업을 걱정하는 연산군의 이 같은 자세는
즉위 초에만 그친 것이 아니었다. 그는 폐위되기 직전까지 조선의 군왕
으로서 주어진 소임을 다하기 위해 무진 애를 쓴 인물이다. 연산군은
자신이 그리는 이상정치를 구현하기 위해, 한낱 명분에 좌우되는 자가
아니라 온몸을 던져 일할 수 있는 진정한 충신을 갈구했다.

패도주의는 어떤 의미에서는 왕도주의보다 더욱 충직한 신하를 요
구한다. 나라와 백성들을 위한 제반 정책을 제대로 펼치기 위해서는 유
능하면서도 헌신적인 신하가 필요하기 때문이다. 그러나 왕도주의에서

는 신하들에게 왕이 마음에 들지 않으면 초야에 묻혀 지낼 것을 권장하
고 있다. 성리학의 가장 큰 폐단은, 전란과 같은 위기상황에서 지나친
명분주의에 사로잡혀 효과적인 대응을 할 수 없다는 점에 있다. 연산군
은 바로 왕도주의가 표방하는 명분주의의 한계를 통찰하고 있었던 셈
이다. 이는 연산군의 다음과 같은 시를 보면 쉽게 확인할 수 있다.

> 국가에 소홀하고 군왕을 속인 죄를 어찌 용서할까 慢國欺君罪不容
> 몸을 아끼고 명예를 구함은 간흉들의 짓이로다 惜身名釣是奸兇
> 누가 능히 단심의 정성을 가져다 바쳐 誰能抱獻丹忠疑
> 큰 은혜 갚으며 태평세월 즐기게 하려는가 謀報鴻私樂世雍

(《연산군일기》 12. 6. 1)

왕도주의에 바탕해 오직 일신의 안녕과 명분만을 찾는 짓을, 곧 국
가를 소홀히 하고 왕을 속이는 간신의 소행으로 규정한 것이다. 진정한
충신이라면 설령 모시는 주군이 폭군이라 할지라도 이를 잘 보필해서
옳은 방향으로 이끌고 나가야 한다. 그러나 왕도주의의 가르침은 이와
다르다. 공자는 일단 주군에게 간언을 하나가 수용되지 않을 경우 초야
에 묻히라고 권했다. 맹자는 아예 모시는 주군이 폭군이라면 힘으로써
몰아내라고 주문했다. 공자와 맹자의 가르침이 사뭇 다른 것이기는 하
나 폭군을 군왕으로 섬기지 말라고 주문한 것은 동일한 셈이다.

그러나 신하가 국록을 먹으면서 종묘와 국가보다 일신과 가문을 먼
저 생각하면 나라는 속으로 곪게 마련이다. 군왕 또한 껍데기로 남게
된다. 이 같은 상황에서 괴로움을 당하는 것은 오직 죄 없는 백성뿐이
다. 연산군이 가장 싫어한 신하가 바로 이같이 명분에 집착해 국가와
백성을 소홀히 한 자들이다. 이 같은 점에서 볼 때 연산군은 진정한 패

도주의자라고 볼 수 있다. 그가 그토록 진정한 충신을 구하려고 애쓴 것도 그의 이 같은 패도주의적 통치사상에서 비롯된 것이다.

패도는 힘을 바탕으로 한다

연산군은 비록 표면적으로는 왕도를 내걸었을지 몰라도 본질적으로는 패도주의자였던 셈이다. 이 같은 패도주의 성향은 그의 독무정책에서도 쉽게 찾을 수 있다. 가장 대표적인 것으로는 북방야인을 정벌하려 한 계획을 들 수 있다. 이는 결국 대신들이 민폐를 내세워 강력히 반대함으로써 구체화되지는 못했으나, 그의 패도주의 사상을 읽을 수 있는 중요한 대목이 아닐 수 없다. 당시 조선 조정이 북쪽 야인에게 보낸 다음과 같은 포고문을 보면 그의 독무사상을 확연히 파악할 수 있다.

너희들은 변방에 가까이 살아서 대대로 성의를 바쳐 잠자고 먹는 것을 편안히 하니 전하의 어루만져 주신 은혜가 지극하였다. 전하께서는 포용하시는 도량으로 너희들의 잘못을 추궁하지 않으시고 오히려 "조그마한 못된 무리들이 좀도둑질하는 것이니 빨리 글을 보내어 추장을 타일러라" 하시었다. 이제야말로 너희들이 정성을 다하여 은혜를 갚을 때다. 만약 미혹하여 우리의 부득이한 움직임을 초래한다면 대병(大兵)이 한 번에 치달아 달아날 길이 끊어질 것이니, 일찍 좋은 계책을 생각하여 후회를 남기지 말라.(《연산군일기》 2. 8. 13)

이 포고문에는 연산군의 독무사상이 잘 나타나 있다. 이는 야인이 말을 안 들을 경우 대병을 동원해 무력으로 진압하겠다고 경고한 대목에서 쉽게 확인할 수 있다. 실제로 연산군은 대병을 동원해 야인들에게 따끔한 경고를 보내고자 하였다. 당시 연산군은 야인정벌을 위해 사냥을 통한 군사들의 진법훈련도 차질 없이 진행시켰다.

패도주의는 문과 무를 동시에 존중하는 이른바 문무겸전(文武兼全)의 사상에 바탕해 있다. 그러나 왕도주의는 오직 문만을 중시하고 무를 천시하는 이른바 숭문천무(崇文賤武) 사상에 입각해 있다. 연산군의 독무사상은 다음과 같은 전교가 보여주듯이, 문관과 무관을 차별 없이 임용한 정책에서 그 진면목을 드러내고 있다.

> 문관과 무관을 아울러 쓰는 것은 변할 수 없는 계책인데, 우리나라에서는 문관은 문관대로 무관은 무관대로 같은 조정에서 달리 가니 어찌 이렇듯 치우칠 수 있는가. 마땅히 고려조에 일어난 정중부의 난을 거울로 삼아야 할 것이다. 지금부터는 이조와 병조의 낭관(郎官)을 비롯한 그 밖의 모든 주요 관직에 무관도 아울러 번갈아 가면서 임명하여, 짐이 문관과 무관을 똑같이 대우하는 뜻에 따르도록 하라.(《연산군일기》 11. 10. 4)

이조와 병조의 낭관은 비록 당하관이지만 해당 관서의 핵심적인 실무책임을 맡고 있는 관직이다. 이 같은 요직에 문관뿐만 아니라 무관도 동시에 임명하라는 연산군의 전교는 당시의 기준으로 볼 때 매우 파격적인 것이었다. 성리학이 지배하는 나라에서 문관과 무관을 주요 관직에 똑같이 임명하는 것은 있을 수 없는 일이었다. 이는 성리학의 숭문천무 기풍과 완전히 배치되는 것이었다.

그러나 연산군은 오직 문치만을 숭상하는 왕도주의의 한계를 읽고 있었던 듯하다. 그렇지 않고는 무관을 문관과 똑같이 대우하도록 명을 내릴 리 없기 때문이다. 그의 확고한 문무겸전의 통치사상이 드러난 실례가 아닐 수 없다. 문무겸전 사상은 말할 것도 없이 패도주의의 독무사상에서 비롯된 것이다. 훗날 조선은 숭문주의로 치달은 나머지 전래의 상무정신을 훼손해 왜란과 호란 등 두 차례의 병란을 초래했다. 이같은 사실을 상기하면 연산군의 뛰어난 문무겸전의 통치방략을 평가하지 않을 수 없다.

그럼에도 사관은 "이로부터 정부의 낭청에 결원이 있을 때는 무사들 가운데서도 목을 늘이고 기다리는 자가 있었다"고 비꼬았다. 사관의 이 같은 평가는, 연산군이 무관을 우대해 관직을 어지럽게 만들어놓았다는 판단에 따른 것이다. 그러나 이는 지나친 숭문주의가 빚어낸 편견이 아닐 수 없다.

연산군은 위민법치를 실시했다

연산군의 독무사상은 그의 법치사상과 궤를 같이하는 것이다. 독무와 법치는 패도의 기본적인 요소이기도 했다. 다음과 같은 전교를 보면 연산군의 법치사상의 편린을 쉽게 찾아낼 수 있다.

《경국대전》에는 "새 법을 제정하거나 옛 법을 개정할 때는 의정부에서 미리 심의해서 올리고 양사가 여기에 서경(署經)한다" 하였다. 근래에 각 관사가 해당 업무에 조금이라도 구애되는 점이 있으면 문득 새로 조목을 세워 부산하게 전하기만 하고 의정부에서는 관여하지 않으므로, 조목이 너무 많아 법을 제정하자마자 폐단이 생기고 있다. 지금부터는 마지못해 옛 법을 개정하거나 새 법을 제정하는 일을 할 때는 한결같이 《경국대전》에 의거하여 하게 하라.(《연산군일기》 8. 6. 8)

《경국대전》에는 법을 함부로 개정하거나 제정하는 것을 방지하기 위해 두 가지 장치를 두었다. 모든 법령을 개정 또는 제정하기 전에 우

선 의정부의 심의를 받도록 한 것과, 이어 사헌부와 사간원의 동의를
뜻하는 이른바 서경을 받도록 한 것이 그것이다. 이는 해당 관서가 자
신들의 편의에 따라 함부로 예규를 만들어 법을 번잡하게 만드는 일을
방지하기 위해서였다.

　사실 법은 함부로 제정해서도 안 되지만 함부로 바꾸어서도 안 된
다. 법의 위엄을 떨어뜨려 자칫 국가기강마저 송두리째 무너뜨릴 수 있
기 때문이다. 법이 법다운 법으로 존재하기 위해서는 함부로 법을 바꾸
거나 만드는 일이 없어야만 한다. 그러나 법이 그대로 존재하기만 해서
는 법다운 법으로서 효용을 다할 수 없다. 법이 법다운 법으로 통용되
기 위해서는 법을 적용할 때 자의성을 봉쇄해야만 한다.

　연산군은 법을 적용하면서 결코 사정(私情)을 두지 않았다는 점에
서 탁월한 패도주의자였다. 그는 법의 냉정함을 보이지 않으면 그 폐해
가 자못 심각하다는 사실을 익히 알고 있었다. 연산군은 법을 집행하는
데 털끝만큼도 사정을 두지 않는 것을 원칙으로 삼았다. 연산군이 훗날
혹형을 남발한 폭군으로 몰린 것도, 어찌 보면 그의 이같이 확고한 법
치사상 때문이라고 볼 수 있다.

　연산군이 가장 혹독한 형벌을 구사한 깃은 갑자사회에서다. 갑자사
화는 후술하는 바와 같이 왕권에 대한 도전을 응징하는 데서 출발한 것
이다. 이때 연산군이 적용한 법은 일면 가혹하기 그지없는 것이기도 했
다. 연산군은 왜 이같이 가혹한 법 적용을 주장한 것일까? 연산군의 다
음과 같은 언급을 보면 그가 왜 중전을 사용할 수밖에 없었는지 대략
짐작할 수 있다.

　무릇 사람이 하루에 하는 일도 아침에 다르고 저녁에 다른 것이다.
그러므로 그 일에 따라 죄 또한 같지 않으니 가볍다고 해서 죄를 논하지

말라는 것은 있을 수 없는 일이다. 한 사람이 두어 가지 범죄를 저질렀을 때 만약 한 가지만 판결하고 그 나머지를 놓아준다면 죄인을 징계할 수 없다. 죄를 거듭 지어 비록 장을 맞아 죽는다 하더라도 이것은 모두 스스로 자초한 것이지 국가에서 형을 잘못 집행한 것은 아니다.(《연산군일기》 11. 1. 14)

연산군은 무오사화에서 주륙을 당한 자들이 갑자사화에서 또다시 죄를 범했을 경우 가차없이 부관참시(剖棺斬屍) 등의 혹형을 가했다. 연산군은, 거듭 죄를 지은 사실이 드러난 상황에서 죄인이 한 번 벌을 받았다고 해서 그냥 지나칠 수 없다는 입장을 견지했다. 이같이 참혹한 형벌을 내린 가장 큰 원인은 왕권에 대한 신권세력의 발호를 뿌리뽑고자 한 데 있었다.

사실 이 같은 혹형이 비단 연산조에만 실시된 것도 아니다. 그럼에도 유독 연산군만 잔혹한 폭군으로 매도되고 있는 것이다. 연산군은 법적용과 법 집행에 결코 사정을 두지 않았다. 그러나 이는 칭찬할 일이지 결코 비난받을 일이 아니다. 법을 임의대로 재단해서는 안 된다고 강조한 다음과 같은 전교를 보면, 그가 얼마나 확고한 법치사상을 가지고 있었는지 쉽게 확인할 수 있다.

임금이 정사를 행하면서 어찌 사람 죽이는 것을 꺼려하는 것만으로 사람들에게 사랑을 받겠는가. 만약 너그럽기만 하다면 기강이 해이해질 수밖에 없는 것이다. 대체로 임금은 반드시 너그러움[寬]과 엄함[猛]이 서로 비등해야 하는 것이다. 이를 가지고 형을 잘못 쓴다고 말하는 것은 온당치 못하다. 간사한 자를 근절하지 않으면 반드시 원망을 품고 불측한 마음을 드러낼 것이니 일찍이 제거하는 것만 못하다.(《연산군일 연산군이 언급한 바와 같이 진정한 패도주의는 너그러움과 엄함이 공존해야 한다. 이를 일컬어 흔히 '관맹호존'(寬猛互存)이라고 말한다. 이는 앞서 나온 '화엄양립'과 같은 뜻을 지니고 있는 말이다. 이는 군왕이 신민들에게 너무 엄하기만 해도 안 되지만, 관용 일변도로 흘러서는 더욱 안 된다는 것을 경계한 말이다. 연산군의 통치사상이 바로 패도주의에 바탕해 있음을 여실하게 보여주는 대목이다.

그러나 연산군은 무자비한 법 지상주의자는 아니었다. 법을 준수하는 것은 매우 중요한 일이기는 하나, 이를 잘못 운용하면 힘없는 백성만이 당하게 된다는 사실을 잘 알고 있었다. 연산군의 법치사상은 기본적으로 국가의 안녕을 도모하는 것이기는 하되 백성들의 민생과 밀접한 연관을 맺고 있었다.

사실 법가사상 자체는 비록 엄격한 법 집행을 강조하기는 했으나, 이는 어디까지나 백성들을 위한 것이었다. 그런 의미에서 연산군의 법치사상 역시, 법은 근본적으로 백성을 위한 것이라는 이른바 '위민법치'(爲民法治)에 기초한 것이라고 할 수 있다. 그의 다음과 같은 전교가 이를 잘 보여준다.

지금 외방의 관아에서 민간에게 부과한 노역이 과중하고, 각 관사의 노비들이 백성에게 끼치는 폐해는 더욱 심하다 하니 이를 장차 무엇으로 구제할 것인가. 이를 의정부에 내려보내 의논하게 하고 이 뜻을 중외에 널리 타일러 깨닫게 하라.(《연산군일기》5. 1. 13)

백성을 생각하는 연산군의 마음이 이와 같았다. 성리학이 지배하는 국가에서 백성들에게 가장 가혹하게 구는 자는 근본적으로 관리일 수밖에 없다. 지방관아의 관장에게 모든 권한을 위임하고 있었기 때문이다. 더구나 그 지역이 중앙에서 멀리 떨어져 있으면 있을수록 지방관장을 통제하기가 쉽지 않았다.

관존민비(官尊民卑)의 관행이 팽배한 나라에서 백성을 구제하는 가장 좋은 해결책은 선정을 베풀 수 있는 관원을 잘 가려 파견하는 길뿐이다. 그러나 이는 말처럼 쉬운 일이 아니다. 더구나 당시에는 힘있는 대신들이 말로만 백성들을 위한다고 하면서, 실제로는 자신들이 모든 이익을 독점하는 사례가 비일비재했다. 연산군의 다음과 같은 전교를 보면 이를 쉽게 확인할 수 있다.

어살과 나뭇갓은 국가에서 가난한 백성에게 주고 차례로 세를 거두는 것이니 백성을 위한 뜻이 지극한 것이다. 그러나 겉으로는 빈민들에게 준다고 하면서 다른 사람이 몰래 이익을 얻는다면 재상들이 아뢴 본뜻에 어긋나지 않겠는가?(《연산군일기》 8. 3. 26)

어살[魚箭]은 물고기를 잡기 위해 강이나 바다에 나무를 꽂는 것을 말하고, 나뭇갓[柴場]은 땔감나무를 베어 말리는 곳을 말한다. 당시 어살과 나뭇갓은 국가가 독점하여 가난한 백성들에게 나누어주고 세금을 받는 식으로 운영되고 있었다. 이는 요즘으로 치면 일종의 입어권(入漁權)과 벌목권(伐木權)에 대한 허가로 볼 수 있다.

그런데 이들 권한은 모두 빈민들을 위해 만든 것인데도, 실제로는 엉뚱한 사람들이 이익을 취하고 있었다. 당시에도 명의만 백성들에게 있을 뿐 실제로는 힘있는 관원들이 그 이익을 취하는 일이 다반사였음을 쉽게 짐작할 수 있다. 연산군이 이 같은 전교를 내린 것도 백성들을 생각하는 위민사상에서 비롯된 것으로 볼 수 있다.

패도주의는, 신권이 강해지면 작게는 백성을 휘어잡고 크게는 왕권을 위협해 신권세력의 사욕만을 채워주게 된다는 사고를 바탕에 깔고 있다. 따라서 패도주의에서 추구하는 위민사상은, 신권을 견제함으로써 지극한 통치의 이상을 실현하고자 한 데 그 특징이 있다. 이는 왕도주의가 왕권을 견제함으로써 위민사상의 이상을 실현하려고 하는 것과 매우 대조적이다. 똑같은 위민사상이라 할지라도 그 실현방법은 전혀 다른 것이다. 연산군이 금주령을 내리자는 대간들의 건의를 거부하면서 밝힌 다음과 같은 배경설명을 보면 그의 위민법치 사상을 더욱 쉽게 확인할 수 있다.

술을 금하는 일은, 선비의 가정에서는 마음대로 마셔도 단속하지 못하고 오직 가난한 백성들만이 쉽사리 적발되어 벌금을 내야 하니, 그 폐단이 적지 않으므로 금지하지 않았다.《연산군일기》8. 11. 2)

성종조에 임사홍은 대간들의 금주령 건의에 이의를 제기했다가 반성리학적 이단자로 몰려 조정에서 쫓겨나기도 했다. 그만큼 대간들의 금주령 건의는 성리학의 왕도주의로 윤색되어 있었기 때문에, 왕에게조차 엄청난 압력이었다.

그러나 연산군은 오직 가난한 백성들만 피해를 본다고 생각하여 대간들의 금주령 건의를 거부한 것이다. 이는 패도주의에 입각한 확고한 위민법치 사상이 없었다면 불가능한 일이다. 예나 지금이나 지위고하에 상관없이 위반자를 가차없이 단속하기란 쉬운 일이 아니다. 힘없는 백성들만 적발되어 벌금을 무는 사례는 예나 지금이나 별반 차이가 없는 것이다. 아예 금주령을 내리지 않은 연산군의 조치를 보면 그의 위민사상이 패도주의에 기초해 있음을 쉽게 짐작할 수 있다.

법을 엄정하게 집행하지 않으면 국가기강이 바로 서지 못한다. 법을 집행하는 관원들이 법을 자의적으로 적용하여 힘없는 백성들에게만 법의 올가미를 씌운다면, 이는 법을 착취의 도구로 악용하는 것이다. 법가사상의 원조로 알려지고 있는 상앙은 《상군서》에서, 법 규정을 자의적으로 적용할 경우 "법을 다루는 관리들이 법을 이용해 백성들을 낚시질한다"(秩官之吏 隱下漁民)고 경고하기도 했다.

연산군이 중전을 가차없이 적용한 것은 법 집행에서 공평성 확보를 전제로 한 것이었다. 따라서 오로지 중전을 구사했다는 사실만을 들어 연산군을 혹형을 남용한 폭군으로 매도하는 것은 잘못이다. 연산군이 중전을 구사할 수밖에 없었던 배경과, 중전을 적용하면서 공평성을 잃었는지 여부 등을 전혀 고찰하지 않았기 때문이다.

중상이 중전보다 패도 구사에 효과적이다

연산군을 진정한 패도주의자로 규정할 수 있는 근거는, 그가 중전을 구사한 사실에서 찾을 것이 아니라 중상을 과감히 시행한 사실에서 찾아야 한다. 중전만 쓸 경우 백성들을 경계하는 의미만 있을 뿐이고, 국가가 추진하는 목표달성에 백성들의 참여를 독려할 수 없다. 중상을 아낌없이 베푸는 것은 중전을 가차없이 구사하는 것보다 통치의 효율성을 높일 수 있다.

물론 중상이 의미를 지니기 위해서는 몇 가지 사항이 전제되어야만 한다. 우선 너무 자주 베풀면 중상의 의미가 퇴색될 우려가 있다. 중상에는 일정한 한계가 있어야 하는 것이다. 나아가 중상을 아무리 후하게 주고 싶어도 신민에게 베풀 수 있는 벼슬이나 재물은 그 규모가 한정되어 있다. 따라서 이를 얼마나 상황에 따라 적절히 잘 활용하느냐 하는 운용의 묘가 절대적으로 필요한 것이다.

연산군은 깊은 신뢰감이 가는 신하는 추호도 의심치 않았다. 연산군은 이들에게 특은 등의 중상을 통해 이른바 '감동의 정치'를 보여주었다. 역대 왕조가 모반 등을 고변(告變)한 자에게는 설령 그 신분이 천인일지라도 당상관을 제수하는 등의 파격적인 보상을 한 이유도 따지고 보면 '감동의 정치'와 무관치 않은 것이다. 통치 역시 그 본질은 인간이 인간을 다스리는 것이기 때문에 인간적인 냄새가 풍겨야만 한다. 패도주의에 입각한 중상제도는 바로 이 '감동의 정치'를 현실통치에서 구현하는 방안을 제시한 것이다. 연산군을 진정한 패도주의자로 규정할 수 있는 이유도 바로 여기에 있다.

연산군의 재위기간 동안 그의 총애를 가장 많이 받은 사람은 대제학을 지낸 김감(金勘)과 승지 강혼을 들 수 있다. 강혼은 초기에 소장 신권세력의 일원으로 대간의 직책을 맡으면서 모든 논박에 앞장섬으로써 연산군의 미움을 받기도 했다. 그러나 연산군은 그의 재주와 기백을 높이 사 그를 승지로 발탁했다. 강혼은 이후 연산군이 폐위될 때까지 주군의 총애를 한 몸에 받게 되었다. 연산군이 무지막지한 폭군이 아니라는 사실은 바로 이 같은 사실에서도 쉽게 확인할 수 있다.

김감과 강혼 두 사람이 총애를 받은 것은 전적으로 그들의 뛰어난 실력과 타고난 재주 때문이다. 특히 두 사람 모두 시를 잘 짓고 응대를 잘했다. 신하들이 왕의 시 등에 응대하는 것을 흔히 '갱진'(賡進)이라고 한다. 시문 등을 통해 군신이 서로 대화하는 것은 매우 오랜 역사를 지닌 것이다. 시를 좋아하는 연산군이 갱진을 잘하는 이들을 총애한 것은 당연한 일이다. 특히 강혼은 연산군이 계속 재임했다면 정승이 되고도 남았을 인물이다. 그러나 그는 연산군의 총애를 받았다는 이유로 가차없는 비판을 받게 된다.

강혼은 젊어서 배우기를 좋아하고 글짓기를 잘하였으며 성격이 명랑하고 몸가짐이 구차하지 않아 평소에 사림이 중시하는 인물이 되었다. 왕이 그의 글 잘함을 알고 발탁하여 승지를 삼았는데 무릇 명하는 일을 모두 뜻에 맞추었다. 왕이 여색에 빠지면서 모든 음탕한 글을 반드시 강혼에게 짓게 하므로 강혼은 고금의 일을 인용하고 몸과 마음을 다해 왕의 뜻을 맞추었다.(《연산군일기》 12. 8. 19)

사관은, 강혼이 재주가 뛰어났음에도 임금의 방탕을 방조하는 일을 했다고 비난한 것이다. 사관은 연산군이 온갖 음탕한 글을 강혼에게 짓도록 했다고 하나, 《연산군일기》 어느 대목을 봐도 음탕한 시는 나오지 않는다. 《연산군일기》는 연산군에게 유리한 사실도 폄하해 기록하고 있는데, 하물며 연산군을 매도하기에 더없이 좋은 강혼의 음탕한 시를 싣지 않았을 리 없다.

연산군의 시는 결코 음탕한 내용을 소재로 한 적이 없다. 이 같은 시에 화답한 강혼 역시 음탕한 내용의 시로 응대했을 리 만무하다. 훗날 실학자인 이수광(李晬光)이 지은 《지봉유설》과 이규경(李圭景)이 지은 《오주연문장전산고》등을 보면 강혼이 지은 시가 나오는데 매우 맑고 고아하기 그지없다. 여기서 알 수 있듯이, 사관이 강혼에 관해 이같이 터무니없는 얘기를 덧붙인 것은 연산군을 폭군으로 몰기 위한 것이었다.

당시 연산군은 신하를 확연히 두 부류로 나누고 있었다. 하나는 몸과 마음을 다해 진충보국(盡忠保國)할 충신이고, 다른 하나는 성은을 망각하고 흉계를 품는 간신이다. 신하를 양분하여 성은에 보답할 충직한 신하를 갈구한 연산군의 이 같은 행태는 패도주의에 기초한 것이었다. 사실 충성스런 신하들의 적극적인 보필이 없으면 패도주의가 추구하는 목표를 결코 달성할 수 없다. 이러한 충직한 신하에 대한 갈구는 재위 말년에 들어 더욱 심해졌다. 이는 연산군이 두 번의 사화를 거치면서 왕권을 더욱 확고히 할 필요가 있다고 판단했기 때문으로 보인다. 연산군이 생각하는 충신은 바로 사사로움을 돌보지 않고 왕과 국가를 위해 헌신할 수 있는 사람이었다.

연산군이 가까운 사람과 충직한 신하에게 내린 중상은 흔히 특은(特恩)의 형태로 나타났다. 특은은 중상의 한 전형으로 볼 수 있다. 그러나 특은을 남발해서는 안 된다. 중상의 의미가 퇴색되기 때문이다. 그러나 연산군은 부왕인 성종과 달리 특은을 내리는 데 거리낌이 없었다. 이것 역시 연산군의 호방함을 보여주는 대목이 아닐 수 없다. 당시 연산군은, 왕이 은혜를 베풀 때는 흔연히 베풀어야 효과적이라고 생각한 듯하다. 중상이 바로 진정한 패도를 실현하는 관건임을 통찰하고 있었음이 틀림없다. 특은과 같은 중상을 내리는 것은 바로 군주의 특권이다. 사실 패도주의 시각에서 볼 때, 특은은 신하의 충성을 확보하는 매우 효과적인 통치수단이기도 하다.

물론 아무리 왕이라고 해도 특은을 남발해서는 안 된다. 특히 하사품을 내리는 횟수가 많아지면 이를 조달하는 일이 만만치 않다. 내탕고(內帑庫 : 왕실의 재물을 넣어 두던 창고)도 한정이 있기 때문이다. 실제로 연산군은 특은을 베풀기 위해 후한 하사품을 자주 내려 내탕고가 왕왕 비었던 것이 사실이다. 그러나 연산군은 특은을 베풀 때 결코 무절제하지는 않았다. 나름대로 일정한 틀이 있었다. 무턱대고 마음 내키는 대로 물자를 낭비하지는 않은 것이다. 연산군은 긴요한 부분에는 결코 그 비용을 줄이지 않았으나 그렇지 않은 경우에는 오히려 매우 절용하는 자세를 보였다.

패도주의의 시각에서 볼 때 베풀어야 할 때는 흔쾌히 베풀어야만 한다. 자연 재물이 많이 필요하게 마련이다. 일종의 여유 있는 통치자금이 필요한 것이다. 현대사에서는 대통령이 개인적으로 치부하여 말썽이 난 적도 있으나 연산군의 경우는 달랐다. 그는 자신을 위해 치부한 적이 전혀 없었다. 그는 충직한 신하들에게 상을 내릴 때 품계를 올려주는 것과 동시에 후한 하사품을 아끼지 않았다. 중상을 베풀기 위한 지출은 불가피하다고 생각한 것이다.

이상 살펴본 바와 같이, 연산군은 중전과 중상을 적절히 섞어 상황에 맞춰 적절히 구사한 진정한 패도주의자다. 패도주의는 왕권의 우위를 전제로 한 사상이다. 연산군의 위민사상 역시 신권세력에 대한 강력한 견제를 전제로 한 패도주의에 입각한 것이다. 그러나 연산군은 패도주의에 바탕한 자신의 위민사상을 제대로 펼쳐보지도 못하고 쫓겨나고 말았다. 반정세력이 자신들이 모시던 군왕의 패도주의적 통치행태를 폭군의 그것으로 난도질한 것은 필연적인 수순이었다.

3. 제왕천하(帝王天下)

연산군은 신권의 도전을 용납하지 않은
왕권주의자였다

통치학의 관점에서 볼 때, 통치이념을 최종적으로 해석할 권리를 가진 자가 통치권력 행사의 실질적인 담당자가 된다고 할 수 있다. 왕도주의는, 왕이 신하들과 더불어 국사를 의논하면서 신하들의 간언을 힘써 받아들일 것을 주문하고 있다. 성리학을 통치이념으로 내세운 국가의 군수는 세자 시설부터 반드시 스승을 두고 가르침을 빋아야 했다. 왕이 되어서도 마찬가지였다. 죽을 때까지 하루에 세 번씩 경연애 나아가 스승이자 신하인 자에게 가르침을 받아야만 했다.

경연에서 왕사 노룻을 한 사람들은 바로 왕의 신하였다. 따라서 이들은 왕의 신하이기는 하되 결코 신하로 대우할 수 없는 자들이었다. 원론적으로 말하면 모든 신하는 왕사가 될 수 있는 자격이 있었다. 따라서 군주가 국사를 다루면서 독단으로 할 수 있는 것은 실질적으로 아무 것도 없었다고 해도 지나친 말이 아니다. 왕도주의 하의 군왕은 요즘의 통치제도에 비추어보면 내각책임제의 대통령과 비슷하다고 할 수 있다.

　성리학의 이 같은 논리는, 백성들은 중하고 군주는 가볍다는 맹자의 '민귀군경'(民貴君輕) 사상에서 출발한 것이다. 맹자는 아무리 군주라 할지라도 덕을 베풀지 않고 의를 행하지 않는 자는 일개 사내에 지나지 않는다고 갈파한 바 있다. 따라서 그는 불의(不義)한 군주는 이미 군왕이 아닌 일개 사내에 불과하기 때문에 신하들이 힘으로 몰아내야 한다는, 이른바 '폭군방벌론'을 주창한 것이다. 과거 일본에서 명치유신 전까지 맹자의 책을 수입하는 일 자체를 금지한 것도, 바로 이같이 과격한 맹자의 폭군방벌론 때문이다.

　이에 반해 패도주의는 기본적으로 다른 입장을 취하고 있다. 통치권력을 행사하는 데 신료들의 도움이 필요한 만큼 그들에게 일정한 권한을 부여하는 것은 불가피하되, 통치권력의 소재는 물론 궁극적인 행사자 역시 반드시 제왕이어야 한다고 주장한 것이다. 한비자는 신하들을 군주의 눈치를 살피며 늘 자신의 이익만을 꾀하는 소인배로 간주했다. 따라서 군주가 신하들의 간계(奸計)를 늘 경계하지 않으면 제왕의 자리 또한 보전할 수 없다고 갈파했다.

　한비자는 군주가 통치권력을 행사할 때 신하들의 견해는 일종의 참고 사항에 불과할 뿐이라고 주장했다. 패도주의 하에서는 어디까지나 군주 한사람의 고독한 결단에 의해 최종 결정이 이뤄져야 한다. 통치 차원의 모든 정책은 궁극적으로 최고통치권자의 결단에서 나와야 한다는 점에서 볼 때, 패도주의의 주장은 옳은 것이다. 그러나 패도주의의 주장에도 결정적인 약점이 있다.

　패도주의 하에서 왕이 신하들을 통어(統御)하고 주요 정책에 대해 지혜롭고 용기 있는 결단을 내리기 위해서는, 당연히 그만큼 뛰어난 식견과 안목을 지녀야만 한다. 그러나 이는 말처럼 쉬운 일이 아니었다.

한비자는 이 점을 감안해, 비록 무능한 군주라 할지라도 엄한 법을 내세워 군신간의 질서를 확고한 위계체제로 구축할 경우, 능히 군주의 자리를 보전할 수 있다고 주장했다. 패도주의에서 군주가 엄한 법과 강력한 힘을 상징하는 무력을 장악해야 한다고 주장한 이유가 여기에 있다. 패도주의 하의 왕은 요즘의 통치체제에 비추어보면 강력한 대통령중심제 하의 대통령과 비슷하다고 할 수 있다.

왕도주의와 패도주의의 차이점은, 통치권력을 신권과 왕권으로 나누어 통치권력의 행사를 두 권력 사이의 대립개념으로 분석하면 쉽게 파악할 수 있다. 성리학이 추구하는 왕도주의는 바로 신권의 우위를 인정한 것이고, 법가사상이 주장하는 패도주의는 신권의 발호 가능성을 예의 주시한 이론이다. 결론적으로 말해 패도주의는 강력한 왕권주의를 통해 그 진면목을 드러내게 되는 것이다.

왕도는 신권의 우위를 전제로 한 것이다

조선왕조는 전체적으로 보아 성리학을 그 기본적인 통치이념으로 채택한 까닭에 신권이 강력한 왕조였다고 할 수 있다. 가장 상징적인 예가 바로 조선 중기 이후에 나타나는 붕당의 성립이다. 이는 통치권력을 놓고 왕권과 신권이 대립한 것이 아니라, 신권세력이 서로 주도권을 장악하기 위해 다투었음을 의미한다. 이때 왕은 미약한 왕권을 그나마 유지하기 위해서, 적당히 중간적인 위치에 서서 당파싸움을 이용하는 비주체적인 모습을 보일 수밖에 없었다.

그러나 연산조 이전까지만 해도 조선왕조의 왕권은 신권을 압도했다. 특히 태종과 세조, 연산군 등은 통치권력을 왕권으로 귀속시키는 것을 전제로 강력한 왕권을 행사한 군왕이다. 언뜻 광해군을 강력한 왕권을 행사한 군왕으로 알기 쉬우나 전혀 반대였다고 보는 편이 옳다.

그는 왕권을 제대로 행사하지도 못하고 쫓겨났다고 보는 것이 진실에 가깝다.

태종과 세조, 연산군 등은 모두 강력한 왕권주의자로 신권의 도전을 용납하지 않았다. 그러나 연산군은 태종이나 세조와는 달리 스스로 구축한 강력한 힘을 바탕으로 왕위를 거머쥐지 못했다. 그 결과가 바로 왕위를 내놓고 폭군으로 몰리는 비극으로 나타났다고 해석할 수도 있다. 만일 연산군도 태종이나 세조와 같이 자신이 구축한 강력한 힘을 보유한 채 왕권을 행사했다면, 결코 신하들에게 쫓겨나는 일은 당하지 않았을 것이다. 사실 역사상 강력한 힘을 바탕으로 보위에 오른 군왕이 신하들에게 허무하게 쫓겨난 전례는 전무했다. 연산군 이후의 조선은, 당시 종주국이던 중국에서 볼 때 왕권이 신권에 눌리는 이상한 나라였다.

통치학 차원에서 볼 때 지극한 통치는, 왕권과 신권이 서로 균형을 잡아 서로 견제도 하고 협력도 하는 것이다. 그러나 연산군의 폐위는 이 같은 균형이 완전히 무너져 왕권이 신권에 압도된 상징적인 사건이다. 연산군의 폐위 이후 조선왕조가 늘 신권이 왕권을 위협하는 이상한 나라가 된 것은 반정이 가져온 필연적인 귀결이라고 할 수 있다. 고래로 강력한 군왕이 등장해 왕권을 강화한 것은, 기본적으로 막강한 권한을 행사하는 관원들이 힘없는 백성들을 함부로 착취하는 것을 막기 위해서였다.

연산군은 부왕 성종이 소장 신권세력을 의도적으로 강화시켰기 때문에 왕권을 제자리로 돌리는 과정에서 많은 어려움을 겪어야만 했다. 이를 파악하기 위해서는 먼저 성종의 치세 당시에는 군신간의 관계가 어떻게 설정되어 있었는지 간략히 살펴볼 필요가 있다. 연산군 즉위 초에 올라온 다음과 같은 상소를 보면 당시의 군신간의 세력관계를 쉽게 짐작할 수 있다.

　　성종께서는 재위하시는 동안에 학문이 이미 높으셨는데도, 날마다 세 차례씩 신하들과 강론하며 고금사를 토론하실 때 오히려 아랫사람들의 의견이 상달되지 못할까 두려워하셨습니다. 그런데 전하께서는 정사를 보시기 시작한 이래 경연에 나오시기를 게을리 하여 여러 신하들과 접촉을 드물게 하고, 편파적으로 자신의 생각만을 고집하시어 남의 말 듣기를 거절하고 간관을 가두고 모욕하여 정직한 의기를 좌절시킴으로써 성종께서 배양해 놓은 공을 떨어뜨리시니, 근자의 일은 한심하기 그지없습니다.(《연산군일기》 3. 6. 5)

　　이 상소는 당시 신하들이 성종과 연산군을 얼마나 다른 시각에서 보고 있는지를 극명히 보여주고 있다. 성종을 마치 성군의 표상인 양 인용하고 있고, 연산군을 마치 폭군의 전형인 양 비판하고 있기 때문이다. 앞서 언급한 대로 경연은 군신공치를 담보하는 장치였다. 그러나 조선왕조 5백년을 통틀어 신하들과 왕도주의 문제를 놓고 당당히 토론할 수 있었던 군왕은 세종, 성종, 영조, 정조 정도에 불과했다.

　　이론으로 무장한 신하들과 국가통치에 여념이 없는 군왕이 성리학 문제를 놓고 토론할 경우 그 결과는 뻔한 것이었다. 실력이 딸리는 왕은 경연 자리에서만큼은 신하들을 스승으로 모셔야 하는 상황이 연출될 소지가 많았다. 신권세력이 경연을 자주 열자고 주장한 것도 바로 이 때문이다.

　　천하는 군신이 같이 다스려야 하는데, 왕이 왕도주의 이념을 제대로 이해하지 못한다는 것은 있을 수 없는 일이다. 당연한 결과로 실력이 딸리는 군왕은 신하들 앞에서 자신의 소신을 당당히 밝힐 수 없었다. 경연이 군신공치라는 미명 아래 신권의 우위를 담보하는 기제로 작용한 까닭이 바로 여기에 있었다. 당시 신권세력의 기세가 얼마나 등등

했는지를 보여주는 대목이다.

사실 연산군은 즉위 초부터 대소 신료들과 잦은 마찰을 빚어 폭군으로 몰릴 소지가 많았다. 그렇다면 과연 연산군은 신권의 존재를 아예 인정치 않는 극단적인 왕권주의자였을까? 그렇지는 않다. 그는 신권의 존재를 인정하면서도 신권이 왕권을 침범하는 것에는 단호한 태도를 취했다. 즉위 초기에 나온 연산군의 다음과 같은 언급을 보면 이를 쉽게 확인할 수 있다.

이름짓기를 폭군이라 해놓으면 비록 성스러운 아들과 인자한 자손이 있더라도 백대가 지나도록 고치지 못할 것이다. 만일 과인이 한 일이라면 모르거니와, 과인이 하지 않은 일을 역사책에 써놓는다면 장차 이를 어떻게 변명할 것인가.(《연산군일기》 3. 6. 5)

그가 왕권강화에 얼마나 강경한 태도를 견지하고 있었는지 알 수 있다. 왕도주의 관점에서 보면 왕권의 강화는 자칫 폭군의 모습으로 해석될 여지가 많은 것이다. 그러나 연산군은 훗날 사관이 자신을 폭군으로 기록할지라도 이에 괘념치 않겠다는 의지를 밝힌 것이다. 사관들에게 성군으로 평가받기 위해 좌고우면(左顧右眄)하는 모습은 보이지 않겠다는 의지를 표현한 셈이다. 이에 반해 성종은 대간들의 논박을 받을 때마다 자신을 변명하면서 사관들에게 사실을 정확히 기록해 달라고 주문하곤 했다. 그는 역사책에 잘못 기록될까 매우 두려워했던 것이다.

그러나 연산군에게는 성종이 보여준 이 같은 모습이 전혀 없었다. 오히려 사관이 자신의 통치행태를 못마땅하게 생각하여 자신을 폭군으로 기록한다 할지라도 이를 감수하겠다는 강한 의지를 내보인 것이다. 어찌 보면 연산군은 그만큼 자신의 통치행위에 확고한 신념을 지니고 있었다고 풀이할 수 있다. 그러나 이는 성리학의 관점에서 볼 때 신권을 무시하는 폭군의 자세로 비칠 소지가 많았던 것 또한 사실이다.

그렇다면 연산군은 과연 군신관계를 어떻게 해석하고 있었던 것일까? 연산군은 기본적으로 왕과 신하의 관계를 주종관계로 파악하고 있었다. 이는 연산군이 성리학의 '군신공치'와 대립되는 '군주독치'(君主獨治)에 가까운 통치행태를 염두에 두고 있었음을 의미한다. 그의 다음과 같은 언급을 보면 이를 확연히 파악할 수 있다.

짐이 들어줄 수 없는 것이라고 하는데도 너희들은 기어이 허락을 얻으려고 하느냐. 가령 한 집안의 일을 가지고 말하더라도, 그 주인은 이렇게 해야 하겠다고 하는데 종이 불가하다고 하여 서로 맞선다면 이는 매우 불가한 일이다.(《연산군일기》 3. 2. 26)

연산군은 들어줄 수 없다는 비답(批答)을 내렸는데도 계속 논박하면서 달려드는 대간들에게 이같이 극단적인 표현을 써서 단호히 거절을 표시한 것이다. 그러나 요즘의 시각에서 보더라도 신하를 종으로 비유한 표현은 너무 심한 게 아니냐는 느낌을 준다. 특히 당시에는 신권의 우위를 뒷받침하는 왕도주의 이념이 불변의 통치이념으로 작동했던 점을 감안하면 더욱 그렇다.

그러나 연산군의 이 같은 비유는 패도주의 관점에서 보면 그다지 틀린 말도 아니었다. 패도주의에 입각한 왕권주의는 모든 결정은 궁극적으로 왕이 내려야 한다는 점을 강조하고 있다. 따라서 신하들은 의견제시만 할 뿐이지 왕의 결단에 대해 가타부타 시비를 걸 수 없다.

성리학은 본질적으로 군왕이 신하를 아랫사람으로 취급하는 것을 격렬히 비판하고 있다. 지극한 통치를 실현하기 위해서는, 군신관계가 형식적으로는 비록 상하관계이지만 실질적으로는 동반자관계가 되어야 한다고 보았기 때문이다. 따라서 연산군이 신하를 집안의 종으로 비유한 것은 성리학을 추종하는 신권세력의 반발을 살 만한 일이었다. 연산군이 폐위된 뒤 가차없이 폭군으로 몰린 데는 군신관계를 바라보는 그의 이 같은 '주종관'(主從觀)이 한 이유가 되었다고 볼 수 있다.

그러나 사실 패도주의 관점에서 보면 신하를 왕과 같은 반열에 놓고 나라를 통치하는 것은 위험천만하기 그지없는 일이다. 중대 사안을 놓고 군신간에 의견이 엇갈릴 경우 이를 통제할 방법이 없기 때문이다. 더구나 매 사안마다 신권세력이 의미를 부여해 사사건건 이의를 제기하고 나설 경우 통치가 제대로 이뤄질 리 없는 것이다. 연산군이 신하를 집안의 종으로까지 표현한 것은 바로 이 같은 생각에서 비롯된 것으로 짐작된다. 그가 얼마나 확고한 왕권주의자였는지 짐작할 수 있는 대목이다.

연산군은 이같이 왕과 신하의 위치를 엄격하게 구별하고자 했다. 연산군의 이 같은 신념은 갑자사화 이후에 더욱 구체화되었다. 비록 영의정이라 할지라도 왕명을 전달하는 승지를 만났을 때는 말에서 내리도록 조치한 것이 대표적인 사례다. 이는 성리학이 강조하는 신권의 우위를 철저히 짓밟는 처사였다. 그러나 연산군의 다음과 같은 전교를 보면 그가 이 같은 조치를 내린 이유를 쉽게 찾아낼 수 있다.

아랫사람이 윗사람을 공경하는 것은 예에 합당한 일이다. 내관은 좌우에서 왕을 친근히 모시는 자이고 승지는 왕명을 맡는 직책이니 그 임무가 막중한 것이다. 대소 인원이 길에서 내관을 만나면 당상관 이하는 모두 말에서 내리고, 승지를 만날 경우에는 비록 재상일지라도 모두 하마해야 한다. 승지와 내관이 왕명을 받들어 출입할 때는 사헌부 나장(羅

將)을 거느리고 가 그들로 하여금 감찰하게 하라. 또한 앞으로는 왕의 거둥에 도성에 남은 백관들이 송영(送迎)할 때는 국궁(鞠躬)하지 말고 모두 무릎을 꿇도록 하라.(《연산군일기》12. 4. 6)

이는 요즘으로 치면 대통령비서관과 총리가 탄 차가 마주칠 경우 우선순위를 대통령비서관에게 두는 것과 같다. 더구나 임금의 거둥을 송영할 때 도성에 남아 있는 백관들에게 무릎을 꿇도록 한 것은 너무했다는 느낌마저 준다. 당시 신권세력이 연산군의 이 같은 지나친 왕권주의적 통치행태에 반감을 품은 것은 어쩌면 당연한 일이었는지도 모른다. 사실 연산군의 이 같은 조치는 지나친 감이 없지 않다. 왕이라고 해서 모든 것을 마음대로 할 수 있는 것은 아니기 때문이다.

그러나 이를 전혀 옳지 못한 조치로 보는 것은 잘못이다. 아무리 왕도주의에 입각한 해석을 하더라도 신하를 왕보다 위에 놓을 수는 없기 때문이다. 왕명을 출납하는 승지를 거리에서 만났을 때는 비록 영의정이라 할지라도 말에서 내리도록 한 조치는, 왕권주의 시각에서 보면 크게 이상할 게 없는 것이다. 당시 중국에서는 황제의 명을 집행하는 승지는 말할 것도 없고 내관조차 황제 그 자체로 간주하였다. 물론 당시 명나라는 이로 말미암아 내관들의 발호가 극심했고 결국 나라가 망국의 지경으로 치달았다. 그러나 조선에서는 내관들이 발호할 가능성이 전무했다. 따라서 연산군이 왕의 권위와 위엄을 강화하기 위해 취한 이 같은 조치를 무턱대고 나쁘게만 볼 것은 아니다.

세종과 성종도 왕권주의자였다

사실 이 같은 조치가 연산조에 처음으로 내려진 것도 아니다. 성종 때도 정도의 차이는 있으나 유사한 조치를 취했다. 성종은 재위 12년

초, 백관이 길에서 왕자들을 만났을 때는 비록 영의정일지라도 길 왼편으로 비켜서서 국궁(鞠躬)하는 예를 갖추도록 했다. 이는 성군으로 불린 세종이 처음 만들어놓은 제도였다.

그러나 강력한 왕권주의자였던 세조는 오히려 이를 너무 지나친 것이라고 하여 이 규정을 적용하지 않았다. 따라서 성종의 즉위 당시 이 제도는 사실상 폐지된 것이나 다름없었다. 그런데 성종은, 월산대군과 제안대군이 나이 많은 정승들에게 미안하다는 이유를 들어 이 조치의 철회를 요구했는데도 세종이 만들었다는 이유로 받아들이지 않았다.

조선왕조 최고의 성군인 세종과 성종 역시 연산군과 마찬가지로 군주와 신하를 엄격히 구별하고자 했음을 알 수 있다. 물론 성종은 월산대군 등의 반대로 절충안을 제시하기는 했다. 상황에 따라 변통할 수 있는 여지를 인정한 것이다. 그러나 당초 이 같은 조치를 만든 세종이나 이를 부활시키려 한 성종 역시 본래의 취지만큼은 연산군과 별다른 차이가 없었다.

연산군은 성종이 결단을 내리지 못한 군신간의 위계질서를 확고히 하려 했다고 보아야 한다. 그만큼 연산군은 왕권을 강화하려는 확신을 가지고 있었던 것이다. 연산군은 조선의 왕권을 중국의 황제권과 유사한 것으로 만들고자 했음이 틀림없다. 그의 다음과 같은 언급을 보면 이를 쉽게 확인할 수 있다.

중국 사신이 왔을 때 보니 수행원들이 사신의 말 한마디에 분주하게 움직이며 오히려 그 명을 제대로 수행하지 못할까 두려워하는 모습을 보였다. 그런데 우리나라 사대부들은 심지어 어전을 출입할 때조차 그 거동이 느릿느릿하기 그지없으니, 이는 위를 공경하는 의리에 매우 어긋난다고 하겠다. 지금 한창 풍속을 바꾸는 때인데 어찌 이런 버릇을 용

서하겠는가. 문무 관원들에게 효유하여 앞으로는 어전을 출입할 때는
빠른 걸음으로 나아가서 예모를 다하게 하라.(《연산군일기》12. 3. 1)

　이 같은 연산군의 지적은 매우 합당한 것이었다. 중국은 사실 명대
뿐만 아니라 전통적으로 위계질서가 매우 엄했다. 그러나 조선의 사대
부들은 어전을 출입할 때마저 느릿느릿 걸으면서 거드름을 피웠다. 모
르긴 몰라도 사극에 나오듯이 어전 앞에서 뒷짐까지 지는 일이 있었는
지도 모른다. 왕권주의자인 연산군으로서는 이를 용납하기 어려웠을
것이다.
　연산군은 폐위되기 한 달 전, 왕 앞에서 보고할 때 영의정에게 존칭
을 붙이지 못하도록 조치한다. 군신간의 위계를 확고히 하고자 한 연산
군의 의지가 극명하게 드러난 조치였다. 당시에는 정2품 이상의 관원
이 특별히 공을 세우거나 할 경우 군호(君號)를 받았다. 그런데 연산군
은 왕 앞에서 이들을 지칭할 때 이 같은 존칭을 쓰지 못하도록 한 것이
다. 정1품의 정승 가운데 최상급인 영의정은 당연히 이 같은 군호를 가
지고 있었다. 그러나 연산군은 영의정을 지칭할 때도 이 같은 존칭을
빼고 다만 직함만을 부르도록 한 것이다.
　사실 왕조사회에서 영의정은 '일인지하 만인지상'의 위치에 있는 사
람이다. 신하로서 가장 높이 올라갈 수 있는 직함이기에 흔히 극품(極
品)이라고 칭하기도 했다. 그래서 예부터 왕도 정승에게만큼은 존칭을
쓰면서 대우를 극진히 하였다. 그러나 연산군은, 아무리 영의정이라 하
더라도 군왕에게는 일개 신하일 뿐이므로 그 구별을 확연하게 짓고자
이 같은 조치를 내린 것이다.
　이 같은 조치는 1년 전에 종친들에게 내린 조치의 후속편이었다. 이
미 왕의 종친들은 어전에서 일을 아뢸 때 무슨 군이니 하는 작호를 사

용할 수 없었다. 이름만을 일컫고 작호 등을 부르지 못하게 한, 이 같은 조치는 사실 탓할 것이 못 된다. 오히려 연산군의 명령이 매우 옳았다고 보아야 한다. 비록 영상이라 할지라도 지존 앞에서는 그에게 높임말을 쓸 수 없기 때문이다. 이는 할아버지 앞에서 아버지를 높이지 않는 것과 마찬가지다.

군신간에 확실한 차별을 두려는 조치는, 연산군 12년 8월 종묘에 배향된 공신들의 위패를 다른 곳으로 옮긴 데서 절정에 이른다. 연산군이 공신들의 위패를 옮긴 것은 "임금과 신하의 차이는 하늘이 높고 땅이 낮은 것과 같아 한곳에 함께 제사지낼 수 없다"는 이유에서였다. 이는 성리학의 시각에서 볼 때 왕도주의 통치이념에 대한 정면도전이었다. 훌륭한 발자취를 남긴 신하의 위패를 왕과 함께 종묘에 배향하는 것을, 성리학에서는 지극한 왕도주의를 구현하는 하나의 상징적인 행사로 여겼기 때문이다.

그러나 연산군은 왕권의 위엄을 강화한다는 취지에서 군신의 위패를 별도로 배향하는 조치를 감행한 것이다. 성리학의 통치이념에서 볼 때 이 같은 조치는 아무리 왕이 한 일이라 할지라도 왕도주의를 포기한 조치로 해석할 수밖에 없다. 성리학이 지배하는 나라에서는 아무리 왕이라 할지라도 왕도주의 통치이념에 도전을 감행할 경우, 폭군으로 낙인찍히는 것을 감수해야만 했다. 이는 다른 조치와는 달리 신권세력을 엄청나게 자극했을 것이 틀림없다.

신권을 제압하여 왕권을 강화하려 들 경우 사실상 내부에서 가장 힘을 보탤 수 있는 자는 바로 환관들이다. 환관은 왕과 숙식을 함께 하므로 왕의 뜻과 동정을 누구보다 잘 아는 사람들이다. 따라서 총애를 받기로 든다면 극진한 총애를 받을 수도 있고, 미움을 받기로 들면 누구보다 커다란 노여움을 살 수도 있는 것이다. 그러나 연산군은 폭군들의 공통적인 특징인 환관에 대한 총애가 전혀 없었다는 점에서, 중국에 존재했던 전통적인 폭군과는 커다란 차이가 있다.

연산군은 오히려 환관들의 외람된 행동을 전혀 인정치 않았다. 이는 환관들에게 궁중 내부의 일을 절대 외부에 발설치 말라는 글을 새긴 나무패를 패용케 한 데서 잘 나타나고 있다. 이 같은 조치는 중국 전래의 성군으로 불린 당태종이 취한 조치이기도 했다. 환관에 대한 엄격한 태도는 즉위 초기에 내관 김순손(金舜孫)을 불경죄 등의 책임을 물어 제주도로 유배한 사실에서도 확인할 수 있다.

김순손은 연산군이 즉위한 뒤 최초로 벌을 받는 환관이다. 그는 어느 날 갑자기 연산군의 분노를 사 제주로 유배되었다가 훗날 다시 방면되는 우여곡절을 겪은 인물이다. 실록의 기록만으로는 그가 왜 연산군의 분노를 샀는지는 자세히 알 길이 없다. 다만 실록의 기록으로 미루어 모종의 불경죄를 범했음은 확실하다. 그러나 사관은 이에 대해 밑도 끝도 없이 다음과 같은 설명을 덧붙여 놓았다.

왕이 초상 중에 암말과 숫말을 내정에 끌어들여 교접하는 것을 구경하고, 또 행위가 부도한 짓이 많았다. 내관 김순손이 간하여 말렸으므로 왕이 노하여 반드시 죽이려고 한 것이다.(《연산군일기》2. 6. 1)

이 같은 기록을 과연 얼마나 믿어야 하는 것일까? 앞서 검토한 바와 같이 연산군은 부왕에게 효성스럽기 그지없었다. 더구나 그는 부왕이 임종하기 직전에 식음을 전폐하며 시약에 혼신의 노력을 기울였다. 따라서 부왕이 승하한 망극한 상황에서 효자 연산군이 이 같은 패륜적인 일을 저질렀다는 것은, 역사적 사실과 전혀 다른 악의적인 날조로 해석할 수밖에 없다. 이 기록은, 연산군이 말을 좋아하는 사실을 김순손의 불경죄와 교묘히 연결시켜 이를 악의적으로 왜곡한 것일 가능성이 크다. 다음 기록을 보면 이를 대략 짐작할 수 있다.

사헌부에서 합사하여 아뢰기를, "어제 보니 인정전 북쪽 담장 밖에서 두 사람이 말을 타고 다녔습니다. 궁궐 안은 말을 타는 곳이 아니니 청하옵건대 추국(推鞫)하소서" 하였다. 왕이 전교하기를, "짐이 비위가 약하여 후원에서 행기(行氣)하면서 내관을 시켜 말을 타보게 하였다. 무릇 군왕의 명이 있으면 대궐 안에서라도 말을 타지 않을 수 없으니, 이것이 어찌 불가하다고 하여 너희들이 국문을 청하는가. 이것은 짐을 국문하고자 한 것이나 다름없다. 짐이 후원에서 내관에게 말을 타게 한 것은 짐의 잘못이다. 그러나 짐의 잘못이라고 말한 것이 짐이 그르다 한 것은 아니다. 이는 신료들이 궁중 내부의 일을 말하는 것은 불가하기 때문에 언급한 것이다. 만일 군왕의 과실을 털을 불어가며 흠집을 찾아 말하기로 한다면 그 폐단이 적지 않을 것이다" 하였다.(《연산군일기》 2. 10. 29)

연산군은 세자 시절부터 몸이 불편했다. 이 기록을 보면 연산군은 건강회복의 일환으로 말을 타기 위해 먼저 내관에게 시험삼아 타보게 하였다. 사헌부가 이를 놓고 계속 따지는 것은 지나친 감이 있다.

그러나 대간들의 생각은 달랐다. 군왕은 털끝 하나라도 성군의 모범에서 벗어나면 안 된다고 생각한 것이다. 다음날 대사헌을 비롯한 대간들이 이 문제를 또다시 거론하고 나선 것이 이를 증명한다. 대간들이 재위 초기에 연산군의 기세를 제압하려고 했는지도 모른다. 다음 기록을 보면 연산군 즉위 초에 대간들의 발언권이 얼마나 강했는지 쉽게 알 수 있다.

창덕궁 인정전 : 창덕궁 외전(外殿)의 중심인 정전(正殿)이며, 국왕의 즉위식, 외국의 사신을 맞이하는 의식, 신하들의 하례 등이 거행되던 곳이다.

대사헌 김제신 등이 아뢰기를, "주상께서 대간들이 털을 불어가며 흠집을 찾아내려 한다고 말씀하셨다 하니, 이는 실언하신 듯 합니다. 전하께서 후원에서 행기하시며 내관에게 말을 타게 하였다 하더라도 이는 놀이에 가까운 것이 아니겠습니까" 하였다. 왕이 어서를 내리기를, "옛글에 이르기를 아는 것은 쉬우나 행하기는 어렵다 하였으니 내가 모름지기 가슴에 새겨서 조심하여 잊지 않겠다" 하였다.(《연산군일기》 2. 10. 30)

연산군과 같이 왕권에 대한 자존심이 강한 군왕이 자신의 잘못을 인정하고 정중하게 사과하는 것은 보기 드문 일이다. 그러나 연산군은 자신이 판단하여 잘못한 일은 잘못했다고 사과하는 솔직한 면이 있었다.

따라서 연산군이 부왕의 상중에 후원에서 암말과 수말의 교접을 몰래 보다가, 이를 나무라는 환관을 죄주었다는 기록은 악의적인 왜곡으로 보아야 한다. 만일 이 기록이 사실이라면, 후원에서 말 탄 문제를 거듭 논박해 왕의 사과를 받아냈던 대간들이 이 문제를 방치했을 리 만무하기 때문이다.

김처선은 불경죄를 저질러 죽은 것이다

이보다 더욱 심하게 왜곡된 경우로는 연산군 재위 말년에 일어난 내관 김처선(金處善)의 죽음을 들 수 있다. 실록을 보면 연산군이 김처선을 극도로 미워한 나머지 이름에 처(處)자가 들어 있는 사람은 이름을 바꾸도록 조치한 사실을 확인할 수 있다. 그렇다면 김처선은 과연 무슨 이유로 어떻게 죽은 것일까? 실록은 그의 죽음과 관련해 다음과 같이 짤막한 기록을 남겨놓고 있다.

> 왕이 환관 김처선을 궁중에서 죽이고 아울러 그의 양자 이공신(李公信)도 죽였다. 전교하기를, "내관 김처선이 술에 몹시 취해서 임금을 꾸짖었으니 가산을 적몰하고 그 집을 파내고 그의 본관인 전의를 혁파하라. 김처선의 친족은 7촌까지 징계하고 그 부모의 무덤을 뭉개고 석물을 치워라" 하였다.(《연산군일기》 11. 4. 1)

내관인 김처선이 도대체 어떻게 술을 마시고 임금을 꾸짖었다는 것일까? 당시의 기준에서 보더라도 이는 있을 수 없는 일이다. 만일 김처선이 이 같은 일을 저질렀다면 이는 '대불경죄'(大不敬罪)에 해당한다. 이는 대역죄에 준하는 것으로 참형을 면할 길이 없다. 환관이 거의 힘을 쓰지 못한 조선왕조에서 일개 내관이 이 같은 죄를 범했다는 것은 자못 희귀한 일이 아닐 수 없다.

김처선은 성종 때부터 왕명을 전하는 역할을 한 대전내시였다. 사건 당시 내관으로서 부모의 묘소에 석물을 둘 정도였으니 재상에 준하는 높은 품계에 있었을 것으로 보인다. 그런 그가 자신의 행위가 대불경죄에 해당한다는 사실을 몰랐을 리 없다.

그렇다면 김처선은 왜 술에 취해 이 같은 중죄를 저지른 것일까? 이 사건은 《연산군일기》재위 11년 4월 1일조에 아무런 해설도 없이 돌연 나타난 것이어서, 사건의 배경과 전개과정 등을 헤아릴 길이 없다. 다만 짤막하면서도 끔찍한 내용의 주석을 이 사건의 유일한 배경설명으로 덧붙이고 있다.

김처선의 죄는 바깥 사람들이 알지 못했다. 그러나 사람들이 이르기를, "왕이 김처선에게 술을 권하매 김처선이 취해서 왕의 잘못을 나무라는 말을 하니, 왕이 노하여 친히 칼을 들고 그의 팔다리를 자르고 활로 쏘아 죽였다" 하였다.(《연산군일기》11. 4. 1)

사관이 인용한 사람들의 말이 사실이라면 연산군은 폭군이 틀림없다. 아무리 화가 나도 왕이 친히 칼을 들고 내관을 무참하게 죽일 수는 없기 때문이다. 최근 한 저자는 사관의 이 짤막한 주석을 토대로, 김처선을 조선왕조 5백년 역사에서 가장 처참하게 죽은 사람으로 기록해놓고 있다. 실록의 기록을 무비판적으로 수용하면 얼마나 황당한 일이 벌어질 수 있는지를 보여주는 대표적인 실례라 할 수 있다.

김처선에 대한 연산군의 전교 내용으로 미루어보아 김처선이 대불경죄를 저지른 것은 분명하다. 평생을 내관으로 살아온 사람이 과연 무슨 이유로 이같이 엄청난 일을 저지를 것일까? 조선왕조에서는 일반 평민은 물론 설령 종이라 할지라도 죽을죄를 지어 참형 등에 처할 경우에는 반드시 왕의 최종 결재를 받아야만 했다. 이 같은 상황에서 내관이 왕의 잘못을 나무랐다는 이유만으로 왕이 직접 나서서 내관을 무참히 살육하는 것이 과연 있을 수 있는 일일까?

나아가 사관은 왜 자신이 확인하지도 못한 사실을 굳이 전문(傳聞) 형식으로 주석을 달아놓은 것일까? 혹시 사관이 일반 사람들 사이에서 오갔을지도 모르는 어떤 소문을 사실로 믿고 그런 것일까? 그렇다면 당시 이 사건이 일어날 때 사관은 어디에 있었던 것일까? 혹시 사관이 전문 사실을 과장 또는 날조한 것은 아닌지 생각해볼 필요가 있다.

사관 자신이 어떤 확실한 증거를 가지고 주석을 달아놓은 것이 아니라는 데 주의할 필요가 있다. 그렇다면 연산군의 전교내용을 토대로 사건의 진실을 파헤칠 필요가 있다. 우선 연산군이 언급한 대로, 내관의 신분으로 감히 술에 취해 임금에게 불경스런 언동을 했다면 이는 불경 중의 대불경이 아닐 수 없다. 당시 대불경죄는 《경국대전》에 따라 당사자와 그 일족은 무조건 참형에 처했고 그가 살던 집터도 파헤쳐 연못으로 만들었다. 따라서 김처선이 모종의 대불경죄를 저질러 그는 물론 그의 양자까지 연좌되어 죽임을 당했음이 틀림없다. 이는 《중종실록》에 나오는 다음 기록을 보면 쉽게 확인할 수 있다.

찬집청이 아뢰기를, "《속삼강행실》을 지금 막 찬집하는 중이니 중국과 조선의 인물 가운데 수록되지 않은 사람을 모두 수집하여 실어야 하겠습니다. 들건대 환관 김처선과 김순손 등이 폐조 때 모두 바른말을 하다가 베임을 당하였다고 하는데 그 실적을 자세히 알지 못합니다. 바라건대 그때 일을 잘 아는 사람에게 물어 아울러 실을 수 있도록 하소서" 하였다. 왕이 전교하기를, "김처선은 술에 취하여 망령된 말을 해 스스로 실수하였고, 김순손은 비록 옛일을 들어 말을 했으나 모두 바른 말을 하는 데 뜻을 둔 것이 아니니 수록할 것이 없다” 하였다.(《중종실록》 7. 12. 4)

중종이 김처선 등을 《속삼강행실》에 싣지 못하게 한 것은 이들 환관들의 소행을 결코 옳은 것으로 볼 수는 없다고 판단한 데 따른 것이다. 김처선이 술에 취해 망령된 말을 해 커다란 불경죄를 지었음을 알 수 있다. 중종조 당시 실록청에서 김처선 등의 일에 관해 자세히 알 길이 없다고 밝힌 대목도 눈여겨볼 필요가 있다. 이는 《연산군일기》를 담당한 사관이 반정거사를 정당화하기 위해 이 같은 얘기를 꾸며냈을 가능성을 뒷받침하고 있기 때문이다.

나아가 《연산군일기》의 기록에서, 사관이 김처선 사건을 바깥 사람들은 알지 못했다고 전제한 뒤 정체를 알 수 없는 사람들의 말을 인용한 것도 문제가 아닐 수 없다. 도대체 사관이 인용한 ‘사람들’은 누구를 말하는 것일까? 당시 사건에 대해 가장 잘 아는 사람은 내관들이었을 것이다. 그렇다면 사관은 내관들에게서 이 같은 얘기를 전해들었다고 볼 수밖에 없다.

사관들이 내관에게 얘기를 들었다면 대소 신료들 또한 이 사건의 전말을 소상히 알고 있었을 것이다. 그렇다면 당시 대간을 비롯한 대소 신료들은 왜 이 문제를 문제삼지 않았을까? 비록 이 일이 일어난 때가 갑자사화의 피바람이 한바탕 휩쓸고 지나간 직후였음을 감안한다 하더라도 대간들이 이 문제를 거론하지 않았을 리 만무하다.

이 같은 여러 정황을 감안할 때, 사관이 연산군을 악의적으로 왜곡하기 위해 있지도 않은 얘기를 만들어서 마치 항간에 떠도는 말인 양 기록한 것으로 해석할 수밖에 없다. 이러한 왜곡은 《연산군일기》 전반에 걸친 것이기는 하나 사관의 의도가 너무 악의적임을 지적하지 않을 수 없다. 김처선 사건이 일어난 지 불과 이틀 뒤에 연산군이 자신의 심경을 토로한 다음 시를 보면, 이 사건이 얼마나 악의적으로 왜곡됐는지를 짐작할 수 있다.

> 백성에게 잔학한 자로 짐과 비교할 자 없는데 殘薄臨民莫類予
> 내시가 위를 범할 줄 어찌 생각조차 했으리요 那思姦閹犯鸞與
> 부끄럽다 못 해 통분하기 그지없다는 온갖 생각을 羞牽痛極多情緒
> 바닷물에 씻고자 하여도 그 한을 풀지 못하리 欲滌滄浪恨有餘
>
> 《연산군일기》 11. 4. 3)

이 시를 보면 사건 이후에도 연산군은 울분을 삭이지 못하고 있다. 김처선이 보통 불경스런 행동을 한 것이 아님을 분명히 파악할 수 있다. 그러나 김처선의 죽음과 관련하여 자신의 심경을 밝힌 이 시는 첫 구절과 둘째 구절의 내용이 이상하다. 연산군이 스스로를 폭군으로 자칭한 첫 구절은 상식적으로 있을 수 없는 표현이다.

이 구절을 한문으로 복원해보면 첫 구절의 '잔박임민막류여'(殘薄臨民莫類予)는 상식적으로 볼 때 '관후임민막류여'(寬厚臨民莫類予)가 되어야만 하는 것이다. '잔박'(殘薄)을 '관후'(寬厚)로 바꾸어야만 앞뒤 구절이 들어맞는다. 이 같은 추론이 맞다면, 반정세력은 연산군을 왜곡하기 위해 군왕이 지은 시마저 멋대로 조작하는 만행을 서슴지 않은 셈이다.

연산군이 김처선을 죽인 것은 부인할 수 없는 사실이다. 연산군이 김처선을 죽인 이유 또한 그가 대불경죄를 범했기 때문임이 확실하다. 그렇다면 연산군은 이 같은 불경죄를 응징하기 위해 직접 칼을 들고 김처선을 무참하게 살육한 것일까? 그렇다고는 생각되지 않는다. 이는 다음과 같은 기록을 보면 대략 짐작할 수 있다.

왕이 어서를 내려, "이번 일을 불법한 일 때문에 일어난 것으로 여기기에 먹고 자는 것이 편치 않고 더욱 유감스럽다" 하였다. 승지들이 아뢰기를, "신하의 죄가 이토록 극도에 이르렀으니 누군들 마음 아프지 않으리까" 하였다.(《연산군일기》 11. 4. 3)

연산군이 만일 무참하게 김처선을 죽였다면, 이토록 어제시와 어서를 통해 통분한 심정과 유감을 표시할 리 없다. 만일 사관의 주석이 사실이라면, 이처럼 장황하게 이 문제를 거론하기보다는 오히려 파문이 조용히 가라앉기를 기대했을 것이다. 이 기록에 나타나듯이, 승지들이 연산군의 유감표시에 적극 동조하고 나선 것도 사관의 주석에 문제가 있음을 보여주고 있다.

이 사건은 당시 궐 안팎에 널리 알려진 것으로 보아야 한다. 특히 사관은 이 사건에 대해 누구보다도 잘 알고 있었다고 보아야 한다. 그런데도 굳이 이 사건에 "사람들이 이르기를"이라는 전문 형식으로 주석을 달아놓은 것은 상식적으로 이해하기 힘든 행동이다. 때문에 이 기록은 조작의 혐의를 벗기 어렵다.

이 같은 여러 상황을 종합해볼 때 연산군은 김처선의 불경행위에 격분하기는 했지만, 손수 활과 칼을 들고 참혹하게 죽인 것은 아니라고 보아야 한다. 물론 당시 항간에서는 김처선과 그의 일족이 졸지에 중벌에 처해지는 것을 보고 이 같은 억측이 나돌았을 가능성은 배제할 수 없다. 이는 마치 네로의 병사들이 불을 끄기 위해 맞불을 지르는 것을 보고, 로마 시민들이 네로가 불을 지른 것으로 오해한 것과 비슷하다고 할 수 있다. 만일 사관이 없는 사실을 조작한 것이 아니라면, 이 같은 항설(巷說)을 마치 사실인 양 의도적으로 실록에 인용한 것으로 해석할 수밖에 없다.

연산군은 왜 가장 가까이서 왕을 모시는 환관에게 이 같은 혹형을 가한 것일까? 이 사건은 갑자사화 직후에 일어난 사건이다. 당시 연산군은 왕권에 대한 그 어떠한 도전도 용납지 않았다. 따라서 이 같은 상황에서 내관인 김처선이 술에 취해 망언을 했으니 용서받을 여지가 전혀 없었다고 보아야 한다. 이는 연산군이 얼마나 확고한 왕권주의자였는지를 보여주는 사례가 아닐 수 없다.

대신들은 면종복배한 소인배였다

이 밖에도 왕권을 강화하려는 연산군의 강한 집념을 보여주는 사례로는, 그가 재위 말기에 신하들에게 변함 없는 충성을 다짐받는 서약문을 받은 것을 들 수 있다. 신하들의 충성서약문을 흔히 〈경서문〉(敬誓文)이라고 한다. 〈경서문〉에 있는 다음과 같은 글을 보면 연산군이 왕권확립에 얼마나 집착했는지를 알 수 있다.

신하로서 충군애국(忠君愛國)이 입에만 넘치고 이를 참으로 실천하지 못한다면 하늘을 저버리고 자신을 속이는 것이니, 신 등이 비록 변변치 못하오나 위로는 하늘을 받들고 아래로는 땅을 밟으며 어찌 차마 반복(反覆)하는 신하가 되리요. 성상께서 위에 계시며 만대에 태평을 가져오기 위하여 신임하고 의심하지 않으시는데, 신들이 어찌 차마 성상의 은덕을 저버리고 정성을 다하여 보답하지 않으리요. 《연산군일기》 12. 7. 29)

이 서약문은 연산군이 쫓겨나기 한달 전에 나온 것으로, 당시 영의
정이던 유순(柳洵)을 비롯하여 의정부와 육조의 대신들이 모두 참여해
서명하는 의식을 치렀다. 서명에 참여한 대신들은 모두 어떠한 변고가
있더라도 연산군에게 끝없는 충성을 바칠 것을 다짐하였다. 그러나 이
들 대신들 대부분이 이 서약문을 바친 지 한달 만에 반정에 가담함으로
써 서약문을 휴지조각으로 만들고 말았다.

대신들은 이 서약문을 바칠 때 연산군에게 '헌천홍도경문위무'(憲
天弘道經文緯武)라는 존호를 올렸다. 이 존호는 '천도를 받들어 이를
널리 펴며 문무에 두루 통달한 왕'이라는 뜻을 지니고 있다. 그러나 이
날 서명한 대신 가운데 반정 때 척살을 당한 사람은 연산군의 처남인
신수근(愼守勤)과 좌참찬 임사홍(任士洪)뿐이다. 나머지는 모두 반정에
가담한 것이다. 바꿔 말하면 이날 〈경서문〉을 바친 인물 가운데 두 사
람을 빼고는 모두 거짓 충성을 한 셈이다. 당시 연산군이 신권세력의
발호를 얼마나 경계하고 있었는지를 이 〈경서문〉이 말해주고 있다.

사실 군왕은 신하들에게 자상한 모습을 보여주어야 하지만, 한편으
로는 감히 넘볼 수 없는 왕의 위엄을 보여주지 않으면 안 된다. 만일 둘
을 취하기 어려울 경우에는 우유부단한 관대함보다는 일도양단하는 위
엄이 더욱 필요한 것이다. 연산군이 〈경서문〉을 받은 뒤 과거 불초한
말을 사뢴 자들을 빠짐없이 죄주고자 한 것도 차제에 왕권을 반석 위에
올려놓겠다는 의지의 표현이었다. 그러나 연산군은 이 명령을 내린 지
한 달도 안 되어 폐위되고 말았다. 이는 연산군이 보유했던 왕권이 얼
마나 취약했던 것인지를 역설적으로 보여주는 것이라고 할 수 있다.

이 밖에도 왕권을 강화하려는 연산군의 의지는, 대궐 안의 일이 바
깥으로 새나가는 것을 엄금한 사실에서도 쉽게 확인할 수 있다. 사실
대궐 안의 일이 밖으로 누설되는 것은 간단한 일이 아니다. 작게는 군

왕의 체통을 손상시킬 우려가 있고 크게는 조정의 위엄을 일거에 땅에 떨어뜨릴 수도 있기 때문이다. 연산군이 재위 10년 4월 승정원으로 하여금 5개항의〈국사전파(國事傳播) 금지절목〉을 만들도록 한 것도 이와 무관치 않다. 연산군이 대소 신료들에게 국사를 누설치 말라고 당부한 것은 왕권을 확고히 다지기 위한 조치의 하나였다.

　연산군이〈국사전파 금지절목〉을 만든 것은 그가 경연을 정지시킨 것과 취지가 같다. 연산군이 경연을 정지시킨 일차적인 이유는 우선 몸이 불편했기 때문이다. 연산군은 경연을 완전 폐지하기에 앞서 몸이 불편하다는 이유 등을 들어 우선 정지시키는 절차를 밟았다. 경연정지와 관련한 연산군의 조치는 사실 액면 그대로 이해해야 한다. 그는 늘 몸이 불편했던 것이 사실이기 때문이다.

　그러나 사관은 이를 두고 왕이 주색에 빠져 학문을 닦을 생각이 없었기 때문이라고 혹평했다. 사관은 나아가 경연이 영영 폐지되어 왕의 위엄과 포학이 날로 심해졌다고 단정했다. 그러나 연산군이 경연을 정지시킨 데는 나름대로 이유가 있었다. 신권의 우위를 담보하는 경연을 하루 세 번씩 지속하는 것은 왕권강화에 결코 도움이 될 수 없다고 판단한 것이다. 이는 연산군이 경연의 본질을 정확히 통찰하고 있었다는 반증이다.

　연산군은 쫓겨나기 전날까지도 왕권의 위엄을 범하거나 왕권에 도전하는 행위를 추호도 용서치 않았다. 이는 연산군이 폐위되기 바로 전날 잔치를 베풀면서, 승지들로 하여금 꿇어앉기는 하되 머리는 숙이지 말고 실의(失儀)하는 사람을 규찰하도록 명한 사실로도 쉽게 알 수 있다. 연산군이 폐위되기 전날까지도 왕권강화를 위해 얼마나 노력했는지 명백히 확인할 수 있다.

　그러나 연산군은 반정이 일어난 당일까지도 자신이 폐위되리라고는 꿈에도 생각지 못했다. 반정세력 모두가 평소 연산군이 그토록 총애하던 인물들이었기 때문이다. 불과 한달 전에 〈경서문〉까지 바치면서 변함 없는 충성을 다짐했던 신하들이, 졸지에 안면을 바꾸어 자신의 등에 칼을 꽂으리라고는 상상할 수조차 없었을 것이다. 왕권강화에 대한 지나친 집착이 오히려 측근에 대한 방심을 낳았고, 끝내는 자신을 만고의 폭군으로 만드는 결과를 초래한 것이다.

제 5 장
연산군의 폭군왜곡 배경

어제 효사묘로 나아가 어머님을 뵙고　昨趨思廟拜慈親

술잔 올리며 눈물로 자리를 흠뻑 적셨네　奠爵難收淚滿茵

간절한 정회는 그 끝이 없건만　懇迫情懷難紀極

영령도 응당 이 정성을 돌보시리　英靈應有顧誠眞

《연산군일기》 8. 9. 5

1. 언론혁파(言論革罷)

당파조성을 봉쇄하기 위한 조치였다

역사에는 가정이 있을 수 없지만, 만일 연산군이 반정을 봉쇄하기만 했다면 연산군 역시 태종과 세조 못지않게 많은 업적을 남겼을지도 모를 일이다. 강력한 왕권을 바탕으로 국력증진을 추진했다면 이후 조선의 역사는 완전히 새롭게 쓰여졌을 가능성이 크기 때문이다.

당시 명나라는 이미 피폐한 분위기가 만연해 만주의 여진족을 제대로 제압할 수 없는 지경에 처해 있었다. 바다 건너 일본도 이른바 전국시대를 맞아 혼란스럽기 그지없는 상황이었다. 따라서 조선이 연산조 이래 강력한 왕권을 토대로 1세기 정도만 부국강병을 추구했다면 거의 무방비 상태에 있던 요동을 점거할 수 있었을 테고, 왜란이나 호란은 애초에 일어나지도 않았을 것이다.

성리학을 불변의 통치이념으로 채택한 나라에서는, 중국의 송대와 조선왕조에서 그러했듯이 필연적으로 왕권의 약화와 신권의 강화 현상이 나타날 수밖에 없다. 성리학 이념을 맹종하는 신권세력의 득세는 곧 숭문천무(崇文賤武)의 풍조를 낳아 외침을 유인하는 한 원인이 되곤 했다. 송나라가 금나라와 원나라에 형편없이 무너진 것과 조선이 선조와 인조 때 왜란과 호란으로 쑥대밭이 된 것도 이와 무관치 않다. 이런 의미에서 강력한 왕권주의자인 연산군이 몰락한 것은 조선을 신권 우위의 문약(文弱)한 나라로 만드는 데 결정적인 배경이 되었다고 볼 수 있다.

연산군이 폭군으로 몰린 가장 큰 원인 가운데 하나로 언론 3사에 대한 탄압을 들 수 있다. 사실 성리학이 지배하던 시기에 신권의 상징인 언론 3사를 탄압한 것은 스스로 폭군임을 자인한 꼴이나 마찬가지다. 동양에서 폭군으로 몰린 역대 제왕들은 대부분 간언을 하는 신하들을 무참히 살육하거나 탄압했다는 공통점을 지니고 있다. 그러나 폭군이라는 말 자체가 신권을 중시하는 왕도주의자들이 만들어낸 것이라는 점을 잊어서는 안 된다.

조선왕조에서는 언론 3사의 힘이 지나치게 컸다

조선왕조에서 언론 3사는 신권의 상징이었다. 이들 언론 3사는 왕권을 견제하기 위해 늘 군주와 다투는 것을 자신들의 본연의 임무로 삼고 있었다. 이는 성군으로 일컬어지는 세종과 성종 때도 왕과 언론 3사의 마찰이 적지 않았다는 역사적 사실로도 쉽게 확인할 수 있다. 여기서 알 수 있듯이 대간들을 불만스럽게 여긴 왕은 비단 연산군만이 아니다. 아무리 성군이라 할지라도 대간이 시시콜콜한 사안까지 논박하고 나서거나 임금의 재량권까지 간섭하고 나설 경우 이를 참기 어려웠을 것이다. 이는 성종의 다음과 같은 언급을 보면 쉽게 알 수 있다.

대간은 임금의 귀와 눈인데 과인의 과실을 말하면 내가 마땅히 기쁘게 듣겠다. 하지만 지금의 대간을 보건대 무릇 아뢰는 바가 있으면 처음에는 비록 윤허하지 않더라도 마침내는 모두 들어주기 때문에 반드시 들어줄 것을 기대하고 논하기를 그만두지 않는다. 만일 대간을 모두 바꾸었다면 모르되, 한두 명의 대간을 이조의 추천에 따라 외직에 임명한 것을 놓고 대간이 억측하여 말하였으니, 이는 임금을 우습게 여기는 것이다. 대간은 자신들의 주장은 공론이고 이조의 추천은 공론이 아니라고 하니 만약 그렇다면 정사가 대간에게 있고 권세가 이들에게 있는 것이다.(《성종실록》 24. 7. 30)

이는 대사헌 등을 외직으로 임명한 사안을 놓고 논박에 나선 대간들에게 성종이 퍼부은 일갈이다. 당시 성종은 이조의 추천에 따라 일부 대간을 외직에 임명한 바 있다. 그러자 대간들은 자신들의 주장을 들어주지 않기 위해 고의적으로 대간들을 교체한 것으로 판단하고 강력 반발하고 나선 것이다. 성종은 대간들의 이 같은 행동을 왕권의 고유권한인 인사권에 대한 도전으로 보고 버럭 화를 낸 것이다.

연산군은 원래 즉위 초부터 대간들의 기세를 제압하려는 확고한 생각을 가지고 있었다. 그는 왕권에 관한 일에서는 조금도 양보하지 않았다. 이는 필연적으로 대간과 마찰을 불러올 수밖에 없었다. 대간들 역시 조금도 물러서려 하지 않았다. 그들에게는 성리학이라는 막강한 이념투쟁의 도구가 있었던 것이다.

연산군은 즉위 초부터 대간들의 기세를 초기에 제압하지 않고는 왕권을 행사하기가 쉽지 않다고 판단한 듯하다. 이는 연산군이 즉위 초에 특정한 지지세력이 별반 없었는데도 대간들의 극렬한 논박을 감연히 막아 선 데서 쉽게 알 수 있다. 대간에 대한 강한 거부감의 표시는, 이념적으로 보면 왕도주의를 내세우고 있는 성리학에 대한 강한 거부감의 표시이기도 했다. 연산군의 다음과 같은 언급이 이를 뒷받침한다.

> 근자에 대간의 형세를 살펴보니 비록 들어줄 수 없는 일일지라도 굳이 말하여 그치지 않고, 만약 청한 대로 되지 않으면 반드시 내가 간하는 말을 들어주지 않는다고 한다. 과인이 즉위한 지 겨우 1년인데 매양 언로가 막힌다고 말하니 과인은 무슨 말인지 모르겠다. 대간 역시 신하인데 꼭 임금에게 그 말을 다 듣도록 하는 것이 옳은가. 그렇다면 권력이 위에 있지 않고 대간에 있는 것이다. 사람들이 입을 다무는 폐단을 권력이 대간으로 돌아가는 폐단에 비교한다면 어느 것이 중한가. 과인의 생각으로는 나라가 위태로워지는 근원은 권력이 아래로 옮겨지는 데 있다.(《연산군일기》 2. 5. 6)

즉위 초부터 연산군은 대간들의 말을 고분고분 들어줄 경우 통치권력이 궁극적으로는 대간들의 수중에 떨어질 수밖에 없다고 확신하고 있었다. 그는 나라가 가장 위태로워지는 것은 신하들이 왕을 허수아비로 만들어 권력을 전횡하는 데 있다고 생각하는 확고한 왕권주의자였다.

이에 반해 성종은 신하들을 다룰 때 줄곧 자신의 의중을 내비치지 않으면서 강온 양면전략을 구사하는 교묘한 방법을 동원했다. 그러나 연산군은 즉위 초부터 대간들의 도전에 단호히 맞선 것이다. 이는 성리학의 왕도주의가 불변의 통치이념으로 작용하던 당시 상황에서는 매우 위험한 일이기도 했다.

물론 연산군도 즉위 초기에 강온 양면전략을 전혀 구사하지 않은 것은 아니다. 그러나 이는 어디까지나 일시적인 편법일 뿐이었다. 이는 성종 때의 원로대신들이 버젓이 살아 있고 신진 사림세력이 언론 3사를 장악한 상황에서 불가피한 것이기도 했다. 그러나 연산군은 오히려 이 같은 과정을 거치면서 신권이 왕권에 도전하는 잘못된 풍토를 반드시 일소하겠다는 강한 의지를 다져나갔다. 그 결과로 나타난 것이 바로 무오사화와 갑자사화인 것이다.

사실 연산군 이전에도 언론을 강력하게 통제한 군왕이 있었다. 바로 태종과 세조다. 그러나 막강한 왕권을 틀어쥔 태종과 세조는 자신들의 힘으로 왕위에 올랐기 때문에 언론이 감히 왕권에 도전할 수 없었다. 그러나 불행하게도 연산군에게는 이 같은 강력한 힘이 없었다. 더구나 성리학으로 무장한 소장 신권세력은 이전의 훈구세력과는 비교할 수도 없을 정도로 엄청난 자부심과 단단한 결속력을 자랑하는 막강한 세력이었다.

연산군 때 신권세력은 태종이나 세조 때와는 달리 언제든지 왕권에 정면도전을 할 수 있는 위치에 있었다. 성종조에 이미 그 세력이 비대해져 있었던 것이다. 따라서 연산군은 즉위 초부터 매우 불리한 상황에 처해 있었다고 보아야 한다. 그러나 그는 과감히 소장 신권세력과 전면전을 선택한 것이다.

연산군과 대간들 사이의 첫 싸움은 대비들의 불사(佛事) 문제에서 불거지기 시작했다. 연산군은 성종의 극락왕생을 비는 수륙재(水陸齋) 문제를 놓고 대간들과 치열한 논쟁을 벌였다. 이 논쟁은 연산군이 인수대비의 강력한 뜻을 받들었기 때문에 빚어진 것이다. 인수대비는 열렬한 불교신자였다. 인수대비의 불사행위는 이미 성종 때 유생과 대간들의 집요한 공격대상이 된 바 있다. 당시 수륙재는 성종의 명복을 빌기 위해 인수대비가 강력히 추진한 것이다. 따라서 연산군은 부왕인 성종의 명복도 명복이지만 인수대비의 이 같은 의지를 꺾을 수 없었다.

이 문제를 둘러싼 연산군과 대간들의 줄다리기는 무려 1년 가까이 지속되었다. 이는 당시의 기준으로 볼 때 매우 드문 일일 수밖에 없다.

대간들의 집요함도 대단하지만 이에 굴하지 않고 1년 가까이 버틴 연산군의 고집 또한 대단한 것이 아닐 수 없다. 군왕으로서 신하들에게 결코 굽힐 수 없다는 연산군의 확고한 의지는 그의 다음과 같은 전교에 잘 나타나고 있다.

> 설령 과인이 재를 지낸다 하더라도 다른 잘못이 없으면 어찌 폭군인 하나라 걸왕과 은나라 주왕에 이르겠는가. 또한 설령 과인이 재를 지내지 않더라도 다른 일이 보잘것없으면 어찌 성군인 요순이 될 수 있겠는가. 지금의 신하들은 모두 임금을 사랑하는 마음이 없으니 이것이 어찌 옳은 일인가.(《연산군일기》 1. 11. 30)

연산군의 이 말은 지극히 옳은 것임이 틀림없다. 수륙재를 지내는 것은 조종조부터 내려온 일이었기 때문이다. 사실 조선왕실의 호불(好佛)은 상당히 역사가 오래된 것이다. 세종 때는 아예 대궐 안에 불당을 세운 바 있다. 세조 역시 도성 한복판인 지금의 파고다공원 자리에 원각사라는 왕실사찰을 세우기도 했다. 그러던 것이 성종조에 와서 불교에 대한 탄압이 극심해지기 시작했다. 성종이 성군으로 칭송받은 데는 신하들의 훼불(毀佛) 주장에 적극 동조한 것도 한 이유가 되었을 것이다

연산군의 처지에서는 부왕의 명복을 빌려는 대비의 청을 거절할 수는 없는 노릇이었다. 성종의 죽음에 가장 마음 아파했을 사람은 역시 인수대비다. 자식의 죽음 앞에 극락왕생을 바라는 부모의 심정은 누구를 막론하고 마찬가지일 것이다. 연산군은 바로 인수대비의 이 같은 비통한 마음을 헤아린 것이다.

그러나 성종 때 인수대비의 항복을 받아낸 전력이 있는 대간들로서도 결코 쉽게 물러설 수 없었다. 연산군과 대간들의 힘겨루기가 전례

없이 1년 남짓 지속된 이유도 바로 여기에 있다. 연산군 때 와서 유독 대간들이 1년 넘게 수륙재를 반대하고 나선 이유는, 실록의 기록을 토대로 보면 크게 두 가지로 요약할 수 있다.

첫째로, 대간들이 새 왕의 즉위 초기부터 왕실의 호불 기운을 제압하지 않으면 안 된다고 생각했을 가능성이다. 둘째는 대간들이 이제 갓 보위에 오른 연산군의 기량을 재어보려는 불경스런 마음을 품었을 가능성이다. 여기에는 이 두 가지 가능성이 모두 작용했다고 보는 것이 옳다. 이 문제는 결국 연산군이 대비의 편에 굳건히 서서 대간들의 논박을 받아들이지 않음으로써 연산군의 승리로 끝났다.

그러나 연산군은 그 대가를 톡톡히 치러야만 했다. 일부 사안에 대해서는 연산군이 대간들에게 잘못을 사과해야 하는 일마저 일어났기 때문이다. 대간들이 왕의 사과를 받아낼 수 있었던 것은, 조선왕조에서 언론 3사가 왕도주의 이념을 실현하는 군신공치의 상징으로 여겨졌기 때문이다.

성리학은 왕명이라고 해서 무조건 따르는 것을 가장 잘못된 신하의 행동으로 간주한다. 이 같은 기준에서 볼 때 성군은 대간들의 말을 가장 잘 듣는 사람이고, 폭군은 대간들의 말을 가장 안 듣는 사람이 될 수밖에 없다. 그런 의미에서 연산군은 신권의 상징인 대간들의 말을 가장 안 듣는 군주임을 즉위 초부터 보여준 셈이다.

그러나 성리학은 왕을 왕답게 보지 않는 불경스런 태도를 내포하고 있다는 점에서 적잖은 문제가 있었다. 성리학의 만연은 곧 왕권의 약화와 신권의 발호로 나타날 수밖에 없었다. 연산군이 내린 전교에 대한 대간들의 거침없는 반박문을 보면 성리학의 불경스런 성립배경이 확연히 드러나고 있다.

임금이 잘못하는 일이 있으면 오직 대간이 말하는 것인데, 대간이 말하지 않는다면 잘못하는 일이 있더라도 누가 그것을 바로잡겠습니까? 지금 하교에 "반드시 이겨 고치려 한다"고 하셨는데, 신들은 전하께서 실수로 이런 말씀을 하신 것이 아닌가 합니다.(《연산군일기》 1. 5. 14)

당시 아무리 신권세력이 위세를 떨쳤다 하더라도 신하로서 감히 왕에게 실언한 것이 아니냐고 따지고 나선 것은 불경스런 일이 아닐 수 없다. 그러나 당시 언론 3사의 관원들은 성리학이라는 통치이념을 해석하는 최종적인 해석권자였다. 그들은 임금이라고 해도 성리학의 이론에 비추어 잘못을 범한 게 있으면 이를 가차없이 논박하고 나설 수 있는 특수한 위치에 있었다.

별다른 우군도 없이 즉위한 연산군으로서는 대간들의 이 같은 기세 앞에 굴복할 수밖에 없었다. 대간들이 연일 복합상소를 하는 와중에 송사가 산더미처럼 밀리고, 이로 말미암아 그 내막을 알 길 없는 백성들의 원망이 자자해졌기 때문이다. 즉위 초기에 연산군은 할 수 없이 다음과 같은 어서를 내려 절충방안을 강구할 수밖에 없었다.

경들의 상소문 뜻을 보니 과인이 매우 가상히 여긴다. 과인이 변변치 못하여 고금의 사리에 통달하지 못하므로 모든 하는 일에 잘못이 있을 수밖에 없다. 이에 대해 이처럼 간곡하게 말하니 경들의 충성을 여기서 알 수 있다.(《연산군일기》 1. 5. 28)

연산군은 일단 자신의 잘못으로 일이 이 지경에 이르렀다며 사과를 한 것이다. 연산군도 모든 업무를 팽개치고 달려드는 대간들의 기세를 당해낼 수 없었던 것이다. 이 일을 계기로 기고만장해진 대간들은 드디어 영의정 노사신을 물고늘어지게 되었다. 그러나 이번에는 연산군도 단호하게 맞섰다. 왕의 임면권에 도전하는 것만큼은 용납하지 않겠다는 의지를 결연히 드러낸 것이다. 이로써 대간들과 또다시 피할 수 없는 일전을 벌이게 되었다.

성종조에 대간들은 왕의 총애를 받던 임사홍을 소인배로 몰아 일거에 내친 바가 있다. 이들 대간들이 연산조에 들어와 자신들의 힘을 과시할 수 있는 대상으로 이번에는 영의정을 골랐는지도 모를 일이다. 대간들의 다음과 같은 논박은 연산조 초기에 이들의 기세가 얼마나 대단했는지 잘 보여주고 있다.

노사신이 감히 간사한 술책으로 전하를 속여 "밝으신 임금께서 대간들의 습성을 바꿀 계기가 바로 오늘날에 있습니다" 하였으니 이는 선왕인 성종을 용렬한 임금이라 하는 것입니다. 노사신의 소를 널리 조정에 공개하시기를 청했사온데, 또 이것마저 윤허하지 않으시니 신 등은 격분함을 이기지 못하옵니다.(《연산군일기》 1. 7. 21)

원로대신인 노사신이 구체적으로 연산군에게 무슨 말을 했는지는 자세히 알 길이 없다. 그러나 실록의 기록에 비추어, 그는 연산군에게 대략 "대간들의 방자한 습성을 더 방치했다가는 문제가 심각해질 것"이라고 충고한 듯하다. 노사신도 대간들의 위세가 지나쳐 방자한 지경에 이르렀다고 생각했음이 틀림없다.

당시 모든 대신들이 대간의 탄핵이 두려운 나머지 제대로 말을 하지 않는 데 반해, 노사신만큼은 자신의 소신을 거리낌없이 밝혀 대간들을 견제해야 할 필요성을 역설한 셈이다. 사실 성종조에도 임사홍이 이같은 발언을 했다가 그 사실이 대간들의 귀에 들어가 일거에 소인배로 몰려 쫓겨난 바 있었다. 당시 성종은 임사홍의 말이 타당하다고 생각했지만 대간들의 압박에 못 이겨 그를 유배 보내고 말았다.

그러나 연산군은 성종과 달랐다. 그는 노사신의 이 같은 충언에 크게 감동을 받아 대간들을 반드시 제압하고야 말겠다는 의지를 더욱 굳히게 되었기 때문이다. 이는 연산군의 다음과 같은 전교를 보면 대략 짐작할 수 있다.

세종조에 영의정 황희(黃喜)가 교하의 고을 원에게 밭을 달라고 청한 일 때문에 대간들이 탄핵논박을 그치지 않았다. 그러나 세종께서는 황희가 정사를 담당한 대신인 데다가 태종께서 신임하셨다 하여 마침내 대신들의 주청을 윤허하지 않았다. 이로 미루어 영의정이 무슨 허물이 있겠느냐. 지금은 의논이 대간과 합치하지 않으면 문득 그를 논박하여 마침내 악명(惡名)을 가하고야 만다. 이는 순후한 풍속이 아니다. 원로대신들은 과인의 뜻을 잘 알아서 조정을 엄숙하게 해 화평을 이룩하도록 하라.(《연산군일기》 1. 7. 28)

인사권을 쥐고 있는 왕의 처지에서 대간들의 논박이 두려워 정승을 손쉽게 갈아치울 수는 없는 일이다. 이 같은 전교를 내리는 일은 인사권에 대한 확고한 신념이 없고서는 불가능하다. 그러나 당시 대간들의 반발은 엄청났다. 언론 3사가 합사하여 노사신의 체임을 요구하며 1백 일 가까이 줄기차게 논박에 나섰다. 보통 심지가 아니면 이런 경우 임금이 물러서고 만다. 그러나 연산군은 이에 단호히 맞섰다.

그러나 연산군 역시 재위 초기만큼은 대간들과 격돌할 때 자못 기세로 밀어붙이기는 했으나 역부족을 절감하지 않을 수 없었다. 이 때문에 연산군 역시 대간들의 기세를 막기 위해서는 군왕의 최대 무기인 임면권을 활용할 수밖에 없다는 생각을 품게 되었다. 이들의 도전을 그대로 방치했다가는 또다시 무슨 일을 당할지 모른다고 판단한 것이다. 대간들의 체직(遞職)을 명하는 다음과 같은 전교를 보면 그가 정공법으로 문제를 해결하려고 했음을 확인할 수 있다.

지금 대간들이 사리를 모르고 대체에 어두우므로 체직시키는 것이다. 이후로 이조에서 대간들을 의망(擬望 : 벼슬아치를 발탁할 때 세 사람의 후보자를 임금에게 추천하는 일)할 때는 모름지기 사리와 대체를 잘 아는 자를 택차(擇差)하라.(《연산군일기》 1. 8. 8)

제 아무리 천하의 대간이라 할지라도 임금의 신하인 한 왕의 임면권까지 시비를 걸고 나설 수는 없는 일이다. 임면권은 함부로 사용하면 문제가 크지만, 정당한 명분만 있으면 왕이 신권세력을 제압할 수 있는 최상의 도구가 될 수 있다. 연산군은 드디어 왕이 선택할 수 있는 전가의 보도를 휘두른 것이다.

사실 당시 대간들의 탄핵은 대상과 사안을 가리지 않고 자못 방자하게 이뤄진 감이 없지 않다. 이로 말미암아 비록 영의정이더라도 대간이 탄핵하면 무조건 사의를 표명하는 것이 하나의 관행으로 내려오고 있었다. 그러나 당시 대간들은 사안을 가리지 않고 자신들의 소신과 명분에 맞지 않다고 판단되면 가차없이 탄핵에 나섰다는 점에서 적잖은 문제가 있었다.

이 같은 상황에서 왕이 대간들의 논박에 밀려 영의정을 교체하는 것은 곧 왕권이 신권에 굴복하는 것을 의미하였다. 당시 대신들은 비록 표면적으로는 신권세력의 우두머리이기는 하였으나, 실질적인 중심세력은 오히려 소장 사림세력이 주축이 된 대간들이었다고 보아도 지나친 말이 아니다. 영의정 노사신도 억울하기는 하지만 대간들이 체직되는 사태에 직면하여 더는 그 자리에 머물 수 없었다. 노사신의 사직상소에는 당시 대간들의 막강한 힘을 추정할 수 있는 대목이 있다.

신을 논하는 자들이 신이 아뢴 말을 지적해 망국할 말이라며 신을 간흉(奸凶)이라고 합니다만 임금에게 위엄이 없어서야 어찌 되겠으며, 언관의 말이라는 이유만으로 설령 그른 것이라도 모두 좇아야 하겠습니까. 만일 재상들에게 하문하셔서 여러 사람이 소신을 모두 간흉이라고 한다면 모르겠습니다만, 그렇지 않은데도 어찌 대간들이 그토록 극심한 악명을 신에게 가할 일이겠습니까. 백성이 원망이 있어도 변명하려 하는 것인데, 더구나 대신이 무고를 당하여 죄가 죽을 곳에 이르렀는데도 어찌 변명하지 않겠습니까.《연산군일기》1. 11. 8)

백관들의 우두머리인 노사신은 대간들의 탄핵을 받자 사직상소를 올리면서 이같이 억울함을 호소하였다. 사실 노사신은 억울한 면이 있었다. 연산군에게 대간들의 말이라고 모두 들을 필요는 없다는 식으로 말한 것이 재수 없게도 대간들의 귀에 들어가 간흉이라는 공박을 받았기 때문이다. 연산군의 태도는 확고했다. 연산군은 오히려 원로정승을 모욕한 혐의로 대간들을 추국토록 한 것이다.

그러나 연산군은 대신의 임명과 관련해 벌어진 두 번째 격돌에서는 대간들에게 굴복하고 만다. 대간들이 노사신의 경우와는 달리 판중추부사 정문형(鄭文炯)을 우의정에 서임한 문제에서는 물러서지 않았기 때문이다. 물론 연산군도 처음에는 노사신의 경우와 같이 강력히 버텼다. 그러나 어린 임금으로서 대간들이 일치단결해 저항하고 나선 상황에서 두 번이나 자신의 뜻을 관철하기란 쉽지 않았다. 당시 연산군이

겨울 수밖에 없었던 괴로움은 그가 대간들의 저항에 굴복하면서 내린
다음과 같은 비답에 잘 나타나 있다.

> 과인은 경들의 뜻을 모르겠다. 지금 경들이 기어이 이기려고 하지만
> 만약 정문형을 파면한다면 정문형 자신에게 유감일 뿐 아니라 반드시
> 후세의 웃음거리가 될 것이다. 그러므로 과인이 여러 날을 두고 윤허하
> 지 않은 것이다. 그러나 대간들이 기어코 반대하는 상황에서 지금 비록
> 그를 파면하지 않을지라도 그가 어찌 안심하고 자리에 나아가겠는가.
> 우선 경들의 말을 따른다. 그러나 경들이 오히려 당파를 중히 여기고 임
> 금을 가벼이 여기며 스스로 이기기를 마음으로 삼는다면 백 년의 종묘
> 사직이 하루아침에 위태로워질 것이다.(《연산군일기》 2. 윤3. 3)

결국 연산군은 자신의 뜻을 물림으로써 대간들과 타협한 셈이다.
그러나 이는 어디까지나 휴전일 뿐이었다. 연산군이 자신의 인사대권
에 감히 도전장을 내민 대간들을 어떤 식으로든 제압하지 않으면 안 되
겠다고 판단했기 때문이다. 그가 장인인 신승선을 정승으로 임명한 세
번째 사안에서는 물러서지 않은 사실이 이를 증명한다.

본래 성리학에서도 왕이나 왕비의 친인척 가운데 능력 있는 자를
고위관직에 임명하는 것을 반대하지는 않는다. 다만 왕의 친인척이 고
위관직을 대거 차지하고 나설 경우 불가피하게 척족에 의한 세도정치
등의 폐해가 나타날 우려가 크기 때문에, 이를 자제하는 것이 하나의
관행으로 내려왔을 뿐이다.

연산군이 장인인 신승선을 우의정에 임명한 것은 불가피한 조치로
볼 수 있다. 신승선은 오직 왕의 장인이라는 점이 약간 문제가 있었을
뿐 당시 학문으로나 인품으로나 정승의 반열에 오르고도 남을 정도로

신망을 받던 인물이다. 연산군도 바로 이 같은 점을 높이 사 그가 왕의 장인임에도 정승에 임명한 것이다. 당시 대간들이 이를 문제삼고 나서자 연산군은 다음과 같이 일갈하였다.

> 전의 상소에서는 삼공을 비방했고 지금은 삼공을 내쫓자고 하니 그러면 너희들을 그 자리에 제수해야 하느냐. 너희는 도필지리(刀筆之吏)이다.(《연산군일기》 3. 2. 19)

도필(刀筆)이라는 말은 원래 종이가 발명되기 전 죽간(竹簡)에다 글을 새겨 넣을 때 붓 대신 사용한 칼을 말한다. 도필지리는 죽간에 잘못 기록한 글자를 아전이 늘 칼로 긁고 고치는 일을 한 데서 유래한 말로, 이방 등과 같이 붓대를 가지고 어깨에 힘을 주는 아전의 무리를 얕잡아 일컫는 말이다. 이는 대간들에 대한 반격이기는 했으나 자부심이 강한 대간들에게는 엄청난 모욕이 아닐 수 없었다. 대간들을 일개 아전에 비유한 것은 반격치고는 그 표현이 격렬하기 그지없는 것이다.

외척을 정승에 제수한 일은 이때가 처음이 아니다. 외척이라도 능력이 있으면 얼마든지 정승에 임명할 수 있는 일이다. 신승선은 당시 조정과 민간에서 모두 신망을 받던 인물이다. 특히 고립무원의 처지에서 국사를 친재(親裁)하던 연산군에게는 신승선과 같은 믿음직한 인물이 반드시 필요했을 것이다.

그런데도 대간들은 신승선이 비록 능력은 있지만 외척이기 때문에 정승이 될 수 없다고 강력하게 반발하고 나선 것이다. 그러나 연산군은 정문형 사건 때처럼 물러서기는커녕 오히려 더욱 강경한 태도를 보인 것이다. 연산군의 단호한 의지는 대간들이 도필지리에 지나지 않는다고 일갈한 데서 극명하게 나타나고 있다.

그러나 사실 언론 3사에 봉직하는 이른바 언관은, 당시 품계는 비록 재상보다 낮았지만 훗날 대관 자리가 약속된 매우 존경받는 관원들이었다. 언관들을 아전에 불과하다고 폄하한 것은 화가 나서 한 말이기는 하나 지나친 말이 아닐 수 없다. 연산군은 왜 언관들을 이토록 불신한 것일까? 이는 즉위 초부터 이들 언관들과 사사건건 마찰을 빚어온 결과였다.

왕권강화를 위해서는 언론 3사를 제압해야 했다

신승선 사건 이후 연산군의 단호한 태도는 대간에 대한 가차없는 체직으로 나타났다. 연산군은 대간들에게 더 밀리면 왕권의 행사가 불가능하다고 생각했음이 틀림없다. 연산군의 다음과 같은 전교를 보면 인사대권에 대한 연산군의 단호한 의지를 쉽게 파악할 수 있다.

근자에 대간을 국문하니 동료가 구원하고, 이어 홍문관에서 말하고, 나중에는 승정원과 의정부에서 또 말하므로 과인이 부득이하여 억지로 따랐다. 그러자 이제는 조금도 무서워하거나 거리낌도 없이 각자 생각하기를, '내가 말을 잘못하더라도 구원하는 자가 많으니 어찌 끝내 죄를 얻으리오' 하며 허실을 살피지도 않고 함부로 군왕의 잘못을 말하니 자못 상하가 서로 믿는 뜻이 없다. 지금은 우선 용서하나 차후로는 일을 말할 때 잘 생각해서 하도록 하라.(《연산군일기》 3. 3. 23)

이는 겉으로는 은근한 경고였지만 실상은 일종의 선전포고였다. 대간에 이어 홍문관까지 가세해 3사 합사로 왕권에 맞서고 나서는 사태를 더는 방관하지 않겠다는 의지를 분명히 밝히고 나선 것이다. 그러나 대간들은 연산군의 이 같은 의지를 과소평가했다. 이들은 언론 3사가 힘을 합하면 아무리 왕명이라도 끝내는 이를 뒤집을 수 있다는 자신감이 충만해 있었던 것이다. 그러나 이는 연산군을 잘못 판단한 것이었다.

대간들을 일거에 제압할 틈을 엿보던 연산군에게 절호의 기회가 찾아왔다. 연산군 재위 7년 말 대간의 두 축인 사헌부와 사간원 사이에 틈이 벌어지는 일이 일어났다. 사간원이 사소한 문제로 이조를 탄핵하자, 사헌부가 정면으로 이를 문제삼고 나서면서 연산군에게 이조에 책임을 묻지 말 것을 주청한 것이다.

연산군은 대간의 양축을 이루고 있는 사헌부와 사간원이 서로 다투는 상황을 이용해 대간들의 규합을 제지하고자 했다. 연산군은 이에 성공해 3사의 규합을 막아냈다. 이 일로 말미암아 이후 3사는 하나로 뭉치는 것이 매우 어려웠다. 3사 사이의 갈등은 사헌부와 사간원의 갈등을 계기로 드디어는 홍문관과 사간원, 홍문관과 사헌부의 논쟁으로까지 비화하게 되었다.

당시 언론기관 내의 이 같은 갈등은 홍문관이 언론 3사의 한 기관으로 적극 나선 데 따른 필연적인 결과로 볼 수 있다. 홍문관의 탄핵이 두려워 대간들이 함부로 뒤로 물러날 수 없는 상황이 빚어졌기 때문이다. 이는 과거 재야와 야당이 선명성 투쟁을 벌이며 더욱 강경한 투쟁노선으로 치달은 것을 상기하면 쉽게 이해할 수 있다.

그러나 3사의 선명성 경쟁은 연산군에게는 하나의 기회였다. 3사의 갈등은 오히려 연산군에게 왕권의 강화를 추구할 수 있는 절호의 기회를 제공한 셈이다. 이는 갑자사화 이후 연산군이 홍문관 혁파를 단행하는 사건으로 구체화되기 시작한다. 사실 통치이념의 해석과 관련해 독점적 지위를 누리던 홍문관은, 자칫 권한을 남용할 경우 왕에게 방자하게 굴 소지가 많았다. 이는 세조가 집현전을 혁파한 이유이기도 했다.

연산군 역시 세조와 동일한 이유로 홍문관을 혁파하기로 작심하게 된 것이다. 다음 시에는 홍문관을 혁파할 수밖에 없었던 연산군의 심정이 잘 드러나 있다.

간신이 악의를 품고도 충성한 양하여 姦人抱惡似眞忠
임금을 경멸하여 손아귀에서 희롱하려 하도다 輕傲時王弄掌中
조정에서는 폐단을 한탄하나 배격될까 두려워 朝恨弊端還畏擊
다투어 서로 구제하는 못된 버릇 일으키네 爭圖相救起頑風

《연산군일기》 10. 10. 15)

이 시에 잘 나타나듯이 연산군은 당시 상황을 매우 심각하게 받아들이고 있었다. 바로 간신들이 충성을 가장하여 작당하면서 임금을 우습게 여기는 폐풍이 일고 있다는 진단이 그것이다. 혁신적인 조치를 내리지 않으면 왕권이 능멸당할지도 모른다는 위기의식이 물씬 배어나고 있는 것이다.

이 같은 상황에서 연산군이 내린 첫 조치가 바로 홍문관 관원의 숙직제도를 철폐한 것이다. 당시 연산군은 성종 때의 총애로 말미암아 홍문관원들의 방자함이 극에 이르렀다고 판단했다. 연산군은 홍문관 혁파의 전 단계로 경연에 나오는 홍문관의 숙직 관원을 축출한 것이다.

조선왕조에서 왕은 비빈들과 자는 시간을 빼고는 개인적인 시간을 내기가 사실상 쉽지 않았다. 지극한 왕도정치를 실현하기 위해 왕은 홍문관이 주관하는 경연에 하루 세 번씩 나가 왕도주의 이념에 관한 세뇌교육을 받아야 했기 때문이다. 연산군은 몸이 아프기도 했지만 신권 우위의 상징인 경연에 나가는 일을 탐탁지 않게 여겼다. 홍문관 관원의 숙직제도를 철폐한 것은, 홍문관의 실질적인 역할과 힘을 박탈함으로써 홍문관이 정치에 간여할 수 있는 길을 봉쇄한 것이나 다름없다.

연산군 때 경연폐지는 단계적으로 이루어졌다. 홍문관의 숙직 관원이 축출된 뒤 나타난 '진독관'(進讀官) 제도가 중간단계에 해당한다. 이는 기존의 '시강관'(侍講官)을 대신한 것으로, 경연에서 경전을 읽고 해석하는 일을 주임무로 삼던 직책이다. 진독은 단순히 왕에게 책을 읽어드린다는 뜻에 불과하나, 시강은 왕을 모시고 책의 뜻을 강의한다는 뜻을 지니고 있다. 연산군은 시강이라는 말 자체가 신권의 방자함을 드러낸 것으로 파악했다. 경연 형식을 변혁한 것은 곧 홍문관 혁파를 예고한 것이기도 했다.

홍문관 혁파는 동시에 사간원 혁파를 불러오는 전주곡이 되었다. 집현전과 홍문관은 각각 세종과 성종이 세운 것이기는 하나, 세조와 연산군이 그 방자함을 이유로 이를 혁파했다고 해서 크게 문제삼을 것은 없다. 그러나 사간원을 혁파하는 것은 기본적으로 성리학의 이념을 정면으로 거스르는 일이었다. 이는 세조도 하지 못한 일이었다. 간관을 국문하여 죄를 준 일은 있으나 사간원 자체를 혁파하지는 못했기 때문이다. 그러나 연산군은 이를 감행했다.

연산군은 홍문관을 혁파하기에 앞서 대간들이 목에 힘을 주는 요소를 제거하기 시작했다. 그 첫 조치가 바로 대간이 왕에게 주청할 경우 먼저 승지에게 와 그 개요를 알리도록 한 것이다. 이 조치는 대간이 주청할 때 승지들이 나가서 이들을 대하기 때문에 이들의 교만을 더욱 조장하고 있다는 판단에 따른 것이다. 이후 모든 대간들은 아뢸 일이 있으면 먼저 승정원에 가 보고한 뒤 아뢰어야 했다.

승지는 왕명을 받드는 매우 중요한 직책이다. 그러나 성리학이 지배하던 조선왕조에서는, 승지보다는 올바른 통치가 무엇이고 통치이념을 어떻게 구현해야 하는지를 연구하는 언론 3사의 직책을 훨씬 중요한 것으로 인정하고 있었다. 승지는 대통령비서관에 해당한다. 대통령비서관의 역할은 역대 정부마다 약간의 차이가 있었으나 실질적인 정책결정자의 구실을 한 경우가 많다. 이는 대통령의 권한이 강하면 강할수록 더 빈번하게 나타났다.

연산군이 대간들에게 내린 이 조치는 요즘 기준으로 보면 당연한 조치이다. 장관이 대통령에게 보고할 일이 있으면 우선 청와대 비서실에 연락해 그 보고내용과 보고시간 등을 협의해야만 하기 때문이다. 그러나 당시만 하더라도 대간들이 무엇을 논박하고자 하는지를 승지들이 찾아가 알아내야만 했던 것이다. 연산군은 바로 이 같은 관례를 바꾸려고 한 것이다. 이로 말미암아 대간들은 승지들을 만나 무엇을 아뢸 것인지를 먼저 보고한 뒤에야 주청을 올릴 수 있게 되었다.

연산군이 사간원을 혁파하게 된 직접적인 계기는 인수대비 쾌유를 비는 불사문제에서 비롯되었다. 인수대비가 자신의 쾌유를 위해 연산군에게 불교에 특혜조치를 내려줄 것을 청했는데 연산군이 이를 들어주었다. 특혜의 내용은 승려에게 증명서를 주는 것과 사찰에 속한 땅과 인민을 쇄환(刷還)하지 말도록 하는 것 등이었다. 사간원은 한때 이를 문제삼고 나서다가 대비의 병세가 위중해지자 논박을 중지하였다.

그러나 사간원은 인수대비의 병세가 완화되자 다시 이 문제를 들고 나왔다. 이번에는 사간원뿐만 아니라 홍문관마저 가세하고 나섰다. 간관들이 이를 논박하고 나서자 이에 분노한 연산군은 사간원 관원을 전원 파직하는 파격적인 조치를 취했다. 역대 왕들이 사간원 관원을 국문하거나 일부를 체직한 적은 있어도 대사간 이하 사간원 관원 전원을 파직한 것은 처음 있는 일이었다. 대비의 쾌유를 빌기 위한 조치에 사간원과 홍문관이 일제히 들고나서자 연산군이 분노를 터뜨린 것이다. 다음 기록을 보면 연산군이 왜 분노를 터뜨렸는지 짐작할 수 있다.

왕이 노하여 전교하기를 "어찌하여 전에는 말하지 않고 지금 와서 아뢰는가?" 하니, 사간원에서 아뢰기를 "신 등이 대비의 병환이 낫지 않으므로 감히 아뢰지 못하였는데 지금 들은즉 좀 나으신 것으로 생각 하고 다시 아뢴 것입니다" 하였다. 왕이 크게 노하여 이르기를 "궐내의 말이 문지방 밖에 나가지 않았는데 어찌 사간원은 궁중의 일을 멋대로 췌탁(揣度)하여 말한단 말인가" 하고 그만 파직토록 하였다. 의정부와 홍문관에서 극력 구원했으나 이루지 못하였다.(《연산군일기》 10. 1. 15)

사간원 관원이 전원 파직되는 엄청날 일이 벌어졌는데도 사헌부가 나서지 않은 점에 유의할 필요가 있다. 당시 사헌부는 사간원과 의견 이 일치하지 않아 합사에 나서지 않았다. 사헌부는 인수대비의 병이 깊어져 불사를 하는 마당에 합사에 나서는 것은 옳지 않다고 판단한 것이다.

사간원은 사헌부가 반대하자 할 수 없이 홍문관과 더불어 양사 합 사로 주청했다. 그러나 이 기록에 나오듯이, 사간원은 대비의 병세를 멋대로 판단해 중지한 논의를 다시 제기하고 나선 죄를 뒤집어쓰고 소 속 관원 전원이 파직되는 사태를 맞게 되었다. 연산군은 이 일이 있은 뒤 대사간 이하 5명의 관원이 재직하는 사간원의 관원을 아예 뽑지 않 았다. 이로써 사간원의 역할은 사실상 끝난 셈이었다.

연산군 재위 10년 초에 일어난 사간원의 무력화 조치는 사실 홍문 관에 대한 무력화 조치보다 먼저 일어난 사건이다. 연산군은 폐위되기 5달 전에 사간원을 혁파하라는 전교를 내렸다. 그러나 사간원은 연산 군이 폐위되기 2년 전에 이미 사실상 혁파된 것이나 다름없었다.

연산군은 사간원 관원들을 파직하라는 교지를 내린 지 열흘 만에 홍문관의 혼적인 진독관 제도마저 없애버렸다. 경연의 폐지를 의미하는 진독관 제도의 폐기는 사실상 홍문관의 존재의미가 소멸되었음을 의미하는 것이다. 그러나 당시 비록 명목상이기는 했지만 아직 대제학이 존재하고 있었기 때문에 홍문관은 살아 있었다. 대제학 자리는 연산군이 폐위되기 보름 전에야 비로소 폐지되었다. 이로써 홍문관은 이제 그 흔적조차 찾아볼 수 없게 되었다.

연산군이 홍문관과 사간원을 혁파한 것은 왕권에 대한 신권세력의 무차별적인 연합공세를 차단키 위한 조치였다. 사간원은 사헌부에서 반대했음에도 대비의 쾌유를 빌기 위한 사찰 우대조치를 강력 반대함으로써 화를 자초했다고 볼 수 있다. 특히 사헌부는 비록 2명의 지평 자리가 없어지기는 했으나 언론기관의 소임을 다한 점을 간과해서는 안 된다.

조선왕조는 성리학이 극성한 중국의 송대에도 없었던 홍문관과 같은 기관이 독립적인 언론기관으로 기능하면서 신권이 왕권을 위압하는 이상한 나라가 된 것이 사실이다. 중국에서는 명나라 때 어사대의 후신인 도찰원(都察院)이 본연의 감찰기관으로 회귀하게 되고, 간관 역시 형식상의 '봉박권'(封駁權)을 지닌 6명의 급사중으로 축소되었다. 이로 말미암아 명청대의 언론기관은 형식적인 봉박권을 지닌 하부기관으로 전락하고 말았다. 이를 바탕으로 중국은 황제권이 막강한 제국체제를 더욱 강화해 나간 것이다.

그러나 조선은 중국과는 달리 오히려 언론권을 강화하는 방향으로 나아갔다. 조선왕조에서는 지극한 왕도정치를 이루기 위해 신권세력의 언론권을 무제한 허용해야 한다는 성리학의 논리를 그대로 적용한 것이다. 이로 말미암아 조선왕조에서는 소장 신권세력이 장악한 언론권이 재상권을 압도하는, 말 그대로 '언론대권'으로 기능했다고 할 수 있다. 언론기관을 대대적으로 혁파한 연산군이 몰락한 이후, 조선왕조가 신권이 왕권을 위압하는 이른바 '신권국가'로 나아간 이유도 바로 여기에 있다.

따라서 연산군이 폭군의 방자함을 드러내기 위해 홍문관과 사간원을 없앴다고 주장하는 것은, 언론기관 혁파의 배경을 전혀 고려하지 않은 일방적인 주장이 아닐 수 없다. 연산군은 어찌 보면 왕권을 위축시키는 배경으로 작용한 비대하기 그지없는 언론기관을 본래의 모습으로 환원시켰다고 해석할 수 있기 때문이다.

2. 전례파괴(典禮破壞)
제도와 관례는 고칠 수 있는 것이다

연산군을 폭군으로 몰 때 제시하는 중요한 근거 가운데 하나로 이른바 '전례파괴' 사건을 들 수 있다. 전례위반을 패륜으로 간주하던 당시에 전례파괴만큼 연산군을 폭군으로 모는 데 좋은 소재도 없었을 것이다. 그렇다면 연산군은 과연 무슨 이유로 이 같은 전례파괴를 자행한 것일까? 우선 연산군을 전례파괴자로 몰아간 반정세력의 주장부터 들어볼 필요가 있다.《중종실록》에는 연산군이 저질렀다는 전례파괴 내용이 다음과 같이 요약되어 있다.

인수대비가 돌아갔을 때는 상례를 모두 이일역월제(以日易月制)로 하고 신민이 입는 참최의 복제도 모두 27일 만에 벗도록 하였다. 또 기일과 재계를 폐지하여 국기일(國忌日)에 평상시와 같이 풍악을 울리고 고기를 먹었다.(《중종실록》 1. 9. 2)

이 기록을 토대로 볼 때 연산군의 전례파괴 행위는 크게 두 가지로 요약할 수 있다. 하나는 상례(喪禮)파괴의 근거로 제시한 이일역월제의 채택이고, 다른 하나는 제례(祭禮)파괴로 간주한 국기일의 폐지조치이다. 과연 연산군은 사관의 주장과 같이 전례를 파괴함으로써 윤리강상을 무너뜨린 폭군인 것일까?

먼저 상례파괴 문제부터 검토해보기로 하자. 상례는 성리학의 통치이념을 구현하는 데 매우 중요한 의례로 인식되어 왔다. 이는 본래 조상숭배사상에서 기인한 것이나, 유가의 효사상과 접합되면서 효를 이행하는 중요한 의식으로 평가된 데 따른 것이었다. 관혼상제에서 상례를 가장 중요한 전례로 여긴 것은 춘추전국시대의 후장(厚葬) 풍습에서 비롯된 것이다. 후장 풍습은 춘추전국시대 당시에도 엄청난 비용과 인력이 소요되었기 때문에 묵자(墨子) 등이 많은 비판을 가했다.

그러나 공자는 조상숭배사상과 연결시켜 이를 장려했다. 이로 말미암아 후장 풍습은 유가사상의 주요한 덕목으로까지 여겨지게 된 것이 사실이다. 후대로 올수록 후장 풍습은 더욱더 까다롭고도 엄격한 의식으로 고정되었다. 이토록 엄격하고 까다로운 상례를 만드는 데 결정적인 구실을 한 것이 바로 성리학이다. 이를 규율하는 것이 바로《주자가례》였다.

성리학을 통치이념으로 내세운 조선왕조에서 상례에 관한 의식은 엄격하기 그지없었다. 그러나 건국 초기만 해도 상례가 그다지 까다롭지는 않았다. 그러던 것이 성종조에《경국대전》이 완성되고 상례를 3년상(三年喪)을 원칙으로 하게 되면서 엄격하기 그지없게 변하고 말았다.

그러나 사실 성리학에 따라 더욱 까다로운 형식으로 굳어진 상례는 성리학의 가장 치명적인 약점 가운데 하나였다. 이 상례를 둘러싼 논쟁으로 말미암아 조선왕조 내내 국력을 엄청나게 소모한 사실이 이를 증명한다. 현종 때 상례문제를 둘러싸고 전개된 이른바 '예송(禮訟)시비'가 그 대표적인 실례이다.

세종 때 3년상이 확정되다

중국에서는 전례(典禮)가 가장 까다로웠던 송대에도 조선과 같이 전례 문제를 놓고 죽기살기 식의 당쟁을 벌이지는 않았다. 중국은 기원전부터 황실을 비롯해 일반 신민에 이르기까지 모두 이일역월제와 같은 융통성 있는 제도를 채택한 것이다. 이일역월제는 날로 달을 대신하여 상례(喪禮)와 제례(祭禮)를 마치는 것을 말한다. 우리나라에서도 조선왕조 초까지는 이를 채택했었다.

고려조에서는 이일역월제에 따라 왕이 죽은 경우에도 일년 만에 돌아오는 소상(小祥)은 13일, 2년 만에 돌아오는 대상(大祥)은 27일 만에 탈상했다. 따라서 2년 동안 계속 상복을 입어야 하는 3년상은 24일, 1년간의 기년상(期年喪)은 12일, 9개월의 대공상(大功喪)은 9일, 5개월의 소공상(小功喪)은 5일, 3개월의 시마상(緦麻喪)은 3일 만에 상복을 벗었다.

그러던 것이 조선왕조 개국 1년 전인 공양왕 3년(1391년)에 서민들의 3년상이 허락되면서 부모상일 경우는 매달 삭망제(朔望祭)를 지내고, 13개월째를 초기(初朞)라 하여 소상을, 25개월째를 2기라 하여 대상을, 27개월째 그믐에 담제(禫祭)를 지내고, 28개월째 초하루에 비로소 길복(吉服)을 입는 상례가 처음으로 시행되었다. 이는 말할 것도 없이 《주자가례》를 따른 것으로 이후 조선왕조가 성리학에 입각한 나라가 될 것임을 예고한 조치이기도 했다.

이후 조선왕조는 세종조에 들어서 부모의 묘 옆에 여막(廬幕)을 짓고 3년 동안 시묘(侍墓)하는 행동이 높이 칭송되면서, 왕실은 말할 것도 없고 일반 서민에 이르기까지 무조건 3년상을 미덕으로 여기는 풍조가 만연하게 되었다. 전형적인 3년상은 3년 동안 모든 것을 폐하고 부모 묘소 곁에서 여막을 짓고 제사를 받드는 것을 말한다.

그러나 부모 묘소 곁에서 여막을 짓고 3년을 지내기란 말처럼 쉬운 일이 아니다. 더구나 국록을 먹는 관원의 경우는 이를 실천하기에는 할 일이 너무 많았다. 때문에 변방을 지켜야 하는 군관만은 1백 일 만에 탈상토록 하는 예외조항을 두기도 했다. 하루라도 자리를 비울 수 없는 조정 관원의 경우에도 이에 대비하여 변칙적인 제도가 마련되어 있었다. 이른바 '기복'(起復)이라는 제도가 바로 그것이다. 조정의 신하는 기복의 명이 떨어지면 아무리 부모의 상일지라도 상복을 벗고 전쟁터에 나가거나 조정에 출사해야만 했다.

사실 국가의 대소사를 매일 결재해야 하는 임금은, 어찌 보면 변방을 지키는 군관 못지않게 하루라도 자리를 비울 수 없는 막중한 위치에 있었다. 중국이 기원전부터 이일역월제를 채택하고 고려조가 개국 소부티 이를 채택한 것도 바로 이 같은 이유 때문이다. 성리학에 입각한 3년상이 얼마나 비현실적인 것인지 이를 통해 확연히 알 수 있는 것이다.

따라서 국가적인 차원에서 볼 때 설령 3년상의 원칙을 지킨다 할지라도 왕의 경우에는 신하들의 기복과 유사한 편법을 적용해야만 했다. 일정한 시간이 지난 뒤에는 곧바로 정무를 보는 편법이 절실했기 때문이다. 그러나 당시 조선은 성리학을 통치이념으로 채택한 이래《주자가례》를 가장 교조적으로 발전시킨 특이한 나라였다. 왕실 역시《주자가례》의 적용대상에서 예외가 될 수 없었던 것이다.

그렇다면 연산군은 과연 상례를 어떻게 바꾸었기에 전례파괴자라는 비난을 들은 것일까? 그러나 결론부터 말하면 연산군은 결코 인수대비의 상례를 줄이거나 훼손한 적이 전혀 없었다. 연산군은 인수대비에 앞서 예종비인 안순대비가 죽었을 때 이미 똑같은 이일역월제를 채택한 바 있다. 당시에는 이에 대해 별다른 이론이 없었다. 인수대비가 죽었을 때도 약간의 논란이 일기는 했으나 큰 문제를 일으킨 것은 아니었다.

안순대비는 연산군 4년 12월에 죽었다. 당시 안순대비의 며느리인 자순대비(慈順大妃)의 상기를 얼마로 하느냐 하는 문제로 잠시 논란이 일었다. 자순대비는 성종의 셋째 왕비인 정현왕후(貞顯王后)로 중종의 생모이다. 안순대비의 죽음은 자순대비에게는 시어머니가 죽은 경우에 해당하기 때문에 3년상의 상복을 입으면 끝나는 문제였다. 그러나 그리 간단치 않았다. 그 이전에 성종이 왕통상의 부왕인 예종이 승하했을 때 3년 상복을 입지 않고 1년 상복을 입었기 때문이다.

예종이 승하했을 때, 성종이 예종의 후사로서 왕통상의 자식임에도 3년 상복을 안 입고 1년 상복을 입은 것은 할머니인 세조비의 명령 때문이었다. 세조비가 살아 있는 동안에 자식인 예종이 죽었으니 그 어머니인 세조비가 1년 상복을 입는데, 예종의 자식인 성종이 3년 상복을 입을 수 없다는 이유에서였다. 이에 따라 성종은 왕통상 예종의 자식임에도 할머니의 상기를 좇아 1년 상복을 입은 것이다.

한마디로 성종은 대왕대비인 세조비에 압존(壓尊)되어 상기가 1년으로 강쇄(降殺)된 것이다. 그러나 이는 당시의 상제에서 볼 때 일종의 편법이었다. 성종은 분명히 예종의 후사로 보위를 이었기 때문에 예종이 죽었을 때 세조비의 생존 여부와 상관없이 당연히 3년 상복을 입어야 했던 것이다. 만일 당시에 세조비가 없었다면 상황은 어떻게 되었을까? 이에 대한 해답이 숙제로 남아 있었던 것이다.

　　그런데 이제 예종비인 안순대비가 죽자, 그 며느리인 자순대비의 상복 문제가 또다시 중요한 문제로 불거지게 된 것이다. 논리적으로 보면 이제 세조비가 없는 상황에서 시어머니의 죽음에 며느리인 자순대비는 원칙으로 돌아가 3년 상복을 입어야 했다. 그러나 비록 세조비가 없을지라도 성종이 행한 전례에 초점을 맞추게 되면 자순대비 역시 1년 상복을 입어야 했다.

　　자순대비는 원칙대로 한다면 3년 상복을 입어야 하나 성종의 전례에 따르면 1년 상복을 입어야 하는 모순에 빠지게 된 것이다. 이로 말미암아 대신들의 일부는 자순대비의 3년 상복을 주장했고, 일부는 1년 상복을 강력히 주장했다. 결국 연산군은 결단을 내려 자순대비의 상복을 1년 상복으로 결정하였다. 이는 사리에 비추어 매우 타당한 것이었다. 왜냐하면 자순대비가 시어머니상에 해당하는 3년 상복을 입을 경우, 성종은 부친상에 1년 상복을 입음으로써 예를 다하지 못한 셈이 되기 때문이다. 따라서 자순대비의 상복을 1년 상복으로 결정한 연산군의 결단은 부왕인 성종을 욕되게 만들지 않으려는 현명한 조치였다.

　　조선왕실의 상례를 이같이 까다롭게 만든 왕은 세종이다. 이는 세종이 소헌왕후(昭憲王后) 심씨의 죽음을 너무 애달파했기 때문에 빚어진 일이다. 심씨는 8명의 아들과 2명의 공주를 낳은 데서 알 수 있듯이 세종과 사이가 무척 좋았다. 더구나 세종은 장인인 영의정 심온(沈溫)이 억울하게 죽었다고 생각했기 때문에 심씨의 죽음을 더욱 안타깝게 생각했다. 심온은, 태종이 세종에게 왕위를 물려주고 상왕으로 물러나 있을 때, 태종이 상왕으로서 청정(聽政)한다는 불평을 하다가 태종에게 노여움을 사 사사되었다.

　　아무튼 이때 이래로 왕실에서는 친부모상에 3년 상복이 불변의 상제로 굳어지게 된 것이다. 그러나 성종은 할머니가 1년 상복을 입은 관

계로 예종의 상례 때 1년 상복을 입었다. 이러한 전례가 있어 자순대비
역시 시어머니 상을 1년 만에 탈상하게 된 셈이다. 사실 이때는 큰 문
제가 없었다. 성종이 행한 전례가 있었기 때문이다. 그러나 연산군의
할머니인 인수대비가 죽었을 때는 문제가 그리 간단치 않았다. 다음 기
록을 보면 당시 상례문제가 또 하나의 커다란 논란거리가 되었음을 쉽
게 알 수 있다.

> 저녁 8시에 인수대비가 창경궁 경춘전에서 훙서(薨逝)하였다. 좌의
> 정 유순, 우의정 허침, 예조판서 김감과 육조 당상들이 모두 빈청에 모
> 여 상제를 논의하여 아뢰기를, "6년 전 안순대비의 상에는 백관들이 6
> 일 만에 상복을 벗었는데 이번에는 어떻게 하오리까?" 하였다. 전교하
> 기를 "인수대비께서 춘추가 이미 높으시고 본래 오랜 병이 계셨는데 일
> 이 이렇게 되었으니 어찌하여야 할 것인가. 인양전에 빈소를 모시고 3
> 일 만에 성복(成服)하되, 상제는 일체 덕종(德宗)의 옛일에 따라서 한다.
> 평시에 유교(遺敎)가 이러하셨다" 하였다. 유순이 아뢰기를 "안순대비
> 의 상에는 참최복을 3년 그대로 두고 인수대비의 상에는 졸곡(卒哭 : 삼
> 우제를 지낸 뒤에 지내는 제사) 전에 참최복을 벗는다면 이는 안순대비
> 보다 내리는 것입니다. 무릇 상제는 예전(禮典)에 의거하여 정하는 것인
> 데, 만일 안순대비보다 내린다면 예전에 근거가 없으니 의논하기 어렵
> 습니다" 하였다. 왕이 전교하기를 "그렇다면 안순대비의 상제에 따라
> 하라" 하였다.(《연산군일기》 10. 4. 27)

연산군의 언급에 비추어볼 때, 인수대비는 평소 연산군에게 자신을
덕종의 예에 따라 간략히 상례를 치르도록 당부했음이 틀림없다. 그러
나 덕종은 세자 때 죽은 것이니 상례가 매우 간략했다. 이를 모를 리 없

창경궁 경춘전 : 명정전 뒤쪽 내전 건물의 하나로 성종 때 대비를 위하여 지어졌으나 점차 왕비들의 거처로 사용되었다.

는 인수대비가 무슨 이유로 이 같은 얘기를 했는지는 알 길이 없다. 짐작컨대 자신은 덕종의 부인이니 자신의 상례를 덕종보다 높이는 것이 불편하다고 생각했는지도 모를 일이다. 아무튼 연산군은 그 유훈을 충실히 따르고자 한 것으로 보아야 한다.

인수대비의 상례는 원칙상 깎아야 했다

연산군은 원래 인수대비의 상례를 대통을 이은 안순대비와 같이 할 수는 없다고 생각했다. 이는 왕통을 중시한 연산군으로서는 당연한 생각이었다. 그러나 연산군은 대신들의 반대에 부딪혀 덕종보다는 높이고 안순대비보다는 낮추는 절충안을 제시했다. 이는 명분과 실리를 모두 고려한 매우 합당한 조치였다.

그러나 연산군은 결국 좌의정 유순의 말을 따라 인수대비의 상례를 안순대비의 상례 수준에 맞추는 데 흔쾌히 동의했다. 이는 덕종의 비인 인수대비를 예종의 비인 안순대비와 같은 반열에 놓은 것이다. 이는 효자로 소문난 성종과 비교해도 전혀 손색이 없는 효손(孝孫)의 자세가 아닐 수 없다.

그럼에도 사관은 연산군이 인수대비의 상례를 마음대로 축소했다고 근거 없이 왜곡했다. 원론적인 관점에서 볼 때, 인수대비는 비록 그가 낳은 아들이 왕위에 올랐다고 할지라도 안순대비와 같은 상례를 받을 자격이 없다. 성종은 어디까지나 예종의 후사로 들어간 것이기 때문에 왕통으로 볼 때 성종은 덕종의 자식이 아니기 때문이다.

그러나 위에서 보았듯이 연산군은 인수대비의 유훈을 좇아 합리적인 절충안을 제시했다가 곧 안순대비의 상례에 준하도록 결정하는 파격적인 대우를 했다. 그런데도 《중종실록》의 사관은 터무니없는 주장을 한 것이다. 인수대비의 상례를 안순대비의 상례에 준하도록 한 연산군의 이 같은 조치는 기본적으로 인수대비에 대한 호의가 없었다면 불가능한 일이었다. 강력한 왕권주의자인 연산군이 자신의 소신을 굽히면서까지 신하들의 주장을 받아들였을 리 없기 때문이다.

물론 연산군이 인수대비를 소홀하게 대한 것으로 평가받을 만한 일이 전혀 없는 것은 아니다. 왜냐하면 연산군은 이 같은 결정을 내린 뒤 곧 자신의 결정을 번복하려 했기 때문이다. 연산군은 인수대비를 안순대비와 같은 상례로 치르는 것이 아무래도 왕통의 정통성을 살리는 데 문제가 있다고 생각했음이 틀림없다. 연산군은 당시 이 문제를 잘못 처리했다가는 자칫 왕통의 정통성 문제가 제기될 수도 있다고 판단한 것으로 보인다.

이는 왕권을 중시하는 연산군의 처지에서는 지극히 당연한 것이었다. 더구나 당시는 불경죄 문제를 놓고 갑자사화의 돌풍이 불던 때였다. 인수대비를 안순대비와 같은 예로 상례를 치르는 것은 사실 왕통의 존엄성을 훼손할 우려가 컸다. 물론 인수대비를 안순대비의 예에 따라 상례를 치르자는 대신들의 주장 또한 틀린 것은 아니었다. 결국 이 문제는 며칠 동안의 논란 끝에 안순대비의 상례를 좇아 장사를 치르는 것으로 최종 확정되었다. 연산군이 결코 인수대비의 상례를 축소하고자 한 것이 아님을 이를 통해 분명히 알 수 있다.

물론 연산군이 인수대비의 상례를 안순대비와 동급으로 치르도록 최종 결정했음에도, 일정 부분 인수대비의 상례를 축소하려 한 것은 부인할 수 없다. 이는 인수대비의 상례를 안순대비와 같은 수준에서 치르는 것에 연산군이 완전히 승복한 것은 아님을 의미한다. 그러나 이를 두고 연산군이 인수대비의 상례를 본질적으로 축소하려 한 것으로 확대 해석하는 것은 잘못이다. 연산군이 깎은 것은 주변 사항에 지나지 않기 때문이다.

연산군은 인수대비의 상례가 결정된 지 한달 뒤 발인할 때 백관들이 나와 배송(拜送)하는 것을 정지시켰다. 이를 두고 연산군이 인수대비의 상례를 깎은 것이 아니냐고 묻는다면 사실 할 말이 없다. 그러나 분명한 사실은 연산군은 어디까지나 왕통의 존엄과 정통성을 살리기 위해 이 같은 조치를 취했다는 점이다. 사관이 주장한 것처럼 인수대비에 대한 어떤 불경스런 마음이 있어서 그런 것은 결코 아니었다.

연산군은 인수대비와 안순대비를 같은 반열에 놓을 수 없다는 자신의 신념을 어떤 식으로든 표시하고 싶었을 뿐이다. 연산군은 인수대비의 상례를 안순대비의 경우와 똑같이 하였으니 배송만이라도 정지해 차별을 두려 했던 것이다. 연산군은 그만큼 왕통과 왕권의 존엄에 민감한 사람이었다. 인수대비의 상례를 놓고 이일역월제 운운하며 이를 비판하는 것은, 인수대비에 대한 연산군의 효성과 역사적 사실을 왜곡하는 일이다.

국기일 폐지는 현명한 조치였다

이제 사관이 연산군을 전례파괴자로 몰면서 둘째로 제시한 국기일 폐지 문제를 검토해 보기로 하자. 연산군은 과연 사관이 주장한 바대로 "풍악을 울리고 고기를 먹기 위해" 국기일을 폐지한 것일까? 연산군이 국기일을 없앤 뒤 모든 사대부에게 이를 따르도록 명한 것은 사실이다. 그러나 이는 나름대로 이유가 있었다. 방탕을 위해 이 같은 조치를 취한 것은 결코 아니었다.

요즘에는 국기일로 오직 현충일이 있을 뿐이다. 그러나 왕조시대에는 선왕(先王), 선후(先后)가 승하한 날이 모두 국기일이었다. 그러니 후대로 내려갈수록 국기일이 엄청나게 늘어나는 것은 당연지사였다. 조선왕조가 오랫동안 지속되면 한 해의 대부분이 모두 국기일로 채워질지도 모를 일이었다. 국기일의 가장 큰 문제는 제사에 들어가는 비용도 비용이지만 이날만큼은 왕을 포함한 모든 대소 관원들이 하던 일을 모두 멈추었다는 데 있다.

이순신 장군이 쓴 《난중일기》를 보면 일본과 연일 교전 중인데도 선왕과 선후의 국기일에는 전혀 공무를 보지 않았다는 대목을 쉽게 접할 수 있다. 이는 요즘은 말할 것도 없고 당시의 기준에서 보더라도 분명 적잖은 문제가 있는 것이었다. 온 백성이 도탄에 빠진 상황에서 국기일이라는 이유만으로 일선의 장군까지 공무를 보지 않은 것은 보통 심각한 문제가 아니다.

물론 국기일 폐지는 당시의 기준에서 볼 때 윤리강상을 훼손한 것으로 비난받을 소지가 없는 것은 아니다. 그러나 국기일은 국가 비상시조차 공무를 보지 않는다는 점에서 문제가 많은 전례였음을 지나쳐서는 안 된다. 그렇다면 연산군은 왜 국기일을 없애려 한 것일까? 연산군의 다음과 같은 전교를 보면 그 이유를 대략 짐작할 수 있다.

《예기》에 이르기를 "군자는 죽을 때까지 상(喪)이 있다" 하였으니 이는 국기일을 이른 것이다. 그러나 자식으로서 부모에게 3년상으로 이미 정성과 효도를 다하였으니 국기일에는 비록 제사를 지내지 않더라도 상관없을 듯하다. 세조께서는 집안을 변화시켜 나라를 만들고 성종께서는 방손으로서 왕통을 이었으니 국기일을 의당 행해야 하겠지만, 태조 이하의 국기일을 이미 행하지 않았으니 어찌 두 선왕의 제사만 행하겠는가. 윗사람이 좋아하는 것을 아랫사람이 반드시 모범으로 삼아야 하는 것이니, 사대부가 어찌 기제사를 지낼 수 있겠는가. 문소전에서 평소에는 소선(素膳)을 쓰고 삭망제와 대제에만 육선(肉饍)을 사용하는 것은 필시 육선을 계속하기 어려워서 그러한 것이다. 이 뒤로는 문소전에서도 국기일을 행하지 말고 제수를 줄여 소선을 섞어 쓰도록 하라.(《연산군일기》 12. 8. 16)

문소전(文昭殿)의 원래 이름은 인소전(仁昭殿)으로 태종의 모후인 신의왕후(神懿王后) 한씨를 모신 사당이다. 태종 8년 5월 태조가 죽자 태조를 함께 모시면서 사당 이름을 문소전으로 바꾼 것이다. 문소전은 관원을 두어 매일 조석으로 제사상을 올리는, 조선왕조에서 가장 성스러운 사당이라고 할 수 있다.

당시 제례에서 최대의 행사라고 할 수 있는 문소전 제사에 삭망제와 명절날의 대제 때만 육선을 쓴 것은 소고기를 비롯한 육류를 공급하기가 여의치 않았기 때문이다. 연산군이 소선을 섞어 쓰라고 주문한 것은 매우 현명한 조치였다. 이는 문소전 제사에 드는 비용이 너무 과다

한 데 따른 것이었다. 연산군이 국기일을 없앤 것은 바로 국기일을 준수하기 위해 들이는 엄청난 낭비와 노력을 줄이기 위한 것이었음을 이 대목을 통해 확연히 알 수 있다.

사관들은 이를 놓고 연산군이 방탕을 즐기려고 성종 등의 국기일마저 없앴다고 비난했다. 그러나 이는 왜곡이 아닐 수 없다. 우선 연산군은 "태조 이하 역대 왕의 국기일을 행하지 않은 마당에 오직 세조와 성종의 국기일만 행하는 것이 옳은가?"라고 지적하고 있다. 물론 멀고 가까움의 차이가 있으니 최소한 가까운 세조와 성종의 국기일만큼은 준행하는 것이 옳다고 주장하면 할 말이 없다. 그러나 연산군은 태조 이하의 국기일을 봉행하지 않는데 유독 세조와 성종의 국기일만 준행하는 것은 문제가 있다고 본 것이다.

사실 성리학의 가장 큰 병폐 가운데 하나가 지나치게 **효**를 강조하는 바람에 상례와 제례가 너무 고식적이고 딱딱해졌다는 점이다. 연산군은 이를 간략하게 만들기 위한 조치의 하나로 국기일을 획일적으로 없애버린 것이다. 연산군의 이 같은 조치는 숱한 국기일을 지키기 위해 들이는 노고 등을 생각하면 언뜻 파격적인 측면이 없지 않으나 나름대로 이유가 있는 것이었다.

연산군이 획일적으로 국기일을 폐지한 것을 결코 전례를 파괴한 것으로 평가해서는 안 된다. 조선 후기 실학자인 이수광은 《지봉유설》에서 국기일의 문제점을 신랄하게 비판한 바 있다. 그의 다음과 같은 주장을 보면 당시 조선왕실이 고식적인 전례를 지키기 위해 얼마나 많은 낭비를 하고 있었는지 대략 짐작할 수 있다.

우리나라 문소전은 날마다 두 끼 밥을 올리고 한 끼는 다례를 지낸다. 반찬은 채소를 쓰지만 그래도 국가의 경비를 반이나 여기에 쓰고 선

부(膳夫 : 조선 시대 사옹원에서 문소선과 대전의 식사를 감독하는 일
을 맡아보던 벼슬아치)는 버릇이 사나와져서 공손치 못한 일이 많았다.
각 능과 문묘에 이르기까지 삭망제가 있어 거의 제사로 날을 새우는 것
에 가까웠다. 이를 의논하는 자들이 많았으나 감히 개혁하지 못했다. 임
진의 난이 있은 뒤에야 종묘 이외의 제사에 오직 대제만을 지내고 삭망
에는 향만 피우게 되었다. 비록 일이 새로 시작되어 경황이 없었다고 하
지만 그래도 올바른 도를 거의 얻었다고 하겠다.(〈인사부〉 제사)

　이 같은 지적을 보면 연산군의 조치가 얼마나 앞을 내다본 것인지
확연히 알 수 있다. 연산군이 폐위된 뒤에도 문소전 제사에 소선만을
올린 것 역시 연산군의 조치가 타당한 것이었음을 보여주는 사례이다.
문소전 제사에 국가 경비의 절반이나 썼다는 이수광의 지적에 비추어,
당시 조선이 국기일에 얼마나 많은 경비를 지출했는지 대략 짐작할 수
있다.
　이 같은 관점에서 볼 때 연산군이 국기일을 없애고 사대부에게 이
를 좇도록 조치한 것은 오히려 높이 평가해야만 한다. 당시 연산군은
번잡하고 규격화된 데다가 엄청난 낭비를 일으키는 전례의 상제에 거
다란 변혁의 칼을 들이댄 셈이다. 이는 허례허식으로 흐르는 성리학의
통폐에 대한 일대 수술로 평가받아야 마땅하다.

3. 백모간통(伯母姦通)

박씨와 간통설은 악의적인 조작이다

연산군을 폭군으로 매도할 때 중요한 논거로 거론하는 사건 가운데 하나로, 연산군이 백모인 월산대군 부인 박씨와 간통을 했다는 믿을 수 없는 얘기를 들 수 있다. 이와 관련해 실록은 "박씨가 연산군의 자식을 임신하자 이를 비관해 목매달아 죽었다는 얘기가 있었다"는 식으로 기록하고 있다. 한마디로 말해 확인이 안 된 얘기를 마치 진실인 양 인용해 놓고 있는 것이다.

사실 사관의 이 같은 주석말고는, 실록의 어떤 기록에도 연산군이 백모인 박씨와 간통했다고 의심할 만한 구석은 전혀 없다. 그렇다면 왜 '백모간통설'과 같은 얘기를 실록에 기록한 것일까? 결론부터 말하면 이는 반정세력이 연산군을 윤리강상을 무너뜨린 패륜아로 만들기 위해 악의적으로 날조한 것이다.

실록에는 연산군의 간통설과 관련해 사관이 이를 직접 확인했거나 믿을 만한 소식을 인용해 기록한 것은 하나도 없다. 모두 항간에 떠도는 애기나 추측사실 등을 마치 사실인 양 인용하고 있을 뿐이다. 연산군의 '백모간통설'이 얼마나 터무니없는 것인지를 차례로 추적해볼 필요가 있다.

연산군은 즉위 초부터 성종이 그랬던 것처럼 월산대군 부인 박씨에게 깍듯한 예의를 차리고 두터운 은혜를 베풀었다. 이는 연산군이 왕세자의 양육을 박씨에게 맡긴 데서 잘 드러난다. 그렇다면 박씨는 과연 어떤 인물이었기에 성종과 연산군에게 이같이 두터운 은총을 입은 것일까? 박씨는 박중선(朴仲善)의 딸이다. 박중선의 모친은 세종의 정비인 소헌왕후 심씨의 여동생이다. 세조와 박중선은 이종사촌간인 것이다. 월산대군에게 박씨는 따지고 보면 비록 이종간이기는 하지만 7촌 당고모인 셈이다.

박중선은 젊어서부터 무예로 이름을 떨쳐 세조 6년에 무과에 장원한 뒤, 세조 12년에는 이시애(李施愛)의 반란을 평정한 공으로 적개공신이 되어 병조판서에 제수되었다. 그는 예종이 즉위하면서 평안도 절도사로 임명되었으나 남이(南怡)의 역모사건이 터지자 또다시 병조판서에 제수되었다. 그는 성종조에 들어와 성종 9년에 이조판서에 제수된 뒤 성종 11년 판돈녕부사에 올랐다가 이듬해에 죽었다. 그때 그의 나이는 47세였다. 매우 젊은 나이에 높은 자리에 올랐다가 얼마 영화를 누려보지도 못하고 짧은 생을 마친 셈이다.

이 같은 경력을 보면, 그는 매우 젊은 나이에 세종의 왕비 집안이라는 좋은 배경과 뛰어난 무술실력으로 입신양명한 사람임을 알 수 있다. 박중선에 대한 세조의 총애는 남달랐다. 사냥을 좋아하던 세조는 중궁과 세자들을 거느리고 창덕궁 후원에서 사냥놀이를 할 때 박중선을 대장으로 삼곤 했다. 이는 연산군이 사냥을 나갈 때 박중선의 아들인 박원종(朴元宗)을 자주 대장으로 삼은 것을 연상시킨다. 조선왕조 5백년 역사에서 부자가 모두 주군의 총애를 입어 사냥놀이의 대장으로 나선 경우는 이들말고는 없을 것이다.

성종 역시 세조 못지않게 박중선을 매우 우대했다. 박중선은 성종 9년에 무신으로는 드물게 문신들을 좌우하는 이조판서가 되었다. 이를 두고 당시에 적잖은 논란이 있었지만 성종은 자신의 고집을 꺾지 않았다. 이를 두고 사관은 다음과 같은 평을 내린 바 있다.

> 박중선은 원래 문음 출신으로 뒤에 무과장원으로 뽑혔는데 눈으로는 글을 알지 못하고 오로지 가무와 여색만을 밝혔다. 그런데 이때에 이르러 이조판서가 되었으므로 임금이 재가하던 날에 사람들이 모두 깜짝 놀랐다.(《성종실록》 9. 10. 4)

문신들에 대한 인사추천권을 가지고 있는 이조판서에 무관을 제수한 것은 당시로는 대단한 파격이었다. 이를 두고 사관이 "사람들이 모두 깜짝 놀랐다"고 표현한 것도 그리 과장된 것은 아닌 듯싶다. 성종이 이같이 파격적인 인사를 한 데는, 형을 제치고 왕위를 차지한 미안함을 덜기 위한 심리가 작용했는지도 모른다. 박중선은 월산대군의 장인이기 때문이다.

그러나 월산대군은 박중선의 딸을 맞이하여 부인으로 삼았으나 20년이 되도록 박씨에게서 자식을 하나도 두지 못했다. 이는 월산대군에게 문제가 있었던 것이 아니라 박씨에게 문제가 있었던 듯하다. 왜냐하면 월산대군은 첩에게서 두 명의 아들을 두었기 때문이다. 이로 미루어 월산대군과 박씨의 사이는 그다지 좋지는 않았을 것으로 짐작된다. 아무리 정실이라도 자식이 없으면 남편의 총애를 자식을 낳은 측실에게 빼앗길 수밖에 없기 때문이다.

월산대군은 성종 19년 한겨울에 죽었다. 이때 그의 나이 35세였다. 두 달 동안 어머니인 인수대비의 병구완을 극진히 하다가 허약한 몸이 견디지 못하고 자리에 누웠다가 이내 죽은 것이다. 월산대군은 아무리 심한 추위와 더위에도 매일 아침 인수대비와 성종에 대한 문안을 거른 적이 없었다고 한다. 때문에 월산대군에 대한 성종의 대우 또한 극히 융숭했다고 실록은 전하고 있다. 그러한 후대는 월산대군이 죽은 뒤 미망인인 박씨에게 그대로 이어졌다. 박씨가 월산대군의 명복을 빌기 위해 홍복사(興福寺)를 지을 때 성종이 물심양면으로 도와준 사실이 이를 증명한다. 성종은 명절은 물론이고 평소에도 수시로 박씨에게 많은 하사품을 내렸다.

이 같은 후대는 연산군 때에도 전혀 변화가 없었다. 연산군은 오히려 성종보다 자주 그리고 훨씬 많은 양의 하사품을 내렸다. 왕세자가 박씨 부인 집에서 생장한 점도 적잖이 작용했을 것으로 보인다.

박씨는 원래 대간들의 표적이었다

박씨와 관련해 주목할 점은, 그녀가 성종 때부터 줄곧 대간들에게 요수의대상으로 지목되었나는 점이다. 실록의 기록을 보면 빅씨는 성종 때 불사문제로 말미암아 자주 대간들의 논박대상이 되었음을 알 수 있다. 성종 25년 5월 홍복사에 사대부집 부녀들과 함께 관등놀이를 간 일로 대간들의 집중적인 공격을 받은 것이 대표적인 실례이다.

당시 대간들은 항간에 나돈 추문을 근거로 승도와 부녀자들을 추국할 것을 요구하고 나섰다. 그러나 성종은 이 같은 주청을 들어주지 않았다. 성종은 승도와 부녀자들을 추국하면 필경 박씨를 국문하지 않을 수 없다는 점을 누구보다 잘 알고 있었던 것이다. 이는 죽은 월산대군에게 예가 아니었다. 그러나 홍복사와 관련된 추문은 여기서 그치지 않았다.

연산조에 들어와 흥복사의 승도 육청(六淸)이 사대부집 부녀와 간통해 애를 낳았다는 전력이 밝혀지면서 커다란 소동이 일어났다. 흥복사는 이미 성종 때의 추문으로 당시 대간들의 주요 표적이 되어 있었다. 이 같은 상황에서 흥복사 중이 사대부집 부녀를 간통한 사건은 결코 간단한 사안이 아니었다. 그러나 연산군은 이를 불문에 붙였다.

대사헌 이육(李陸) 등이 아뢰기를 "육청이 중으로서 사족의 부녀를 간통하였으므로 그 사악한 짓이 비할 데 없으니 심문하지 않을 수 없습니다" 하니, 전교하기를 "육청이 간통했다는 그 부인은 죽은 지 이미 20여 년이 되어 증거가 없으므로 추국하지 말라" 하였다.《연산군일기》 2. 7. 1)

사헌부는 어떻게 20년 전의 간통사건을 알아냈을까? 실록의 기록만으로는 사헌부가 육청의 죄를 어떻게 알아냈는지 알 길이 없다. 다만 흥복사는 성종 때부터 논란의 대상이었으니 여러 제보가 있었을 것으로 짐작된다. 사헌부는 이 같은 제보를 토대로 육청을 추국하여 장차 흥복사를 폐사(廢寺)하려고 했는지도 모른다.

아무튼 당시 기준에서는 천민 신분의 승도가 사대부집 부녀와 간통한 일은, 설령 백 년이 지날지라도 죄를 주지 않을 수 없는 사안이었다. 사헌부가 이를 좌시할 리 만무했다. 그러나 연산군은 관련자들을 추국할 것을 주청한 대간들의 요청을 아예 무시해 버렸다. 연산군은 왜 이 같은 모습을 보인 것일까? 다음 기록을 보면 대략 그 배경을 짐작할 수 있다.

사헌부가 아뢰기를 "육청이 이미 선비 이산생(李山生)의 첩을 간통

하여 자식을 낳았다고 공술했으니 그가 사족의 부녀와 간통한 것이 분
명합니다. 다시 그를 추국하고 또 월산대군 부인 박씨가 외람되게 주상
게 상언한 연유를 국문하소서" 하였다. 그러나 왕이 들어주지 않았
다.(《연산군일기》 2. 7. 2)

연산군은 박씨의 상언을 받아들여 이 일을 불문에 부치고자 한 것
이다. 그러나 당시 정황에 비추어 육청이 사대부의 첩과 간통해 애를
낳은 것만은 확실한 듯하다. 연산군이 자신과 아무런 관련도 없는 육청
을 감싸안을 이유는 없다. 그렇다면 연산군은 왜 육청을 추국하자는 사
헌부의 주청을 거부한 것일까?

이는 전적으로 박씨 때문이다. 연산군은 육청의 일이 확대되면 월
산대군의 명복을 빌기 위해 세운 흥덕사가 문을 닫아야 될지도 모른다
고 판단했을 가능성이 크다. 그런데 이 일은 대간들이 이 같은 주청을
한 다음날 육청이 죽음으로써 싱겁게 끝나고 말았다.

그렇다면 전날까지 멀쩡하던 육청이 왜 갑자기 죽은 것일까? 연산
군이 육청을 몰래 빼돌렸을 리는 없다. 당시 육청은 엄중한 사헌부의
감옥에 갇혀 국문을 받던 중이었다. 아마도 육청은 자살했을 가능성이
높다. 육청은 자신의 간통문제로 사찰의 설립자인 박씨 또한 곤경에 처
하게 될 것을 염려했을 공산이 크기 때문이다.

아무튼 이 사건은 육청이 죽음으로써 사건이 일어난 지 불과 3일 만
에 흐지부지되고 말았다. 그러나 박씨에 대한 대간들의 부정적인 생각
은 더욱 커졌을 것이다. 연산군의 '백모간통설'은 바로 박씨에 대한 대
간들의 이 같은 인식과 결코 무관치 않았을 것으로 짐작된다.

사실 박씨 문제는 이로써 끝난 것이 아니다. 이 사건이 일어난 지
2년 뒤 또다시 박씨는 흥복사 문제로 대간들의 공박대상이 되기 때문

이다. 이번에도 성종 때의 관등놀이와 똑같은 사건이 빚어진 것이다.
다음 기록을 보면 박씨의 불사행위가 도를 넘고 있음을 쉽게 짐작할 수
있다.

지평 안팽수(安彭壽)가 아뢰기를, "월산대군 부인 박씨가 도성 안
의 사대부가 부녀자들을 모아 흥복사에서 관등놀이를 하면서 여승들과
뒤섞여 거처하는 등 크게 풍교를 무너뜨렸습니다. 그리하여 사헌부가
고양군에 명해서 절의 중을 잡아 보내라고 하였는데, 대군의 집 종 돌
산(乭山)이 관에서 보낸 나졸을 몽둥이로 때려 쫓고 그 중을 빼앗아 갔
습니다. 그 세력을 믿고 스스로 방자한 짓과 나졸을 때려 사헌부를 경멸
한 짓이 너무 심하므로 금방 돌산을 잡아다가 형장 심문을 하는 중이었
습니다. 그런데 이제 박씨의 상언으로 인하여 국문을 말라고 명하시니
심히 불가합니다. 청컨대 국문을 끝마치게 해주소서" 하였다. 그러나 왕
이 들어주지 않았다.(《연산군일기》 4. 6. 6)

박씨의 집과 흥복사는 모두 고양군에 있는 관계로 사헌부가 고양군
의 나졸들을 풀어 절의 중을 잡아오게 했으나, 오히려 나졸들이 봉변을
당한 것이다. 이는 당대 최고의 권부(權府)인 사헌부에게는 일종의 모
욕이었다. 사헌부가 발끈한 것은 당연한 일이었다. 박씨의 종 돌산은
박씨의 세력을 믿고 이 같은 짓을 저질렀음이 틀림없다. 당시 연산군은
박씨의 상언을 듣고 돌산에 대한 심문을 중지시켰다. 연산군이 박씨를
총애했기 때문이 아니냐는 의구심을 받을 만한 대목이다.

그러나 이 같은 해석은 근거 없는 억측일 뿐이다. 연산군은 백부인
월산대군의 명복을 비는 백모 박씨를 일정부분 감싸지 않을 수 없는 처
지였다. 연산군은 박씨의 불사행위를 월산대군의 명복을 빌기 위한 당

연한 일로 간주했을 공산이 크다.

사실 박씨가 몇 년 전에 관등놀이를 하여 엄청난 물의를 빚고도 또 다시 이 같은 물의를 일으킨 것은 보통 방자한 모습이 아닐 수 없다. 사헌부의 명을 받은 고양군의 관원들이 체포해 가는 중을 종을 시켜 탈환한 것이 그 대표적인 실례이다. 당시 사회에서 사헌부의 명은 지엄한 것이었는데, 박씨가 종을 시켜 중을 탈환토록 한 것은 사헌부의 권위를 짓밟은 것이나 다름없었다.

그러나 사헌부의 명령도 일방적이기는 마찬가지였다. 사대부집 아녀자들이 홍복사에서 비구들과 혼숙을 했다면 모르지만, 비구니들과 함께 거처한 문제를 놓고 절의 중을 잡아오도록 했기 때문이다. 이는 불교를 천시한 까닭이기는 하나 권력남용의 혐의가 짙다. 여승과 함께 거처한 것 자체만을 놓고 풍교를 어지럽게 만들었다고 주장한 것 또한 지나친 감이 없지 않다.

물론 당시 사회의 기준으로 볼 때, 사대부집 부녀자들이 떼를 지어 절로 몰려가 관등놀이를 하면서 비록 비구니라 할지라도 승도와 어울려 함께 지낸 일을 문제삼을 수는 있을 것이다. 그러나 이를 문제삼아 승려를 나포하려면 일성한 절차를 밟아야만 했다. 무조건 관원을 보내 승려를 잡아오도록 한 것은 잘못이 아닐 수 없다. 따라서 박씨는 급히 종을 보내 승려를 탈환하지 않으면 안 되는 절박한 상황에 처해 있었다고 보아야 한다.

아무튼 이 사건을 통해 당시 박씨의 세도가 만만치 않았음을 쉽게 짐작할 수 있다. 또한 이는 동시에 연산군이 박씨의 불사행위를 십분 이해하고 있었음을 의미하는 것이기도 하다. 이를 두고 연산군이 박씨를 무조건 감싸고 나섰다고 보아서는 안 된다. 연산군이 박씨의 방자한 행동을 결코 묵과하지 않았음은 다음과 같은 전교를 통해 쉽게 알 수 있기 때문이다.

　　월산대군의 종 길종(吉從)이 공사천 노비들을 은닉하였는데 대군 부인의 상언으로 특별히 변방으로 쫓겨가는 것을 면하게 하였다. 그러나 공사천 노비뿐만 아니라 양인을 은닉한 일 또한 많았으니 《대전속록》에 의거하여 죄를 정하도록 하라.《연산군일기》 1. 3. 7)

　　당시 양인을 노비로 둔갑시켜 신고하지 않고 은닉하는 것은 중형에 해당하였다. 길종은 당초 노비들을 은닉한 혐의를 받았으나 박씨의 상언으로 변방의 노비로 가야만 하는 중벌을 면했다. 그러나 곧 양인까지 노비로 둔갑시켜 은닉한 사실이 추가로 드러나자 중벌을 받지 않을 수 없게 된 것이다. 연산군이 박씨를 감싼 것은 왕의 재량 범위 내의 사안에 대해서만 제한적으로 이루어졌음을 짐작할 수 있다. 아무리 박씨와 관련된 사안일지라도 재량의 한계를 넘은 범법행위마저 관대히 넘어간 것은 아니다.

　　그러나 이후에도 박씨와 관련한 대간들의 논박은 끊이지 않는다. 대간들은 주로 연산군이 박씨에게 많은 하사품을 주는 것을 문제삼고 나섰다. 그러나 이는 연산군이 특별히 박씨에게 잘해준 것으로 보기보다는 성종 때부터 이어져온 관행으로 보는 것이 옳다. 다만 연산군은 성종에 비해 그 횟수가 많았고 하사품의 내용이 후했을 뿐이다.

　　어찌 보면 연산군에게도 월산대군은 자신을 왕위에 오르게 한 은인일 수 있다. 성종이 보위에 오르지 못했다면 연산군도 결코 왕위에 오를 수 없었기 때문이다. 연산군도 월산대군에게는 정신적으로 적잖은 빚을 지고 있었던 셈이다.

　　성종이 월산대군을 후대한 것은, 세종이 자신의 형인 양녕대군(讓

寧大君)과 효령대군(孝寧大君)을 지극히 후대한 일을 떠올리게 한다. 세조 또한 당시 살아 있던 백부 효령대군을 후대한 것은 물론 4촌인 양녕대군의 자식들에게도 매우 잘해주었다. 연산군 역시 세조가 효령대군을 대한 것과 마찬가지로 박씨를 마치 월산대군을 모시듯 매우 정성껏 섬겼을 것이다. 이 같은 정성은 세조가 양녕대군의 자식에게 그랬던 것처럼 연산군이 월산대군의 측실 자식들을 매우 후하게 대우한 데서 잘 나타나고 있다.

박씨에 대한 후대는 특은이었다

박씨에 대한 연산군의 후대를 가장 상징적으로 보여준 일은 재위 5년 11월 그녀에게 국가의 녹을 주도록 한 조치이다. 사실 이는 법적 근거가 없는 지나친 후대였다. 월산대군이 나라의 공신도 아니었고 그녀 역시 무슨 특별한 공헌을 한 것도 아니었기 때문이다. 박씨의 유일한 공헌으로는 세자를 맡아 기른 일을 들 수 있으나 이 또한 녹봉을 받을 만한 법적 근거가 있는 것은 아니었다. 대간들이 조치의 철회를 요구한 것은 당연한 일이다.

그러나 연산군은 박씨에게 특은을 베푸는 깃일 뿐이라며 대간들의 논박을 피해버렸다. 이 문제를 놓고 대간들과 법적인 근거를 따지게 되면 연산군은 박씨에게 내린 녹을 철회해야 한다. 그러나 연산군은 이 문제를 특은으로 해석하여 문제가 확대되는 것을 미리 막았다. 그런데 문제는 이 같은 특은을 한두 번이 아니라 매우 자주 베풀었다는 데 있다. 연산군은 박씨가 죽을 때까지 이 같은 특은을 멈추지 않았다. 박씨와의 간통설이 나오게 된 데는 이처럼 잦은 특은이 하나의 배경이 되었을 가능성이 크다.

그러나 이는 어디까지나 성종이 월산대군을 깍듯이 대우했던 전례를 좇아 연산군도 박씨를 후대한 것으로 해석하는 것이 옳다. 사실 월산대군에 대한 성종의 후대는 지나친 것이었다. 그렇다고 성종이 무슨 법적 근거를 가지고 자신의 친형을 후대한 것은 아니었다. 연산군 역시 왕위를 양보한 큰아버지에게 어떤 식으로든 미안한 마음을 전하기 위해 이 같은 특은을 베푼 것으로 보는 게 옳다.

물론 연산군이 박씨에게 내린 특은은 그 정도가 심했다는 점에서 문제가 없는 것은 아니다. 그러나 이는 앞서 살펴보았듯이 연산군의 패도주의적 통치행태에 비춰볼 때 그다지 이상할 것도 없는 것이다. 중상(重賞)은 패도주의 통치술의 중요한 특징이기 때문이다. 박씨와 같이 연산군의 후은(厚恩)을 입은 경우는 그리 많지 않다. 그러나 이 또한 성종이 월산대군에게 베푼 것과 비교하면 단지 그 양에서 차이가 있을 뿐 그 내용은 별반 차이가 없는 것이었다.

사실 박씨에 대한 연산군의 후대는, 그녀가 병에 걸려 자리에 누웠을 때 취한 조치가 가장 대표적인 것이라고 할 수 있다. 다음 전교를 보면 연산군이 박씨를 얼마나 신뢰했는지 쉽게 가늠할 수 있다.

절부와 효부는 반드시 정려문(旌閭門)을 세워 이를 기려야 한다. 월산대군의 부인 박씨가 인수대비께서 미령하실 때 곁에서 모시기를 게을리 하지 않았고 평시 모실 때도 대비의 뜻을 어김이 없었다. 또 동궁을 기를 때도 사랑하여 돌보기를 자기가 낳은 자식같이 하였으니 마땅히 선양하는 상을 내려 뒷사람들에게 권장해야 하겠다. 박씨의 '승평부부인'의 존호에 대(大) 자를 더하여 '승평부대부인'이라는 도서(圖書 : 관작을 새겨 넣은 인장)를 만들고 문신에게 명하여 이에 관한 책문(冊文)을 짓도록 하라.(《연산군일기》 12. 6. 9)

박씨의 작호를 '부부인'(府夫人)에서 '부대부인'(府大夫人)으로 높이고 이를 축하하는 인장과 글을 만들어 바치도록 명한 것은 파격적인 대우가 아닐 수 없다. 대군의 부인은 원래 '부부인'으로 통칭된다. '부부인'은 정1품의 품계로 정승의 부인인 정경부인(貞敬夫人)과 동급의 작호이다. 따라서 왕실과 관련된 외명부의 작첩을 '부부인' 이상으로 높일 수는 없는 일이다.

그러나 예외적인 방법이 있기는 하다. 품계는 비록 높일 수 없으나 '부부인' 사이에 대(大) 자를 덧붙여 높이는 방법으로 통상적인 '부부인'과 차별을 짓는 경우가 그것이다. 훗날 고종의 생모인 민씨가 바로 '부대부인'으로 불린 것이 그 대표적인 실례이다.

아무튼 박씨의 죽음을 앞두고 '부대부인'이라는 칭호를 내린 것은, 연산군으로서는 할 수 있는 최상의 후대였다. 연산군은 박씨가 언제 죽을지 모르는 상황에서 그녀의 공을 기릴 수 있는 무언가를 해주기 위해 이 같은 명을 내린 것이다. 이는 박씨의 공을 기리기 위한 순수한 마음에서 비롯된 것으로 보아야 한다. 그러나 이를 두고 당시의 사관은 다음과 같이 매우 불경스러운 주석을 덧붙여 놓았다.

왕이 박씨에게 그 집에서 세자를 봉양토록 하다가, 세자가 장성하여 경복궁에 들어와 거처하게 되면서부터는 왕이 박씨에게 특별히 명하여 세자를 모시게 하고, 드디어 간통을 한 뒤 박씨에게 은으로 만든 승평부대부인이란 도서를 만들어주었다. 어느 날 밤 왕이 박씨와 함께 자다가 꿈에 월산대군을 보고는 밉게 여겨, 내관을 시켜 한 길이나 되는 쇠말뚝을 만들어 대군의 묘 한가운데에 꽂게 하였는데, 갑자기 우뢰와 같은 소리가 들렸다.(《연산군일기》 12. 6. 9)

사관의 이 같은 주석은 독단적이기 그지없다. 이 기록이 사실이라면, 연산군은 박씨가 궁중에 들어와 세자를 모실 때 간통을 한 뒤 박씨와 몰래 동침한 셈이 된다. 그러나 과연 이 같은 일이 가능했을까? 백보 양보해서 연산군이 박씨와 간통을 했다고 가정할지라도 박씨와 함께 자는 것까지 은밀히 할 수는 없는 일이다. 왕의 일거수 일투족이 모두 주의대상일 수밖에 없는 궐 안에서 왕이 아무도 몰래 할 수 있는 일은 전무했다고 보아야 한다.

사관의 악의적인 날조는 내관을 시켜 월산대군의 묘 한가운데에 쇠 말뚝을 박았다는 내용에서 극치를 이룬다. 이 같은 내용이 사실이라면, 사관은 연산군에게 직접 꿈의 내용을 전해들었다는 얘기인데, 이는 있을 수 없는 일이다. 만일 쇠말뚝을 박은 내관에게 이 같은 얘기를 전해 들었다면, 연산군이 내관에게 자신의 꿈 내용을 토설했다는 것인데, 이 또한 상식적으로 보아 있을 수 없는 일이다.

연산군은 월산대군을 매우 경건하게 대했다. 사관의 이같이 황당한 주석을 빼면, 실록 어디를 봐도 연산군이 월산대군을 조금이라도 나쁘게 언급한 대목을 찾을 수 없다. 결국 사관은 연산군을 폭군으로 만들기 위해 야비한 짓을 서슴지 않았다고 해석할 수밖에 없다. 이보다 더욱 황당한 것으로는 박씨의 죽음에 달아놓은 사관의 다음과 같은 주석을 들 수 있다.

월산대군 이정(李婷)의 처 승평부부인 박씨가 죽었다. 왕에게 총애를 받아 잉태하자 약을 먹고 죽었다고 사람들이 말했다.(《연산군일기》 12. 7. 20)

이 대목에서는 사관의 의도가 어디에 있는지 분명히 드러나고 있다. 사관은 확인할 길이 없는 얘기를 인용하여 연산군이 마치 박씨와 간통한 것이 사실인 것처럼 유도하고 있다. 물론 사관 역시 항간의 소문을 인용했을 뿐이니 박씨가 약을 먹고 죽었다고 단정한 것은 아니다.

그러나 사관이 항간의 얘기로 자신의 평을 대신하는 것은, 자신들의 주장을 간접적으로 표출하는 서술방법 가운데 하나다. 따라서 분명한 의도를 가지고 이 같은 소문을 인용해 기록한 것으로 보아야 한다. 그 의도는 바로 연산군을 황음무도한 군주로 만드는 것이었음은 말할 것도 없다.

만일 사관의 주석을 모두 사실로 인정한다면, 연산군은 박씨에게 은으로 된 인장을 만들어준 연산군 12년 6월 9일 직전에 박씨와 간통한 셈이 된다. 왜냐하면 사관은 연산군이 박씨와 간통한 직후 그녀에게 인장을 만들어주었다고 기록하고 있기 때문이다. 그렇다면 박씨는 연산군과 간통한 뒤 약 40일 만인 7월 20일에 약을 먹고 죽은 것이 된다. 따라서 박씨는 연산군과 간통한 뒤 불과 1달여 사이에 자신의 임신을 확인하고 이를 비관해 죽은 셈이 된다.

그러나 이는 상식에서 벗어난 주장이다. 1달여의 기간은 임신 여부를 단정하기에는 매우 짧은 기간이기 때문이다. 박씨가 연산군과 간통을 한 뒤 임신을 했더라도 7월 중순 이전에는 그 사실을 알 수 없었을 것이다.

실록의 기록을 보면 박씨는 늦어도 6월말쯤에 매우 위독한 병에 걸려 있었다. 연산군이 7월 3일 북도절도사로 나가 있던 박씨의 동생 박원종을 급히 불러 그녀의 병구완을 하도록 조치한 사실이 이를 증명한다. 연산군은 그녀가 죽기 1주일 전인 7월 13일, 박씨의 병세가 매우 위독해지자 박원종에게 그녀의 병구완을 계속하도록 배려했다. 이는 박씨의 병세가 발병 이후 날로 악화되어 가고 있음을 증명하는 것이다.

이 같은 사실을 토대로 추론하면, 박씨가 자리에 드러누운 것은 임신을 고민해서가 아니라 진짜 병에 걸렸기 때문이라는 결론이 나온다.

박씨의 사인은 현재로서는 정확히 확인할 길이 없지만, 박씨가 어떤 몹쓸 병을 얻어 죽은, 일종의 병사로 보는 것이 타당하다. 이는 연산군이 박씨가 드러누운 뒤 박씨의 쾌차를 위해 얼마나 정성을 들였는지를 보면 쉽게 알 수 있다.

따라서 연산군이 박씨에게 도서(圖書)를 만들어준 것도, 세자를 길러준 그녀의 공을 기리기 위한 것으로 보아야 한다. 연산군이 박씨에게 '부대부인'이라는 칭호와 함께 도서를 만들어준 것은 파격적이기는 하지만, 중상을 베풀기를 좋아한 연산군에게는 별로 특기할 만한 일도 아니었다.

그러나 사관은 이를 액면 그대로 받아들이지 않았다. 오히려 간통의 한 증거로 삼은 것이다. 《중종실록》의 다음과 같은 기록을 보면 연산군의 '백모 간통설'과 박씨의 '음독 자살설'이 시간이 갈수록 하나의 정설로 굳어져가고 있음을 확인할 수 있다.

박원종의 맏누이는 월산대군 이정의 아내로 폐주가 간통하여 늘 궁중에 있었다. 폐주가 특별히 박원종에게 종1품직을 주니 박원종이 분히 여겨 그 누이에게 말하기를, "왜 참고 사는가? 약을 마시고 죽으라!" 하였다.(《중종실록》 5. 4. 17)

이는 사관이 박원종의 죽음을 평한 부분 가운데 일부 대목이다. 이 기록을 보면 중종조에 들어와 박씨의 음독설은 부정할 수 없는 사실로 굳어졌음을 쉽게 알 수 있다. 이 기록은 박원종을 미화하기 위해서인지는 몰라도, 박씨의 죽음에 관한 '음독자살설'이 남동생인 박원종이 주인공으로 등장하는 '음독강요설'로 변환되었음을 보여주고 있다. 이 설은 박씨가 아파 드러누웠다는 사실은 완전히 생략한 채, 오직 박원종의 강압에 따라 박씨가 음독자살한 것으로 꾸미고 있다.

'음독강요설'이 반정공신인 박원종을 높이고 연산군을 깎고자 하는 의도에서 출발하고 있음을 직감케 해주고 있다. 《연산군일기》에 분명히 기록되어 있듯이 박씨는 병으로 드러누운 것이 확실하다. 그런데도 박씨가 동생의 압력에 못 이겨 음독자살한 것처럼 기록한 것은 연산군을 폭군으로 몰기 위한 악의적인 조작으로 해석할 수밖에 없다.

부녀간통설은 항간의 낭설이었다

연산군의 '백모간통설'과 더불어 연산군을 황음무도한 폭군으로 만드는 데 결정적인 구실을 한 것 가운데 하나로 연산군의 '부녀간통설'을 들 수 있다. '부녀간통설'은 연산군이 사족의 부녀를 궁으로 불러들여 간통을 했다는 주장이다. 이 같은 억설(臆說) 역시 연산군에 대한 악의적인 왜곡에서 비롯된 것임은 말할 것도 없다.

앞서 살펴본 바와 같이 연산군의 여인관은 결코 미색에 좌우된 것이 아닌 매우 낭만적이면서도 정신적인 것이었다. 연산군이 황음무도한 폭군이 될 수 없는 이유도 바로 그의 이 같은 여인관에 있다고 할 수 있다. 따라서 이 억설을 액면 그대로 받아들이는 것은 위험천만한 일이다. 이 설 역시 '백모간통설'과 마찬가지로, 사관이 확실한 근거도 없이 항간에 떠도는 얘기를 사실인 양 인용했거나 독단적인 추측을 마치 진실인 양 기록해 놓았기 때문이다.

그럼에도 '부녀간통설'은 '백모간통설'과 더불어 연산군을 폭군으로 규정하는 데 매우 중요한 근거로 제시되어 온 것이 사실이다. 사관들은 연산군이 대비전 진연을 빌미로 사대부가의 부녀들과 간통했다며

'부녀간통설'이 부인할 수 없는 사실인 양 기록하고 있다. 그러나 대비전을 위한 잔치는 연산군의 지극한 효성에서 비롯된 것이었다. 사관의 주장이 얼마나 왜곡된 것인지 살펴보기로 하자.

> 왕의 음탕함이 날로 심하여 매양 족친과 선왕의 후궁을 모아 왕이 친히 잔을 들어서 마시게 하며, 마음에 드는 사람이 있으면 문득 장녹수(張綠水) 등을 시켜 누구의 아내인지 비밀히 알아보게 하여 외워두었다가 이어 궁중에 묵게 하여 밤에 강제로 간음하며 낮에도 그랬다. 너댓새가 지나도록 나가지 못한 사람으로는 좌의정 박숭질(朴崇質)의 아내, 남천군 이쟁(李崝)의 아내, 중추 홍백경(洪伯慶)의 아내 등이 있었다. 이들은 모두 추문이 있었다. 홍백경은 당양위 홍상(洪常)의 아들이니 왕에게는 고종사촌형이 되는데, 홍백경이 죽고 과부로 살매 왕이 그의 아름다움을 듣고 드디어 간통하였다.(《연산군일기》 11. 4. 12)

사관의 이 같은 주석이 사실일까? 아니면 당시 항간에 떠도는 일부 대신 부인들의 추문을 연산군의 '부녀간통설'로 확대한 것은 아닐까? 사관은 박숭질과 이쟁의 아내는 오직 추문만이 있었다고 기록한 데 반해, 홍백경의 아내는 연산군과 간통을 했다고 명백히 기록하고 있다.

사관은 홍백경이 죽은 뒤 연산군이 그의 처 하씨와 간통했다고 주장하고 있다. 그렇다면 홍백경은 언제 죽은 것이고, 연산군은 언제 어떻게 하씨와 간통한 것일까? 실록에는 재위 11년 5월 왕실 족친들을 위한 잔치가 있기 두 달 전에 홍백경의 첩이 도둑에게 맞아 죽은 사건이 실려 있다. 당시 고관이던 홍백경의 첩이 도둑에게 어이없이 맞아 죽은 것으로 미루어, 홍백경은 이 사건이 일어나기 전에 이미 죽은 것으로 짐작된다.

따라서 홍백경이 죽은 뒤 하씨와 간통했다는 사관의 주장이 사실이라면, 연산군은 오직 간통을 하기 위해 과부가 된 상중의 여인을 궁으로 부른 셈이 된다. 그러나 설령 연산군이 과부가 된 홍백경의 처를 간통하려 했다 할지라도, 무슨 이유를 대고 상중의 과부를 궁 안으로 부를 수 있었을까? 이는 아무리 생각해도 불가능한 일이다.

남천군 이쟁의 처와 관련한 간통설도 마찬가지다. 기록에 따르면 남천군은 노비가 1만 명에 이를 정도로 엄청나게 많은 재산을 가지고 있던 왕실의 종친이다. 그러나 남천군은 이같이 많은 노비를 가지고도 동생들과 노비문제를 놓고 송사를 벌인 인색하기 그지없는 인물이었다. 그의 처 최씨 역시 적잖이 문제가 있는 여인이었다. 그녀의 소생이 외간남자와 통간해 낳은 자식이라는 소문이 있었던 것으로 보아, 당시 그녀는 노골적으로 음행을 저지른 것으로 짐작된다.

그렇다면 연산군은 이같이 행실이 나쁜 최씨와 무슨 이유로 언제 어디서 간통을 했을까? 실록에 실린 어느 기록을 보더라도 연산군이 최씨를 궁 안으로 불러들여 간통을 한 혐의는 찾아낼 수 없다. 사관이 연산군을 황음무도한 인물로 조작하기 위해 이같이 음행이 나쁜 여자를 얼토당토않게 끌어들였을 공산이 크다. 박숭질 부인과의 간통설 역시 당시 항간에 떠돌던 낭설에 불과했을 공산이 크다. 박숭질은 성종 때부터 두각을 나타낸 인물로 연산조에 와서는 좌의정에까지 오른 인물이다. 정승의 자리까지 오른 인물이 어찌하여 부인이 간통한 사실조차 몰랐다는 것인지 이해가 안 간다.

물론 사관이 주장한 대로, 연산군이 대비전 진연 때 여러 차례에 걸쳐 종친을 비롯해 중궁 및 대비들의 족친을 불러모아 대대적인 잔치를 베푼 것은 사실이다. 그러나 사관이 '부녀간통설'의 근거로 제시한 다음 기록을 보면 이 같은 주장이 매우 엉뚱하다는 것을 금방 알아차릴 수 있다.

　　자순대비전에 진연하는데 채화를 꽂고 금은으로 꾸며서 정교하고
화려함을 다하였다. 이어 7왕후의 족친에게 공궤하였는데 여객은 인양
전 뜰에 들고 남객은 양화문 안에 드니 남객이 1천여요 여객이 2백 80여
인이었다. 여족은 겉옷 가슴께에 어느 사람의 아내 아무 씨라고 써 달
았는데 그 곱고 추함을 식별하고자 하여 표시한 것이다.(《연산군일기》 11.
5. 5)

　　이날 잔치에는 기록에 나와 있듯이 1천 3백여 명에 달하는 엄청난
인원이 참석했다. 부녀자들에게 명찰을 차도록 한 것을 놓고 사관은 간
통 대상을 물색하기 위한 것으로 해석하고 있으나 이는 엉뚱하기 그지
없는 것이다. 이는 대규모 인원이 참석한 잔치에서 참석자들이 서로 상
대방의 신원을 쉽게 파악해 인사를 나누기 쉽도록 도움을 주려는 조치
로 보는 것이 옳다.

　　사관은 장녹수 등이 여족의 겉옷에 걸린 명찰을 보고 부녀자들의
미색과 신원을 파악하고 다닌 것으로 주장하고 있으나, 이는 있을 수
없는 일이다. 왕실의 족친들인 참석자들이 바보가 아닌 이상 장녹수 등
의 이상한 행동을 눈치 못 챌 리 없기 때문이다. 이는 아무도 모르게 은
밀히 간통하려는 당초의 의도와 어긋나는 것으로, 아무래도 득보다 실
이 클 수밖에 없는 치졸한 수법이 아닐 수 없다.

　　백보 양보해 장녹수 등이 꾀를 내어 부녀자들을 궁 안으로 유인하
는 데 성공했다 하더라도, 과연 연산군이 아무도 모르게 은밀한 곳에서
이들과 간통할 수 있었을까? 앞서 말했듯이, 이는 일거수 일투족이 노
출되어 있는 왕의 신분으로서는 불가능한 일이다. 물론 연산군이 이들

사족부녀와 간통한 것이 아니냐는 의심을 불러일으키는 대목이 전혀
없는 것은 아니다.

> 내거둥이 있었는데 박숭질, 홍백경, 남천군 이쟁의 처를 대궐로 불
> 러들였다.(《연산군일기》 12. 7. 28)

이는 연산군이 폐위되기 한 달 전의 일이다. 내거둥은 연산군이 거
처하던 창덕궁에서 대비가 머무는 경복궁으로 이동하는 것과 같이 궁
궐간의 이동을 말한다. 그렇다면 연산군은 왜 이날 내거둥 때 이들 사
족부녀들을 궐 안으로 들어오게 한 것일까? 이 기록 전후에 이에 대한
배경설명 등이 전혀 없어 헤아리기가 쉽지 않다.

사관의 주장을 그대로 받아들이면, 연산군이 대비전 잔치를 핑계로
이들 사족부녀들과 간통하기 위해 이 같은 조치를 취한 것으로 해석할
수도 있을 것이다. 그러나 연산군이 이날 내거둥 때 이들을 부른 것은
대비전 잔치와 관련된 것으로 보는 것이 사리에 맞다. 대비전 잔치와
관련해 그간의 노고를 치하하기 위해 불러들였다거나, 대비전 소연(小
宴) 때 뭔가를 시키기 위해 불렀다고 보는 것이 상식에 합치한다.

사관이 주장하는 연산군의 '부녀간통설'은 구체적인 사실이 제시되
지 않은 데다 논리의 비약마저 심해, 분명 날조된 것으로 해석할 수밖
에 없다. 다만《중종실록》을 보면, 이들 부녀들은 당시 항간에 나돈 연
산군과의 추문 때문에 많은 어려움을 겪었음을 확인할 수 있다. 연산군
이 폐위된 뒤 이들 부녀들은 이 같은 소문으로 말미암아 작첩을 모두
박탈당했다. 그러나《중종실록》에 나오는 다음 기록을 보면, 당시에도
이들과 연산군의 간통설이 진실로 여겨진 것은 아님을 알 수 있다.

대간이 단자로 남천군, 홍백경 등의 처의 이름을 써서 아뢰기를,
"이 사람들은 폐조 때 궁중에 출입하면서 추행이 있었습니다. 모두 사특하고 음란한 사람들이니 궐 안에 출입하게 해서는 안 됩니다. 멀리 외방으로 쫓아보내 친척의 인연을 영영 끊어버리소서. 그 남편들도 모두 어리석고 비루한 자들이어서 실행한 여자와 그대로 살고 있으니 아울러 쫓아내 조정에 끼지 못하게 하소서" 하였다.(《중종실록》 12. 7. 20)

이 기록에서 보듯이, 이들 부녀들은 중종조 초기만 해도 간통 소문으로 작첩만 빼앗겼을 뿐 다른 불이익은 당하지 않았다. 그녀들의 남편 역시 무슨 이유였는지는 몰라도 그대로 그녀들을 데리고 살았다. 나아가 그녀들 역시 궐 안에 아무런 거리낌없이 출입했음을 간접 확인할 수 있다. 이 기록은 많은 사람들이 이들에 관한 소문을 그대로 받아들이지 않았음을 증명하는 것이다.

그러나 중종 12년에 들어와 대간들은 새삼스레 과거의 추문을 들추어내어, 그녀들의 궐내 출입을 막는 것은 물론 아예 먼 변방으로 쫓아내자고 주청하고 나섰다. 이들은 그녀들이 연산군과 추문이 있었다는 사실 자체만으로도 사대부가의 명예를 떨어뜨렸다고 판단했음이 틀림없다. 그러나 중종은 시중의 소문을 믿을 수 없다는 이유를 들어 대간들의 이 같은 주청을 물리쳤다.

중종은 오히려 재위 15년 4월에 이들 부녀들에게 작첩을 도로 돌려주라는 명을 내렸다. 중종의 이 같은 조치는 이들과 연산군의 간통설을 신빙성 없는 뜬소문으로 간주한 데 따른 것으로 보아야 한다. 연산군의 '부녀간통설'이 항간의 풍설을 토대로 만들어진 악의적인 억설이었음을 보여주는 좋은 증거가 아닐 수 없다.

부녀간통설이 사실이었다면, 중종이 대간들의 강력한 반대를 물리

치고 이들 부녀들에게 작첩을 돌려주는 조치를 취했을 리 만무하다. 중
종의 이 같은 조치에 대한 사관의 다음과 같은 평을 보면 이를 쉽게 확
인할 수 있다.

박숭질의 처 정씨 등은 연산군 때 궁궐에 드나들어 자못 추문이 있
었는데 정씨가 특히 심하였다. 대간이 그 죄를 추론하여 관작을 삭탈하
고 문밖으로 내쫓았다. 이때 이르러 남천군의 아내가 상언하여 억울함
을 진소하였는데, 분명하게 드러나지 않는 일이어서 밝히기 어렵다는
논의를 하는 사람이 혹 있었으므로 작첩을 돌려주라는 명이 있게 된 것
이다.(《중종실록》 15. 4. 28)

중종 때에도 연산군의 부녀간통설이 하나의 소문에 불과했을 뿐 분
명한 사실로 받아들여진 것은 아님을 확인할 수 있다. 당시 상황에서
이들 부녀들이 연산군과의 추문 때문에 작첩을 빼앗기고 문중에서 내
쳐진 것은 불가피한 일이었다. 연산군과 관련된 모든 것을 업신여긴 상
황에서 이 같은 간통설은 사실 여부와 상관없이 문중의 명예에 먹칠을
하는 것이었기 때문이다. 이들 부녀자들은 연산군과의 추문 때문에 엄
청난 불이익을 당한 셈이다. 남천군의 처 최씨가 억울함을 진소한 것도
이 때문이었을 것이다.

예나 지금이나 남녀간의 염문은 진실과 상관없이 사람들 입에 오르
내릴수록 눈덩이처럼 부풀려지게 마련이다. 나아가 간통과 같은 사안
은 명확히 드러난 것이 아닌 한 아무도 알 수 없는 일이기에 온갖 억측
이 뒤섞이게 되어 있다. 더구나 그 소문의 대상이 왕이었으니 황당한
얘기가 덧붙여졌을 것은 뻔한 일이다.

연산군이 만일 쫓겨나지만 않았더라면 이 같은 간통설은 오히려 낭

만적인 염문설로 전해졌을지도 모를 일이다. 똑같은 사안일지라도 성군의 간통은 로맨스이고 폭군의 그것은 불륜으로 평가하는 것은 예나 지금이나 다를 바 없기 때문이다. 결론적으로 말해 연산군의 '부녀간통설'은 '백모간통설'과 마찬가지로 시중에 떠도는 항설을 사관이 가필(加筆) 또는 각색한 것일 공산이 크다. 반정을 미화하기 위해 혈안이 되어 있던 반정세력이 이 같은 항간의 소문을 그대로 놓아둘 리 없었다고 보는 게 옳기 때문이다.

# 4. 서모장살(庶母杖殺)

정씨와 엄씨는 스스로 죽은 것이다

연산군을 폭군으로 조작하는 데 결정적인 구실을 한 실록의 기록 가운데 하나를 꼽으라면, 성종의 후궁을 연산군이 몽둥이로 쳐죽인 사건을 들 수 있다. 이른바 '서모장살'(庶母杖殺) 사건으로 불리는 이 사건은, 연산군이 자신의 서모 격인 부왕의 후궁들을 자신의 손으로 무참히 살육했다는 것이 그 내용의 핵심이다. 이 기록에 근거해 각종 사극 역시 연산군을 무도한 폭군으로 묘사하곤 했다. 과연 연산군이 이 같은 일을 저질렀을까?

서모장살설은 사실왜곡의 극치이다

우선 성종의 후궁이 죽게 된 배경부터 다시 검토해보는 것이 좋을 듯하다. 실록은 연산군이 재위 10년 3월 20일 밤늦게 갑자기 정씨와 엄씨를 궁중에서 무참히 쳐죽였다고 기록하고 있다. 만일 그게 사실이라면 연산군을 폭군으로 규정하는 데 모자람이 없다. 과연 연산군은 생모의 죽음과 관련해 선왕의 후궁을 무참하게 죽인 것일까? 그러나 사건 당일의 전반부 기록을 보면 사관의 주장이 뭔가 이상하다는 느낌을 지울 수 없다.

> 왕이 전교하기를 "안양군 이항(李㤚)과 봉안군 이봉(李㦲)을 목에 칼을 씌워 옥에 가두라" 하고, 또 전교하기를 "숙직 승지 두 사람이 의금부 당직청에 가서 항과 봉을 장 80대씩 때려 외방에 부처하라. 의금부 낭청 1명은 옥졸 10명을 거느리고 금호문 밖에 대령하라" 하였다. 이어 또 전교하기를 "이항과 이봉을 창경궁으로 잡아오라" 하고, 이항과 이봉이 창경궁으로 들어온 지 얼마 뒤에 또 다시 전교하기를 "모두 다 내보내라" 하였다. 이항과 이봉이 창경궁에서 나오니 벌써 자정이었다.(《연산군일기》 10. 3. 20)

이 기록은 사관이 주장하는 사건 당일의 기록 중 전반부에 해당하는 것으로, 당일 연산군이 내린 전교내용을 모두 담고 있다. 그러나 연산군의 하교에는 정씨와 엄씨에 관한 언급이 전혀 없다. 그렇다면 사관은 무엇을 근거로 연산군이 이날 정씨와 엄씨를 쳐죽였다고 주장하는 것일까?

연산군의 전교를 토대로 당시 상황을 복원해보기로 하자. 우선 연산군은 맨 처음에는 이항과 이봉을 급히 옥에 가두라고 명하였다. 곧이어 이들에게 장 80대를 때린 뒤 외방에 유배하라고 명하였다. 그러고 나서 다시 명을 내려 이들을 창경궁으로 잡아오도록 한 뒤, 또 다시 명을 번복하여 이들을 집으로 돌려보내도록 명하였다. 전교의 내용이 갈팡질팡하고 있음을 쉽게 알 수 있다.

이 기록은 당시 연산군이 매우 분노에 차 있었음을 보여주고 있다.

그러나 이 기록만으로는 연산군이 왜 갑자기 거대한 분노에 휩싸이게 되었는지 자세히 파악할 길이 없다. 연산군의 전교내용에 비추어(比推어) 당시 이항과 이봉은 창경궁으로 끌려오기 전에 이미 의금부 당직청에서 장을 맞았거나 맞기 직전이었을 것이다. 그러나 이 부분은 두 사람이 창경궁으로 잡혀와 있었기 때문에 크게 따질 일은 아니다.

그런데 연산군은 왜 창경궁에 가 있었던 것일까? 당시 연산군이 머물던 곳은 창덕궁이다. 창경궁은 대비들이 머무는 곳이다. 따라서 이날 낮에 창경궁의 대비들과 관련해 뭔가 심상치 않은 일이 있었던 듯하다. 그것도 아니면 연산군은 이항과 이봉을 창경궁으로 데려와 무엇인가를 확인하고 싶어했는지도 모른다. 다만 실록의 기록만으로는 그 배경을 파악하기가 쉽지 않다.

아무튼 여기서 가장 중요한 사실은 이항과 이봉이 창경궁으로 끌려온 지 '얼마 뒤에' 곧 출궁했다는 점이다. 이들이 풀려난 시각은 대략 밤 12시쯤이었으니, 당직 승지가 연산군의 명을 받아 이들을 잡아들인 시각은 대략 이들이 잡혀온 이후의 상황 등을 감안할 때 밤 9시쯤으로 추정된다.

그렇다면 이들은 불과 3시간 사이에 의금부 옥에 산혔다가, 곧이이 장형을 받은 직후 또는 받기 직전에 창경궁으로 끌려왔다가, 얼마 뒤에 연산군의 하명으로 풀려난 셈이 된다. 그렇다면 이들이 특별히 다른 일을 할 시간적 여유는 거의 없었다고 보아야 한다. 더구나 연산군의 전교내용으로 분명히 확인할 수 있듯이, 연산군은 이들을 전혀 대면한 적이 없었다. 그럼에도 사관은 사건 당일 기록의 후반부에서 연산군이 이들을 데리고 가서 정씨와 엄씨를 쳐죽였다고 악의적으로 기록하고 있다.

왕은 윤씨가 폐위되고 죽은 것이 엄씨와 정씨의 참소 때문이라 하여, 밤에 엄씨와 정씨를 대궐 뜰에 결박해 놓고 손수 마구 치고 짓밟다가, 이항과 이봉을 불러 엄씨와 정씨를 가리켜 말하기를 "이 죄인을 치라" 하였다. 이항은 어두워서 누군지 모르고 치고, 이봉은 어머니임을 짐작하여 차마 장을 대지 못하니, 왕이 불쾌하게 여겨 사람을 시켜 마구 치고 갖은 참혹한 짓을 하여 마침내 죽였다. 이어 왕은 손에 장검을 들고 자순대비의 침전 밖에 서서 큰소리로 매우 급박하게 연달아 외쳐 말하기를, "빨리 뜰 아래로 나오시오" 하니, 시녀들이 모두 흩어져 달아났고 대비는 나오지 않았다. 이어 왕이 이항과 이봉의 머리털을 움켜잡고 인수대비 침전으로 가 방문을 열고 욕하기를, "이것은 대비의 사랑하는 손자가 드리는 술잔이니 한번 맛보시오" 하며 이항을 독촉하여 잔을 드리게 하니, 대비가 부득이하여 허락하였다. 왕이 또 말하기를 "사랑하는 손자에게 하사하는 것이 없습니까" 하니, 대비가 놀라 창졸간에 베 2필을 가져다 주었다. 이에 왕이 말하기를 "대비는 어찌하여 우리 어머니를 죽였습니까?" 하며 불손한 말이 많았다. 뒤에 왕은 내수사를 시켜 엄씨와 정씨의 시신을 가져다 찢어 젓을 담근 뒤 산과 들에 흩어버렸다.(《연산군일기》 10. 3. 20)

후반부 기록은 사관이 마치 당일 현장에 있었던 것처럼 당시 상황을 나름대로 소상히 묘사하고 있어, 분명 이 같은 내용이 진실인 것처럼 보이게 하고 있다. 그러나 좀더 자세히 들여다보면 상식적으로 들어맞지 않는 부분이 한둘이 아니다.

우선 후반부 기록은 전반부 기록과 전혀 연결되지 못하고 있다. 전반부 기록을 보면 연산군은 이항과 이봉을 직접 대면한 사실조차 없었다. 더구나 연산군은 이항과 이봉을 창경궁으로 들이도록 명한 뒤 '얼마 뒤에' 그들을 도로 내보낸 것이 확실하다. 그런데 언제 이들이 다시 돌아와 자신들의 어머니를 쳐죽였다는 것인지 이해할 수 없다.

만일 이들이 다시 돌아왔다면 사관은 왜 그 사실을 기록하지 않은 것일까? 이처럼 엄청난 일이 일어났다면, 이미 방면된 정씨의 자식들이 언제 왜 다시 돌아와 이 같은 일을 저지르게 되었는지, 사관은 최소한의 배경설명이라도 해주어야만 했다. 그래야만 앞뒤 문맥이 무리 없이 연결될 수 있기 때문이다. 그러나 후반부 기록에는 그것이 전혀 없다. 이는 기록의 전반부는 사실에 기초한 것이지만 후반부는 악의적인 날조일 가능성이 높다는 점을 시사하는 것이다.

전반부 기록은 연산군의 전교내용을 적은 것이다. 이는 왕의 전교이기 때문에 사관이 있는 그대로 기록했다고 보아야 한다. 그러나 후반부 기록은 사관이 직접 목격하여 기록한 것이 아니라, 간접적으로 전해들은 얘기 등을 직접화법을 써서 이 같은 내용이 마치 진실인 양 기록한 것이다. 따라서 전반부에 기록된 연산군의 전교내용이 사실이라고 볼 때, 후반부 기록은 사관의 악의적인 날조로 해석할 수밖에 없는 것이다.

나아가 후반부 기록 가운데, 연산군이 정씨의 자식들을 데리고 가 대비들에게 행패를 부렸다는 내용도 전후 맥락에 비추어 터무니없기는 마찬가지다. 사관의 주장이 사실이라면, 당시 두 대비는 연산군이 찾아오기도 전에 이같이 끔찍한 사건이 일어난 사실을 이미 알고 있었다고 보아야 한다. 시녀들이 혼비백산해 도망간 상황에서 이를 몰랐을 리 없기 때문이다.

그런데 이 같은 상황에서, 장검을 빼어든 연산군의 미치광이 같은 행패에 일세를 풍미한 인수대비가 순순히 베 2필을 내놓았다는 것은 아무리 생각해도 앞뒤가 맞지 않는다. 최소한 인수대비는 왕의 이 같은 패륜행위를 따끔하게 질책했어야 사리에 맞기 때문이다. 당시 분위기가 험악했기 때문에 이 같은 질책이 원천적으로 불가능한 것이 아니냐고 반박할 수도 있을 것이다.

그러나 연산군은 두 대비에게 효성스럽기 그지없었다. 따라서 이 같은 일이 일어날 수도 없었지만, 설령 이 같은 일이 일어났다 하더라도 두 대비들이 침묵을 지켰다는 것은 있을 수 없는 일이다. 부왕의 후궁을 쳐죽이고 이어 대비들에게 행패를 부리는 식의 일은, 연산군이 아무리 극악무도한 폭군이었다 할지라도 당시의 조선에서는 있을 수 없는 일이었다.

만일 이 같은 내용이 사실이라면 당시 조선의 조정이 벌컥 뒤집히고도 남았을 것이다. 이 일로 말미암아 연산군이 곧바로 보위를 내놓아야 했을지도 모를 일이다. 특히 인수대비의 일족이 모두 조정의 고관으로 재직하고 있던 상황에서 이들이 조용히 있을 리도 없지만, 대간들이 이를 묵과했을 리도 없다.

그런데 실록의 기록을 보면 3월 20일 전후의 연산군과 대간, 대신들의 모습은 평상시와 전혀 차이가 없다. 왕이 부왕의 후궁을 쳐죽이는 엄청난 일이 일어났는데도, 이 사건 전후에 이 문제를 언급한 사람은 전혀 없었다. 이러한 사실도 후반부의 기록이 얼마나 악의적인 왜곡인지 짐작케 해준다. 사관이 연산군을 폭군으로 몰기 위해 무리한 날조를 감행했다고 해석할 수밖에 없는 것이다.

사관이 후반부에서 묘사한 연산군의 모습은 미친 사람의 모습과 진배없다. 손에 칼을 들고 대비전 침전 앞에서 큰소리로 떠들면서 욕을 해댔다면 이는 결코 성한 사람의 모습일 수 없다. 3월 20일 전후의 연산군의 모습이 평상시와 같았는데 어찌 이 날만 미친 사람의 모습이었는지 도무지 이해할 수 없는 것이다.

연산군이 정씨와 엄씨를 죽인 뒤 내수사를 시켜 정씨와 엄씨의 시신을 젓을 담가 이를 산과 들에 버렸다는 주장도 황당하기는 마찬가지다. 실록의 어느 곳을 보아도 이 같은 사실을 확인할 길이 없다. 내수사를 시켜 이같이 끔찍한 일을 벌였는데 소문이 나지 않았을 리도 만무하다. 그러나 이 기록 이외에는 실록은 물론이고 후세의 어떤 기록도 정씨의 죽음에 대해 아무런 논평을 남기지 않고 있다. 오히려 실록에는 연산군이 원로대신 및 대간들과 함께 정씨와 엄씨의 상례문제를 논의하는 기록이 나온다.

이 같은 여러 정황에 비추어, 이 사건은 연산군을 악의적으로 왜곡한 곡필(曲筆)의 극치라고 할 수 있다. 연산군이 정씨와 엄씨의 장례문제를 대신들과 논의한 사실이 엄연히 기록되어 있는데도, 사관은 연산군이 마치 서모들을 장살한 것인 양 직접화법을 동원해 악의적으로 기록한 것이다. 실록을 보면 사관의 이 같은 터무니없는 주장이 한둘이 아님을 쉽게 알 수 있다. 연산군이 폐위된 날 정씨 사건 등과 관련해 사관이 붙인 다음과 같은 주석 역시 전후 맥락이 전혀 맞지 않고 있다.

왕은 폐비의 일을 원망하여, 성종의 후궁을 형장으로 쳐죽이는 것은 불가하다고 의논한 자를 모두 중형에 처하였다. 죽은 자는 그 시체를 베고 가산을 몰수하며 그 족속을 연좌하고 살아 있는 자는 형장으로 신문하여 멀리 귀양보냈다.(《연산군일기》 12. 9. 2)

앞서 보았듯이 사관은 이미 연산군 10년 3월 20일자 후반부 기록에서 연산군이 정씨와 엄씨를 쳐죽였다고 기술한 바 있다. 그런데 연산군 12년 9월 2일에 기록된 사관의 주석에는, 연산군이 정씨와 엄씨를 장살하는 문제를 놓고 대신들과 논쟁한 것으로 나타나고 있다. 그러나 실록 어디를 보아도 이 문제를 놓고 군신간에 논쟁을 벌였다는 기록은 찾을 길이 없다. 대간과 대신들 가운데 정씨와 엄씨를 장살하는 문제를 간접적으로라도 거론한 사람이 단 한 사람도 없었던 것이다.

오히려 실록에는, 정씨 등이 어떤 이유로 죽었는지는 모르나 연산군이 신하들과 함께 정씨의 두 아들인 이항과 이봉의 상복 문제를 놓고 논의한 사실이 기록되어 있다. 정씨의 장례문제를 논의했다는 사실은 정씨의 죽음이 분명히 공론에 붙여졌음을 의미하는 것이다.

연산군은 갑자사화 때 폐비사건에 연루된 사람들을 주살한 적은 있어도, 사관의 주석과 같이 성종의 후궁을 장살하는 문제를 놓고 이에 반대한 신하들을 중형에 처한 적은 없다. 부왕의 후궁을 장살하는 문제를 신하들과 논의한다는 것은 상식적으로 생각해봐도 있을 수 없는 일이다. 설령 연산군이 폭군이라 하더라도 이는 있을 수 없는 일이다. 이 기록은 연산군의 '서모장살설'이 날조된 것임을 사관 스스로 자백한 것이나 다름없다.

이같이 기록마다 정씨 사건을 다르게 기록하고 있는 것은 무엇을 의미하는 것일까? 이는 사관이 의도적으로 연산군을 폭군으로 몰기 위해 온갖 얘기를 끌어들였거나 악의적으로 조작했다는 증거가 아닐 수 없다. 이는 다음 기록을 보면 더욱 분명히 드러난다.

왕이 승정원에 묻기를 "폐비가 사사된 사건은 과인이 친히 보지는 못 했지만, 일찍이 듣건대 그렇게 만든 자가 있다고 하니 그는 과인의 불공대천(不共戴天)의 원수이다. 그를 백 년 안에 처치하지 못해 비록 백 년 뒤에 뼈를 가루로 만든들 어찌 잊을 수 있겠는가. 마침 그 사람이 이미 죽었으니 선왕의 후궁의 예로써 장례를 치러야 하는가. 또한 그 소생 아들에게는 상복을 입게 할 것인가. 이를 강등함이 어떠한가. 만일 폐비가 성종에게 불경한 죄를 범했다면 버리고 말 것이지 하필 꼭 죽여야만 했는가. 이것은 반드시 후궁 가운데 한 사람의 소행일 것이다. 그때는 과인이 매우 어렸다. 만일 지금 같았다면 불공대천의 원수를 어찌 세상에 있게 하였겠는가. 그 사람이 죽었는데 어찌 후궁의 예로 장사지내며 그 소생 아들 역시 어찌 상복을 제대로 입을 수 있는가" 하였다. 윤필상 등이 의논드리기를 "후궁으로서 죄 있는 자는 살았더라도 당연히 강등하여 내쳐 후궁의 이름을 붙일 수 없으니 죽으면 반드시 후궁의 예로 장사지낼 수 없고, 그 소생 아들 역시 당연히 서인의 예에 따라 백일복만을 입어야 합니다" 하였다.(《연산군일기》 10. 3. 23)

이 기록을 보면 앞에서 검토한 사관의 주석이 얼마나 악의적인 거짓인지 쉽게 알 수 있다. 사관의 주장대로라면 연산군은 3월 20일 두 여인을 장살한 후, 사흘이 지난 뒤에야 뻔뻔하게 대신들과 이들의 상례 문제를 논의한 것이 된다. 이는 상식적으로 있을 수 없는 일이다. 더구나 3월 23일자 기록을 보면 연산군이 이들을 죽이지 않았다는 것이 명백히 드러난다.

우선 연산군이 "만일 지금 같았다면 불공대천의 원수를 어찌 세상에 있게 하였겠는가" 하고 반문한 대목에 주목할 필요가 있다. 이 대목은 연산군이 결코 정씨를 죽이지 않았음을 보여주고 있다. 만일 연산군이 정씨 등을 죽였다면 이 같은 가정법을 구사할 리 없다. 그가 이같이 반문하지 않고 "비록 뒤늦게 알게 되었으나 불공대천의 원수를 이제야 세상에서 없애버려 천만다행이다"는 직설법을 구사해야만 사리에 맞기 때문이다.

또한 연산군이 "일찍이 듣건대 그렇게 만든 자가 있다고 하니"라고 언급한 대목도 주목할 필요가 있다. 이 같은 언급은, 연산군이 누군가가 생모를 무함(誣陷)하여 죽게 했다는 사실에 대해서만큼은 확고한 심증을 가지고 있었음을 증명한다. 다만 연산군은 그 주범이 누구인지는 몰랐던 것이다. 만일 주범이 누구인지 알았다면 연산군이 "그를 백 년 안에 처치하지 못해 비록 백 년 뒤에 뼈를 가루로 만든들 어찌 잊을 수 있겠는가"라고 반문할 리는 만무하다. 이는 연산군이 정씨가 죽은 뒤에도 정씨에 대한 심증만 있었을 뿐 주범이 누구인지는 확신하지 못하고 있었음을 의미한다. 연산군이 결코 정씨 등을 장살하지 않았음을 보여주는 중요한 근거가 아닐 수 없다.

나아가 연산군이 정씨를 죽이지 않았음은 "마침 그 사람이 이미 죽었으니"(且其人已死)라고 언급한 대목으로도 쉽게 알 수 있다. 이 같은 언급은 연산군이 비록 주범이 누구인지는 확신하지 못했으나, 정씨에게 짙은 혐의를 두고 있었음을 의미한다. 만일 연산군이 정씨를 죽였다면 연산군은 '마침'이라는 표현을 쓰지 않고 "겨우 그 사람을 죽였으니"라고 표현했을 것이다. 이 같은 추론은 연산군이 정씨가 주범이라는 사실을 확신했다면 그녀를 그냥 살려둘 리는 만무했다는 점을 감안할 때 타당하다고 할 수 있다.

또한 연산군이 정씨를 장살했다면 정씨가 죽은 뒤 3일 뒤에야 대신·대간들과 정씨의 장례문제를 논의했을 리 없다. 불구대천의 원수를 단 하루도 세상에 존재하지 못하게 만들겠다고 공언한 연산군이 정씨를 장살한 뒤 3일간이나 이 사실을 숨겼을 리는 만무하기 때문이다.

더구나 만일 연산군이 정씨를 장살했다면 그녀 소생의 상복 문제를 대신·대간들과 공개적으로 논의했을 리 없다. 국모를 무함해 죽인 사실이 드러난 상황에서 그 소생의 상복 문제를 논의하는 일 자체가 어불성설이기 때문이다. 특히 이같이 엄청난 사건이 일어났는데도 대신과 대간들이 천연덕스럽게 그녀 소생의 상복 문제를 논의하는 일 역시 있을 수 없는 일이다. 당시 대간들은 왕의 일거수 일투족을 소상히 알고 있었다고 보아야 하기 때문이다.

사관은 또 연산군이 정씨와 엄씨를 동시에 장살한 것으로 주장하고 있으나, 이 또한 거짓임을 연산군의 언급에서 쉽게 확인할 수 있다. 앞의 언급으로 미루어보아 정씨와 엄씨 두 사람이 아니라 한 사람만이 죽었음이 분명하다. 만일 연산군이 두 사람을 죽였다면 '그 사람'이 아니라 '그 사람들'로 표현했어야 옳다. 만일 사관이 주장한 것처럼 연산군이 정씨와 엄씨 두 사람을 동시에 장살했다면, 대신들과 논의하면서 엄씨의 상례문제를 전혀 거론하지 않을 이유가 없는 것이다. 결론적으로 말해, 이 같은 모든 사항을 고려할 때 연산군의 '서모장살설'은 연산군을 폭군으로 몰기 위한 악의적인 날조로 해석할 수밖에 없다.

그렇다면 정씨는 언제 죽은 것일까? 대략 실록의 기록으로 보아 정씨는 자신의 두 아들이 의금부에 끌려온 3월 20일까지는 살아 있던 것으로 추정된다. 또 정씨의 상례문제를 3월 23일에 논의한 점으로 미루어, 정씨는 아무리 늦어도 22일 저녁 전에 죽었을 것으로 보인다. 그렇다면 20일까지 멀쩡히 살아 있던 정씨가 공교롭게도 불과 이틀 만에 갑자기 죽은 일을 어떻게 설명해야만 할까?

우선 생각할 수 있는 것은 정씨가 병사했을 가능성이다. 정씨가 죽기 전에 이미 어떤 병에 걸려 자리에 누웠다가, 자식들이 갑작스레 소환되는 상황을 맞이하면서 놀란 나머지 충격을 견디지 못하고 이 시점에 이르러 숨을 거두었을 가능성이다. 이는 정씨의 사망 시점을 너무 우연한 시점에 맞추어 설득력이 약간 떨어지는 것이 사실이나, 정씨의 죽음을 무리 없이 설명하는 데는 나름대로 설득력이 있다고 할 수 있다.

다른 하나는, 정씨가 머지않아 닥칠 화를 지레 짐작하고 스스로 죽음을 선택했을 가능성이다. 이는 3월 20일 정씨 소생의 두 왕자가 갑자기 의금부에 끌려와 문초를 당한 사실에 초점을 맞춘 설명이다. 이들에 대한 문초는 그녀에 대한 국문이 임박했음을 의미한 것으로 볼 수도 있다. 따라서 정씨가 머지않아 닥칠 위기를 피하기 위해 아예 자리에 누웠다가 끝내 원기회복을 포기하고 죽음을 선택했을 가능성을 배제할 수 없다.

정씨가 폐비사건의 배후인물로 줄곧 지목되어 온 사실에 비추어 이는 나름대로 강한 설득력을 지니고 있다. 자신에 대한 국문이 뒤따를 경우 자신은 물론 소생 왕자들의 목숨까지 위태로워질 것을 염려한 나머지, 정씨가 스스로 죽음을 재촉하는 방법을 선택했을 가능성을 배제할 수 없는 것이다.

이 두 가지 가능성은 정씨가 스스로 자신의 죽음을 재촉했다는 점에서는 동일하다고 할 수 있다. 어느 경우든 정씨는 갑자사화의 와중에서 두려움에 휩싸인 나머지 자연적인 수명을 스스로 단축한 셈이다. 반정세력은 바로 제 수명을 다하지 못한 정씨의 이 같은 죽음에 주목해, 그녀의 죽음을 연산군을 폭군으로 모는 '서모장살설'의 근거로 악용했을 공산이 크다.

연산군은 심증만 있었을 뿐 물증을 찾지 못했다

그렇다면 연산군은 왜 갑자기 정씨의 소생들을 3월 20일 늦은 시간에 의금부에 명하여 하옥하라고 한 것일까? 이를 설명하기란 쉽지 않은 것이 사실이다. 대략 폐비사건과 관련한 정씨의 연루혐의를 추국하고 싶었기 때문이라고 짐작된다. 어떤 통로를 통했든 3월 20일 즈음해서 연산군은 폐비사건에 정씨 등이 깊이 연루되었다는 얘기를 전해들었을 가능성이 매우 높다고 보아야 한다. 그렇지 않고는 정씨 소생의 이복동생들을 심야에 갑자기 잡아들이라고 명한 이유를 달리 설명할 길이 없다.

　그러나 사건 당시 이들은 연산군보다도 더 어렸다. 윤씨가 사사될 때 연산군이 불과 4살이었으니 사실 이들에게 물어봐야 별로 알아낼 것도 없었을 것이다. 이들이 당일 자정쯤 풀려난 것도 연산군이 당초 의도를 번복했기 때문으로 해석하는 것이 옳을 듯싶다. 감정이 너무 격해진 나머지 이복동생들에게 곤욕을 치르게 해서 적잖이 미안한 생각이 들었는지도 모른다. 이는 이 같은 해프닝이 있은 바로 다음날, 연산군이 이항에게 길든 말 한 필을 하사한 사실을 봐도 대략 짐작할 수 있다.

　그렇다면 연산군이 이항에게 말을 하사한 지 사흘 뒤에 두 이복동생을 외방에 유치토록 한 조치는 어떻게 해석해야만 할까? 연산군은 앞서 인수대비의 상례문제 때 검토한 바와 같이, 비록 대신들의 의견을 좇아 결정을 내렸더라도 자신이 옳다고 생각하는 바를 끝내 관철하기 위해 고심한 인물이다. 연산군은 시간이 가면서 정씨가 폐비사건에 깊숙이 연루되어 있다는 확신을 갖게 되었음이 틀림없다. 그렇지 않고는 연산군이 정씨 소생에게 말을 하사한 지 불과 사흘 만에 갑자기 태도를 바꾼 이유를 설명할 수 없다.

　사실 연산군은 정씨가 죽었을 때도 정씨에 대한 의구심을 떨치지 못했다고 보인다. 정씨의 장례를 서민의 예에 따르도록 조치한 사실이 이를 뒷받침한다. 따라서 정씨의 소생을 외방에 부처한 조치는 정씨에 대한 혐의가 점차 확신으로 변해갔음을 증명하는 것으로 보아야 한다. 연산군은 폐비사건에 연루된 자들에게 벌을 내리기 시작한 지 1년여 뒤인 재위 11년 4월, 정씨 소생들의 유배지를 거제도로 옮기도록 조치했다. 연산군은 이들이 거제도로 장소를 옮긴 지 두 달 만인 6월 중순, 노비가 된 이들의 처첩을 이복동생들에게 하사하는 조치를 취한다. 그리고 곧바로 다음날 의금부 낭청을 보내 이들에게 사약을 내렸다.

연산군이 이들에게 사약을 내리기 직전 이들의 아내들을 종으로 삼아 여러 왕자들에게 내리도록 조치한 것은, 정씨의 죄가 얼마나 중한 것인지를 안팎에 알리고자 함이었다. 이를 두고 사관들은 연산군이 혹형을 가한 것도 모자라 형제간의 상피(相避)를 조장함으로써 윤리강상을 무너뜨렸다고 비판했다. 그러나 연산군의 전교에 나타나듯이 이는 형제의 의를 끊었기 때문에 가능했던 일이다.

당시 연산군이 정씨의 소생을 1년여 동안이나 살려둔 것은 정씨가 무함행위를 했다는 구체적인 물증을 찾아내지 못했기 때문으로 보인다. 확실한 물증을 찾아냈다면 연산군이 정씨의 소생을 1년 동안이나 살려둘 리는 만무하기 때문이다. 무함행위의 물증은 예나 지금이나 찾기 어려운 것이 사실이다.

사실 물증을 찾아내기 위해서는 서모인 정씨와 할머니인 인수대비 등을 국문해야만 하는데, 이는 불가능한 일이었다. 나아가 인수대비 역시 정씨가 죽은 지 한 달여 만에 승하했기 때문에 물증을 찾아내는 것은 애초부터 불가능한 일이었다. 연산군은 결국 나인들 가운데 연루혐의가 짙은 자들을 찾아내 이들에게 죄를 캐물어 물증을 찾아내는 방법을 선택했다. 연산군이 폐비사건에 연루된 혐의가 짙은 덕종의 후궁인 권씨를 추죄(追罪)한 것도 이 때문이다.

연산군이 폐비사건의 가해자들을 찾아내 추죄하기 시작한 것은 윤씨에 대한 추숭(追崇)작업이 마무리된 뒤였다. 사건연루자들에게 중전(重典)을 구사한 데는 연산군의 사적인 원한이 적잖이 작용했음을 부인하기 어렵다. 이를 두고 연산군을 폭군으로 몰아갈 수도 있을 것이다.

그러나 연산군도 군왕이기 이전에 한 어머니의 자식이었다. 자신의 어머니가 억울하게 무함을 당하여 사약을 받은 것을 알고도 연루자들에게 관전(寬典)을 베풀기를 기대하는 것은 지나친 감이 없지 않다.

특히 정씨의 죽음과 관련한 사관의 주장을 기준으로 삼아 연산군을 폭군으로 평가하는 것은 커다란 잘못이 아닐 수 없다. 앞서 분석한 바와 같이 사관의 주장은 사실 날조에 가까운 것이기 때문이다. 연산군의 '서모장살설'은 연산군을 왜곡한 여러 사례 가운데 가장 악의적인 것으로 손꼽을 수 있다.

5. 불효불손(不孝不遜)

대비들은 오히려 지극한 보살핌을 받았다

연산군을 다룬 영화나 TV 사극을 보면, 연산군이 생모의 억울한 죽음을 알게 된 뒤 자신의 할머니인 인수대비에게 항의를 하다가 머리로 치받는 장면이 나온다. 이 때문에 많은 사람들이 연산군을 인수대비의 죽음에 직접적인 원인을 제공한 장본인으로 오해하고 있다. 이는《금삼의 피》에 나오는 내용을 그대로 대본으로 옮긴 데서 비롯된 왜곡이다. 실록의 기록을 종합해볼 때 이는 사실과 다르다.

수양대군이 19세의 나이로 왕위에 오른 해에, 인수대비는 1살 연하인 의경세자(懿敬世子)와 결혼해 세자빈이 되었다. 세자빈이던 인수대비는 곧 월산대군을 낳았으나 결혼한 지 2년 만에 남편이 죽자 졸지에 청상과부가 되고 말았다. 이때 그녀는 훗날 성종이 되는 자산군(者山君)을 잉태하고 있었다. 남편인 세자가 요절했음에도 인수대비의 소생이 보위에 오를 수 있었던 것은 그녀의 집안배경이 적잖이 작용했기 때문일 것이다. 인수대비는 그녀의 고모가 명나라에 뽑혀 들어가서 영락제의 후궁인 여비(麗妃)가 된 특이한 집안 출신이었다.

당시 중국황제의 첩을 누이로 둔 한확(韓確)의 위세는 자못 대단했을 것이다. 그러나 인수대비의 부친 한확은 세조 때 좌의정으로 있으면서 중국에 사은사로 갔다가 돌아오는 도중에 죽고 말았다. 한확은 중국황제가 그를 황실의 딸과 결혼시켜 중국황실의 부마로 삼고자 했는데 노모봉양을 이유로 사양했을 만큼 효심이 지극한 인물이었다.

세조가 한확의 딸을 세자빈으로 맞아들인 것은 바로 한확에 대한 총애의 표시였다. 만일 한확이 오랫동안 살아 있었다면 한명회를 누르고 당대 최고의 실력자로 등장했을지도 모를 일이다. 그러나 그는 명나라에 갔다 오던 도중 병을 얻어 죽고 말았다. 한확의 장례에 대한 세조의 지극한 처우를 보면 그가 얼마나 세조의 총애를 받았는지 짐작이 간다.

인수대비는 자신의 고모가 비록 후궁이기는 했으나 엄연히 명나라 황제의 부인이었다. 더구나 인수대비는 최고의 권신인 한명회와는 비록 촌수가 멀기는 했어도 같은 청주 한씨 집안이었다. 한마디로 말해 그녀는 당대 최고의 명문가 집안 출신이었다. 바로 이 같은 집안배경이 인수대비의 둘째 아들이 보위에 오르는 데 결정적으로 작용했을 것이다. 인수대비는 과부로 살면서도 반드시 자식을 보위에 올려 왕비가 되지 못한 한을 풀고자 했을지도 모른다.

그러나 그녀가 애초부터 둘째 아들인 자산군을 지목해 왕재(王才)로 키웠는지는 알 수 없다. 다만 성종이 어린 시절 당대 최고의 실력자인 한명회의 딸과 결혼한 데는 인수대비의 심모원려(深謀遠慮)가 작용했을 것으로 보인다. 인수대비는 한명회와 사돈맺은 것을 계기로 자산군의 등극을 남몰래 꿈꿔왔는지도 모를 일이다.

인수대비가 자산군을 어떻게 키웠는지에 대해서는 기록이 없어 자세히 알 길이 없다. 다만 성종이 어머니에게 한없는 효자 노릇을 한 것만은 《성종실록》에서 쉽게 확인할 수 있다. 따라서 인수대비는 때로는 자상한 어머니로서, 때로는 죽은 의경세자를 대신해 엄격한 어머니로서 자산군을 키웠을 것으로 짐작된다. 성종이 왕위에 오른 뒤 곧바로 의경세자를 추숭하는 일에 매진한 사실이 이를 뒷받침한다. 성종이 의경세자를 추숭한 것은 곧 인수대비를 대비의 반열에 올림을 의미하는 것이었다.

인수대비는 성종이 성년이 된 뒤에야 세조비가 죽은 까닭에 수렴청정을 하지는 못했다. 세조비는 성종 14년 4월 치료 차 온양에 내려가 요양하다가 갑작스럽게 승하했다. 세조비의 급작스런 죽음으로 인수대비는 성종의 모후이자 대비전의 웃어른으로서 왕실의 최고 실력자가 되었다. 인수대비의 족친들이 세조비가 죽자마자 대거 발탁된 사실이 이를 증명한다. 나아가 성종이 효성스럽기 그지없었기 때문에 인수대비의 위엄은 하늘을 찌를 듯했다.

인수대비는 연산군 때에도 최고의 권세를 누렸다

인수대비는 성종의 모후로서 전대미문의 권세를 누린 인물이다. 인수대비의 이 같은 위세는 연산군이 등극한 뒤에도 그대로 지속되었다. 새 왕이 등극했는데도 인수대비의 위세가 그대로 유지된 까닭은, 연산군이 할머니에게 효성스럽기 그지없었던 데서 그 이유를 찾아야 한다.

실록을 보면 인수대비는 죽는 날까지 연산군의 지극한 대접을 받다 운명했음을 쉽게 확인할 수 있다. 인수대비와 연산군의 관계는 이토록 인수대비가 죽는 날까지 매우 좋았다. 연산군은 앞서 살펴본 바와 같이 즉위 초부터 인수대비의 불사(佛事)를 엄호하느라 어려움을 겪어야 했다.

연산군은 성리학의 고루한 이론을 좋아지는 않았으나 그렇다고 불교를 좋아한 것도 아니다. 대체로 불교에 대해서는 성종과 유사한 태도를 견지했다. 당시 대비의 불사와 관련하여 대간들이 올린 상소문을 보면 연산군의 이 같은 태도를 대략 짐작할 수 있다.

근자에 전지를 내리시어 해마다 중의 증명서를 만들어주고 사람들의 부처 공양을 허락하게 하시며, 심지어는 절간 중창금지의 영과 사찰의 논밭 회수령까지 없애셨습니다. 대비전의 뜻이라 하더라도 혹시라도 불가한 것이라면 전하께서 부드럽게 간하여 허물이 없도록 하시는 것이 효도가 아니겠습니까. 중에게 증명서를 주는 법을 폐한 지 벌써 오래인데 이를 회복하게 하니, 신 등은 원래 대비전의 하교에서 나온 일임을 압니다만 대비의 하교가 과연 성종의 법보다 중한 것인지 모르겠습니다.(《연산군일기》 10. 2. 9)

이 상소는 인수대비가 죽기 두 달 전에 올라온 것이다. 당시 연산군은 인수대비의 부탁을 받고 성종 때 내린 사찰에 대한 제한을 일거에 풀어주었다. 연산군의 이 같은 조치는 비록 인수대비의 당부에 따른 것이기는 했으나, 할머니에 대한 지극한 효성이 없었다면 불가능한 일이었다. 일찍이 성종은 대비전의 불사문제를 놓고 대간들이 공박하면 대비전 핑계를 대며 어정쩡한 모습을 보였다.

그러나 연산군은 대비전의 뜻을 받들어 곧바로 불교 전반에 걸쳐 은혜로운 시책을 과감히 내놓은 것이다. 이는 예상되는 대간들의 엄청난 반발을 무릅쓰고 한 일이다. 본질적으로 연산군의 지극한 효성이 없었다면 불가능한 조치였던 것이다. 이를 보면 연산군이 인수대비와 사이가 좋지 않았다는 기록이 얼마나 악의적으로 왜곡된 것인지 짐작할 수 있다.

연산군은 이 사건 이전에도 이미 대비의 뜻을 받들기 위해 여러 차례에 걸쳐 대간들과 정면충돌을 마다하지 않았다. 연산군의 이같이 효성스런 자세는 인수대비가 죽을 때까지 결코 변하지 않았다. 연산군의 이 같은 보호 때문인지는 몰라도 인수대비의 위세는 연산군 재위 당시에도 성종 때와 같이 대단했다. 다음 기록을 보면 그 위세를 대략 짐작할 수 있다.

인수대비전의 종 현이(玄伊)가 천안에 살면서 성을 쌓는 부역에 나가지 않은 일 때문에 관에 괴롭힘을 당했다. 그러고 나서 인수대비전 서리 김극감(金克塏)에게 호소하니, 김극감이 천안으로 가서 인수대비의 의지(懿旨)를 사칭하고 군수를 능욕하며 여러 가지로 작폐하였다. 사헌부에서 이를 듣고 천안군수로 하여금 추국하게 하니 김극감이 상언하여 진소하였다. 승정원이 서계하기를 "신 등이 사헌부에서 아뢴 것을 살펴보았는데 김극감이 거짓으로 대비전의 의지를 칭탁하고 수령을 모욕한 사실이 분명합니다. 서리는 천한 무리인데 어찌 수령을 능욕할 수 있겠습니까. 이런 조짐을 기를 수는 없습니다" 하였다. 왕이 전교하기를 "이건 대비전의 뜻이니 중지할 수 없다. 해당 관사는 관찰사에게 사건을 이첩하여 수령을 국문하게 하라" 하였다.(《연산군일기》 3. 1. 24)

이 기록에 비추어, 당시 일개 서리에 불과한 김극감은 사건개요를 인수대비에게 대충 아뢰고 스스로 대비전의 의지를 만들어 여기에 자신이 직접 결재한 것으로 보인다. 현이가 비록 대비전에 소속된 종이라 하더라도 천안군수가 법에 따라 현이를 다스린 것은 당연한 일이다. 현이가 대비전의 위세를 믿고 대비전의 서리와 합세해 관장을 능욕한 것은 당시의 기준에서 있을 수 없는 일이다.

　　그러나 연산군은 인수대비전의 위신 등을 생각해 오히려 충청감사에게 수령을 국문토록 하는 전교를 내린 것이다. 연산군이 얼마나 인수대비의 뜻을 정중히 받들고 있었는지 짐작할 수 있는 대목이다. 이처럼 연산군은 인수대비를 깍듯이 보호하며 매우 정중하게 대했다.

　　사실 연산조에 들어와서도 인수대비의 족친치고 연산군의 후은을 입지 않은 사람은 없었다. 이 같은 후은은 연산군 때가 성종 때보다 오히려 더하면 더했지 결코 덜하지 않았다. 실록을 보면 연산군은 즉위 초부터 인수대비의 족친에게 두터운 은혜를 베풀었음을 쉽게 확인할 수 있다. 대표적인 사례로 연산군 6년 9월, 인수대비의 조카인 강화부사 한위(韓偉)를 특별히 가자(加資)하여 중앙관직에 임명한 사실을 들 수 있다.

　　당시 연산군은 한위에게 이 같은 특은을 베풀면서 한위는 대비의 인척이므로 특별히 가자하여 상을 내린다는 노골적인 표현을 결코 꺼리지 않았다. 이 점이 성종과 다른 점이었다. 이는 연산군이 세심한 성종과 달리 호방한 왕권주의자였기에 가능한 일이었다. 이러한 후대는 연산군이 폐위되기 전까지도 지속적으로 이루어졌다. 이는 연산군이 폐위되기 한 달여 전 인수대비의 족친인 승지 한순(韓恂)에게 내린 다음과 같은 시로도 쉽게 확인할 수 있다.

　　　영화는 초방 벼슬 은혜로 시작하여　榮自椒房位自恩
　　　소임이 승지니 총애가 번성하다 하겠네　任關喉舌寵云繁
　　　순수한 뜻 돌려 도우려는 생각 싫어하지 마오　莫回純志憎思補
　　　그르치면 면하기 어려워 그땐 패망하리　當誤難逃初敗飜

《연산군일기》 12. 7. 14)

초방(椒房)은 왕비가 머무는 궁전을 의미한다. 방향제로 후추나무를 이용했기 때문에 이 같은 별칭이 생긴 것이다. 연산군이 어떤 뜻으로 이런 시를 지었는지는 확실치 않지만, 대략 이 시는 한순에게 인수대비 족친 자격으로 출사하여 이제 승지벼슬까지 얻었으니 한눈팔지 말고 충성을 다하라고 넌지시 이르기 위해 지은 것으로 보인다. 이 시로도 연산군과 인수대비의 관계가 매우 좋았음을 충분히 알 수 있다.

연산군 8년 6월, 인수대비는 자신의 조카인 한치형(韓致亨)에게 연산군을 잘못 보좌하고 있다는 힐난조의 언문의지를 비밀스레 내린 적이 있다. 그러나 의지의 내용은 연산군을 탄핵하는 것이 아니었다. 연산군이 지나치게 중상을 내리고 잔치를 자주 베푸는 것을 제대로 견제하지 못한 점을 지적한 것이었다. 따라서 연산군과 인수대비가 불편한 관계에 있었다고 보는 것은 잘못이다. 사실 연산군이 베푼 잔치는 대부분 대비전을 위한 것이었다. 연산군은 지나칠 정도로 대비들을 위한 잔치를 자주 베풀었다.

이를 두고 사관은 연산군이 대비전 진연을 핑계로 음희를 일삼았다고 왜곡했다. 그러나 시도 때도 없이 대비전 진연을 할 수 있는 것은 아니다. 모두 축하할 만한 일이 있었던 것이다. 더구나 연산군은 잔치를 풍류의 장으로 이용하기는 했으나, 사관들이 주장하는 것처럼 방탕의 장으로 삼은 적은 없었다. 연산군이 잔치 때마다 잔치에 참석한 대소신료들에게 시제(詩題)를 내린 것이 이를 증명한다.

대비전 진연이 액면 그대로 대비들을 위한 것이었음은, 대비들이 연산군을 위로하기 위한 잔치를 자주 베푼 사실로도 쉽게 알 수 있다. 연회는 연산군이 대비들을 위해 마련한 것이 많았지만, 대비들이 연산군을 위로하기 위해 베푼 잔치 또한 만만치 않았다. 대비들은 자신들이 거처하는 창경궁 내전에 자주 왕과 정승, 사헌부와 승정원의 관원들을 불러 노고를 위로하였다.

　대비들이 연산군에게 잔치를 베풀어준 것은 대비들이 연산군의 진연을 고마워하는 마음이 없었다면 불가능한 일이다. 이 역시 연산군과 인수대비의 사이가 매우 좋았음을 보여주는 사실이다. 그러나 다음 기록을 보면 대비전 진연이 사관에 의해 얼마나 왜곡됐는지 확연히 파악할 수 있다.

　왕이 항상 윤씨가 폐위된 것을 원망하여 대비 섬기기를 성실하게 하지 않아 정씨와 엄씨가 죽자 대비들 역시 그 생명이 위태로웠다. 연산군은 주색에 빠지면서 효도한다고 빙자하여 모든 잔치에서 반드시 말하기를, "대비에게 상수(上壽)한다"고 하였다. 왕이 쓰려고 대궐 안에 들일 물건을 찾으면서도 반드시 이같이 핑계하였다. 왕이 혹 취하면 성이 나 대비 앞에서 욕설하였는데, 언젠가는 밤에 술이 취하여 흥청 가운데서 재주 있는 자 수십 명을 뽑아 따르게 한 뒤, 왕이 직접 처용의 가면을 쓰고 바로 대비 앞으로 가서 춤추고 뛰놀며 흥청에게 노래를 불러 호응하게 하였다. 대비께서 채색 주단 10여 필을 내놓자 왕이 노하여 곧 큰 지팡이를 들이게 하고 손으로 섬돌을 치며 부르짖기를, "너희들이 재주를 잘못 부리기 때문에 하사품[纏頭]이 적다" 하였다. 대비께서 두려워하여 비취색 비단 2필을 찾아내 어깨에 걸어주자 왕이 기뻐서 등불을 가져다 비쳐보며 말하기를, "비단 품질이 매우 좋다" 하고는 가까운 흥청에게 이를 준 뒤 놀이를 파하였다.(《연산군일기》 10. 5. 22)

　이 기록을 자세히 보면, 연산군은 대비들을 즐겁게 하기 위해 직접 처용가면을 쓰고 흥청들과 함께 춤을 추고 놀았음을 알 수 있다. 춤을 춘 뒤 대비들에게 전두(纏頭)를 받아 흥청들에게 나눠준 사실이 이를 뒷받침한다. 전두는 흥겨운 놀이를 감상한 뒤 연회자들의 노고를 치하하기 위해 내놓는 하사품을 말하는 것이다. 그러나 사관은 대비들이 연산군의 행패를 두려워한 나머지 마지못해 전두를 내놓은 것처럼 묘사해, 마치 연산군이 대비들을 협박한 것처럼 기술하고 있다.

만일 연산군이 자신의 유흥을 위해 잔치를 벌일 심산이라면 구차하게 대비전을 들먹일 필요가 전혀 없었다. 더구나 처용가면을 쓰고 대비전 앞에서 재롱을 부릴 이유는 더더욱 없었을 것이다. 연산군은 말 그대로 대비전을 모시기 위해 성의를 다한 것이다.

또한 사관의 주장이 사실이라면, 연산군은 증오의 대상인 대비들 앞에서 춤을 추는 이율배반적인 행동을 보인 셈이다. 그렇다면 연산군은 춤을 추며 사람을 위협하는 희극적인 미치광이가 될 수밖에 없다. 그러나 연산군은 결코 미치광이가 아니었다. 두 대비는 연산군의 지극한 효심에 흡족해 한 나머지 기꺼이 놀이에 참여해 비단을 전두로 내렸다고 보는 것이 사리에 맞다.

이 밖에도 실록을 보면 연산군이 인수대비를 얼마나 깍듯하게 모셨는지 짐작할 수 있는 기록을 곳곳에서 찾아낼 수 있다. 앞서 검토한 바와 같이, 불사를 옹호하고 나선 인수대비를 탄핵하는 사간원의 관원들을 모두 파직한 것이 가장 대표적인 사례이다. 연산군과 인수대비가 사이가 나빴다는 기존의 주장이 얼마나 잘못된 것인지를 보여주는 좋은 실례가 아닐 수 없다.

연산군은 욕을 먹어가면서도 인수대비의 쾌유를 빌었다

인수대비는 연산군 10년 초에 매우 중한 병에 걸리자, 유생들의 '훼불'(毁佛)행위를 방지하고 성종 때 시행된 '억불'(抑佛)정책을 다시 환원해 줄 것을 연산군에게 당부했다. 당시 유생들의 승도에 대한 핍박과

사찰에 대한 훼손행위는 심각한 수준이었다. 또한 세조의 '숭불'(崇佛)
정책에 대한 반동으로 나타난 성종의 억불정책으로 말미암아, 당시 불
교계는 비가 새는 사찰의 지붕조차 마음대로 개수할 수 없는 상황에 처
해 있었다.

이 같은 상황에서 인수대비는 부처의 가호를 빌기 위해 훼불행위를
방지하고 사찰소속 토지 등을 원래대로 다시 사찰에 돌려줄 것을 당부
한 것이다. 그녀는 세조 때와 같은 숭불 수준은 안 될지라도 최소한 사
찰이 존립할 수 있을 정도의 '용불'(容佛)정책을 펼쳐줄 것을 요구한
셈이다. 연산군은 인수대비의 병환이 위중하므로 이 같은 요청을 흔쾌
히 받아들였다.

당시 대간들은 처음에는 이를 격렬하게 반대하다가 인수대비의 병
환이 위중하자 논박을 일시 중지했다. 이후 대비의 병이 어느 정도 차
도를 보인 것으로 알려지자 사간원이 홍문관과 합사하여 이를 저지하
고 나섰다. 이에 격노한 연산군은, 신하로서 감히 대비의 환후(患候)를
멋대로 미루어서 헤아린 죄를 물어 사간원 관원을 모두 파직했다. 연산
군의 불효로 인수대비가 신변의 위협을 느꼈다는 사관의 주장이 얼마
나 황당한 왜곡인지를 증명하는 좋은 실례가 아닐 수 없다.

물론 사간원 전원을 파직한 것은 인수대비 때문만은 아니다. 당시
연산군은 궁중의 일이 바깥으로 새나가는 것을 지극히 엄하게 다스리
고 있었다. 사간원 관원들이 전원 파직된 것은 기본적으로는 바로 이
같은 금기를 깼기 때문이다. 그러나 이 사건은 연산군이 인수대비의 쾌
유를 위해 얼마나 노심초사했는지를 짐작케 해주는 것이다.

당시 연산군은 폐위된 뒤에 자신의 진의가 모두 왜곡되어 자신이
취한 일련의 행동이 모두 폭군의 모습으로 묘사될 줄은 꿈에도 생각하
지 못했을 것이다. 다음과 같은 평을 보면 사관이 연산군의 효성을 얼

마나 악의적으로 왜곡했는지 쉽게 확인할 수 있다.

왕은 대비전을 효도로 받든다 하고 날마다 연회를 베풀면서, 때로는 밤중에 달려가 연회를 베풀기도 하고 때로는 시종들을 핍박하여 험한 곳에 놀이를 나가기도 하였다. 왕은 대비를 위하여 경회루 연못에 배들을 띄워 가로 연결하고 그 위에 판자를 깔아 평지처럼 만든 뒤 채색지붕을 씌웠다. 이어 바다에 있는 삼신산을 상징하여 산을 만들고 그 위에 각종 전각과 절, 인물 등의 모양을 벌여놓아 온갖 기교를 다한 뒤, 왕은 스스로 시를 지어 걸고 또 문사들도 짓게 했다. 대비가 억지로 잔치에 참석은 하였지만 연회가 파하면 늘 한숨쉬며 즐거워하지 않았다.(《중종실록》 1. 9. 2)

연산군이 경회루 연못에 사치스러울 정도로 거창한 조형물을 만든 뒤 풍류를 즐긴 것은 사실이나, 이는 사관도 인정한 바와 같이 모두 대비전을 위한 것이었다. 이 조형물의 한 가운데에는 서총대(瑞葱臺)라는 누각을 세웠다. 연못 가운데서 신기하게도 커다란 파가 솟아 나온 것을 기념해 이름을 지었다고 한다. 서총대는 연산군이 폐위된 뒤 중종 2년에 철폐되었다가 명종 때 다시 복원되어 대소연회장으로 활용되었다.

물론 대비전을 위한 것이라 할지라도 연산군의 이 같은 행동은 언뜻 지나친 감이 없지 않다. 그러나 연산군은 대비전을 기쁘게 해주기 위해서라면 모든 것을 아끼지 않았다는 사실을 잊어서는 안 된다. 연산군은 어렸을 때 생모를 잃은 회한을 대비전을 위한 호사스런 진연으로 보상받으려 했을 가능성이 크다. 연산군이 자신의 향락을 위해 잔치를 열려 했다면 굳이 대비전을 초빙할 이유가 없었다.

경회루 : 국가의 중요 행사에서 연회장으로 사용된 우리나라 최고의 누각. 현재의 경회루는 고종 4년(1867) 에 경복궁을 중건하면서 다시 지어진 것이다.

극히 호화로운 이 같은 진연도 바로 대비들을 즐겁게 해주기 위한 연산군의 지극한 정성에서 비롯한 것으로 풀이해야만 사리에 맞다. 대비들이 이같이 호사스런 진연의 주인공이었다는 사실이 이를 분명히 보여주고 있다. 그러나 사관은, 연산군이 대비들을 즐겁게 하기 위해 베푼 잔치가 오히려 대비들이 꺼려하는 바가 되었다고 기록하고 있다.

물론 당시 대비들이 어떠한 생각을 가졌는지는 알기 어렵다. 만일 연산군과 대비들의 사이가 좋지 않았다면 사관의 주장처럼 대비들이 연산군의 요청을 감히 어기지 못하고 마지못해 잔치에 참여했다고 볼 수도 있다. 그렇다면 대비들은 억지로 잔치에 참석한 까닭에 연회가 파하면 늘 한숨을 지었을 것이다.

그러나 앞서 검토한 바와 같이 연산군과 대비들의 관계는 무척 좋았다. 특히 인수대비에 대한 연산군의 대우는 오히려 성종이 한 것보다 더한 느낌마저 주고 있다. 대비들이 이같이 두터운 대우를 마다하거나 싫어했을 리 없다. 이는 앞서 얘기했듯이, 대비들이 연산군의 노고를 치하하기 위해 답례형식으로 자주 잔치를 베풀어준 사실로도 쉽게 확인할 수 있다.

이상 살펴본 바와 같이 연산군은 대비들과 결코 갈등관계에 있지 않았다. 나아가 연산군은 결코 생모인 윤씨의 억울한 죽음을 이유로 대비들을 원망한 적도 없었다. 오히려 성종보다 더욱 공경한 자세로 대비전을 모셨다. 인수대비의 죽음에 연산군이 간접적인 원인을 제공했다는 얘기 따위는 실록의 왜곡된 기록에 근거한 문학적 상상력의 소산임을 잊어서는 안 된다. 사관이 정성을 다한 연산군의 효도행위마저 효도를 가장한 불효자의 방탕으로 기록한 것은 가증스런 역사왜곡이 아닐 수 없다.

# 6. 흥청망청(興淸亡淸)
홍청은 의전용 궁중가무악대였다

연산군이 폐위된 뒤 신조어가 하나 나오게 되었다. '홍청망청'이라는 말이 그것이다. 이는 지금까지도 방탕한 사람을 묘사할 때 매우 즐겨 사용되고 있다. 이 때문에 아직까지도 많은 사람들이 홍청을 마치 연산군이 방탕한 유희에 사용한 일종의 노리개쯤으로 알고 있는 게 사실이다.

홍청의 성격을 제대로 알기 위해서는 우선 당시 홍청의 구성원이던 관기들이 어떻게 편성되어 있었고 이들은 과연 어떤 구실을 했는지 간략히 살펴볼 필요가 있다. 홍청의 신분은 원래 관기(官妓)이다. 관기는 말 그대로 관청에 적을 두고 있는 기생을 말한다. 그러나 이들은 비록 신분상으로는 관청소속의 관비(官婢)와 동일했으나 기능상으로는 이들과 확연히 구분되었다.

조선시대의 관기는 미모와 재주가 **빼어난** 관비 가운데서 발탁되는 경우도 있었으나 원래 충원되는 통로가 따로 있었다. 관기는 전문 예인으로서 기예를 갖추었기 때문에 삶의 모습뿐만 아니라 사회적 평가 등에서도 관비와는 차원이 달랐다. 관기와 대칭되는 이른바 사기(私妓)는 권문세가에 적을 두고 있어 기능만 기생일 뿐 실질적으로는 사비(私婢)에 불과했다. 따라서 기생은 곧 관기를 의미한다고 해도 지나친 말이 아니다.

흥청은 전래의 관기에 불과했다

관기 가운데 상의원(尙衣院)에 적을 두고 침선을 배운 자는 '상방기생'(尙房妓生)으로 불리었다. 제생원(濟生院)에 적을 두고 침구와 진맥 등을 배운 자는 '약방기생'(藥房妓生)으로 통칭되었다. 이들말고도 장악원(掌樂院)에 적을 두고 소리와 춤 등을 배운 이른바 '여악'(女樂)이라는 관기가 따로 있었다. 이들이 바로 흥청의 본류다. 이들 관기 가운데 왕비까지 진맥할 수 있는 약방기생이 가장 높은 대우를 받았다고 한다. 그러나 장악원에서 엄격한 훈련을 거쳐 왕이 참여하는 잔치에 나가는 여악 역시 자부심이 대단했다.

여악이 되려면 우선 장악원에 들어가 가무와 예절을 익히고 글을 배워야 했다. 여악은 크게 서울 출신의 '경기'(京妓)와, 지방관아에 적을 둔 '향기'(鄕妓) 가운데 재색을 겸비해 서울로 뽑혀온 '선상기'(選上妓)로 이루어져 있었다. 장악원에 소속된 이들 여악들은 요즘 말로 바꾸면 여성만으로 이루어진 궁궐 전속의 '의전가무악대'(儀典歌舞樂隊)와 흡사하다고 할 수 있다.

고려조에 여악은 팔관회를 비롯한 각종 행사에 동원되었다. 고려의 충렬왕은 각종 행사에 대규모의 여악을 동원한 군왕으로 전해지고 있다. 그는 개경에 있는 경기만으로는 부족해 가무에 재주가 있는 선상기를 대거 활용했다고 한다. 이들 여악들은 궁중에 적을 두고 궁궐의 각종 행사에 참여한 것은 물론 충렬왕이 사냥 등을 위해 행차할 때도 행렬의 일원으로 빠짐없이 참여했다고 한다.

조선왕조에 들어와서도 고려 때의 관기제도는 대체로 그대로 유지되었다. 개국 초 태조 이성계는 자신의 행차에 여악을 앞세우려다 대신들의 반대로 그만두기도 했다. 태종, 세종, 성종조에는 여악을 폐지하자는 주장이 있었으나 왕의 반대로 실현되지 못했다. 조선왕조의 여악은 대한제국이 멸망하기 1년 전인 1909년이 되어서야 비로소 폐지되었다. 조선왕조 5백년은 물론 고려조 5백년을 포함해 근 1천 년 동안 여악은 한번도 폐지된 적이 없는 것이다.

연산조의 여악은 음률에 대한 조예 등을 기준으로 장악원에 소속된 흥청과 지방관아에 소속된 운평(運平)으로 대별할 수 있다. 운평은 예비흥청 집단의 성격이 강했다고 할 수 있다. 이 밖에도 전문 악기연주자 집단인 광희(廣熙)가 있었으나 여악과는 성격이 달랐다.

사관은 흥청과 운평에 소속된 여악의 숫자가 무려 1만 명에 이른다고 주장했다. 사관의 이 같은 주장이 과연 사실일까? 이들 여악의 모집단이라고 할 수 있는 관기는 연산조 이전에 이미 각 현에 20명, 군에 40명, 목·부에 60~80명, 감영에 100~200명이 있었다. 이를 근거로 추측해보면 연산조에는 전국적으로 대략 2만 명 가까이 존재했을 것으로 짐작된다. 그렇다면 사관의 주장을 사실로 받아들일 경우, 전국에 있는 관기 가운데 절반이 흥청이나 운평이 되었다는 결론이 나올 수밖에 없다. 설령 연산군이 여악을 대규모로 확충했다고 해도 과연 이 같은 일이 가능한 것일까?

흥청은 예외 없이 모두 장악원 소속인 데 반해, 운평은 일부가 장악원에 소속된 경우도 없지 않았으나 대부분이 각 지방관아에 속해 있었다. 이를 감안하면 1만이란 숫자는 아무래도 과장된 숫자가 아닐 수 없다. 설령 연산군이 이 같은 대규모의 여악을 설치했다 하더라도, 대다수의 운평은 명칭만 운평일 뿐 지방관아 소속의 통상적인 관기에 불과했다고 보는 것이 옳을 듯싶다. 이는 1만 명에 이르는 엄청난 규모의 여악을 궁중의 각종 의식행사에 모두 동원할 수는 없었다고 보는 것이 사리에 맞기 때문이다.

나아가 지방관아 소속의 향기 가운데 과반수에 달하는 인원이, 모두 음률이 출중해야만 하는 운평의 선발기준에 합당했다고 보는 것도 무리가 있다. 더구나 지방관장이 예비홍청인 운평을 아무런 지원도 하지 않은 채 관리하기는 어려웠을 것이다. 따라서 설령 연산군이 여악의 규모를 대폭 확대했다 할지라도 이같이 엄청난 규모의 여악을 통상적으로 운영했다고 보는 것은 아무래도 무리가 있다.

물론 사관들은, 연산군이 엄청난 숫자에 달하는 운평 등의 생활비를 조달하기 위해 이들의 '기둥서방'(妓夫)들에게 갖가지 명목의 수탈을 자행했다고 주장했다. 그러나 이는, 연산군이 여악을 선발할 때 기둥서방을 두고 있는 이른바 '유부기'(有夫妓)는 선발하지 말도록 전교한 사실과 배치되는 악의적인 왜곡이 아닐 수 없다.

유부기는 기둥서방을 두고 관아 소속의 관기 구실을 하면서 일반인을 상대로 기생업을 하는 관기를 말한다. 조선시대에 기둥서방이 될 수 있는 사람은 대궐의 별감과 포도군관, 의정부 사령, 의금부 나장, 궁가(宮家)의 청지기 등에 한했다. 이들 가운데서 왕을 모시는 대전별감이 기둥서방으로 가장 인기가 높았다. 유부기와 달리 '무부기'(無夫妓)는 기둥서방 대신에 '기생어미'를 두고 있는 관기를 말한다. 기생어미는 자기 대신 기적에 올라간 수양녀 등의 후견인으로서 이들에게 몸을 의지해 여생을 보내는 퇴기를 말한다. 기생어미는 대부분 향기였다.

연산군이 무부기만을 대상으로 하여 여악을 충원토록 명한 것은,

유부기의 경우는 음악에 전념키도 어렵거니와 기둥서방을 통해 궁중의 일이 누설될 우려가 컸기 때문이다. 연산군의 이 같은 전교는 홍청들을 매우 전문적인 예인집단으로 훈련시켜 관리하고자 하는 의도에서 나온 것으로 보아야 한다. 따라서 기둥서방들에게서 막대한 숫자에 달하는 운평 등의 운영자금을 조달했다는 사관의 주장은 역사적 사실을 왜곡한 억지 주장이 아닐 수 없다. 연산군은 홍청과 운평이라는 이름을 붙인 까닭을 다음과 같이 말하고 있다.

> 왕이 여악의 악명(樂名)을 어서하여 내리며 말하기를, "홍청이란 더러움을 깨끗이 씻으라는 뜻이요, 운평은 태평한 운수를 만났다는 뜻인데 그 의미가 어떠한가" 하였다.《연산군일기》 10. 12. 22)

홍청과 운평은 애초부터 연산군의 치세를 노래하기 위해 구성된 의전가무악대임을 확실히 알 수 있다. 반정세력이 주장하는 것처럼 결코 음락을 즐기기 위해 설치한 기구가 아닌 것이다. 홍청과 운평은 사실 연산군이 거창한 이름을 붙여서 그렇지 조선왕조 5백년 내내 존재한 장악원 소속 여악을 확대 개편한 것일 뿐이다. 그렇다면 연산군은 왜 이같이 여악을 확대 개편하고 나선 것일까?

그 이유는 크게 두 가지 측면에서 찾아볼 수 있다. 우선 연산군 스스로 언급한 바와 같이 태평세월을 맞이한 연산군의 자신감을 들 수 있다. 홍청은 명칭 자체가 사악함과 더러움을 말끔히 씻어내라는 뜻을 지니고 있는 데서 알 수 있듯이, 태평세월의 영속을 기원하는 의미를 담고 있다. 운평이라는 명칭 또한 태평한 운수를 만났다는 뜻을 지니고 있는 데서 알 수 있듯이, 연산군이 자신의 치세를 태평성세로 간주했기 때문에 붙인 명칭이다.

이 같은 명칭 자체가 바로 자신의 치세에 대한 자신감의 표현이었다. 홍청은 바로 갑자사화에서 왕권에 도전한 역적세력을 토멸(討滅)한 것을 기념하는 말이고, 운평은 이제야말로 명실상부한 태평성대를 구가하겠다는 의지를 담은 말인 것이다.

다른 하나는 연산군이 왕의 권위와 위엄을 안팎에 과시하기 위한 방안의 하나로 여악의 확대 개편을 꾀했을 가능성이다. 연산군이 홍청 등을 둔 시점은 갑자사화가 사실상 마무리된 뒤였다. 갑자사화는 후술하는 바와 같이 왕권에 대한 신권의 도전을 분쇄하는 와중에 빚어진 참화였지만, 이로 말미암아 왕권이 전례 없이 막강해진 것 또한 부인할 수 없는 사실이다. 연산군이 홍청을 왕이 주재하는 각종 행사에 의전악대로 활용한 사실이 이를 뒷받침한다.

그렇다면 연산군의 이 같은 판단은 과연 옳았을까? 태평세월을 어떻게 정의하느냐 하는 문제가 있으나, 대략 연산군의 치세기간은 태평세월이었다고 보아도 크게 틀리지 않는다. 그의 치세기간에는 성종조의 성세가 그대로 이어진 것은 물론 훨씬 홍성한 느낌마저 주고 있다. 따라서 연산군이 자신의 치세를 태평세월로 간주하여 홍청 등을 둔 것 자체를 크게 탓할 수는 없다고 생각한다.

물론 성리학이 지배하던 조선왕조에서 여인들만으로 구성된 의전 가무악대를 별도로 창설한 것은 당시에도 분명 기이한 느낌을 주었을 것이다. 그러나 여악은 왕조의 통치에 매우 중요한 구실을 담당했기 때문에 없어서는 안 될 존재였다. 조선왕조 개국 이래 줄곧 여악의 폐지를 논의했지만 실현되지 않은 까닭도 바로 이 때문이다. 가장 현실적인 이유로는 중국 사신을 비롯해 왜나 야인의 사신을 접대할 때 이들 여악이 절실히 필요했던 점을 들 수 있다.

외국 사신들을 접대하면서 무미건조하게 장악원의 남자 악사들만

나와 춤도 없이 악기만 연주할 수는 없는 일이다. 특히 중국 사신이 오면 조정은 온통 긴장할 수밖에 없었으므로, 어떤 식으로든 중국 사신을 잘 대접하지 않으면 안 되었다. 중국이 명나라 때 들어와 여악을 폐지한 데 반해 조선왕조만이 유독 망할 때까지 여악을 계속 존치한 이유도 바로 여기에 있다고 짐작된다.

사실 외국 사신을 접대해야 할 필요성말고도 여악이 존재해야 할 이유는 얼마든지 있었다. 궁중에서 열리는 각종 행사는 물론 공신과 원로대신들의 노고를 치하하는 잔치에서도 이들 여악은 중요한 의미를 지니고 있었다. 여악이 참여하는 연회는 왕이 내리는 매우 은혜로운 하사품과 같은 의미를 지니고 있었기 때문이다. 이는 여악이 연회하는 풍악의 종류에 몇 단계의 차등이 있다는 점을 감안하면 쉽게 수긍할 수 있을 것이다.

중국 사신을 대접하거나 원훈공신을 치하할 때는 거의 예외 없이 1등악을 베풀었고, 왜의 사신 등을 접대하는 때와 같이 격이 떨어지는 경우는 그 비중에 따라 2~3등악을 구별하여 베풀었다. 한마디로 말해 조선왕조의 여악은 주변국과 원만한 관계를 유지하고 궁중의 각종 연회를 풍성하게 하는 것은 물론, 대소 신료들에게 왕의 온정을 표시히는 데 매우 중요한 구실을 한 것이다.

흥청은 의전을 위해 설치한 것이다

연산군은 여악의 이 같은 전통적인 역할에다 바로 궁중의 각종 행사에서 의전 역할을 추가했을 뿐이다. 풍류인을 자처한 연산군은 이들 여악을 단순히 사신 접대와 궁중연회에 동원하는 차원을 넘어서, 왕의 위엄을 드높이는 일종의 '의전용'(儀典用) 가무악대로 만들려는 생각을 가지고 있었던 것이다. 사실 연산군은 백관들에게 조례를 받는 통상적인 의식은 물론 왕의 행차 등에서 왕의 위엄을 드높이는 데 흥청 등을 적극 활용하였다.

물론 성리학적 이념으로 무장한 사대부들은, 여악을 군신을 나태하게 만들어 끝내는 나라를 위기에 빠뜨릴 수도 있는 사악한 조직으로 인식한 것이 사실이다. 개국 이래 줄곧 여악에 대한 폐지 논의가 일어난 것도 이 때문이다. 그러나 여악은 앞서 언급한 바와 같이 현실적인 여러 이유 때문에 없앨 수 없었다.

실록을 보면 연산군이 흥청 등을 이용한 행사는 주로 왕권의 권위와 위엄을 보여주기 위한 의전용 행사였음을 쉽게 확인할 수 있다. 흥청을 설치한 가장 큰 목적은 바로 치세를 구가하는 데 있었다. 연산군은 흥청을 당현종이 만든 '이원'(梨園 : 궁궐 안에 설치한 음악교습소)에 비유했다. 이 때문인지는 몰라도 연산조 이래 장악원은 흔히 '이원'으로 별칭되었다. 그러나 사관은 연산군이 자신의 방탕을 위해 흥청 등을 유흥의 도구로 '흥청망청' 이용했다고 왜곡한 것이다. 다음 기록을 보면 이들이 흥청을 어떻게 왜곡했는지 한눈에 알 수 있다.

사자를 팔도에 보내어 시녀 및 공·사천과 양가의 딸을 널리 뽑아 들였는데 그 수효가 거의 1만 명에 이르렀다. 그들의 급사·수종과 방비(房婢)라고 일컫는 자도 그 수와 같았다. 7원 3각을 설치하여 이들을 거처하게 했는데 운평, 계평 따위의 호칭이 있었다. 따로 뽑은 자를 흥청악이라 하고 악에는 세 과가 있었는데, 끰을 거치지 못한 자는 지과(地科)라 하고 끰을 거친 자는 천과(天科)라 하며, 끰을 받았으되 흡족하지 못한 자는 반천과(半天科)라 했다. 그 가운데서 가장 끰을 받은 자는 작호를 썼는데 숙화(淑華), 여원(麗媛), 한아(閑娥) 따위의 이름이 그것이다. 이들 가운데는 그 기세와 왕의 끰에서 장녹수나 전전비(田田菲)와 동등

한 자 또한 적지 않았다. 왕이 그 속에 빠져 오직 날을 부족하게 여기며, 흥청 등을 거느리고 금표 안에 달려나가 사냥을 하거나 술 마시고 가무하며 놀았다. (《중종실록》 1. 9. 2)

이 기록만을 놓고 본다면 흥청을 연산군의 유흥도구에 지나지 않는 것으로 오해할 수밖에 없다. 그러나 흥청은 기본적으로 궁중의 각종 의식행사나 빈객을 맞이하는 대소연회 등에 내세우기 위해 만든 의전가무악대였다. 물론 천과와 지과 등은 관에서 받는 녹봉 등에 상당한 차이가 있었다. 그러나 이 같은 분류는 어디까지나 음률과 가무 등에 관한 이해를 토대로 한 것이지, 연산군에게 꼼을 얼마나 받았는지를 기준으로 한 것은 결코 아니다.

이 기록에서 가장 큰 왜곡은 흥청의 설치목적과 관련한 대목이다. 사관은 연산군이 흥청을 사냥 등에 대동한 사실을 예로 들어, 흥청이 마치 쾌락의 도구인 양 기록해 놓았다. 그러나 연산군이 사냥 등에 흥청을 대동한 것은 어디까지나 왕의 위엄을 장엄하게 꾸미기 위한 것이었다. 이를 두고 흥청을 쾌락의 도구로 폄하하는 것은 흥청의 설치목적을 악의적으로 왜곡한 것이 아닐 수 없다. 흥청의 설치목적은 연산군의 다음과 같은 전교를 보면 쉽게 알 수 있다.

우리나라의 신하는 충성스런 자가 적다. 위를 섬기는 정성에서 마음은 비록 그렇지 않다 하더라도 예모는 공경하지 않을 수 없는 것이다. 무릇 조참·조하·거둥할 때는 뜰에 벌여 있는 백관·군교 등은 모두 꿇어앉을 것이며 광희는 각각 그 악기를 가지고 꿇어앉지는 말게 하라. (《연산군일기》 11. 1. 21)

만일 연산군이 홍청 등을 유흥의 도구로 설치했다면, 왕이 조회를 받거나 행차할 때 홍청 등에게 악기를 소지하고 참석토록 한 사실을 어떻게 받아들여야 할까? 그렇게 가정할 경우 백관들은 모두 꿇어앉는데 유독 가무악대만 꿇어앉지 않도록 한 이유를 설명할 방법이 없다. 홍청 등은 설치 전부터 기본적으로 왕의 위엄과 권위를 상징하는 의전가무악대의 기구로 만들어진 것이다.

홍청은 연산군이 의전가무악대로 발족시켜서 특이하게 보일 뿐이지, 원래는 고려조 이래의 여악을 확대 개편한 것일 뿐이다. 따라서 연산조에 확대 개편된 여악이 홍청이라는 거창한 이름을 달고 있어서 그렇지, 그 본질은 전래의 여악과 전혀 다를 바 없는 것이다. 연산군의 다음과 같은 전교를 보면 여악이 확대 개편된 배경을 더 확연히 파악할 수 있다.

궁인들이 문자를 알지 못하므로 비록 서책을 가져오도록 해도 제목조차 알지 못하니 자못 뜻에 맞지 않는다. 궁중의 예의범절은 글을 읽을 수 있는 자가 아니면 집례를 할 수 없으니, 반드시 나이가 젊고 영리한 계집을 뽑아들여 학습시켜야 하겠다. 또한 음악은 혈기를 화창하게 하는 것으로서 잠시도 폐할 수 없는 것이다. 대궐잔치에 음악을 연주할 때는 음악을 아는 여자에게 살피도록 하는 것이 좋으니, 창기와 공·사천 가운데서 젊고 영리하며 자색이 있고 음률을 알며 신중하고 말이 적고 마마 등의 병을 치른 자를 아울러 뽑아들이도록 하라. 위 여자들을 창경궁으로 뽑아들여 함부로 나가지 못하게 한 뒤, 의복 등을 주어 글을 가르치고 음악 가르치는 사람으로 하여금 날마다 교훈시켜 그 업을 이루도록 하라.(《연산군일기》 10. 11. 24)

문자를 아는 여자로서 궁 안의 여러 행사에서 집사 구실을 한 사람은 일명 '의녀'(醫女)로 불리던 약방기생이다. 연산군의 전교내용을 보면 당시 의녀 가운데는 간단한 한자조차 제대로 해득하지 못하는 자들이 매우 많았음을 알 수 있다. 연산군이 어린 나인을 뽑아 총명한 의녀를 양성해야 한다고 말한 것도 이 때문이다. 당시 약방기생 역시 흥청의 설치에 발맞추어 대대적으로 개편되었음을 짐작할 수 있다.

관기 가운데서 영리하고 자색이 있으며 음률을 알고 말이 적은 자를 뽑아 올리도록 조치한 것은, 바로 여악(女樂)을 새롭게 개편하려 하는 연산군의 의지가 표현된 것이다. 연산군의 이 같은 전교에 비추어 당시 여악들의 면면이 탐탁지 않았음이 틀림없다. 이 같은 상황에서 특히 음률에 조예가 깊은 연산군으로서는 여악을 개편하고 싶은 충동을 강하게 느꼈을 것이다.

다시 말해 연산군이 흥청의 설치를 적극 강구하게 된 것은, 바로 당시의 여관(女官)들이 맡은 바 소임을 제대로 수행하지 못했기 때문이다. 궁내 행사를 제대로 치르기 위해서는 어느 정도 교양이 있는 똑똑한 의녀가 필요하듯이, 궁중의 모든 의식을 제대로 치르기 위해서는 음률을 아는 여악이 필요했다.

연산군은 여악의 구성원을 새롭게 충원해 장악원의 면모를 일신하고자 한 것이다. '연방원'(聯芳院)으로 이름을 바꿈으로써 면모를 일신한 장악원 소속의 여악이 바로 '흥청'인 셈이다. 연산군의 이 같은 전교는 그가 결코 유흥을 위해 흥청을 설치한 것이 아님을 보여주고 있다. 이는 궁중용어를 언문으로 번역, 인쇄하여 새로 뽑혀온 여악들에게 배포한 사실로도 알 수 있다. 이는 흥청이 애초부터 여관제도의 하나로 만들어졌음을 의미한다. 오로지 유흥을 위해 설치한 것이라면 이같이 세밀한 교육은 그다지 필요하지 않았을 것이다.

나아가 연산군의 전교에 나타나 있듯이, 홍청에 선발된 자들은 양가집 규수가 아니라 창기나 공사천 가운데서 자색이 있고 음률을 아는 자들이었다. 연산군이 양가집 규수와 유부녀들을 취하여 홍청을 만들었다는 사관들의 주장이 얼마나 황당한 왜곡인지를 보여주는 대목이다.

연산군은 홍청과 정신적으로 교감했다

그렇다면 사관이 주장하는 연산군의 '음희설'(淫戲說)은 어떻게 해석해야 할까? 과연 사관들의 주장과 같이 연산군은 홍청들과 음락을 일삼은 것일까? 혹시 음악과 시를 좋아하는 연산군이 홍청들과 나눈 교감행위를 터무니없는 음행으로 왜곡한 것은 아닐까?

결론부터 말하면, 연산군과 홍청의 염문은 정신적인 교감을 통한 매우 낭만적인 것으로 사관이 주장한 것과는 거리가 멀었다. 대표적인 실례로 원주기생 월하매(月下梅)와의 일화를 들 수 있다. 월하매는 정식 홍청도 아닌 가홍청(假興淸)이었다. 월하매가 가홍청으로 있었던 데는 나이가 많았거나 자색 또는 음률이 그다지 빼어나지 않았거나 하는 등의 이유가 있었을 것으로 보인다. 그럼에도 실록의 기록에 따르면 연산군은 모든 홍청 가운데서 월하매를 가장 총애한 것으로 나타나고 있다.

월하매는 병을 얻어 홍청이 창설된 지 1년도 안 된 연산군 11년 9월에 죽고 말았다. 실록의 기록을 보면 월하매의 죽음은 연산군에게 엄청난 충격이었던 듯하다. 연산군이 월하매의 죽음을 얼마나 비통해했는지는 월하매에 대한 상례조치를 보면 쉽게 알 수 있다. 월하매를 염하는 문제를 비롯한 일체의 상례를 승지가 주관했고, 해당 관사의 당상관들도 각각 분야별로 상례에 관련된 일을 직접 분담했다. 연산군은 월하매의 상례에 만약 조금이라도 소홀한 점이 드러날 경우 당상관일지라도 중형을 면치 못할 것이라는 엄명을 내리기도 했다.

사실 염하는 일을 승지가 주관하는 경우는 나라에 큰 공을 세운 원로공신이 죽었을 때뿐이다. 그런데 일개 가흥청의 죽음에 승지가 가서 상례를 감독한 것은 파격 중의 파격이었다. 이로 미루어 연산군이 얼마나 애통해 했는지 대략 짐작할 수 있다. 월하매의 죽음을 애도한 그의 다음과 같은 시를 보면 그의 애통해 하는 심경이 잘 나타나 있다.

> 너무 애달파 눈물 거두기 어렵고 悼極難收淚
> 슬픔이 깊으니 잠조차 오지 않네 悲深睡不成
> 마음이 어지러워 애끓는 듯하니 心紛腸似斷
> 이로 해서 생명이 상할 줄 깨닫네 從此覺傷生

《연산군일기》 11. 9. 16)

월하매를 잃은 슬픔으로 말미암아 생명이 단축될지도 모르겠다고 자인한 데서 알 수 있듯이, 이 시는 그가 당시 얼마나 깊은 절망감에 빠져 있었는지를 잘 보여주고 있다. 흔히들 연산군이 장녹수를 가장 총애한 것으로 알고 있으나, 이는 사실과 다른 듯하다. 연산군은 오히려 월하매를 마음속으로 가장 총애한 것이 아닌가 하는 생각이 든다. 이 시는, 마치 당명황이 죽은 양귀비를 그리워하여 당대의 거장 백낙천을 불러 〈장한가〉(長恨歌)를 짓도록 한 전례를 떠올리게 한다.

연산군이 〈장한가〉를 염두에 두고 이 시를 지었는지는 모르겠으나, 아무튼 일개 기생의 죽음을 이토록 목놓아 슬퍼한 것은 매우 기이한 일이었을 것이다. 연산군은 월하매의 무엇을 그토록 사랑한 것일까? 연산군은 바로 월하매의 호방함과 총명함을 사랑한 것이다. 이는 월하매의 죽음과 관련한 사관의 다음과 같은 평을 보면 쉽게 확인할 수 있다.

　　원주기생 월하매는 음률을 알고 희학(戲謔 : 농지거리)을 잘하여 왕의 뜻에 많이 맞았으므로 왕이 늘 호방하다고 칭찬하여 사랑이 컸는데, 병이 나서 별원에 옮겨 있게 되자 왕이 늘 가서 문병하였다. 그녀가 죽자 왕이 애도하여 여완(麗婉)이란 칭호를 주고 신하들에게 명하여 제문을 짓도록 하였다. 글이 뜻에 맞지 않자 곧 강혼을 시켜서 고쳐 짓게 하고 친히 두세 번 전을 올리고는 문득 통곡하였으며 그 부모 형제를 불러서 인견하였다. 또 후원에서 제사를 베풀어 비·빈·흥청들을 거느리고 친히 무당의 말을 들으며 더욱 비통해하였다. 장사지낼 즈음에는 이런 제사를 한두 번 베푼 것이 아니었고 재상들도 제사에 참여케 하였다.(《연산군일기》 11. 9. 15)

　　이 기록을 보면 연산군이 어떤 여인을 좋아했는지 확연히 알 수 있다. 사관의 평이 과장되었을 가능성이 높다는 점을 감안하더라도 월하매는 당대에 보기 드문 매우 총기 있는 여자였음을 직감할 수 있다. 바로 이 점이 연산군의 마음을 사로잡았을 것으로 짐작된다.

　　음률을 이해하는 기생으로서 왕의 뜻을 잘 헤아리는 것은 물론 호방하기까지 했으니, 호걸을 자처하던 연산군으로서는 총애를 아끼지 않았을 것이다. 월하매가 연산군의 의중을 그토록 잘 헤아렸다는 기록으로 미루어, 죽을 당시 그녀는 대략 연산군과 비슷한 20대 후반이었을 것으로 짐작된다. 이 기록을 보면 월하매와 연산군의 관계는 무슨 연인 사이라기보다는 마음이 잘 통하는 남녀친구 사이 같은 느낌을 강하게 준다.

　　연산군은 대소 신료들과 함께 경치 좋은 곳으로 나아가 흥청의 주악 속에서 주변 경개를 완상(玩賞)하는 시 짓기 대회를 자주 베풀었다. 음률을 알고 재색을 겸비한 흥청이 저마다 기량을 마음껏 선보이는 자

리에서 군신이 함께 시를 짓는 모습은 태평성세의 모습이 아닐 수 없
다. 조선왕조의 역대 왕 가운데 이보다 더한 낭만을 구가한 왕은 없다
고 해도 과언이 아니다. 그러나 사관은 확인도 안 되는 사실을 바탕으
로, 연산군이 흥청들과 때와 장소를 가리지 않고 음행을 일삼았다고 기
록해 놓았다.

> 왕이 미행으로 경복궁에 이르러 대비에게 잔치를 드리고, 잔치가 파
> 하자 내구마(內廐馬) 1천여 필을 들이게 하여 흥청을 싣고 탕춘대(蕩春
> 臺)로 갔다. 나인과 길가에서 간음하였다.(《연산군일기》 12. 7. 7)

이 기록에 따르면, 연산군은 내거둥을 하여 대비에게 진연한 뒤 흥
청들을 내구마에 태워 탕춘대로 가는 도중 나인과 간음을 한 셈이 된다.
당시 탕춘대가 있던 장의문 밖은 신라 무열왕 때 창건된 '장의사'(藏義
寺)가 있던 곳으로 매우 뛰어난 절경을 이루고 있었다. 연산군은 경치
가 뛰어난 이곳에 이궁(離宮) 대신 누각을 지어 군신들과 함께 풍류를
즐겼다. 그러나 탕춘대는 연산군이 폐위된 뒤 곧바로 헐린 까닭에 현재
는 그 흔적을 찾기도 어려운 실정이다.

아무튼 이 기록에 나오는 나인은 전후문맥으로 보아 흥청을 지칭한
것으로 해석할 수밖에 없다. 그렇다면 이 같은 기록이 과연 사실일까?
그러나 연산군이 길가에서 흥청과 간음했다는 기록을 그대로 믿기는
어렵다. 연산군을 악의적으로 폄하하려는 의도가 짙게 풍기고 있기 때
문이다.

만일 연산군이 흥청과 길에서 간음했다면 크게 두 가지 경우를 상
정할 수 있다. 우선 연산군이 가마를 타고 갔을 경우이다. 언뜻 커다란
가마 안에서 간음을 하는 것은 가능하지 않겠느냐고 생각할 수도 있을

것이다. 그러나 사냥을 좋아한 연산군은 바깥으로 나갈 때 한번도 가마를 타고 출타한 적이 없다. 물론 사관도 가마를 타고 갔다고 주장한 것은 아닌 듯하다.

그렇다면 연산군이 말을 타고 갔을 경우인데, 이 경우에는 말 위에서 간음할 수는 없을 테니 천상 인적이 드문 한적한 곳에 당도해 행렬을 멈춰야만 한다. 과연 숱한 홍청들을 거느리고 가던 도중에 간음을 하기 위해 행렬을 멈추는 일이 가능한 것일까. 도저히 있을 수 없는 일이다.

나아가 탕춘대는 실록의 기록을 종합해볼 때 결코 음행의 장소로 사용된 적이 없다. 탕춘대 준공식 때 연산군은 자순대비를 모시고 가 대대적인 잔치를 벌였다. 이는 탕춘대가 결코 음락을 위한 놀이장소가 아니었음을 상징적으로 보여주는 것이다. 동시에 연산군은 홍청을 데리고 탕춘대에 놀러갈 때는 빠짐없이 백관들을 대동했다. 이 같은 정황에 비추어 길에서 홍청과 간음했다는 사관의 주장은 기상천외한 것이 아닐 수 없다.

연산군이 정신적 교감을 깊숙이 나눈 홍청으로는 월하매말고도 광한선(廣寒仙)이 있다. 광한선은 경기(京妓)였다. 연산군이 광한선을 처음 만난 것은 홍청이 설치되기 이전이다.

장악원 관원이 해금 타는 기생 광한선 등 4인을 적어서 아뢰니, 전교하기를 "요사이 비가 마침 흡족하게 왔으므로 작은 잔치를 양전(兩殿)께 드리는 것이니 광한선 등에게 해금을 가지고 들어오게 하라" 하였다. 좀 있다가 전교하기를 "가야금과 아쟁 잘 타는 기생을 한 명씩 또 빨리 뽑아들여라" 하였다. 하루는 왕이 술이 취하여 사사로이 임숭재(任崇載)에게 말하기를 "내가 광한선을 가까이하고 싶은데 외부에서 알까 두렵다" 하니, 임숭재가 말하기를 "세조 때에도 네 기생이 있어 때 없이 궁중에 출입하였는데 기생을 뽑아 출입시키는 것을 외부에서 어찌 알겠습니까" 하였다. 왕이 비로소 생각을 결정하여 드디어 광한선을 고이게 되었다. 이에 앞서 왕이 미복으로 갈아입고 내관 5~6인에게 몽둥이를 들려 정업원(淨業院)으로 달려들어가 늙고 추한 여중을 내쫓고 나이 젊은 아름다운 자 7~8인만 남기어 음행하였다. 이것이 왕이 색욕을 마음대로 한 시초이다.(《연산군일기》 9. 6. 13)

이 기록은 내용상 '이에 앞서'라는 연결사를 기점으로 크게 두 부분으로 나눌 수 있다. 그러나 두 부분의 내용은 완전히 다른 것이다. 전후 대목은 비록 같은 날자의 같은 항목에 기록된 것이나, 내용을 보면 전혀 어울리지 않고 있어 서로 다른 얘기를 하나로 합쳐 기록한 것임을 알 수 있다.

우선 첫 대목은, 연산군이 두 대비전에 소연을 올리기 위해 해금을 잘 키는 광한선을 시켜 대비전 앞에서 연주하게 했음을 보여주고 있다. 내용으로 보아 처음에는 4명의 기생이 입궐했으나 곧바로 가야금과 아쟁을 잘 타는 기생이 2명 추가돼 모두 6명의 기생을 대비전 잔치에 동원했음을 알 수 있다. 이 대복은 기록의 내용으로 보아 분명한 사실로 보인다.

이 기록으로 보아 연산군이 경기 광한선을 알게 된 것은 바로 이날 대비전 소연을 통해서인 듯하다. 실록의 기록에 비추어 광한선은 자색을 갖춘 데다 해금까지 매우 잘 킨 것으로 짐작된다. 풍류를 좋아하는 연산군은 광한선을 처음 보자마자 마음에 두었을 가능성이 매우 높다.

그러나 연산군이 임숭재의 집에 가서 광한선을 가까이하고 싶어 안달했다는 대목은 약간 엉뚱하다. 임숭재는 임사홍의 아들로 당대의 풍

정업원구기(淨業院舊基)

류남아였다. 그러나 이 대목에 나오는 연산군과 임숭재의 대화는 조잡하기 그지없다. 연산군이 고작 일개 기생 하나 좋아하는 문제를 놓고 기껏 술의 힘을 빌려 임숭재에게 말했다는 것 자체가 어불성설이다. 설령 그렇다 치더라도 연산군이 임숭재와 은밀히 나눴을 얘기를 사관이 어떻게 그토록 소상하게 알고 있었는지 묻지 않을 수 없다. 사관이 마치 옛날 얘기하듯 '어느 날'이라고 표현한 것 자체가, 바로 이 얘기가 항설이나 사관의 독단적인 억설임을 증명하는 것이다.

후반부 기록은 연산군을 악의적으로 왜곡한 대표적인 사례라 할 수 있다. 우선 첫머리에 나오는 '이에 앞서'라는 표현은 연산군이 광한선 문제로 임숭재와 만나기 이전을 뜻한다고 보아야 한다. 그러나 실록 어디를 보아도, 연산군이 임숭재를 만나기 전은 물론 그 뒤에도 정업원에 쳐들어가 이 같은 만행을 저질렀다는 기록은 없다. 이 대목은 사관이 연산군을 황음무도한 폭군으로 각색하기 위해 악의적으로 날조했을 가능성이 높은 것이다.

사관들은 흔히 확인할 수 없는 항간의 소문이나 개인적인 소견을 사실에 가깝다고 인정하여 실록에 인용할 때, 통상 '이에 앞서' 또는 '어느 날'이라는 식의 표현을 자주 구사한다. 이 같은 점을 감안할 때 뒷 부분은 우선 그 내용의 진실성을 의심하지 않을 수 없다.

연산군이 내관들과 함께 선왕의 후궁들이 거처하는 정업원을 습격해 예쁜 여중 7~8명을 겁탈했다는 주장은 엽기적이다. 누구보다 왕권의 권위에 민감했던 연산군이 내관들에게 이따위 일을 시켰다는 것 자체가 어불성설이다. 연산군은 왕의 권위에 손상이 될 만한 일은 털끝만큼도 용납하지 않은 사람이다. 연산군은 특히 내관들에게 매우 엄격한 군주였다. 그런 그가 엄청난 파문을 몰고 올 것이 뻔한 짓을 태연히 내관들을 동원해 자행했다는 것이 말이나 되는 얘기인가?

사관은 광한선의 얘기를 하다 불쑥 연산군의 '정업원 만행설'을 거론하면서, 연산군이 색욕을 마음대로 발산하기 시작한 것은 이때부터라고 썼다. 앞뒤 대목이 전혀 논리적으로 연결되지 않는 것으로 보아, 한 대목에 두 가지 사실을 억지로 뭉뚱그려 넣은 것임을 직감할 수 있다. 이는 연산군을 호색한으로 몰아가기 위한 고육지책의 소산이 아닐 수 없다. 날조에 가까운 뒷부분을 억지로 앞부분에 덧붙이려 하다가 생긴 무리로 해석할 수밖에 없는 것이다.

아무튼 이 기록으로 보아, 이날 일을 계기로 광한선은 대비전 진연에 자주 차출되었을 것으로 짐작된다. 광한선은 연산군 10년 말 홍청이 설치되자 홍청에 편입되었다. 연산군은 광한선을 대단히 총애한 것으로 보인다. 대비전 진연에 광한선이 거의 빠짐없이 참석한 사실이 이를 뒷받침한다. 이를 두고 연산군이 광한선과 음행을 하기 위해 그녀를 매양 참석시킨 것으로 해석하는 것은 무리이다. 연산군은 광한선의 뛰어난 해금솜씨와 총기 등을 좋아했다고 보는 것이 옳다. 연산군은 시와 음악을 이해하는 여인을 정신적으로 깊이 총애했다. 광한선과 관련된 다음 기록이 이를 증명하고 있다.

두 대비가 창경궁 내전에서 왕에게 잔치를 베풀어 위로하고 정승과 사헌부·승정원을 남빈청에서 대접하면서, 기생 내한매·광한선을 글제로 하여 각각 시를 지어 바치게 하였다. 이자건(李自健) 등이 아뢰기를 "대체로 시를 읊는 것은 제왕이 숭상할 일이 아닌데 더구나 창녀의 이름으로 글제를 하겠습니까" 하고 끝내 지어 바치지 않았다. 승지 이하의 관원들은 모두 지어 바치자 왕이 호피 7장을 내려 정승·승지·대사헌들에게 하사하였다. 왕이 스스로 북을 쳐 노래하고 춤추며 여러 기생들에게 화답하게 하였다. 여러 신하들에게 노래와 춤을 시키고 더러는 손으로 사모를 벗겨 머리털을 움켜잡고 희롱하며 욕보이기를 극히 무례하게 하여 군신간에 예절이 전혀 없었다. 술이 한창일 적 왕이 안으로 들어가므로 한형윤(韓亨允) 등이 부축하여 모시고 안뜰로 들어가 앉았는데, 왕이 광한선을 끌어당겨 곁에 앉히고 해금을 타게 하며 이조참의 한형윤을 참판이라고 불러 이르기를, "너를 이조참판으로 삼는다" 하고 드디어 신을 벗어 하사하였다. 이어 시강관 남곤(南袞)을 불러《춘추》를 강하게 하였다. 왕이 스스로 위나라 사람이 정나라를 쳤다는 대목을 읽다가 "그 종묘와 사직을 없앤 것을 멸(滅)이라 한다"는 대목에 이르러 갑자기 슬픈 기색을 하며 이르기를, "즐겁게 술 마시는 밤에는 포폄(褒貶 : 옳고 그름이나 선하고 악함을 판단하여 결정함)한 글을 강할 것이 아니다" 하고 그만 일어나 들어갔는데 이미 새벽 2시였다.(《연산군일기》9. 11. 20)

이날의 잔치는 인수대비와 자순대비가 베푼 것이다. 연산군은 이날 두 대비의 성의에 감읍해 완전히 대취했다. 연산군은 이날 홍을 돋우기 위해 광한선 등을 시제로 하여 시를 짓게 했으나, 사헌부 장령 이자건은 이를 단호히 거부했다. 왕의 명을 거부한 그의 기개도 대단하지만 일면 홍겨운 잔치 자리에서 너무 고지식한 게 아닌가 하는 생각도 든다. 비록 기생 이름이기는 하지만 '내한매'(耐寒梅)와 '광한선'(廣寒仙)이라는 시제는 궁중 연회의 시제로는 제격이기 때문이다.

추운 겨울을 견디고 새 봄에 꽃을 피우는 매화와, 달 속에 있다는 광한루의 신선을 생각하며 시를 지으면 될 것인데, 이자건은 창녀의 이름을 시제로 삼아 시를 지을 수 없다고 한 것이다. 그러나 연산군은 이자건을 나무라지는 않았다. 이날 잔치가 보통 홍겨웠던 게 아님을 짐작할 수 있다.

연산군이 이토록 취한 모습을 보인 것은 이때가 처음이다. 이 부분은 연산군의 호방함을 엿볼 수 있는 대목이다. 군신이 하나가 되어 즐기는 장면이 그리 흔한 것은 아니기 때문이다. 물론 이날 주연에서 보여준 연산군의 모습은 그 정도가 지나친 감이 없지 않다. 그러나 이를 그렇게 매도할 일은 아니다. '파탈'(擺脫)의 운치가 있기 때문이다.

한형윤은 인수대비의 조카이다. 연산군이 한형윤을 참판으로 제수하는 장면은 꽤나 낭만적이다. 이는 중국 고사에 나온 것을 흉내낸 것이다. 연산군은 자신의 말이 취중의 헛소리가 아님을 보여주기 위해 이를 흉내낸 것이다. 그러나 더욱 홍미 있는 것은 그토록 군신이 하나가 되어 대취할 정도로 술을 마시다가 신하를 불러 《춘추》를 강하게 한 대목이다. 연산군이 술을 먹다가 경서를 강하게 한 경우는 실록의 기록만 놓고 볼 때 이 때가 유일하다. 신료들과 어울려 술을 마셔 대취한 뒤 다시 경연과 비슷한 자리를 마련한 것은, 당시의 기준에서 봤을 때 폭군보다는 오히려 성군의 모습에 가까운 것이었다.

연산군이 사서삼경이 아닌 역사서를 강하게 한 것은 연산군 자신이 역사에 관심이 많았기 때문으로 보인다. 《춘추》는 사서삼경과 달리 춘추시대 각 나라의 흥망사를 담은 역사책이다. 제왕으로서 《춘추》를 깊이 이해하는 것은 매우 중요한 일이 아닐 수 없다. 이는 성종이 사서삼경을 밤늦게까지 강하면서 대신들과 통치사상을 논한 것과 매우 대조적이다. 연산군은 성리학의 기본서인 사서삼경에 대해서는 성종만큼 통달하지 못한 듯하다. 그러나 연산군은 역사에 관심이 많았던 만큼 역사를 보는 눈이나 통치의 핵심을 헤아리는 안목에서는 오히려 성종보다 낳았다. 연산군이 많이 취한 상태에서도 춘추의 한 대목을 읽은 것이 이를 증명한다.

위나라가 정나라를 멸한 대목을 읽다가 갑자기 슬픈 표정으로 강독을 그쳤다고 한 것은 조작의 냄새가 짙다. 당시 성리학은 철저한 이성주의에 입각해 있었음에도 미신적인 '참위설'을 사실인 양 믿었다. 철저한 이성주의가 허무맹랑한 참위설과 연결된 것은 역설이 아닐 수 없다. 사관은 바로 이 같은 참위설을 좇아 연산군이 문득 슬픈 표정을 지었다고 표현했을 공산이 크다.

연산군이 신료들과 주연을 즐긴 것은 한두 번이 아니지만 이때의 향연은 거의 파격에 가까웠다고 할 수 있다. 연산군은 이때 이후 더는 이같이 파격적인 주연을 벌이지는 않았다. 사실 연산군도 이날 주연이 끝난 뒤 적잖이 후회하는 모습을 보였다. 그러나 연산군은 이날 주연에서 한 자신의 행동을 분명히 알고 있었다. 이날 주연이 비록 파격적이긴 했지만 단순히 유흥을 위한 것은 아니라는 생각을 확고히 가지고 있었던 것이다. 다음과 같은 전교를 보면 그가 왜 이같이 파격적인 주연을 즐겼는지 대략 짐작할 수 있다.

옛날에 당명황이 이원을 설치한 것은 환락을 즐기기 위한 것인데, 나는 그런 것이 아니다. 한 가지는 자전(慈殿)에게 효도하려는 것이고, 또 한 가지는 계사(繼嗣)를 넓히려는 것이며, 다른 한 가지는 혈기를 화창하게 하여 태평을 이루려는 것이다. 후세에 불행히도 나를 욕되게 하는 자가 있을까 하니 힘써 이 같은 폐단을 바로잡는 것은 바로 충신에게 달려 있다.(《연산군일기》 12. 8. 5)

이 기록에서 알 수 있듯이 연산군은 크게 3가지 이유 때문에 자주 주연을 베풀었다. 그가 내세운 첫째 이유는, 그가 두 대비전에 지극한 정성을 기울였다는 사실을 통해 분명히 확인할 수 있다. 연산군이 제시한 둘째 이유는, 언뜻 연산군이 흥청을 후계왕자를 낳기 위한 도구로 삼은 것이 아니냐 하는 오해를 낳을 소지가 다분히 있다. 그러나 이 발언만을 떼어내 연산군을 방탕한 군왕으로 모는 근거로 삼아서는 안 될 것이다. 제왕이 자신의 뒤를 이을 왕자를 많이 두는 것은 탓할 일이 아니기 때문이다. 둘째 이유는 셋째 이유와 내용상 일맥상통하는 것으로 해석하면 큰 무리가 없다.

셋째 이유는, 흥청을 통해 가슴에 맺힌 한을 풀어 혈기를 화창하게 하려는 연산군의 개인적인 의도와 연결되어 있다고 보아야 한다. 제왕의 혈기가 화창하지 못할 때는 제왕 개인뿐만 아니라 나라 전체에도 커다란 짐이 될 수 있다. 후계를 넓히기도 어렵거니와 제대로 된 통치를 기대하기도 어렵기 때문이다.

따라서 둘째 이유는, 흥청을 통해 혈기를 화창하게 함으로써 후사를 넓히겠다는 뜻으로 풀이해야 한다. 이를 흥청을 통해 후계왕자를 낳겠다는 뜻으로 해석하는 것은 잘못이다. 굳이 후계자를 넓히고자 했다면 흥청 가운데 마음에 드는 사람을 후궁으로 들여놓으면 되기 때문이다. 만일 홍청을 통해 왕자를 생산코자 했다면 홍청들이 왕자나 옹주를 낳을 때마다 내명부의 작첩을 내려야 하는데, 이는 매우 번거롭기 그지 없는 일이다.

따라서 연산군이 세 가지 이유를 언급한 것은, 홍청을 설치함으로써 대비전에 효도하는 것은 물론 제왕의 혈기를 화창하게 하여 후사를 든든히 하는 동시에 공평무사한 통치를 하겠다는 의도를 밝힌 것으로 보아야 한다. 연산군이 홍청을 설치한 취지는 홍청과 더불어 '홍청망청' 유흥을 하려는 것이 아니라, 말 그대로 '만조충신'(滿朝忠臣)의 성세를 구가하려는 것이었다.

성균관 이전(移轉)에는 유생들의 책임이 컸다

홍청의 설치목적과 관련한 사관의 왜곡 가운데 반드시 검토하고 넘어가야 할 사항이 하나 있다. 그것은 바로 연산군이 성균관을 홍청들과 음회를 즐기는 장소로 만들었다는 주장이다. 반정세력은 연산군이 공자를 비롯한 선현들의 위패를 함부로 내굴리면서, 신성한 교육장소인 성균관을 홍청과 유회를 즐기는 장소로 만들었다고 주장하고 있다. 만일 이것이 사실이라면, 이는 당시 기준에서 볼 때 성리학의 통치이념을 전면 거부하는 엄청난 사건이 아닐 수 없다.

과연 연산군이 이 같은 일을 벌였을까? 결론부터 말하면 이 기록은 그 배경은 전혀 검토하지 않고 표면적인 결과만을 가지고 자의적으로 해석한 것에 불과하다. 과연 어떤 이유로 이 같은 왜곡이 빚어지게 된 것일까? 사실 연산군은 즉위 초 대비들의 불사문제로 대간들뿐만 아니라 성균관 유생들과도 격렬하게 충돌했다. 연산군은 이때 인수대비의 명을 받들어 대간들과 유생들의 끈질긴 공박을 정면돌파로 헤쳐나갔다. 당시 성균관 유생들의 반발은 오히려 대간들보다 더한 감이 있었다. 이 때문에 연산군은 일부 강경한 유생들에 대해 일정 기간 동안 과거 응시자격을 박탈하는 정거(停擧)조치를 취하기도 했다.

이 사건을 계기로 연산군은, 유생들이 본업인 학업에는 관심이 없고 정치에 너무 깊이 간여하고 있다고 생각하게 되었다. 이 같은 생각은 그다지 틀린 것이 아니었다. 당시 성균관 유생들은 겉멋이 들어 요즘의 자가용에 해당하는 말을 타고 등교를 하는가 하면, 아예 책을 들고 다니지 않는 유생도 많았다. 나아가 일부 유생들은 재상집이나 유력 관원들의 집을 드나들며 앞날을 위해 줄을 대는 일까지 있었다. 연산군은 이를 막기 위해 〈분경금지령〉(奔競禁止令)과 〈홍학절목〉(興學節目) 등을 마련해 유생들의 학업 정진을 독려했다.

이 같은 일련의 조치를 조정에 비판적이던 유생들을 묶어두기 위한 것으로 해석하는 견해도 있으나, 이는 한쪽 면만을 강조한 것이다. 연산군은 유생들이 사치풍조에 젖어 스승을 가볍게 여기고 함부로 왕의 위엄을 깎아내리는, 이른바 '능상'(凌上)의 풍조에 빠져 있다고 판단해 이 같은 조치를 취한 것이다.

이를 두고 일부 논문은 당시 유생들이 시세에 영합한 교관들을 우습게 보았기 때문이라고 주장하고 있으나, 이는 지나친 해석이다. 성균관 내의 이 같은 폐풍(弊風)은 연산조에 비로소 나타난 것이 아니라 이미 성종조부터 있어온 것이다. 무오사화를 거치면서 유생들의 냉소적 분위기가 확산되었을 공산은 크나, 당시 겉멋이 든 유생들이 학업 분위기를 흐리고 있었던 사실을 간과해서는 안 된다.

연산군이 갑자사화의 와중에 성균관을 옮기기로 결심하게 된 것은, 성균관이 대궐과 너무 가까워 왕권의 위엄을 지키기 어려운 데다가 유생들의 '능상' 풍조가 전혀 개선되지 않았기 때문이다. 연산군은 원래 성균관 건물을 헐어 원각사로 옮길 생각이었다. 이는 연산군이 처음부터 성균관 건물을 연회장으로 삼기 위해 성균관 이전을 추진한 것이 아님을 증명하는 것이다.

결국 성균관 이전 문제는 영의정 유순의 제안에 따라 동소문 밖에 새 건물을 지어 옮기는 것으로 최종 결론이 났다. 새 건물이 지어지는 동안 공자의 신위는 중국 사신이 머무는 태평관에 두게 되었다. 현재의 광화문 앞 태평로에 있었던 태평관은 요즘으로 치면 청와대 영빈관에 해당하는 곳이다.

더구나 공자의 위패를 옮길 때는 정중한 이안제(移安祭)까지 지냈다. 공자의 신위를 함부로 내돌리고 성균관을 유회의 장소로 삼았다는 반정세력의 주장이 얼마나 황당한 것인지를 보여주는 실례이다. 이를 두고 성균관이 마치 폐관(廢館)이나 되어 공자의 위패가 함부로 나뒹군 것처럼 주장한 것은 악의적인 왜곡이 아닐 수 없다.

물론 동소문 밖에 새로운 건물을 짓는 것으로 예정이 바뀜에 따라, 당초 헐 예정이던 성균관 건물을 비어두다가 9개월 뒤 연회장으로 사용한 것은 사실이다. 그러나 연산군이 홍청들과 음회를 즐기기 위해 그런 것은 아니었다. 몇 달 동안 비어 있던 성균관 건물을 연회장으로 사용한 것은 연산군 11년에 있었던 자순대비를 위한 진연 때문이었다.

상식적으로 생각해도 만약 연산군이 홍청들과 음회를 즐기려 했다면 민가와 가까운 성균관 건물을 이용했을 리 없다. 당시 성균관을 대비전 진연을 위한 연회장소로 정한 것은 성균관 건물이 오랫동안 비어 있었기 때문이기도 하지만, 대비가 머물고 있는 창경궁에서 가까이 있다는 점 등을 적극 고려한 결과로 보아야 한다. 한마디로 말해 홍청들과 음회를 즐기기 위해 성균관을 유흥의 장소로 만들었다는 반정세력의 주장은 명백한 사실조차 멋대로 해석한 악의적인 왜곡이다.

이상 살펴본 바와 같이, 연산군은 결코 음행을 즐기기 위해 홍청을 만든 것이 아니다. 갑자사화의 돌풍이 휩쓸고 지나간 상황에서, 그는 이제야말로 홍청과 같은 대규모 여악을 만들어 태평성대를 마음껏 구가할 수 있으리라 생각한 것이다. 그러나 연산군이 폐위되자마자 홍청은 그 설립취지마저 왜곡돼, 연산군을 황음무도한 폭군으로 모는 소도구로 전락하고 말았다.

_7. 청산녹수(靑山綠水)
장녹수는 결코 요부가 아니었다

반정세력이 연산군을 음탕한 군주로 왜곡하면서 홍청 못지않게 중요한 소도구로 이용한 인물이 한 사람 있다. 그가 바로 '장녹수'다. 장녹수는 많은 사극물에서 연산군을 폭군으로 묘사할 때 빼놓을 수 없는 인물로 등장하곤 한다. 아예 그녀를 주인공으로 삼은 사극까지 있다.

이 때문인지는 몰라도 사람들 대부분이 장녹수를 광해조의 김개시(金介屎), 철종조의 안동 김씨 가문과 연결되었던 나합(羅蛤), 구한말 이등박문의 애첩으로 조선왕실을 농락한 배정자(裵貞子) 등과 함께 조선왕조 최고의 요부(妖婦)로 인식하고 있다. 그녀를 마치 중국 하나라 걸왕 때의 말희(末喜)나 은나라 주왕 때의 달기(妲己), 주나라 유왕 때의 포사(褒姒)와 같은 만고의 요부로 간주하고 있는 것이다.

그러나 결론부터 말하면 장녹수는 결코 전설적인 요부가 될 수 있는 인물이 아니었다. 그녀는 연산군이 총애하던 후궁 가운데 한 명이었을 뿐이다. 장녹수가 이토록 요부로 그려진 것은, 사관이 연산군을 폭군으로 묘사하면서 장녹수보다 더 나은 조연을 찾을 수 없었기 때문으로 보인다.

물론 장녹수는 연산군의 후궁 가운데서 왕의 총애를 가장 많이 받은 여인이다. 그럼에도 그녀의 작첩은 형편없이 낮았다. 그토록 왕의 굄을 받았다면 정1품인 빈(嬪)이 되거나 최소한 종1품인 귀인(貴人)이 되는 것은 그다지 어려운 일이 아니었을 것이다. 더구나 장녹수는 연산군에게 많은 왕자까지 낳아주었다. 그러나 장녹수는 연산군이 폐위될 때까지 겨우 정3품인 소용(昭容)에 지나지 않았다. 장녹수는 왜 정3품의 내명부로 머물러 있었던 것일까? 사관이 장녹수를 평해 쓴 다음과 같은 기록을 보면 그 해답의 실마리를 어느 정도 찾아낼 수 있다.

장녹수는 성품이 영리하여 사람의 뜻을 잘 맞추었다. 처음에는 집이 매우 가난하여 몸을 팔아서 생활을 했으므로 시집을 여러 번 갔다. 그러다가 제안대군의 가노(家奴)의 아내가 되어서 아들 하나를 낳은 뒤 노래와 춤을 배워서 창기가 되었다. 노래를 잘해서 입술을 움직이지 않아도 소리가 맑아 들을 만하였으며 나이는 30여 세였는데도 얼굴은 16세의 아이와 같았다. 왕이 이 얘기를 듣고 기뻐하여 드디어 궁중으로 맞아들여 수원으로 심았는네 이로부터 총애함이 날로 융성하여 왕은 그녀가 말하는 것은 모두 좇았다. 얼굴은 중간 정도를 넘지 못했으나 남모르는 교사(教師)와 요사스러운 아양은 견줄 사람이 없으므로 왕이 혹하여 내리는 하사품이 수를 헤아릴 수 없었다. 왕이 몹시 노했다가도 장녹수만 보면 반드시 기뻐하여 웃었으므로 상주고 벌주는 일이 모두 그의 입에 달렸다. 김효손은 그 형부이므로 현달(顯達)한 관직에 이를 수 있었다.(《연산군일기》 8. 11. 25)

우선 이 기록을 통해 장녹수는 노래와 춤도 잘했지만 매우 재치가 뛰어났음을 알 수 있다. 얼굴이 중간 정도를 넘지 못했지만 남모르는 애교와 사람의 의중을 미루어 짐작하는 뛰어난 총기가 있었던 것이다. 바로 이러한 것들이 연산군의 환심을 샀을 것으로 보인다.

장녹수는 신분으로 보아, 지존의 위치에 있는 연산군으로서는 거들떠볼 것도 없는 천인이었다. 천인으로 얼굴 또한 평범했으니 남다른 재주와 재치가 있지 않고는 연산군의 총애를 받기 어려웠을 것이다. 바로 그녀의 탁월한 가무기예와 남다른 총기 등이 호걸을 자처한 연산군의 마음을 사로잡는 데 결정적인 요인으로 작용했을 것이다.

장녹수에 대한 연산군의 총애는 자못 대단했음이 틀림없다. 하사품이 너무 많아 내탕고를 모두 기울일 정도였다고 한 사관의 주장은, 과장되었을 가능성을 감안하더라도, 연산군의 총애가 간단치 않았음을 증명하는 것이다.

총애 받은 후궁의 위세는 당연한 것이다

예로부터 왕의 총애를 받은 후궁치고 위세를 부리지 않은 이는 거의 없다고 해도 과언이 아니다. 비록 왕비라 할지라도 왕의 총애를 받지 못하면 내명부에서 큰소리치기가 어려웠고, 왕비의 친정식구들 역시 크게 힘을 쓸 수 없었다. 왕의 총애를 둘러싸고 왕비와 후궁들의 위세가 부침하는 것은 불가피한 현상이었다. 다음 기록을 보면 장녹수의 위세가 얼마나 대단했는지 대략 짐작할 수 있다.

궁녀에 대한 임금의 사랑이 점차 성하였는데, 그 가운데서 가장 굄을 받은 이가 전숙원과 장소용이다. 왕이 두 후궁이 하는 말을 따르지 않은 것이 없고 하려는 것을 해주지 않는 것이 없으므로, 옥사를 농간하고 벼슬을 팔며 남의 재물·노복·집을 빼앗는 등 못 하는 짓이 없었다. 조금이라도 자기 뜻에 거슬리면 반드시 화로써 갚으므로 종척이나 경대부 가운데서 그들의 침해와 모욕을 받지 않는 사람이 없으니, 주인을 배반하고 이익을 노리는 무뢰배로서 일가친척을 일컬으며 기대는 자의 수를 다 셀 수 없었다. 두 집을 배경으로 한 자가 사방에 널려 이르는 곳마다 소란을 피우며 수령을 업신여기고 백성들에게 못살게 굴어 기세가 넘쳤으나, 아무도 감히 대적하지 못하고 움츠려 피할 뿐이었다. 두 후궁이 부모를 뵈러 출입할 때면 내관이나 승지·주서·재상들이 모두 따라가며 앞에서 인도하고 뒤를 감싸는 것이 마치 왕비의 행차와 같았다.(《중종실록》 1. 9. 2)

이 기록은 사실 사관의 과장이 극심하기는 하나, 당시 장녹수와 전전비(田田非)의 위세가 어떠했는지 짐작케 해주는 데는 모자람이 없다. 당시 후궁 가운데서 장녹수에 버금갈 정도로 연산군의 총애를 받은 인물로는 전전비를 들 수 있다. 전전비가 종4품 숙원(淑媛)의 작첩을 받고 후궁으로 들어왔을 때 장녹수는 이미 정3품인 소용으로 작첩이 올라가 있었다. 이름으로 미루어 천인 출신이 분명한 전전비가 언제 어떻게 후궁으로 들어오게 되었는지는 정확히 알 길이 없다. 다만 연산군이 장녹수에 버금갈 정도로 그녀를 총애한 점으로 미루어, 그녀 역시 남다른 총기와 재치를 지녔을 것이다.

연산군이 장녹수와 전전비 등에게 중상을 내린 것은 연산군의 패도주의적 행태에서 볼 때 크게 이상할 것도 없는 일이다. 그녀들이 연산군의 꾐을 근거로 위세를 부린 것도 크게 나무랄 일이 아니다. 왕의 총애를 받은 후궁치고 위세를 부리지 않은 이가 거의 없었기 때문이다. 이 기록으로 미루어 왕의 총애를 한 몸에 받고 있는 장녹수와 전전비에게 빌붙어 행세하려 한 자가 매우 많았음을 알 수 있다. 그러나 이것 역시 반드시 연산조에만 있었던 일은 아니다.

이런 점을 들어 연산군을 폭군으로 모는 것은 논리의 비약이다. 성군의 자격이 없다고 비난하는 것은 몰라도, 총애 받은 후궁들이 위세를 부린 것을 놓고 군왕을 폭군으로 모는 것은 지나친 비약이 아닐 수 없다. 이 같은 사실은 오히려 연산군의 여자관계가 결코 난잡하지 않았다는 사실을 역설적으로 증명하고 있다. 왜냐하면 두 후궁을 총애했다면 그만큼 다른 여자에게 눈을 돌릴 여지가 줄어들었을 것이기 때문이다.

연산군이 천인 출신인 장녹수 등을 후궁으로 들인 사실을 놓고 연산군을 매도할 수도 있으나, 부왕인 성종 역시 천민 출신인 정씨 등을 후궁으로 들인 바 있다. 이는 오히려 연산군의 호방하면서도 낭만적인 기질이 여지없이 드러난 것으로 해석하는 게 타당할 듯하다. 지존인 군왕의 처지에서 볼 때 사족의 여인이나 천인 신분의 여인이나 모두 똑같은 백성일 뿐이다. 굳이 사족의 여인만을 후궁으로 취할 이유가 없다. 연산군은 통속적인 기준에 얽매이지 않은 호방하면서도 개방적인 인물인 셈이다.

장녹수는 비극의 여인이었다

실록의 기록에 따르면 후궁 가운데서 유독 두 여인만이 연산군의 총애를 한 몸에 받은 것으로 보인다. 연산군이 폐위될 때 다른 후궁들은 아무 탈이 없었으나 유독 이 두 여인만큼은 저잣거리에서 참형을 당한 사실이 이를 증명한다. 두 여인의 삶은 기구하면서도 극적이다.

특히 장녹수는 연산군의 아이를 셋이나 낳았다는 점에서 더욱 비극적이라고 할 수 있다. 장녹수 소생의 아이들은 어쩐 이유에서인지 하나만 남고 모두 어릴 때 잇달아 죽었다. 장녹수 등에 대한 연산군의 총애는, 반정이 일어나기 8일 전 장녹수와 함께 처량한 탄식을 하는 대목에서 절정에 이른다. 그러나 다음 기록을 보면 대략 짐작할 수 있듯이, 이는 사관이 반정을 정당화하기 위해 만들어낸 것일 가능성이 높다.

> 내거둥이 있었는데 왕이 나인을 거느리고 후원에서 잔치하며 스스로 초금(草琴) 두어 곡조를 불고 탄식하기를, "인생은 초로와 같아서 만날 때가 많지 않느니"(人生如草露 會合不多時) 하였다. 왕이 읊기를 마치자 두어 줄 눈물을 흘렸는데 여러 계집들은 몰래 서로 비웃었고 유독 전전비와 장녹수 두 계집만이 슬피 흐느꼈다. 왕이 그들의 등을 어루만지며 이르기를, "지금 태평한 지 오래이니 어찌 불의에 변이 있겠느냐마는 만약 변고가 생기면 너희들은 반드시 면하지 못하리라" 하며 각각 물건을 하사하였다. (《연산군일기》 12. 8. 23)

연산군이 풀피리[草琴]를 분 뒤 애잔한 탄식을 하며 눈물을 흘렸다는 사실 자체가 너무 돌발적이다. 이 기록에 나타난 연산군의 행동은 연산군의 전후 행보와 너무나 동떨어져 있기 때문이다. 연산군이 마치 점쟁이처럼 자신의 앞날을 내다보지 않았다면 불가능한 행동인 것이다. 더구나 유독 선전비와 장녹수 두 여인만이 연산군을 따라 슬피 울었다고 한 대목에 이르면, 사관이 만들어낸 허구가 아닌가 하는 생각을 떨칠 수 없다. 사관이 반정의 의미를 더욱 극적으로 묘사하기 위해 이같이 사실을 조작했을 가능성을 배제할 수 없는 것이다.

이상 살펴본 바와 같이, 지금까지 알려진 장녹수와 관련된 숱한 얘기는 대부분 문학적 상상력의 소산으로 간주하는 것이 옳다. 그녀는 포사나 달기같이 나라를 기울게 할 정도의 미색을 지닌 여인도 아니었다. 실록의 기록을 그대로 인정한다 하더라도 그녀는 결국 왕의 총애를 상대적으로 많이 받은 후궁에 지나지 않았다. 그녀가 연산군의 총애를 많이 받은 것만큼은 확실하나, 이는 그녀의 총기가 뛰어났기 때문으로 보아야 한다.

연산군이 진정 만나고 싶어한 여인은 시 감상을 같이 할 수 있을 정도로 문학적 재능이 뛰어난 여인이었다. 연산군과 같이 시와 음악을 좋아하는 예술적 취향을 지닌 군주는 결코 여인의 미색에 넋이 나가는 황음무도한 폭군이 될 수 없는 것이다. 미색으로 따지면 보잘것없는 장녹수와 같은 여인이 연산군의 총애를 받은 사실이 이를 증명하고 있다.

실록의 악의적인 기록도 모자라 상상력을 가미해 장녹수를 희대의 요부로 묘사하는 것은, 작게는 연산군을 왜곡하는 것일 뿐만 아니라 나아가 한국사 자체를 희화화하는 것으로 볼 수밖에 없다. 장녹수는 홍청과 더불어 반정세력이 연산군을 황음무도한 폭군으로 왜곡하기 위해 동원한 대표적인 소도구였다는 사실을 잊어서는 안 된다.

8. 기내금표(畿內禁標)
금표의 기내 설치는 왕권의 공간적 확대였다

1994년 11월 중순, 경기도 고양시 덕양구 대자동 일대의 전주 이씨 묘역 부근에서 이상한 비석이 하나 발견되었다. 발굴 당시 비문에는 '금표'(禁標)라는 글자가 뚜렷이 새겨져 있어 묘비석이 아닌 것만은 확실했다. 그러나 도대체 무슨 이유로 이 같은 비석이 이곳에 세워졌는지에 대해서는 전혀 알 길이 없었다.

곧바로 정밀한 고증작업에 들어간 결과, 이 비석이 바로 연산군 재위 시절에 만들어진 그 유명한 '금표비'라는 사실이 밝혀졌다. 이 비는 전주 이씨 자손이 묘역정리 작업을 하던 도중 발견하였는데, 혹시 조상의 묘비가 아닌가 하여 묘역 부근에 세워두었던 것이다. 현재까지 남아 있는 연산조의 금표비로는 이때 발견된 것이 유일하다. 이 금표비는 이듬해에 경기도 지방문화재 88호로 지정되었고, 지금까지도 발견된 그곳에 그대로 보존되어 있다. 이 금표비 앞면에는 모두 14자의 글자가 새겨져 있는데 그 내용은 다음과 같다.

금표내범입자논기훼제서율처참

(禁標內犯入者論棄毀制書律處斬)

비문 내용은 "금표 안에 들어오는 자는 〈기훼제서율〉(棄毀制書律)에 따라 참형에 처한다"는 뜻이다. 여기서 말하는 〈기훼제서율〉은 〈대명률〉(大明律)을 그대로 차용한 법령이다. 〈기훼제서율〉은 "왕의 교지(敎旨)나 왕이 사신에게 내리는 역마 발급에 관한 어인(御印) 또는 승선 허가에 관한 문첩(文牒), 관사의 인장이나 야경순찰패를 고의로 내버리거나 파손한 자를 참형에 처한다"는 형벌규정이다.

여기서 알 수 있듯이 원래 〈기훼제서율〉은 요즘의 '공문서손괴죄'에 해당하는 범죄를 저지른 자에게 적용하던 법령이다. 물론 비교적 가벼운 형벌에 그치고 있는 요즘의 공문서손괴죄와는 달리, 〈기훼제서율〉은 왕명이나 이에 준하는 내용을 담은 문서를 훼손한 자에게 적용한 까닭에 이를 어기면 참형이라는 중형을 내렸다.

그렇다면 문서에 관한 〈기훼제서율〉이 연산조에 들어와 금표침범죄로까지 확대된 것은 무슨 이유 때문일까? 금표가 도대체 어떤 것이기에 이토록 지엄한 법령을 적용한 것일까?

대자동 간촌 마을 금천군(錦川君) 묘소 입구에 위치한 금표

금표는 고대부터 존재한 것이다

금표는 원래 중국의 고대 봉건국가에서부터 있어온 것이다.《맹자》
를 보면 "문왕의 사냥터는 70리나 되었고 제나라 왕은 40리가 된다"고
지적한 내용이 나온다. 맹자가 이를 인용한 데는 이유가 있었다. 문왕
의 사냥터는 제나라 왕보다 넓었음에도 백성들이 땔감을 얻는 등 왕과
백성이 서로 이용할 수 있었기 때문에, 문왕이 오히려 성군의 모습을
보였다고 주장하기 위한 것이었다. 당시 제나라 왕은 사냥터 안으로 일
반백성이 들어오면 참형에 처하도록 했다. 극명하게 대비되는 두 개의
사례를 들어 맹자는 덕치(德治)의 중요성을 강조한 것이다.

그러나 맹자의 이 같은 주장은 현실과는 동떨어진 것이었다. 역대
제왕 모두 궁궐 주변과 능묘 주변, 제왕의 전용 사냥터 등을 일종의 금
표지역으로 설정해 여기에 함부로 침입할 경우 엄벌에 처했기 때문이
다. 특히 황제의 능역(陵域)을 순찰하는 병사들은 능역 밖에서도 함부
로 불을 붙일 수 없었다. 능역으로 불이 옮겨 붙을 것을 염려했기 때문
이다. 이 명령을 어길 경우 곧바로 참형에 처해졌다.

조선왕조의 경우에는 한동안 비원으로 알려졌던 창덕궁의 후원 곧
금원(禁苑)이 바로 금표지역의 대표적인 예라고 할 수 있다. 이곳은 왕
이 짐승을 풀어놓고 사냥을 하며 휴식을 취한 지역이기도 하다. 따라서
정도의 차이는 있으나 사냥을 즐기는 제왕이 나올 경우, 궁궐에 딸린
후원뿐만 아니라 왕이 자주 사냥을 나가는 지역은 금표지역으로 묶일
개연성이 높았다. 연산군이 바로 이 같은 개연성을 현실로 구체화했다.
그의 다음과 같은 언급을 보면 이를 쉽게 확인할 수 있다.

주문왕(周文王)의 동산에는 서민들이 자식들처럼 왔다고 하였으나
그 때는 풍속이 순박했으므로 이와 같았던 것이다. 사냥은 음일(淫佚)

창덕궁 후원에 있는 관람정(觀纜亭)

창덕궁 후원에 있는 부용정(芙蓉亭)과 부용지(芙蓉池)

을 위한 것이 아니고 정사하는 여가에 기운을 풀고 사방을 살피는 것인데 어찌 백성의 폐를 헤아리겠는가.(《연산군일기》 10. 8. 19)

연산군은 제왕이 수렵하는 지역을 금표지역으로 묶는 것은 당연하다는 생각을 가지고 있었다. 이를 두고 흔히들 백성의 어려움을 헤아리지 않은 폭군적 소행으로 해석하고 있다. 물론 연산군의 이 같은 소행은 비난받을 소지가 있다. 그러나 무턱대고 이를 폭군으로 모는 것은 지나친 처사가 아닐 수 없다.

앞서 언급한 바와 같이 제왕이 자주 사냥 나가는 지역을 금표지역으로 묶지 않은 경우는 보기 드물다. 따라서 연산군의 이 같은 조치를 놓고 성군의 모습과는 거리가 멀다고 평가하는 것은 몰라도, 금표를 설치한 사실만 떼어내 폭군으로 재단하는 것은 지나친 일이다.

사실 왕의 사냥은 아무리 군사훈련의 일환이라고 할지라도 도가 지나치면 일종의 유흥이 될 소지가 다분했다. 굳이 성리학적 통치이념의 잣대를 들이대지 않더라도 왕의 지나친 사냥행위는 비난받을 소지가 크다. 연산군이 설치한 금표지역은, 제왕의 사냥터가 통상 금표지역으로 묶였다는 역사적 사실을 감안하더라도 지나치게 넓었다. 연산군을 폭군으로 몰 때 그의 금표 설치행위를 집중 조명한 것도 바로 이 때문이다. 왕이 자신의 사냥놀이를 위해 백성들을 내쫓고 그 지역을 사냥터로 만들었다면 폭군으로 매도되더라도 할 말이 있을 수 없다.

그렇다면 연산군이 금표지역을 이토록 넓게 확장한 이유는 무엇일까? 그는 훗날 역사적 평가가 어떻게 나올 것인지조차 생각지 않고 오직 사냥을 즐기기 위해서 이토록 무모한 일을 저지른 것일까? 우선 금표 설치에 관한 사관의 평부터 살펴보기로 하자.

도성 사방에 백 리를 한계로 모두 금표를 세워 그 안에 있는 주·현·군·읍을 폐지하고 주민을 내쫓고 비운 뒤에 사냥터로 삼아, 만약 여기에 들어가는 자는 당장 베어 조리를 돌림으로써 경기도 땅 수백 리를 끝없는 풀밭으로 만들어 금수를 기르는 마당으로 삼았다. 그리고 내수사 종 가운데 부유한 자를 가려 들어가 살게 하여 몰이하는 데 편리하게 하니, 본래 살던 사람들이 뿔뿔이 흩어지고 사망하여 길에 즐비하였고 능침이 모두 금표 안에 들어가 지키는 사람이 없어 향화(香火)를 올리는 일이 끊기게 되었다.(《중종실록》 1. 9. 2)

이 기록이 사실이라면, 연산군은 그야말로 폭군으로 불릴 만한 무자비한 일을 감행했다는 비난을 면할 수 없다. 경성(京城) 주변의 고을을 폐하여 금표를 설치해 사냥터로 삼은 것은 변명의 여지조차 없는 폭군의 소행이기 때문이다. 그러나 결론부터 말하면 이 기록은 사관의 악의적인 왜곡이다. 연산군이 비록 금표를 설치해 이를 계속 확장해나간 것은 사실이나 거기에는 나름대로 충분한 이유가 있었다.

먼저 연산군이 자신의 유흥을 위해 백성들의 생업근거지를 빼앗아 사냥터로 만들었다는 사관의 주장부터 검토해보자. 과연 사관의 주장이 사실일까? 결론부터 말하면 그렇지 않다. 연산군이 이들 지역을 일종의 출입금지 지역인 금표지역으로 설정한 것은, 왕권의 권위와 위엄을 안팎에 널리 알리려는 의도에서 비롯된 것이다.

금표 설치는 대궐 주변의 정화작업에서 비롯되었다

사실 금표 설치 문제는 단순히 금표만을 따로 떼어놓고 분석하면 그 본질을 놓칠 우려가 있다. 금표 문제와 더불어 반드시 검토해야만 하는 것이 연산군 때 실시한 대궐 주변의 정화작업이다. 금표를 설치한 것과 마찬가지로, 이 작업 역시 왕권의 권위와 위엄을 강화하려 한 의도에서 비롯된 것이다. 대궐 주변을 정화하는 작업이 금표 설치를 강구하는 원인(遠因)이 되었다고 볼 수 있는 것이다.

그러면 연산군은 왜 대궐 주변을 정화하는 작업에 나선 것일까? 그이유는 바로 대궐의 면모를 일신해 왕권의 권위와 위엄을 높이려는 데있었다. 연산군은 즉위 초부터 왕권의 상징인 대궐의 위용을 과시하기위해 대궐 주변을 정화하는 방법을 적극 강구했다. 그 결과 궁성 주변의 많은 민가들이 헐리게 되었다.

연산군이 이러한 정비작업을 서두른 것은, 바로 당시 대궐의 내부가 외부에 거의 무방비 상태로 노출되어 있었기 때문으로 보인다. 왕권주의자인 연산군으로서는 궁궐의 위엄이 훼손되는 이 같은 현실을 방치할 수만은 없었을 것이다. 연산군은 대궐이 훤히 내다보이면 왕권의권위를 떨어뜨리고 대궐의 위엄을 훼손한다고 생각한 것이다.

당시 궁궐 담장 밖에 인가가 얼마나 있었는지는 모르지만, 인가에서 대궐의 후원을 훤히 들여다볼 수 있었다면 문제가 아닐 수 없다. 연산군은 당초에 대궐 주변의 인가를 철거하는 것보다는 담장을 고쳐 쌓는 방법으로 이 문제를 해결하려 했다. 연산군이 궁궐 담장을 높일 것을 명한 지 4개월 만에 내놓은 다음과 같은 전교를 보면 그 해결책이무엇인지 알 수 있다.

궁궐 담 밖 1백 자 안에는 민가를 짓지 못하게 하는 법이 《경국대전》에 실려 있다. 지금 창덕궁 담 밖의 정업원·성균관 등지에는 1백 자 한계안에 인가가 많으니 법에 어그러진 것 같다. 따로 집 지을 빈땅을 주어 가을이 되면 점차 철거하게 하라.(《연산군일기》 3. 5. 18)

민가가 어떤 이유로《경국대전》의 규정과 달리 궁궐에서 1백 자 거리 안에 지어졌는지는 자세히 알 길이 없다. 당시 4대문 안에는 집 지을 땅이 부족했던 점과 관원의 단속 또한 느슨했던 점 등이 복합적으로 작용했을 것으로 짐작된다. 이유야 어떻든 이는 분명 대궐의 권위를 떨어뜨리는 것은 물론 대궐의 기밀이 유출될 소지가 크다는 점에서 문제가 아닐 수 없다. 특히 민간에 역질 등이 떠돌 경우 대궐로 쉽게 전염되는 것은 물론 민가에서 일어난 불이 대궐로 옮겨 붙을 위험성도 컸다.

따라서 대궐 주변의 인가를 철거한 것은 부득이한 조치였다고 보아야 한다. 이를 두고 그 배경은 전혀 거론도 하지 않은 채 오직 결과만을 떼어내, 연산군이 대궐을 확장하기 위해 민가를 헐었다고 비난하는 것은 잘못이다. 여기서 주목할 것은 연산군이 민가를 무턱대고 철거토록 한 것은 아니라는 점이다. 그는 철거민에게 집을 지을 빈땅을 준 것은 물론 이사 시기를 맞추어 점진적으로 철거토록 조치했다. 그러나 연산군의 이 같은 명이 그대로 시행되지는 않았다. 이는 처음 철거령을 내린 지 5년 뒤에도 다음과 같이 유사한 영을 내린 것을 보면 대략 짐작할 수 있다.

궁성 밑에 있는 민가를 철거하도록 했는데도 지금까지 성균관 서쪽 시내와 정업원 동쪽 가의 궁성 근처에는 거주하는 백성들이 꽤 많다. 지금 날씨가 따뜻해지니 빨리 철거해야 할 것이다. 가옥을 철거한 사람에게는 도성문 밖과 성균관 서쪽 시냇가에 거주할 만한 땅을 나누어주되 만약 대가를 주어야겠으면 전례를 상고하여 주고, 가옥을 철거한 곳에는 푯말을 세워 그 전에 거주하던 사람의 이름을 써서 다시 그 땅을 점유하지 못하도록 하라. 정업원 근처에 거주한 백성들은 반드시 정업원의 노비일 것이니 그들은 정업원 서쪽 근처에 옮겨 거주하도록 하라. 궁궐을 누르고 있는 산맥을 파서 집을 짓는 것은 이미 금지하는 법이 있는데도 아직 철거하지 않는 사람이 있으니, 지금 그 법을 다시 밝혀서 모두 철거하도록 하라.(《연산군일기》 8. 2. 16)

연산군의 이 전교를 보면 민가 철거를 강제로 서두르지 않았음을 알 수 있다. 당시 가장 문제가 된 곳은 성균관과 궁궐 사이에 있는 민가와 정업원 동쪽과 궁궐 사이에 있는 민가였다. 이들 모두가 대궐에서 1백 자 이내에 들어와 있었다.

지금은 성균관 서쪽을 흐르던 반수(泮水)가 복개되어 찾을 길이 없으나, 당시만 해도 이것이 대궐과 민가를 구분 짓는 하나의 자연적 경계를 이루고 있었다. 연산군의 전교내용으로 미루어 대궐 방향의 반수 주변에 적잖은 민가가 산재해 있었던 것으로 짐작된다. 그리고 정업원과 대궐 사이에도 비슷한 문제가 있었을 것이다.

여하튼 대궐 옆 민가를 철거하라고 전교를 내린 지 5년 만에 똑같은 전교가 나왔다는 사실은, 연산군이 민가 철거를 무턱대고 강행한 것이 아님을 증명하고 있다. 나아가 이주할 빈땅을 속히 찾아내고 부득이할 경우 보상금을 지급하라고 한 연산군의 전교를 보면, 민가 철거가 나름대로 일정한 계획 아래 추진된 것임을 알 수 있다. 물론 당시 연산군의 이 같은 민가 철거령에 대소 신료들이 모두 찬성한 것은 아니다. 특히 대간들의 반박이 만만치 않았다. 다음 기록을 보면 대간들의 주장 또한 나름대로 타당한 근거가 있음을 알 수 있다.

지평 유응룡(柳應龍)이 아뢰기를, "우리나라는 태평한 시절이 이미 오래되어 인구가 날로 불어나 서민뿐만 아니라 사대부까지도 집 없는 사람이 많습니다. 지금 비록 빈땅과 대가를 주도록 명하셨지만 도성의 안팎에는 한 치의 땅도 없으니 어디서 빈땅을 얻겠습니까. 집을 철거한 곳이 매우 많으니 어찌 낱낱이 대가를 줄 수가 있겠습니까. 무릇 백성의 원망을 살 일을 모두 정지하기를 청합니다” 하였다. 왕이 전교하기를, “궁궐을 누르는 산맥을 판 곳에 지은 집은 아직 철거하지 말고, 동쪽과 서쪽의 담 밑에 있는 집은 궁궐과 너무 가까우므로 만약 돌림병이 있으면 혹시 전염될까 염려되니 해당 관사로 하여금 이를 조사하여 숫자를 써서 아뢰게 하라” 하였다.(《연산군일기》 8. 2. 23)

당시의 도성 인구가 정확히 얼마인지는 알 길이 없으나, 이 기록을 보면 사대부 가운데서도 집 없는 사람이 있을 정도로 많은 사람들이 도성에 몰려 살았음을 쉽게 짐작할 수 있다. 인구는 늘어나는데 집 지을 땅이 부족하니 집 없는 사대부가 나오는 것도 무리는 아니었을 것이다. 법으로 금지하고 있었음에도 서민들이 궁궐을 누르는 산맥을 파 집을 지을 수밖에 없었던 사실이 이를 증명한다.

그렇다면 연산군은 현실적인 어려움을 제대로 파악하지 못한 채 대궐 주변에 대한 정화작업을 추진한 셈이다. 연산군도 대간들의 지적을 받아들여 자신의 명령을 일부 수정했다. 돌림병이 전염될 위험성을 감안해 일단 대궐의 동쪽과 서쪽 담 밑에 있는 민가의 숫자만 보고하라고 명령한 것이 그 실례이다. 연산군의 철거조치가 얼마나 합리적으로 이뤄졌는지를 보여주는 대목이다. 당시 대궐과 민가가 붙어 있을 경우 가장 두려운 것은 역시 역질의 전염 가능성이었다. 마마와 같이 무서운 돌림병에 속수무책이던 당시 상황을 감안하면 연산군의 조치는 당연한 것이었다.

연산군 8년 10월에는 나무하는 초동 몇 명이 남산에 올라가 대궐을 내려다보다가 적발되어 곤장을 맞은 기록이 나온다. 사관은 연산군이 자신의 음행이 바깥 사람들에게 알려질까 염려한 나머지 이같이 강경한 조치를 취한 것으로 주석을 달아놓았다. 그러나 사관의 이 같은 주석은 악의적인 왜곡이다.

궁중에서는 늘 여러 크고 작은 행사가 벌어지게 마련이다. 이를 남산에서 바로 내려다보는 행위는 대궐의 위엄을 적잖이 훼손한 행위로 간주하지 않을 수 없다. 음행이 외부로 알려지는 것을 꺼려 초동을 검속한 것으로 해석하는 것은 너무도 자의적인 해석이다. 이 사건은 연산군이 금표 설치를 적극 결심하게 되는 한 이유가 되었다는 점에서 결코 작은 사건이 아니었다.

초동 사건에서 짐작할 수 있듯이, 연산군의 금표 설치는 외부에서 대궐을 내려다보는 행위를 막으려는 의도에서 출발한 것이다. 이는 대궐 주변 정화사업과 맥락을 같이하고 있는 것이다. 연산군이 재위 10년 윤4월 이미 끝난 대궐 주변 정화사업을 다시 거론하고 나선 사실이 이를 증명한다. 다음과 같은 전교를 보면 금표 설치와 대궐 주변 정화사업이 얼마나 밀접한 관련을 맺고 있는지 확연히 파악할 수 있다.

성균관 근처의 인가가 모두 높은 곳에 있으니 평지에서부터 금표(禁標)를 세워야 할 것인즉 반드시 민가 철거가 많을 것이다. 전일 대간이 이르기를 "사람이 사는 집을 헐면 백성의 원망이 매우 많을 것이다" 하였는데, 이것은 사실 알지 못해서 하는 말이다. 무릇 내려다보이는 곳이나 궁궐에 가까운 곳에는 자연 금령이 있는 것이므로 처음 집을 지을 때 백성들이 제 스스로 금령을 범한 것인데 이를 추궁하지 않은 것은 관청의 과실이다.(《연산군일기》 10. 윤4. 19)

이 같은 전교를 보면 금표지역이 이후 한없이 넓어지기는 했으나 그 단초는 바로 대궐 주변 정화사업에 있었음을 쉽게 알 수 있다. 그러나 연산군이 금표 설치라는 가시적인 강경조치를 취하기까지는, 금령을 제대로 시행하지 못한 당시 한성부를 비롯한 해당 관청의 안일한 자세가 한 원인으로 작용했음을 간과해서는 안 된다. 앞서 살펴보았듯이 연산군은 재위 8년 3월 새로 짓는 집에 한해 금령을 적용하는 절충안을 제시해 정화사업을 일단 마무리지은 바 있다.

그러나 이 기록에서 알 수 있듯이, 근 2년이 지나는 동안 금령이 제대로 실행되기는커녕 오히려 대궐 주변으로 민가가 난립하는 양상이 전개된 것이다. 이는 연산군이 해당 관청을 질타한 데서 잘 나타나고 있다. 연산군은 백성들이 다시는 대궐 주변에 집을 짓지 못하도록 하기 위해서는, 비록 욕을 먹을지라도 금표 설치라는 강경조치를 취할 수밖에 없다고 생각했음이 틀림없다. 왕조 시절에는 모든 땅이 국가 소유이자 왕의 소유이기 때문에 요즘과 같은 토지소유권의 개념이 없었다. 따라서 특별히 단속하지 않으면 이같이 금지구역에까지 들어가 집을 짓고 살았다. 금표를 설치할 수밖에 없는 이유가 바로 여기에 있었다.

갑자사화를 거치며 형성된 강력한 왕권을 바탕으로 다시 불붙기 시작한 대궐 주변 정화사업은 주변지역으로 급속하게 확대되는 조짐을 보이기 시작했다. 정화작업의 범위가 넓어질수록 대궐 주변 정화사업이 곧 왕권의 강화작업으로 해석되는 경향을 띠게 되었다. 다음 기록을 보면 연산군이 정화작업의 지속적인 확대를 통해 무엇을 얻고자 했는지 대략 파악할 수 있다.

전교하기를, "처음에 국도를 정하던 때에는 지리를 살펴서 출입금지의 경계를 정하였다. 그러나 그 후 해당 관원이 잘 금제하지 못한 까닭에 많은 사람이 산을 파 집을 짓는 것은 물론, 성 밖 높은 곳에 올라가 대궐을 굽어보는 자까지 나오게 되었다. 이제 서쪽으로 흥제원부터 동으로 다야원에 이르는 곳 등에 백성의 출입을 금하는 목책을 설치하여 사람들이 올라가 바라보지 못하게 하라” 하였다. 유순 등이 아뢰기를, “목책은 이루 다 설치할 수 없으니 금표를 세우되, 금령을 범하면 받는 죄를 아울러 써서 늘여 세우면 사람이 어찌 감히 들어가겠습니까. 보통 때는 법이 엄하지 않으므로 사람이 범하지만 금령을 엄히 세우면 누가 감히 범하리까” 하였다.(《연산군일기》 10. 7. 15)

이 기록을 보면, 연산군이 성균관 서쪽 민가지역뿐만 아니라 인왕산과 낙산 인근의 지역까지 정화대상 지역에 포함시키게 된 배경을 쉽게 짐작할 수 있다. 금표를 설치한 근본이유가 바로 대궐의 위신 제고를 통한 왕권의 강화에 있었음을 한눈에 알 수 있는 것이다. 연산군은 재위 10년 7월에 이르러서야 처음으로 도성의 좌청룡 우백호 지역에 이르는 넓은 지역까지 정화대상 지역으로 삼음으로써 대궐의 위상을 한껏 높이게 된 셈이다. 이제는 물리적으로 대궐을 엿보는 행위가 불가능해졌을 뿐만 아니라 감히 엿볼 생각조차 못하게 된 것이다.

이 일을 계기로 금표는 곧 왕권의 상징으로 간주되는 상황이 벌어졌다. 연산군 역시 이 같은 분위기에 휩쓸려 금표지역의 확대를 곧 왕권의 강화로 인식하는 자기최면에 빠지게 된 것으로 짐작된다. 연산군이 이후 금표지역이 확대될 때마다 왕권강화라는 소기의 목표를 달성했다는 만족감에 젖어든 것도 바로 이 때문이었을 것이다.

〈기휘제서율〉이라는 금령을 발동하게 된 것은 당시 영의정 유순의 건의 때문이었다. 그의 건의가 받아들여지지 않았다면 금표 대신 목책이 등장했을 가능성이 높다. 목책은 비록 설치하는 데 어려움이 있지만, 백성들이 착각하여 금표구역 안에 들어감으로써 〈기휘제서율〉에 저촉되는 것을 방지할 수 있는 이점이 있었다. 결과적으로 금표의 설치는 목책의 설치와 달리 일반백성들의 공포심을 불러일으켰다. 그리하여 이는 그들로 하여금 내심 연산조 통치에 불만을 품게 만드는 중요한 배경이 되었다고 볼 수 있다. 금표 설치는 결과적으로 반정세력에게 절호의 구실을 마련해준 셈이다.

연산군은 강무와 천금을 위해 금표를 확대했다

그러나 연산군은 오히려 최적의 군사훈련 환경조성이라는 거창한 구호를 내세워 자신의 생각을 실천에 옮겼다. 사실 연산군은 도성 주변의 이들 지역에 많은 짐승들이 살게 되면 군사조련에 최적의 조건이 마련될 것으로 생각했다. 그러나 연산군은 금표지역 확대에 따른 부작용을 과소평가한 채 자기최면에 빠지는 우를 범했다고 볼 수밖에 없다. 이 같은 상황이 빚어지게 된 근본원인은 무엇일까? 다음과 같은 전교를 보면 그 해답을 바로 찾아낼 수 있다.

대저 백성들이 사는 땅은 임금의 땅 아닌 것이 없어 사사로이 할 수 없으므로 그 취사여탈(取捨與奪)이 마땅히 위에 있어야 한다. 지금 금표를 세운 것은 경성에서 가까운 지역에서 군사를 훈련시키고 사냥을 하려는 것이다.(《연산군일기》 10. 8. 7)

연산군은 바로 "하늘 아래 모든 땅은 왕의 것이 아닌 것이 없다"(普天之下 莫非王土)는 전통적 사고에 바탕해 금표지역을 자신의 사냥터로 확대시킨 것이다. 이 같은 생각은 원론적인 관점에서 볼 때 당시의 성리학적 통치이념에 비추어 보더라도 결코 잘못된 것은 아니었다. 결국 이에 대한 평가는, 금표지역 확대에 따른 그의 사냥행위가 과연 제왕의 풍류로 진행되었는지 아니면 망국적 풍류로 흘렀는지 여부에 따라 판가름나게 되는 셈이다.

연산군은 앞서 언급한 바와 같이 사냥을 무척 좋아했다. 그러나 사냥은 태종 이래 역대 임금이 모두 즐겼던 것이다. 당시 사냥은 제왕학 학습의 일환으로 왕실에 내려오는 하나의 전통이었다. 세조와 성종 역시 연산군 못지않게 사냥을 좋아했다.

물론 세조와 성종은 사냥을 좋아했어도 금표를 세우지는 않았다. 그러나 연산군이 사냥터에 금표를 세운 것은 어디까지나 군사를 조련하고 종묘에 천금(薦禽 : 새로 구한 날짐승의 고기를 신주 앞에 먼저 올리는 일)하려는 목적에서 출발한 것임을 잊어서는 안 된다. 사냥터에 금표를 설치한 행위는 분명 지나친 것이기는 했으나 그 목적만큼은 순수한 것이었다. 사관의 주장과 같은 일신의 향락을 즐기기 위한 것은 결코 아니었다.

연산군은 앞서 말했듯이 성리학의 고루한 문치주의에 회의적인 시각을 지니고 있었다. 이는 그가 군신 모두 문무를 고루 닦아야만 지극한 다스림을 이룰 수 있다고 강조한 사실에서 쉽게 확인할 수 있다. 그가 승지와 정승들에게 명하여 도성문 밖에 나아가 이틀 동안이나 활쏘기 연습을 하도록 한 사실이 그 대표적인 실례이다. 연산군이 생각할 때 태평세월에 문신들이 활쏘기를 연습하는 것과 군사들이 사냥놀이를 하면서 병법을 닦는 것은 내용만 다를 뿐 모두 같은 맥락의 행사였다. 그는 자신의 사냥행위에 분명한 목적의식이 있었던 것이다. 다음과 같은 전교를 보면 이를 쉽게 확인할 수 있다.

중국 사신이 마침 사냥하는 시기에 오게 된다. 그러나 군사훈련은 폐지할 수 없다. 내가 보니 근래 병졸들의 태만이 막심하다. 오래도록

열병하지 않아 군사 일이 해이해졌기 때문일 것이다. 군사훈련은 나라
의 큰일인데도 대간은 이를 중지하자고 하니, 이것은 대간이 녹을 받
아 따뜻하게 입고 제 몸이나 편히 하려는 까닭이 아닌가.(《연산군일기》 9.
9. 20)

만일 연산군에게 사냥이 한낱 유흥일 뿐이었다면 중국 사신이 오는
데도 사냥을 강행할 리는 없다. 당시 조선에서 중국 사신을 접대하는
일은 국가의 최대 행사 가운데 하나였기 때문이다. 연산군이 결코 자신
의 유흥을 위해 사냥을 한 것이 아님을 보여주는 실례이다.

연산군은 사냥의 궁극적인 목적은 사냥한 짐승을 종묘에 천금하고
군사들을 조련하는 데 있다고 생각했다. 따라서 군사훈련의 하나인 사
냥을 상황에 따라 미룰 수는 없는 일이었다. 연산군이 사냥터에 금표를
설치하게 된 것도 바로 사냥에 대한 그의 이 같은 확고한 목적의식과
무관한 것이 아니었다.

군사훈련과 종묘천금을 차질 없이 수행하기 위해서는 강력한 왕권
이 뒷받침되어야 했다. 왕권의 권위와 존엄을 높이려는 그의 의지가 사
냥을 차질 없이 수행해야 한다는 목적의식과 맞물려, 사냥터에 금표를
설치하게 된 것이다. 그러나 당초 대궐 주변 정화사업을 계기로 등장한
금표지역을 왕의 사냥터로 확대하는 데는 많은 부작용이 뒤따를 수밖
에 없다. 사관은 금표지역이 사냥터로 확대된 사실을 놓고 다음과 같이
매우 비판적인 평을 달아놓았다.

동북으로 광주·양주·포천·영평, 서남으로는 파주·고양·양천·
금천·과천·통진·김포 등에 이르는 땅에서 주민 5백여 호를 모조리
내보내고, 내수사의 종들로 하여금 옮겨가 채우도록 한 뒤 네 모퉁이에

금표를 세워 함부로 들어가는 자는 참형에 처하니 나무꾼과 목동의 길
이 끊겼다.(《연산군일기》 11. 7. 2)

이 기록에 나타나듯이, 사냥용 금표지역은 당시 경기도의 절반에
해당할 정도로 엄청난 면적에 달했다. 이는 일반백성들에게 엄청난 불
편을 주는 것은 물론, 자칫 금표지역에 잘못 들어가 목숨을 잃을 수도
있다는 공포를 불러일으켰다. 설령 금표구역 안에 거주하던 민호(民戶)
가 5백여 호에 불과했을지라도, 백성들이 도성을 출입하거나 세곡(稅
穀)을 운반하는 데 많은 어려움이 뒤따를 수밖에 없었기 때문이다.

그럼에도 금표의 경계는 더욱 확대되었다. 금표를 처음으로 설치한
연산군 재위 10년 8월만 하더라도 금표지역은 대략 도성에서 30~40리
가량 떨어진 고양군와 양주군 정도에 불과했다. 그러던 것이 점차 확대
되어 연산군 11년 6월에는 도성에서 1백 리 떨어진 과천, 의정부 지역
에까지 확장되었다. 이 지역에는 지금의 광주, 양주, 포천, 파주, 고양,
과천, 김포 등 서울 주변도시들이 대부분 포함된다. 이는 당시 경기도
전체 땅의 절반에 해당할 정도로 넓은 지역이었다. 서울과 수도권 주변
도시에 거의 2천만 명이 몰려 살고 있는 현재의 시각에서 보면 상상하
기조차 어려운 일이다.

그러나 금표지역 안에 살고 있던 민호가 5백여 호밖에 안 되었다는
사실에 주목할 필요가 있다. 당시 이같이 넓은 지역에 거주한 민호가 5
백여 호에 불과하다면, 모든 민호를 3대에 걸친 대가족으로 상정해 호
당 인원수를 20인으로 가정하더라도, 총 거주민 수는 불과 1만 명밖에
안 된다는 결론이 나온다. 이같이 넓은 금표지역에 왜 고작 1만 명 정
도의 주민들만 살았던 것일까?

바로 여기에 연산군 때 설치된 금표의 성격을 파악할 수 있는 결정

적인 단서가 숨겨져 있다. 최근에 나온 관련 논문들을 이러한 사실에는 거의 주의를 기울이지 않고 있다. 오직 금표지역의 방대함에 초점을 맞추어 연산군의 금표 설치행위를 폭군의 소행으로 단정하고 있다. 금표 설치를 시종 신랄하게 비판하고 있는 실록의 기록이 이들의 이 같은 단정에 결정적인 근거로 작용한 듯싶다.

그러나 아무리 생각해도 당시 조선의 총인구가 1천만 명 선을 오갔다는 점을 감안하면, 이는 너무 적은 숫자가 아닐 수 없다. 가장 인구가 많던 경상·충청·전라 등 이른바 3남지역의 인구를 전체 인구의 70퍼센트 수준으로 간주하더라도, 경기도의 절반에 해당하는 금표지역의 주민수가 겨우 1만 명 수준이었다는 것은 쉽게 납득할 수 없다.

금표 확대는 갑자사화와 밀접한 관련이 있다

그렇다면 실록의 기록이 잘못된 것일까? 그러나 그 가능성은 매우 낮다고 생각된다. 금표 설치로 쫓겨난 주민수가 많을수록 반정세력에게 유리한 상황에서, 반정세력이 이 같은 숫자를 잘못 기재하도록 방치했을 리는 없다. 실록의 이 같은 기록이 틀린 것이 아니라면 금표지역이 대폭 확대된 배경과 관련해 다음과 같은 두 가지 추론을 해볼 수 있을 것이다.

우선 첫째로, 금표지역의 외곽을 둘러싼 전체 면적은 비록 넓기는 했지만 금표지역으로 묶인 지역은 이보다 훨씬 적었을 가능성이다. 사실 당시 도성 주변의 고양, 파주, 광주, 양주, 김포 등지가 모두 금표지역에 포함된 만큼 이들 전 지역을 모두 금표지역으로 묶는다는 것은 상식적으로 생각해도 있을 수 없는 일이다.

따라서 이들 도성 인근지역 안에서 산림이 울창한 곳을 중심으로 이곳저곳에 금표지역을 산발적으로 설치했을 가능성이 높다고 보아야 한다. 대부분의 논문이 이를 거의 언급하지 않고 있어, 이를 당연한 것으로 전제한 것이 아닌가 하는 생각마저 든다. 여하튼 이같이 해석하지 않을 경우 민호가 겨우 5백 호에 불과했다는 실록의 기록을 무리 없이 해석하기란 어려운 것이 사실이다.

둘째로, 금표지역에 편입된 토지 대부분이 주로 기득권세력의 토지였을 가능성이다. 이는 당시 경기도 땅의 대부분이 도성에 거주하는 왕가나 권문세가의 소유지였다는 점에서 신빙성이 높다고 생각된다. 개국 이래 경기도 지역은 왕족과 공신들의 봉지(封地)로 나누어주던 지역이다. 따라서 도성에 거주하던 왕족과 권문세가들은 경기도 땅 대부분을 차지한 부재지주였다고 볼 수 있다.

이는 자신의 부인과 연산군의 염문설로 곤욕을 치른 남천군 이쟁이 1만 명의 노비를 거느렸던 사실을 보면 대략 짐작할 수 있다. 한 사람이 소유한 노비가 당시 경기도의 절반에 해당하는 금표지역에 살던 사람보다 많았던 것이다. 이는 경기도 지역의 땅 역시 대부분을 소수의 부재지주가 과점(寡占)했음을 시사하는 것이다.

조선왕조 개국 당시 경기도에서 경작 가능한 실전(實田)은 대략 13만 결이었다. 당시 평안도와 함경도를 제외한 경상·전라 지역 등 6도의 실전이 모두 49만 결에 불과했던 점을 감안하면, 경기도 내 경작면적은 전국의 3분의 1에 이르는 엄청난 것이었다. 당시 경기도 내 실전은 주로 능침전(陵寢田), 궁방전(宮房田), 공해전(公廨田), 공신전(功臣田), 내외관직전(內外官職田), 늠급전(廩給田), 향리전(鄕吏田), 군전(軍田), 잡색전(雜色田) 등으로 이루어져 있었다. 전현직 대소 관료들은 각각 관직의 높낮이에 따라 〈과전법〉(科田法)에 의거해 차등 있게 토지를 지급 받았다. 제1과에 해당하는 종실의 대군과 정승들은 각각 1백 50결을 받았고, 나머지 사람들은 제17과인 종9품에 이르기까지 많게는 1백

결에서 적게는 15결까지 받았다.

조선왕조 초기의 이 같은 토지분배정책은 나름대로 합리성을 띤 것이었으나 시간이 지나면서 점차 왜곡되었다. 연산조에 들어와서는 소수의 종친과 공신세력을 중심으로 한 권문세가에 토지가 집중되는 현상이 일어났기 때문이다. 여기서 우리는 연산군의 금표 설치 확대조치가 기득권세력의 이해관계와 직접적으로 충돌할 수밖에 없었던 점에 주목할 필요가 있다.

역사상 폭군으로 지목된 인물들 대부분이 재위 시절 기득권세력의 이해와 배치되는 정책을 시행했다는 공통점을 지니고 있다. 따라서 연산군 역시 기득권세력의 이해와 정면으로 충돌하는 정책을 펼치다가 폭군으로 매도되었을 가능성이 높다고 생각할 수 있는 것이다. 이는 금표지역의 확대과정이 갑자사화의 전개과정과 대략 일치하고 있는 점을 감안하면 더욱 그러하다. 갑자사화에서 결정적인 타격을 받은 신권세력이 훈구세력(勳舊勢力)인 점을 감안하면, 이들이 보유하던 토지가 대거 금표지역에 편입되었을 가능성을 배제할 수 없는 것이다.

만일 금표지역 확대와 훈구세력의 거세가 일정한 함수관계를 맺고 있었다면, 금표지역 확대는 왕권에 도전했던 신권세력에 대한 응징의 의미를 띤 것으로 해석할 수 있다. 확장되는 금표지역에 이들 훈구세력의 토지가 편입되었는지를 추론할 만한 단서는 실록에 없다. 그러나 그 개연성은 앞서 언급한 것처럼 매우 높다.

이 같은 개연성에 주목할 경우 금표 설치 자체가 왕권의 강화라는 측면에서 비롯된 만큼, 그 확대 과정 역시 왕권의 강화라는 논리에서 벗어날 수 없었다고 보아야 한다. 이 같은 관점에서 볼 때, 금표지역이 도성을 중심으로 1백 리 가까이 늘어난 것은, 바로 사냥터를 왕권의 상징으로 간주한 데 따른 부수적인 결과로 해석할 수 있는 것이다.

왕권강화의 상징으로 나타난 사냥터 확대 문제와 관련해 또 하나 간과해서는 안 될 사항이 있다. 바로 금표를 설치하기 전부터 이미 고양과 광주 지역은 그 지역 출신의 반역혐의로 혁파(革罷)되어 있었던 점이다. 이 점 또한 최근의 논문들이 모두 간과하고 있는 것이나, 이는 금표의 성격을 규명하는 데 매우 중요한 단서가 아닐 수 없다.

왕조 시대에는 일단 반역자가 나오면 그가 난 곳과 자란 곳을 모두 혁파하도록 되어 있다. 이는 주변 사람들에게 일벌백계의 차원에서 경계의 뜻을 보이기 위한 것이었다. 다음 기록을 보면 두 마을이 혁파되는 과정에서 적잖은 진통이 있었음을 알 수 있다.

의정부·육조·한성부·대간·홍문관을 불러 광주·고양 등 두 고을을 혁파할 것을 의논하게 하였다. 왕이 전교하기를 "대저 조정의 재상들이 모두 위를 능멸하는 풍습이 있기 때문에 어리석은 백성들 역시 위에 관한 말을 하는 것이다. 정승이나 재상들이 어찌 고금 치란(治亂)의 일을 알지 못하여 광주와 고양은 선왕의 능침이 있는 곳이므로 혁파하지 못한다고 하는 것인가. 그 의논이 매우 좁고 또 그르다" 하였다.(《연산군일기》 10. 4. 25)

연산군은 단지 선왕의 능침이 있다는 이유로 반역의 조짐을 키울 수는 없다는 확고한 생각을 밝힘으로써 왕권주의자의 면모를 유감 없이 드러냈다. 고양군 등을 혁파하는 조치를 내리기 전에도 이미 전라도 구례현이 연산군 4년에 일어난 모반사건으로 혁파된 전례가 있었다. 따라서 고양군 등을 선왕의 능침이 있다는 이유만으로 혁파하지 않을 수는 없었다.

고양군 등을 혁파한 것은, 일찍이 이 지역 출신 죄인이 유배되는 도중에 위를 능멸하는 말을 한 것이 적발된 데서 비롯된 것이다. 연산군은 이들의 고향이 고양과 광주인 점을 들어 두 지역을 혁파토록 한 것이다. 모반과 관련된 지역은 연산조 이전에도 당연히 혁파되었다. 왕권주의자인 연산군이 단지 선왕의 능이 있는 지역이라고 해서 이를 그냥 놓아둘 리는 만무했다.

고양 등지의 혁파가 금표지역의 확대에 보이지 않는 동인(動因)으로 작용한 것이다. 이들 지역을 혁파한 지 불과 4개월 만에 금표지역이 도성 주변지역으로 확대된 사실이 이를 뒷받침한다. 이 점을 결코 간과해서는 안 된다.

이궁의 건설도 금표 확대의 한 원인이 되었다

연산군이 금표지역을 도성 주변지역으로 적극 확대하는 데 또 하나의 동인으로 작용한 사건으로는 이궁(離宮)을 건설한 일을 빼놓을 수 없다. 연산군은 당초 장의문 밖 조지서(造紙署 : 종이를 뜨는 일을 맡아보던 관아) 터에 이궁을 건설하려다가 포기하고 주변지역에 탕춘대를 지었다. 연산군은 탕춘대말고도 경기도 장단지역의 임진강변에 석벽이궁(石壁離宮)을 짓도록 했다. 그러나 이는 도중에 연산군이 폐위됨으로써 조성이 중단되었다. 아무튼 금표지역이 사냥터 외에 다른 지역으로 확대된 사례로는 이궁 건설이 유일하다고 할 수 있다. 그렇다면 연산군은 왜 이궁을 지으려 한 것일까? 다음과 같은 전교를 보면 그 해답을 찾아낼 수 있다.

예로부터 제왕은 누구나 연회를 베풀고 놀이하는 곳이 있었다. 수나라 때는 분양(汾陽), 당나라 때는 여산(驪山), 고려조에도 장원(長源)이 있었다. 고려조의 시인이 장원을 보고 "푸른 버들 사이로 문 닫힌

집은 팔구 호인데, 밝은 달에 주렴을 걷은 사람은 서너 명이어라"(綠楊
閉戶八九屋 明月捲簾三四人) 하고 읊은 적이 있다. 그가 지은 시를 보면
화려하고 진기한 경치를 천년이 지난 뒤에도 느긋하게 감상할 수 있을
듯하다. 이제 장의문 밖이 산 밝고 물이 깨끗해 참으로 한 조각 절경이
므로, 금표를 세워 이궁 수십 칸을 지어 잠시 쉬는 곳으로 하고자 하니
의정부와 의논하여 지형을 그려서 바쳐라.(《연산군일기》 11. 7. 2)

연산군이 이름을 거명하지는 않았지만, 고려조에 장원을 보고 시를
지은 사람은 고려조 최고의 문장가인 정지상(鄭知常)이다. 정지상의 시
를 예로 들어 이궁의 건설을 발표한 연산군의 의도는 바로 제왕의 풍류
를 자연과 벗삼아 펼치려 한 데 있었다. 당시 사대부들 사이에서도 경
치 좋은 곳을 배경으로 한적한 곳에 정자를 지어놓고 음풍농월하는 것
을 우아한 풍류로 간주하는 경향이 있었다. 성종조와 연산조에 이를 몸
으로 보여준 인물이 바로 월산대군과 제안대군이다. 연산군은 제왕의
신분에 걸맞게 정자 대신에 이궁을 지어 음풍농월의 장소로 삼으려 한
것이다.

왕권주의자인 연산군에게 이궁 건설은 곧 금표 설치를 의미했다.
제왕이 연회를 즐기는 곳을 금표지역으로 설정한 것은 나무랄 일이 아
니다. 그러나 사관은 연산군이 음행을 즐기기 위해 이 같은 이궁을 지
으려 했다고 비판했다. 이는 보는 시각에 따라 다양한 평가를 내릴 수
있다. 연산군의 이궁 건설 의도를 풍류를 가장한 음행 의도로 해석하는
것은 일방적인 해석이다.

연산군이 이궁을 건설하려 한 의도를 액면 그대로 받아들일 경우,
금표를 설치한 본래 의도도 확연히 드러난다. 금표지역은 바로 제왕의
풍류장소 주변에 설정되는 일반인 출입금지 지역이었던 것이다. 강력

한 왕권주의자인 연산군은 제왕의 풍류장소를 당연히 금표지역으로 간주할 수밖에 없었다. 〈기훼제서율〉을 금표지역에까지 확대 적용한 배경도 바로 여기에 있었다. 이는 곧 제왕의 풍류를 보장하기 위한 공간의 확대를 왕권강화의 상징으로 여겼음을 의미한다.

그러나 이로 말미암아 연산군은 엄청난 비용을 지불하지 않으면 안 되었다. 왕권강화의 상징이 된 금표지역을 막지 못하는 것은 곧 왕권의 훼손을 의미하기 때문이다. 엄청나게 확대된 금표지역을 관리하려면 수많은 인원과 재원이 필요했다. 이는 마치 비싼 보석을 도난 위협으로부터 막기 위해 더 많은 보관비용을 지불하는 격이었다. 그러나 연산군은 이에 따른 막대한 비용을 서슴없이 지불했다. 그는 동시에 고의로 금표지역을 침범하는 자는 〈기훼제서율〉에 따라 즉각 참형에 처하도록 하였다. 연산군은 금표지역 침범을 일종의 왕권에 대한 도전으로 간주한 것이다. 이를 두고 사관은 다음과 같이 꼬집었다.

금표제도가 생기면서부터 도둑들이 금표지역 안을 보금자리로 삼아 날로 죽이고 약탈하였다. 아무리 즐비하게 모여 사는 동네라 하더라도 꺼리지 않고 어둡기만 하면 떼를 지어 다니면서 겁탈하였다. 더욱 간악하고 교활한 것은 왕명을 받들었다고 일컬으면서 곧바로 인가에 들어가 보화와 재물을 빼앗아 간 것인데, 사람들은 모두 허둥지둥 달아나 숨을 뿐 따져볼 수가 없으므로 매우 괴로워하였다.(《연산군일기》 12. 2. 2)

내수사의 노비들만이 사는 금표 안의 땅은 그야말로 도둑들의 소굴로서 제격이었던 것이다. 물론 금표를 설치했다고 해서 없던 도둑들이 한꺼번에 많이 생긴 것은 아닐 것이다. 다만 당시 도둑들이 금표의 무서움을 이용해 더욱 대담하고 방자한 방법으로 도둑질했을 공산은 매우 크다.

흉악범 홍길동은 금표 확대 이전에 활동했다

연산조의 대표적인 도둑으로는 홍길동을 들 수 있다. 홍길동은 선조 때 허균(許筠)이 소설로 미화하여 영웅적인 인물이 되기는 했으나, 실은 일개 도둑에 지나지 않았다. 다만 홍길동이 당상관을 지낸 전직 관원을 장물아비로 두고 당상관의 옷차림으로 관아를 무시로 드나드는 대담성을 보여준 점으로 미루어, 단순한 도적만은 아니었던 듯하다.

홍길동은 연산군 6년 10월 체포되었다. 이후 그가 어떤 처형을 받았는지에 대해서는 자세한 기록이 없으나 대략 참형에 처해졌을 것으로 짐작된다. 홍길동은 허균의 소설이 나오는 선조 때까지 계속 거론된 것으로 보아 연산조 당시에는 대단한 화젯거리였을 것이다. 그러나 당시에 일반인들이 생각한 홍길동은 결코 허균의 소설에 나오는 의적은 아니었다. 이는 《선조실록》에 기록된 조헌(趙憲)의 상소문을 보면 쉽게 알 수 있다.

> 선왕조에서는 풍속이 순미(醇美)하므로 강상의 변이 없고 다만 홍길동·이연수(李連壽) 두 사람이 있었을 뿐이기에 항간에서 욕을 할 때는 으레 이 두 사람을 그 대상으로 삼았는데, 지금은 풍속이 무너져 강상의 변이 곳곳마다 일어나므로 홍길동·이연수의 이름이 아예 없어졌습니다.(《선조실록》 21. 1. 5)

선조 때는 강상을 무너뜨리는 일이 너무 자주 일어나, 과거 흉악범의 전형으로 일컬어지던 홍길동과 이연수를 거론하는 것조차 무색해졌음을 알 수 있다. 이연수는 중종 26년 친부모를 살해한 죄로 능지처참을 당한 당대의 패륜아다. 이로 미루어 홍길동은 이연수에 버금가는 흉악범으로 구전되었음을 알 수 있다. 선조 때 허균이 흉악범 홍길동을 당대의 모순을 거부하고 새로운 시대를 여는 혁명적인 인물로 둔갑시킨 것은 그의 반항적인 기질 때문이었는지도 모른다.

아무튼 사관의 주장이 사실이라면 도적들이 금표 안을 소굴로 삼은 것은 연산군 12년 때의 일이다. 그러나 흉악범 홍길동과 같은 도적이 횡행한 때는 금표를 설치하기 전인 연산군 6년 때의 일이다. 금표를 설치한 뒤에 홍길동보다 흉악한 도적이 횡행했다는 기록은 없다. 사관이 금표의 설치로 말미암은 백성들의 억울함과 피해를 이같이 과장하여 기록했을 공산이 크다. 그 의도는 연산군을 천하의 무도한 폭군으로 규정하는 데 있었음은 말할 것도 없다.

금표는 연산군의 폐위되자 모두 철거되었다. 금표는 연산군을 폭군으로 모는데 중요한 근거로 작용했다. 금표의 설치는 지금의 기준에서 볼 때 도저히 상상할 수도 없는 조치이다. 그러나 갑자사화의 돌풍이 휘몰아치는 상황에서 군왕의 위엄을 드높이고 군사훈련을 더욱 효과적으로 수행하기 위한 일환으로 이 같은 조치를 취했다는 사실을 간과해서는 안 된다. 나아가 금표지역에 포함된 땅이 대부분 갑자사화에 연루된 신권세력의 소유지였을 가능성도 염두에 두어야 한다. 금표사건을 분석할 때 금표를 설치하게 된 시대적 배경과 전개과정 등을 진지하게 검토하지 않으면 안 되는 이유가 여기에 있다.

9. 무오사화(戊午士禍)

신권세력의 도전에 대한 정당방위였다

많은 사람들이 무오사화를, 연산군이 사초(史草)문제를 확대시켜 신진 사림세력을 제거한 사건 정도로 알고 있다. 그러나 최근 많은 연구자들이, 사초문제가 없었을지라도 당시 왕권과 신권세력 그리고 신권세력 사이의 복합적인 갈등이 이미 최고조에 달해 있었기 때문에 유사한 사화가 일어났을 것으로 진단하고 있어 주목을 끌고 있다.

이 같은 연구성과가 반영하듯이, 이 사건을 단순히 가화자(加禍者)와 피화자(被禍者)라는 이분법적 관점에서 분석할 경우 역사적 진실을 곡해할 소지가 많다. 사실 이 같은 관점은 실록을 기록한 사관의 시각이기도 하다. 그러나 이 같은 시각은 기화자(起禍者)의 책임문제를 소홀히 할 우려가 있을 뿐만 아니라, 사화를 단순히 정의와 불의라는 이분법적 대결구도로 왜곡하기 쉽다.

연산조에 일어난 무오·갑자사화는 물론 중종조의 기묘사화와 명종조의 을사사화에 이르기까지, 조선왕조에서 일어난 모든 사화는 당시에 주어진 여러 변수를 종합적으로 고려해 입체적으로 분석하지 않으면 안 된다. 기화자의 속셈과 일련의 사건이 전개되는 과정에서 나타나는 가화자와 피화자들의 반응 등을 종합적으로 검토해야만 하는 것이다. 이 같은 작업이 이뤄지지 않을 경우, 종래의 견해와 같이 기화자의 책임은 전혀 묻지 않고 오직 결과만을 놓고 사건을 재단하는 잘못을 되풀이할 수밖에 없다.

연산조에 일어난 무오사화와 갑자사화 역시 입체적으로 분석하지 않으면 연산군은 폭군이라는 종래의 결론을 합리화해줄 뿐이다. 이 책에서는 기화자는 누구이고 그들의 책임은 무엇인지를 엄밀히 추궁해 나갈 것이다. 그래야만 엄청난 희생자를 낸 양대 사화의 성격과 책임소재를 분명히 밝힐 수 있기 때문이다.

사림세력은 세조의 정통성을 부인했다

조선왕조는 개국 초부터 연산조에 이르기까지 적잖은 우여곡절을 겪었다. 태종은 동복형인 정종에게서 보위를 이어받아 등극했다. 그리고 세조의 등극은 비록 양위형식을 빌리기는 했으나 사실은 찬탈에 가까웠다. 이 때문에 성삼문을 비롯한 세종 때의 구신(舊臣)들이 합세해 단종을 복위하려고 꾀하다가 주륙을 당하는 참화가 빚어지기도 했다. 당시 정통성을 숭상하는 대부분의 성리학자들은 세조의 계위(繼位)를 내심 조카로부터의 찬위(簒位)로 간주했다. 사육신의 출현은 이들 성리학자들이 세조의 등극을 얼마나 심각한 사안으로 받아들였는지 단적으로 보여주는 예이다.

세조는 맏아들인 의경세자가 일찍 죽자 둘째 아들인 해양대군(海陽大君)을 세자로 삼았다. 그가 예종이다. 그러나 예종도 재위 1년이 채 못 되어 죽고 말았다. 이때 의경세자의 미망인인 인수대비는 원로대신

한명회를 동원해 세조비를 설득하여 자신의 둘째 아들인 자산군을 왕으로 옹립한다. 그가 바로 성종이다.

따라서 성종은 즉위 초부터 크게 세 가지 정통성 문제를 안고 있었다. 하나는 바로 조부인 세조의 등극과정상의 정통성 문제이고, 둘째는 예종의 친자인 제안대군을 제치고 예종의 후사로 들어간 데 따른 정통성 문제이며, 셋째는 동복형인 월산대군을 제치고 왕위에 오른 사실과 관련한 정통성 문제이다. 성종은 사실 죽은 의경세자의 둘째 아들로 왕위를 계승할 위치가 아니었다. 예종의 친자인 제안대군과 자신의 큰 형인 월산대군이 우선 순위였기 때문이다.

의경세자는 세조가 즉위하자마자 세자로 책봉되었으나 세조 3년 9월, 20세의 나이로 요절하고 말았다. 의경세자가 죽을 때 성종은 복중의 태아였다. 성종은 아버지의 얼굴도 보지 못한 유복자로 태어난 것이다. 그러나 성종은 이같이 불리한 상황에서도 장인인 한명회와 어머니 인수대비의 후원으로 왕위에 오를 수 있었다. 한명회와 인수대비는 세조비를 움직여 성종을 예종의 후사로 삼아 왕위를 잇는 방법을 구사한 것이다. 이는 분명히 왕통을 문란케 하는 편법이었다.

원래 예종에게는 두 아들이 있었다. 하나는 한명회의 큰딸인 장순왕후(章順王后)가 낳은 인성대군(仁城大君)이다. 그러나 인성대군은 장순왕후가 죽은 뒤 곧바로 어린 나이에 죽고 말았다. 인성대군이 만일 살아 있었다면 그가 바로 왕위계승자가 되었을 터이다. 이는 인성대군이 예종의 적자일 뿐만 아니라 한명회라는 막강한 외조부를 두고 있었던 점을 감안할 때 의심의 여지가 없다.

성종도 만일 한명회를 장인으로 두지 않았다면 보위에 오르기가 쉽지 않았을지도 모른다. 한명회는 비록 장순왕후의 소생인 인성대군이 요절함으로써 부원군(府院君)의 뜻을 이루지는 못했으나, 둘째 사위인 성종을 통해 이 같은 한을 풀려고 했을지도 모를 일이다.

한명회는 청주 출신으로 어머니 이씨가 임신한 지 일곱 달 만에 낳았기에 칠삭둥이라는 별명이 있었다. 일찍이 어버이를 여의고 과거에 응시했으나 번번이 낙방하였다. 그러다가 친구인 권남(權擥)을 통해 수양대군을 만나게 된 후 완전히 새로운 인생을 살게 되었다. 세조가 계유정난을 일으켜 김종서(金宗瑞) 등을 주살할 때 한명회는 살생부를 작성하여 반대자들을 궤멸시킴으로써 정난의 일등공신이 되었다.

나아가 그는 우승지로 있을 때 성삼문 등의 단종복위 움직임을 밝혀내 그 화를 막아냄으로써 당대 최고의 공신이 되었다. 이후 승진을 거듭해 영의정까지 올랐으나, 이시애의 반란이 일어났을 때 신숙주(申叔舟)와 더불어 모반을 꾀했다는 터무니없는 소문 때문에 옥에 갇히는 곤욕을 치르기도 했다. 예종이 즉위한 뒤 남이의 모반사건이 일어나자 두 번째로 영의정에 제수되었으나 곧 사임하였다.

예종이 죽은 뒤 성종이 세조비의 말 한마디로 왕위에 오를 수 있었던 것은 한명회의 적극적인 주선이 있었기 때문이라고 보아야 한다. 성종이 즉위하자 세조비는 한명회에게 원로대신의 자격으로 병조판서를 겸하게 하였다. 어린 왕이 즉위해 불안할 수밖에 없는 상황에서 한명회로 하여금 병권을 틀어쥐게 한 것이다. 세조비가 한명회를 얼마나 신임했는지 짐작할 수 있다. 세조가 평소 한명회를 자신의 장자방으로 칭송했듯이, 세조비 역시 한명회를 사직지신(社稷之臣)으로 생각한 것이다.

당시 최고의 권신인 한명회는 외손자인 인성대군이 죽자 그 대안으로 자신의 둘째 사위인 성종을 염두에 두고 있었다고 보아야 한다. 이는 인수대비의 생각과 맞아떨어지는 것이었다. 이들 두 사람이 바로 세조비를 움직여 성종을 옹립하도록 만든 것이다.

여기서 세조비가 왕통상에 문제가 있음에도 성종을 낙점하게 된 배경을 간략히 살펴볼 필요가 있다. 예종은 즉위한 이듬해 11월 갑자기 몸이 아프기 시작했다. 결국 세조가 죽은 지 불과 1년 2개월 만에 또다시 국상을 치르는 일이 발생한 것이다. 예종은 자리에 누운 지 불과 이틀 만에 숨을 거두고 말았다.

세조비가 예종이 숨을 거둔 당일 성종을 후계자로 낙점한 것은 한명회와 인수대비의 막후공작이 주효했기 때문이다. 예종이 숨을 거둔 당일 오후 2시에 거애(擧哀)한 것은 후사왕의 등극을 빨리 서두르지 않으면 안 되었기 때문이다. 백관이 근정전 뜰에 나아가 곡하는 사이에 세조비는 즉각 성종의 즉위를 알리는 의지를 선포했다. 이에 따라 성종은 이날 오후 4시경에 면복(冕服)을 입고 근정문에서 즉위한 뒤 곧바로 즉위교서를 반포하였다. 의정부의 백관들은 상복을 조복(朝服)으로 재빨리 갈아입고 새 왕의 등극을 진하(進賀 : 벼슬아치들이 조정에 모여 임금에게 축하를 올리던 일)하였다. 왜 이토록 성종의 등극을 서두른 것일까? 그 해답은 세조비가 성종의 즉위에 즈음해 밝힌 의지의 내용을 보면 알 수 있다.

내가 생각하건대 보위는 잠시라도 비울 수 없는 것이다. 예종의 아들이 바야흐로 강보에 있고 또 본래부터 병에 걸려 있다. 결국 세조의 적손으로 다만 두 사람이 있을 뿐인데 의경세자의 아들 월산군은 어려서부터 병이 많았다. 그러나 그의 동생 자산군은 숙성한 데다 세조께서 매양 그 자질과 그릇이 남다른 것을 칭찬하여 태조에 비하는 데 이르렀다. 이제 연령이 점점 장성하고 학문이 날로 나아가므로 가히 큰일을 맡길 만하다. 이에 대신과 더불어 의논하니 대신들이 합사하여 여망(輿望)에 합당하다 하므로 자산군을 명하여 왕위를 잇게 하노라.(《성종실록》 1. 11. 28)

세조비가 **발표한** 의지는 성종을 예종의 후사로 삼아 왕위에 오르게 한다는 것이 그 요지였다. 그러나 그녀가 내세운 논리는 사실 억지였다. 우선 왕위계승 1순위자인 제안대군이 별다른 이유도 없이 왕위승계 대상에서 밀려난 점이 그렇다. 제안대군이 강보에 있었기 때문에 예종의 뒤를 이을 수 없다는 것은 사리에 맞지 않는다. 물론 제안대군은 당시 4세였기에 보위에 오르기에는 어린 나이였지만, 제안대군이 예종의 유일한 적통인 점 등을 감안하면 특별히 문제될 일은 아니었다.

또한 제안대군이 본래 병이 있어 계위할 수 없다는 것도 앞뒤가 맞지 않는다. 어릴 때 잔병치레는 누구나 있을 수 있는 일이기 때문이다. 제안대군은 8살이 많은 성종보다 30년 이상이나 더 살았다. 나이 차이를 감안하더라도 20년 이상이나 더 산 셈이다. 제안대군이 얼마나 억울하게 밀려났는지 이로써 쉽게 확인할 수 있다. 이는 왕통의 계승질서를 흩뜨리는 조치가 아닐 수 없다.

훗날 제안대군이 세종의 일곱째 아들인 평원대군(平原大君)의 양자로 입양된 사실 또한 이 같은 무리한 낙점을 호도하기 위한 후속조치로 해석할 수밖에 없다. 제안대군은 예종의 유일한 혈육이다. 그러나 제안대군이 계속 예종의 아들로 남아 있을 경우 성종과 왕통의 정통성 문제를 다툴 여지가 있었다.

훗날 제안대군이 장성한 뒤 자신이 부왕인 예종의 뒤를 잇지 못하고 평원대군의 양자로 입양된 사실을 어떻게 생각했는지 헤아리기는 쉽지 않다. 다만 제안대군이 평소 어리석은 모습을 보이면서 거문고 등을 벗삼아 풍류인의 삶을 살았다는 기록을 보면, 그는 아예 모든 것을 체념하고 지냈을 가능성이 크다. 어찌 보면 이는 몸을 보전하기 위한 계책이었을지도 모른다.

왕위계승의 2순위자인 월산대군 또한 자신이 낙점받지 못한 것에 대해 많은 생각이 오갔을 것이다. 월산대군이 병이 많아 왕위를 이을 수 없다고 한 세조비의 지적 역시 믿을 만한 것이 못 된다. 월산대군은 성종 19년 35세의 나이로 성종보다 6년 먼저 죽었을 뿐이다. 성종이 38세에 죽은 점을 감안하면 월산대군이 특별히 병이 많았다고 보기도 어렵다. 따라서 월산대군이 특별히 병이 많아 왕위를 물려줄 수 없다고 한 것은 일종의 핑계일 뿐이다.

월산대군은 사실 동생인 성종 못지않게 총명한 것은 물론 어떤 면에서는 성종보다 훨씬 낭만적이면서도 품성이 너그러운 인물이었다. 그가 예종의 뒤를 이어 왕위를 이어도 아무런 하자가 없었던 것이다. 그러나 그는 왕위에 오르지 못했다. 여기에는 한명회의 의중이 강력하게 반영된 것으로 짐작된다. 인수대비로서는 사실 두 아들 가운데 누가 왕위를 잇더라도 크게 문제될 것이 없는 처지였다. 다만 인수대비로서도 한명회와 같이 배경이 든든한 장인을 둔 성종이 왕위에 오르는 것이 여러모로 좋다고 판단했을 가능성은 있다.

그러나 이로 말미암아 성종은 자신을 보위에 오르게 만든 세조비와 인수대비, 그리고 장인인 한명회에게 평생 은혜를 갚아야만 하는 처지가 된 것 또한 사실이다. 이는 성종이 재위 25년 동안 이들에게 한없는 효성과 총애를 표시한 것을 보면 쉽게 짐작할 수 있다. 마찬가지 이유로 성종은 죽을 때까지 제안대군과 월산대군에게 커다란 빚을 안고 살았다. 성종이 재위 당시 이들 두 대군에게 두터운 은혜를 베푼 사실이 이를 뒷받침한다.

성종은 사실 세조 못지않게 여러 가지 왕통상의 문제를 지니고 등극했다고 보아야 한다. 그러나 그는 한명회와 인수대비의 도움으로 이를 일거에 해소함으로써 자신의 재위 기간에 이 문제로 어려움을 겪은 적이 한 번도 없었다. 예종의 후사로 들어간 정통성 문제는 제안대군을 양자로 보냄으로써 해결했고, 동복형을 제치고 왕위에 오른 문제는 생부를 덕종으로 추존해 월산대군에게 제사를 맡김으로써 해결한 것이다.

그러나 성종도 해결할 수 없는 근원적인 정통성 문제가 있었다. 그 것은 바로 할아버지 세조의 등극과 관련한 정통성 문제였다. 다만 성종 때는 이 문제를 직접 거론한 사람이 전혀 없었기에 문제가 안 되었을 뿐이다. 세조의 왕통을 이어받은 성종조와 연산조에 세조의 왕통문제 를 거론하는 행위는 곧 반역을 의미하는 것이었다. 이는 현재 왕위에 있는 왕의 왕통을 부인하는 것이나 다름없었기 때문이다. 성종조의 신 하들이 이를 모를 리 없었을 것이다. 이들이 이 문제를 전혀 거론하지 않은 것도 바로 이 때문이었다고 보아야 한다.

잠복해 있던 이 문제가 연산조에 들어와 엉뚱한 곳에서 불거져 나 온다. 그것이 바로 세조를 폭군으로 묘사한 사초(史草)사건이다. 무오 사화는, 세조를 폭군으로 비유한 김종직의 〈조의제문〉(弔義帝文)을 그 의 제자인 김일손(金馹孫)이 사관으로 있으면서 《성종실록》에 삽입하 려다 발각돼 불거진 사건이다. 이 사화의 핵심에 서 있는 김종직이 바 로 기화자(起禍者)인 것이다. 그의 책임을 추궁하지 않고는 무오사화의 진실을 파악하기란 쉽지 않다.

무오사화는 세조와 김종직의 악연에서 비롯되었다

김종직은 원래 경남 밀양 사람으로 성균관 사예를 지낸 김숙자의 아들이다. 김숙자는 고려 말의 충신인 길재의 정통성리학을 이어받은 인물이다. 김종직은 바로 부친이자 스승인 김숙자에게서 명분을 중시 하는 정통성리학을 이어받음으로써 훗날 조선성리학의 조종으로까지 추앙받게 된다.

김종직이 중앙정계에 진출한 것은 단종 때 문과에 급제하면서부터다. 그는 이후 세조가 등극하여 집현전을 없앤 뒤 글 잘하는 선비 10명을 선발할 적에 여기에 선발되는 발군의 실력을 보여주기도 했다. 그러나 그는 이내 세조의 노여움을 사 쫓겨나고 말았다. 이는 문신들에게 천문과 지리 등을 배우게 하려는 세조의 뜻을 김종직이 거역했기 때문이다. 이 사건은 무오사화의 배경을 이해하는 데 매우 중요한 단서가 되는 사건이다. 《세조실록》은 당시 상황을 다음과 같이 소상히 전해주고 있다.

김종직 등이 아뢰기를, "지금 문신으로 천문·지리·음양(陰陽)·율려(律呂)·의약(醫藥)·복서(卜筮)·시사(詩詞)의 7학을 나누어 닦게 하는데, 시사는 본래 유학자의 일이지만 그 나머지 잡학이야 어찌 유학자들이 마땅히 힘써 배울 학문이겠습니까. 잡학은 각각 업으로 하는 자가 있으니 능통하는 데 반드시 문신이라야만 좋은 것은 아닙니다" 하였다. 왕이 말하기를 "천문 등을 하는 자들이 모두 용렬한 무리인지라 마음을 오로지 하여 뜻을 이루는 자가 드물기 때문에 너희들에게 이것을 배우게 하고자 하는 것이다. 이것이 비록 비루한 일이라 하나 나도 또한 거칠게나마 일찍이 섭렵하면서 그 문호에 며칠 동안 있었다" 하고, 이조에 전지하기를 "김종직은 경박한 사람이다. 잡학은 나도 뜻을 두는 바인데 김종직이 이렇게 말하는 것이 옳은가. 해당 관사에 내려 그 정상(情狀)을 국문하는 것이 옳다. 그러나 이미 사람들에게 의견을 다 말하게 하였는데 말한 자를 죄준다면 언로가 막힐 것이니 그를 파직하도록 하라" 하였다.(《세조실록》 10. 8. 6)

정통성리학을 이어받았다고 자부한 김종직이, 잡학을 배우길 권한 세조의 처사를 못마땅하게 생각한 나머지 이에 정면으로 반박하고 나선 것이다. 당시 사헌부 감찰로 있던 김종직은 이 일로 파직되어 낙향하였다. 김종직은 세조가 계속 살아 있었다면 영원히 등용되지 못했을지도 모를 일이다. 자신이 나름대로 판단하여 문신들에게 잡학을 배우도록 권했음에도, 이를 비루하다고 논박하고 나선 김종직을 강력한 왕권주의자인 세조가 용납할 리 없었기 때문이다.

세조는 김종직의 이의제기를 왕권에 대한 건방진 도전으로 생각했는지도 모를 일이다. 김종직과 세조의 불행한 인연이 바로 여기서부터 시작된 것이다. 실록에 나온 김종직의 모습을 보면 그가 매우 고집스러운 정통주의자였음을 짐작할 수 있다. 세조가 생존하는 한 김종직의 출사는 사실상 불가능한 일이었다.

그러나 김종직에게 또 한 번의 기회가 찾아왔다. 성종이 즉위하면서 예문관의 인원을 늘려서 문학하는 선비를 선발하여 경연관을 겸하게 하였는데, 김종직이 예문관 수찬에 발탁된 것이다. 사환(仕宦)의 길로 다시 접어들게 된 그는 이후 어버이가 연로함을 이유로 고향에서 가까운 함양의 군수로 내려가게 되었다.

김종직은 임기를 마치고 승문원 참교에 제수되었으나, 또다시 어머니가 연로함을 들어 사직하자 선산부사에 제수되었다. 이 역시 특은이었다. 누구도 고향이나 인근의 관장으로는 내려갈 수 없었기 때문이다. 성종은 김종직에게만큼은 예외를 인정한 것이다.

이후 그는 어머니의 작고로 사직서를 냈다가, 3년상을 마친 뒤 왕의 부름을 받고 다시 홍문관 응교에 제수되었다. 김종직은 홍문관에서 부제학의 자리까지 오른 뒤 승정원으로 나아가 마침내 도승지에 발탁되었다. 곧이어 이조참판 겸 동지경연사로 승진하여 성종의 총애를 한 몸에 받게 되었다. 당시 경연당상은 조강(朝講)에만 참여할 수 있었을 뿐인데 김종직은 성종의 특명으로 주강(晝講)에도 참여하였다. 그에 대한 성종의 총애가 대단했음을 쉽게 짐작할 수 있다.

김종직은 이후 전라도 관찰사와 공조참판을 거쳐 형조판서에 제수되었으나 중풍증세를 보여 곧 지중추부사로 자리를 옮겼다. 휴가를 얻어 동래온천에서 요양하기도 했으나 차도가 없자 고향으로 돌아가서 글을 올려 사직하였다. 성종이 이를 윤허하지 않았지만, 그는 지병이 악화돼 성종 23년 8월 중순 숨을 거두었다.

김종직은 한마디로 성종의 은총을 입어 출세가도를 달리다가 지병인 중풍이 악화돼 아깝게 세상을 뜨고 만 것이다. 그리고 김종직은 살아 있는 동안 무수한 제자를 두었다. 그의 학풍은 정통성리학에 기초하여 매우 엄격한 명분론에 입각해 있었다. 훗날 영남 사림파가 김종직을 학통(學統)의 교조로 삼아 철저한 명분주의로 치달은 것도 그의 학풍에 기인한 것이었다.

그의 시호는 처음에는 '문충'(文忠)이었으나 대신들의 반대로 '문간'(文簡)으로 바뀌었다. 시호가 바뀌는 것은 매우 드문 일이나 당시 대신들의 반발이 그만큼 엄청났던 것이다.

사실 왕조시대에 시호의 개정은 결코 쉬운 일이 아니었다. 그러나 성종은 김종직의 시호 개정에 동의했다. 성종은 김종직의 시호가 너무 지나치기에 이를 깎아야만 한다는 대신들의 주장을 받아들였다. 문신으로서 '문충'이라는 시호는 최고의 것이었다. '충' 자는 최고의 신하에게만 내릴 수 있는 시호였기 때문이다. 그렇다면 성종은 왜 그토록 총애하던 김종직의 시호를 바꾸는 데 동의한 것일까? 다음 기록을 보면 그 이유를 대략 짐작할 수 있다.

의정부에서 아뢰기를 "이제 김종직의 시호에 관한 의논을 보건대 성인과 같다고 하였고 그 글자의 해석에 '도덕박문'(道德博聞)이라고 하였으니, 만일 주자와 같이 도통을 전한 자가 아니면 여기에 해당되지 않습니다. 신 등이 생각하건대 시호를 정하는 데는 반드시 재주와 행실이 서로 맞아야 하는 것인데 김종직의 시호는 이에 맞지 않습니다. 청컨대 이를 바꾸소서" 하였다. 왕이 전교하기를 "시호를 이미 정하였는데 바꾸는 것이 옳겠는가. 다시 물어서 아뢰어라" 하였다.(《성종실록》 23. 12. 14)

이 기록이 보여주듯이 성종도 처음에는 김종직의 시호를 바꾸는 것에 부정적이었다. 그러나 의정부는 조정대사를 논하는 최고기관이다. 영의정을 비롯한 원로대신들이 일치하여 김종직의 시호에 반대하고 나선 것이다. 이들은 김종직을 비롯한 신진 사림세력이 하나의 거대한 세력을 형성하기 시작했음을 직감한 것이다. 어찌 보면 가볍게 넘어갈 수 있는 시호문제를 놓고 대신들이 이를 정식으로 문제삼고 나선 까닭도 바로 이 때문이다. 대신들은 신진 사림세력의 성장에 커다란 두려움을 느끼고 있었던 것이다.

그러나 시호를 정하는 봉상시의 반론도 만만치 않았다. 이는 당시 봉상시에 김종직을 추앙하는 관원들이 다수 포진하고 있던 데 따른 것이었다. 김종직의 시호 개정을 둘러싼 논쟁은 김종직이 죽은 뒤 반년 넘게 전개되었다. 이는 김종직을 조선의 주자로 섬기려 하는 일단의 신진 사림세력과, 이를 초기에 제압하려는 훈구대신들의 치열한 기세싸움 양상으로 전개되었기 때문이다.

결국 성종은 봉상시에서 올린 문간(文簡), 문효(文孝), 문정(文貞) 가운데서 영돈녕 이상 원로대신들과 의정부가 의논하여 정하도록 명하였다. 이로써 김종직의 시호는 그가 죽은 뒤 8개월 만에 문간으로 낙착되었다. 결국 훈구세력의 승리로 끝난 것이다. 소장 신권세력이 원로대신으로 구성된 훈구세력을 상대로 싸우기에는 아직 힘이 미약했던 것이다.

성종 때 김종직의 경우와는 정반대로 시호가 격상된 경우도 있었다. 한명회는 시호가 '명성'(明成)에서 '충성'(忠成)으로 격상되었다. 이는 성종이 대신과 대간들의 거듭된 반대를 무릅쓰고 한명회 자손들의 주청을 받아들였기 때문에 가능했다. 한명회가 세조 이래 최고의 원로공신이기 때문이기도 했지만, 성종이 자신의 등극을 막후에서 도운 고마움을 이 같은 방식으로라도 보답하려 했을지도 모른다.

그러나 성종은 의정부 우의정까지 지낸 광산부원군 김국광(金國光)의 시호를 고쳐달라는 그의 자손들의 요청은 단호히 거절했다. 김국광의 시호는 '정정'(丁靖)이다. '정'(丁) 자는 살아 생전 별다른 일을 하지 않았다는 의미를 담고 있다. 이를 고쳐달라는 그의 자손들의 끈질긴 부탁을 성종은 결국 들어주지 않았다. 이는 고인과 그 자손들에게 엄청난 모욕이었다. 이토록 당시의 시호는 그 사람의 모든 삶을 하나로 요약해 표현하는 것이었기에 그 의미가 자못 컸던 것이다.

김종직의 시호를 둘러싼 신권세력의 갈등은 성종조 말기에 이상한 기운이 형성되고 있음을 시사한 것이다. 김종직을 추앙하는 일군의 소장 신권세력이 성종의 후원 아래 무섭게 성장하여, 이제는 제법 훈구세력에 맞설 수 있는 잠재적인 대항세력으로 등장했음을 실증한 셈이다. 당시 김종직의 시호를 문충으로 올린 봉상시의 관원은 김종직의 문하생이나 마찬가지였다. 그가 과거에 급제할 때 김종직이 시험관이었던 인연이 이 같은 사건을 빚어내는 간접적인 원인이 된 것이다.

결국 김종직의 시호 개정 문제는 일단 원로대신들의 승리로 끝났지만, 김종직을 추앙하는 사림세력의 힘을 결집시키는 계기로도 작용했다. 이들의 결집은 매우 지속적이면서도 광범위했다. 그러나 사림세력은 자신들의 힘이 훈구세력에 맞설 수 있을 정도로 성장하기도 전에 그 발톱을 어설프게 드러내는 실수를 저지르고 말았다. 이 같은 실수가 불러온 결과는 자못 심각했다. 바로 무오사화라는 조선왕조 최초의 참극으로 연결되었기 때문이다.

따라서 무오사화를 얘기하면서, 기화자인 신권 사림세력의 신중치 못한 행동은 전혀 언급하지 않은 채 오직 가화자인 연산군의 가해행위만을 문제삼는 것은 잘못이다. 기화자의 도발행위에 따른 가화자의 공격행위는 일종의 정당방위에 해당하는 것으로 보아야 한다.

이를 통치학적인 용어로 정리하면, '왕통론'과 '도통론'을 둘러싼 왕권과 신권세력의 갈등이 빚어낸 사건이 바로 무오사화였다고 할 수 있다. 당시 신진 사림세력은 도학(道學)으로 별칭된 조선성리학의 정통성 곧 도통(道統)이 '길재→김숙자→김종직'으로 이어져왔다고 생각하고 있었다. 도통에 강한 자부심과 확신을 품고 있던 이들 소장 신권세력은, 대통(大統)으로 별칭되는 왕위계승의 정통성 곧 왕통(王統) 역시 '세종→문종→세조'가 아니라 '세종→문종→단종'으로 이어져왔다고 생각한 것이다.

세조는 비록 양위형식을 빌려 왕위에 오르기는 했으나 상왕인 단종을 노산군으로 강등해 죽음에 이르게 했다. 이는 이들 사림세력이 왕통문제를 심각하게 재고토록 만들었다. 이들은 왕통상의 문제를 도통상의 위기로 확대 해석한 셈이다. 훗날 단종이 왕통에 다시 편입되는 것도 이들의 이 같은 도통의식에 기인한 바 크다고 보아야 한다.

그러나 성종 때는 김종직이 성종의 깊은 신뢰를 받고 있었던 까닭에 이들의 이 같은 의식이 표면적으로 드러나지는 않았다. 김종직 역시 세조의 왕통문제에 깊은 회의를 품고 있었지만 이를 겉으로 드러내지는 않았다. 그러나 김종직의 제자들은 스승의 이 같은 의식을 그대로 이어받았다. 무오사화가 촉발된 것도 바로 이에 말미암은 것이었다.

훈신 이극돈(李克墩)은 김종직의 문하생인 김일손의 사초에 자신에게 불리한 내용이 담겨 있는 것을 알게 되었다. 당시 이극돈은 신진 사림세력에 일대 타격을 가하고자, 김일손의 사초에 세조를 비방하는 불경스런 문구가 들어 있다는 사실을 유자광(柳子光)에게 고자질했다. 그는 남이의 모반사건을 고변(告變)한 전력이 있는 유자광이 이 같은 사실을 알게 되면 가만히 있지는 않으리라는 점을 계산에 넣은 것이다.

훗날 사림세력은 이극돈의 이 같은 고자질 행위에 비난을 퍼부었다. 그러나 이는 본말이 전도된 것이다. 왕통을 문제삼은 내용이 담긴 사초를 발견한 이극돈은 세조의 신하이자 성종의 신하로서 당연히 이를 문제삼아야만 했다. 그가 유자광을 끌어들인 것을 놓고 간교한 행위로 간주하는 것도 문제이다. 언뜻 그렇게 볼 수도 있으나, 사원(私怨)을 풀기 위한 것이라는 비난을 피하려는 신중한 행동으로 해석할 수도 있기 때문이다. 실록은 당시 상황을 다음과 같이 전하고 있다.

전교하기를 "김일손의 사초를 모두 대내로 들여오라" 하자, 실록청 당상 이극돈·유순 등이 아뢰기를 "예로부터 사초는 임금이 보지 않습니다. 임금이 만약 사초를 보면 후세에 직필이 없기 때문입니다" 하였다. 왕이 전교하기를 "즉시 빠짐없이 대내로 들이라" 하니, 이극돈 등이 다시 아뢰기를 "여러 사관들이 드린 사초를 신 등이 모두 보았고 김일손의 사초 역시 모두 알고 있사옵니다. 예부터 임금은 사초를 보지 못하지만 일이 만일 종묘사직에 관계가 있으면 상고하지 않을 수 없사오니, 신 등이 그 상고할 만한 곳을 뽑아 올리겠습니다. 그러면 일을 알 수 있고 또한 임금은 사초를 보지 않는다는 대의에도 합당할 듯합니다"
하자, 왕이 "가하다" 하였다. 이극돈 등이 김일손의 사초에서 6조목을
발췌하여 봉해 올리니 전교하기를 "종실 등에 관해서 쓴 것도 또한 들
이라" 하였다.(《연산군일기》 4. 7. 11)

세조를 비방한 김종직의 시를 사초에 실은 김일손의 행위는 단순한
사초문제로 치부해버릴 수도 있다. 사실 김일손 역시 그 같은 생각으로
스승의 시를 실록에 실으려 했을 것이다. 그러나 통치학적인 관점에서
볼 때 이는 왕권에 대한 신권세력의 강력한 도전이었다. 성종과 연산군
모두 세조의 직계손인 까닭에, 세조의 왕통상의 정통성이 무너지면 연
산군의 통치도 그 정당성을 잃게 된다. 연산군이 이 문제를 그냥 방치
할 수는 없었던 이유도 바로 이 때문이다.

김종직은 당시 사림세력에게 절대적인 존재였다

그렇다면 당시 김종직의 권위가 과연 어느 정도였기에 그 문하생인
김일손은 세조를 비방한 시를 감히 실록에까지 실으려고 한 것일까? 당
시 사림세력에게 김종직의 권위는 거의 절대적이었다. 김종직의 이 같
은 권위는, 무오사화가 일어나기 두 해 전 충청도 예산에서 치러진 향
시에 김종직을 추모하는 내용의 논술문제가 출제된 사실로도 쉽게 확
인할 수 있다. 이 사건은 무오사화가 진행되던 와중에 뒤늦게 밝혀져
관련자들이 중형에 처해졌다.

당시 과거를 보기 위해서는 우선 각 지역의 관아에서 관장하는 이
른바 향시(鄕試)를 통과해야만 했다. 이는 일종의 예비고사에 해당하는
것이었다. 그런데 충청도 예산에서 치러진 향시에 나온 논술제목은 공
교롭게도 성종의 묘호(廟號)와 김종직의 시호(諡號)를 비교하는 것이었

다. 이는 보기에 따라서는 불경스럽기 그지없는 것이었다. 다음 기록을 보면 이른바 향시 사건의 전모를 대략 파악할 수 있다.

정윤좌(鄭允佐)를 고문하여 곤장을 8번 치니 공초하기를, "김종직의 사람됨을 신은 본시 알지 못하옵니다. 2년 전 봄에 예산에서 향시가 있었는데 그 제목에 이르기를, '조정에서 성종의 묘호를 정하는데 인(仁) 자로 하려다가 마침내 성(成) 자로 올렸으니 인 자와 성 자에 다름이 있는 것인가. 김종직의 시호는 처음에 문충(文忠)이라 내렸는데 뒤에 문간(文 簡)으로 고쳤다. 나쁜 시호를 고칠 수 없다면 아름다운 시호는 고칠 수 있는 것인가' 하였습니다. 신은 이로써 비로소 김종직이 문장과 덕행이 있음을 알게 되었사옵니다" 하였다. 정문형 등이 아뢰기를, "묘호에 인 자를 올리지 않은 것을 당시에 한스럽게 여긴 자가 있었으니 이를 논술 제목으로 내어 물은 것은 대개 이런 뜻일 것입니다. 이로써 신문한다면 불가하지 않을까 하옵니다" 하였다. 윤필상 등은 아뢰기를, "감히 묘호 를 김종직의 시호와 함께 논술제목으로 내어 초야의 미천한 선비에게 물었으니 이는 바로 조정을 가벼이 여긴 것입니다" 하였다. 왕이 전교 하기를, "논술제목에서 물은 바는 진실로 그르니 국문하라" 하였다. 급 기야 당시의 시험관인 황린(黃璘) 등을 국문하자 모두 자복하기를 정윤 좌와 같이 하였다. (《연산군일기》 4. 윤11. 5)

충청도 천안의 유생 정윤좌는 당시 같은 마을의 유생들과 더불어 김일손을 옹호하는 발언을 한 사실이 드러나 국문을 받던 중 예산 향시 의 전말을 토설했다. 이 기록을 보면 예산의 향시에 나온 논술제목에 대해 대신들의 견해가 양쪽으로 갈리고 있음을 쉽게 알 수 있다. 김종 직을 추앙하는 세력은 연산조에 들어와서까지도 문간이라는 시호를 결코 인정하지 않은 것이다.

성종이 붕어했을 때, 성종의 묘호를 인종(仁宗)으로 할 것인지 아니면 성종(成宗)으로 할 것인지를 놓고 신하들 사이에 갑론을박이 벌어진 일이 있다. 그때의 논란을 김종직의 시호변경 문제와 연결시켜 시험제목을 출제한 것은 김종직을 높이고자 한 저의를 확연히 드러낸 셈이다. 이는 분명 불경스런 행동이 아닐 수 없다. 특히 "아름다운 시호는 고칠 수 있는 것인가" 하고 물은 시험제목에서 알 수 있듯이, 시험관인 황린 등은 김종직의 시호변경이 잘못된 것임을 논하도록 은근히 유도하고 있었다. 연산군이 관계자들을 추국토록 한 것은 당연한 일이었다.

이처럼 당시 사림세력은 김종직을 조선성리학의 교조로 삼고 있었다. 이 같은 흐름은 성종이 훈구대신들을 견제하기 위해 신진 사림세력을 대거 발탁한 데서 연유한 것이다. 연산조에 들어와 이들 사림세력은 언론 3사를 비롯해 주요 관직의 노른자위에 포진하면서 하나의 거대한 세력을 형성해 가고 있었다. 사림세력이 바야흐로 왕권을 압도하는 신권세력의 중심으로 부상하던 중이었던 것이다.

그러나 이들은 매우 세심하지 못했다고 해석할 수밖에 없다. 왕의 묘호문제를 김종직의 시호문제와 함께 논술제목으로 삼은 것은 불경스럽기 그지없는 일이기 때문이다. 더구나 김종직은 아직 고려조의 정몽주나 길재 등과 같은 거유(巨儒)로 인정받고 있는 상황도 아니었다. 조선이 성리학을 통치이념으로 채택했다 할지라도 신하를 왕과 같은 반열에 놓고 시험문제를 출제한 것은 왕권에 대한 일종의 도전으로 해석될 소지가 컸다.

특히 김일손이 왕권의 정통성 문제를 건드린 스승의 시를 실록에 싣고자 한 것은 커다란 실수였다. 김일손은 세조를 비난한 스승의 시를 감히 실록에 실으려 한 방자함을 드러낸 셈이다.

김일손은 세조를 파렴치범으로 몰아갔다

연산군을 폭군으로 모는 중요한 근거가 된 무오사화는, 사실 신권의 방자한 도전에 대한 왕권의 반격이 그 본질이었다. 무오사화는, 왕통의 정통성에 정면으로 도전한 행위를 응징하지 않으면 왕의 자리가 위험해질 수도 있다는 연산군의 위기감에서 비롯된 것이다. 다음 기록을 보면 이들 소장 신권세력의 방자함이 어느 수준에 이르렀는지 확연히 파악할 수 있다.

왕이 명하여 앞으로 나오게 하니 김일손은 아뢰기를, "권귀인은 바로 덕종의 후궁인데 세조께서 일찍이 부르셨는데도 권씨가 분부를 받들지 않았다는 얘기를 들었사옵기로 이 사실을 썼습니다. 소훈(昭訓) 윤씨에 관한 얘기 또한 권귀인의 조카 허반(許磐)에게 들었사옵니다" 하였다. 허반은 아뢰기를, "신이 궁궐의 일을 어찌 감히 말하오리까. 김일손이 신을 끌어댄 것은 계교가 궁해서 그러한 것입니다" 하였다. 허반은 형장 30대를 맞고도 오히려 실정을 털어놓지 않았다. 윤필상 등에게 명하여 김일손 등을 빈청에서 국문하게 하였다.(《연산군일기》 4. 7. 12)

이 기록을 통해, 김일손이 김종직의 〈조의제문〉뿐만 아니라 허반에게 들은 세조에 관한 좋지 않은 얘기까지 모두 《성종실록》에 싣고자 했음을 확인할 수 있다. 이는 말할 것도 없이 세조를 깎아내리려는 의도에서 비롯된 것이다. 사실 김일손이 밝혔듯이 사관은 분명 자신이 들은 얘기를 모두 실록에 실을 수는 있다. 비록 세조 때의 일일지라도 《세조실록》에 싣지 못했다면, 이를 《성종실록》을 편찬할 때 얼마든지 삽입할 수 있는 것이다. 따라서 김일손이 세조 때의 일을 《성종실록》에 실은 것 자체를 나무랄 수는 없는 일이다.

그러나 사관이라고 해서 자신이 들은 것을 모두 그대로 실록에 실어야만 하는 것은 아니다. 사관이 비록 사초에 기록했다 하더라도 실록을 편찬할 때는 사초의 내용을 그대로 옮기는 게 아니기 때문이다. 사관에게도 사료를 취사선택할 권한과 책임이 있는 것이다. 사관이 어떤 의도를 가지고 도저히 있을 수 없는 일을 비롯해 근거도 없이 부풀려진 항간의 억측까지 모두 기록한다면, 이는 보통 중대한 일이 아니다. 후세에 이를 진실로 곡해할 소지가 많기 때문이다.

김일손이 스스로 정통성리학의 신봉자를 자처했는지는 몰라도, 그가 취한 행동은 분명 편파적이면서도 위험천만한 것이었다. 그는 권귀인의 조카에게서 들었다는 이유 하나로 세조를 두 며느리에게 음심을 품은 황음무도한 폭군으로 몰아가려 했기 때문이다. 자신이 들은 얘기를 모두 실록에 기록할 수밖에 없다고 한 그의 항변이, 세조를 의도적으로 깎아내리려고 한 속셈마저 감출 수는 없는 것이다.

김일손이 세조에게 이 같은 악감정을 품게 된 것은, 짐작컨대 스승인 김종직에서 비롯된 것으로 보인다. 앞서 언급한 바와 같이 김종직은 철저한 명분주의자였던 데다가 잡학수련을 둘러싸고 세조와 갈등을 빚어 파직당한 전력이 있었다. 따라서 세조에게 쫓겨난 김종직은 제자들에게 세조에 대해 노골적이든 은유적인 표현을 동원했든 매우 나쁘게 얘기했을 공산이 크다. 이 같은 추론은 김종직이 세조의 왕위찬탈을 비난하는 시를 지은 사실에 비추어 그리 근거 없는 것도 아니다.

김종직을 추종하는 사림세력이 품은 세조에 대한 악감정은, 세조가 며느리인 권씨와 윤씨를 겁탈하려 했다는 황당한 얘기까지 실록에 실으려 한 데서 그 극치를 이룬다. 이는 세조뿐만 아니라 연산군의 왕통에 대한 정면도전이 아닐 수 없다. 밑도 끝도 없는 황당한 얘기를 그대로 실록에 실으려 한 김일손의 독단은, 실록의 신뢰성을 결정적으로 훼손할 수 있는 위험한 발상이 아닐 수 없다.

김일손의 이 같은 행위는 당시 김종직을 숭앙하는 사림세력의 발호가 위험수위에 달했음을 보여주는 것이라고 할 수 있다. 무오사화는 바로 이같이 왕통에 대한 소장 신권세력의 도발이 위험수위에 이른 상황에서 빚어진 사건이다. 무오사화가 일어날 당시만 해도, 어린 나이에 보위에 올라 별다른 후원세력도 없는 연산군이 성종조에 이미 막강한 세력을 형성한 소장 신권세력을 제압하기란 거의 불가능에 가까웠다. 그러나 김일손의 사초사건은 연산군에게 이들 신권세력을 일거에 제압할 수 있는 절호의 기회를 가져다주었다.

무오사화로 말미암아 괴수격인 김종직은 부관참시를 당했다. 김일손은 파당을 이루어 왕통을 부인했다는 이유로 능지처참의 형을 당했다. 또한 김굉필(金宏弼) 등과 같이 사초사건과는 상관없이 김종직과 인연을 맺었던 25명의 소장 신권세력은 대거 삭탈관직되어 유배형에 처해지는 화를 입었다. 아울러 이극돈 등도 문제의 사초를 보고도 즉각 보고하지 않은 이유로 파면되었다.

이때 화를 당한 소장 신권세력은 직접적이든 간접적이든 김종직과 연을 맺어 가르침을 받은 사람들이었다. 김종직은 세조에게 파직을 당한 이후 성종 때 모친상을 당해 사직해 있을 때와 지방수령으로 내려가 있던 시기 등을 틈타 많은 제자들을 길러내었다. 그가 조선성리학의 조종으로 불리게 된 것도 바로 숱한 제자와 후배들을 양성했기 때문이다.

조선왕조에서 성리학이 극성을 부리는 선조 때를 전후해 사림세력이 신권세력을 완전 장악한 것도 김종직과 무관하지 않다. 김굉필에게서 김종직의 학통(學統)을 이어받은 조광조(趙光祖)는 중종조에 중앙정계로 진출해 위세를 떨쳤다. 이후 기묘사화로 한동안 잠잠하던 사림세

력은, 이후 이퇴계가 명종조에 도통(道統)을 확립한 것을 계기로 중앙
정계에 대거 진출해 조선을 명실상부한 도학의 나라로 만들었다. 도통
의 정점에 바로 김종직이 자리잡고 있었던 것이다.

　사림세력의 최초의 참화라고 할 수 있는 무오사화는 김종직의 문하
생에 대한 대대적인 숙청으로 나타났다. 이는 정통성리학의 도통을 자
부하는 김종직의 추종세력이 세조에서부터 연원하는 왕통에 감히 이의
를 제기하고 나선 데 따른 참화였다.

　무오사화는 본질적으로 왕통을 부인하는 신권세력의 도전에 대한
왕권의 정당방위 차원의 반격으로 그 성격을 규정할 필요가 있다. 물
론 유자광이 적극 나서지 않았다면 무오사화는 일어나지 않았을지도
모른다는 가정 아래, 이를 훈구세력과 소장 신권세력의 갈등구도로 해
석하는 견해도 있기는 하다. 그러나 이는 매우 부수적인 것에 지나지
않는다. 무오사화는 본질적으로 소장 신권세력의 왕권에 대한 도전과
왕권의 반격이라는 구도로 해석해야만 본질을 확연히 파악할 수 있는
것이다.

　무오사화의 성격을 이같이 분석할 경우, 이극돈과 유자광 등은 하
나의 단역이었을 뿐이라고 보아야 한다. 이들이 존재했든 안 했든 이미
방자해진 소장 신권세력과 왕권의 위엄을 되찾으려는 연산군의 격돌은
불가피했다. 최근에 나온 논문들이 무오사화의 본질을 이 같은 각도에
서 파악하고 있는 것은 매우 고무적인 현상이다.

　따라서 무오사화를 지금까지 알려진 것처럼 단순히 연산군이 무고
한 선비들을 탄압한 것이라거나 신권세력 사이의 갈등이 빚어낸 참화
로 해석하는 것은 잘못이다. 이는 정통성리학을 맹종하는 소장 신권세
력이 하나의 당파 형성 조짐을 보이면서 급기야는 왕통에 대한 불경한
움직임마저 보인 데 따른 필연적인 반작용으로 해석하는 것이 타당하

다. 참화를 불러일으킨 기화자는 바로 소장 신권세력인 것이다.

　이들은 성종 때의 득세에 지나치게 자만한 나머지, 연산군 앞에서 섣불리 발톱을 드러냈다가 왕의 위기의식을 자극함으로써 **화를 자초한** 셈이다. 이들은 교조적인 도통의 정통성 이론을 무모하게 **왕통의 정통성**에까지 적용하려다가 강력한 역풍을 맞아 자멸한 것이다. 당시 설령 사초사건이 없었을지라도 왕과 소장 신권세력의 일전은 불가피했다고 보아야 한다. 연산군은 무오사화를 강력한 도전세력을 일거에 제압하는 절호의 기회로 활용하였다. 연산군의 왕권강화 행보가 탄력을 받게 된 것도 이 사건과 밀접한 관련이 있는 것이다.

10. 갑자사화 (甲子士禍)
과잉방위였으나 본질은 정당방위였다

갑자사화의 성격과 관련해 지금까지는 대체적으로 무오사화와 다르게 해석하는 경향이 주류를 이루어왔다고 볼 수 있다. 대략 무오사화는 신권세력간의 권력투쟁으로, 갑자사화는 왕권과 훈구세력의 갈등구도로 파악하고 있는 듯하다. 갑자사화만큼은 크게 보아 왕권과 신권세력의 갈등구도로 파악하고 있어 정곡을 짚은 것으로 판단된다. 그러나 피화자의 범위를 훈구세력으로 좁혀 해석하는 것은 적잖은 문제가 있다. 자칫 갑자사화의 발단과 본질을 폐비사건에 대한 연산군의 보복으로 단순화해서 해석할 우려가 크기 때문이다.

결론부터 말하자면 갑자사화는 그 본질에서 무오사화와 전혀 다를 바가 없다. 그것은 바로 신권세력의 재도전에 대한 왕권의 재반격이었다. 두 사화는 기화자와 가화자, 피화자의 구성이 본질적으로 동일하다고 보아야 한다. 다만 갑자사화는 무오사화보다 그 기간이 길었던 데다가 기화자와 피화자의 범위가 훨씬 넓었다는 점에서 차이가 있다고 할 수 있다.

갑자사화를 통한 신권세력의 궤멸은 통렬했다. 갑자사화는 무오사화와 마찬가지로, 본질적으로 신권세력의 도전에 대한 왕권세력의 반격이라는 구도 아래 진행되었다. 그러나 구체적인 내용이나 전개과정에서는 무오사화와 적잖은 차이가 있음을 간과해서는 안 된다. 무엇보다 큰 차이는 기화자의 도전이 전보다 강도가 훨씬 약했음에도, 반격의 강도는 오히려 전보다 훨씬 강했다는 점이다. 이것이 바로 갑자사화에서 기화자와 피화자의 범위가 전례 없이 넓어진 근본원인이라고 할 수 있다.

이는 바꿔 말해 무오사화는 분명 '정당방위'의 성격을 띠고 있지만, 갑자사화는 '과잉방위'의 성격을 강하게 띠고 있음을 의미한다. 정당방위는 반격행위에 위법성이 당연히 없다. 그러나 과잉방위는 그 정황에 따라 오직 책임이 감면될 뿐이다. 과잉방위의 성격이 짙은 갑자사화는 반정세력에게 재반격의 빌미를 제공했다는 점에서 연산군의 통치에 치명적인 약점이 되었다고 할 수 있다. 그렇다면 갑자사화는 어떤 까닭으로 이같이 과잉방위의 성격을 띠게 된 것일까? 사화의 발단부터 차례로 검토해보기로 하자.

폐비사건은 지엽적인 문제에 지나지 않았다

갑자사화는 갑자년에 사건이 대충 마무리되어 그같이 명명된 것일 뿐, 사실은 그 전해인 계해년에서 시작하여 2년 뒤인 병인년까지 계속된 사건이다. 따라서 폐비사건 관련자들에 대한 대대적인 소탕작업이 이뤄진 갑자년만을 놓고 갑자사화를 분석할 경우, 사화를 관통하고 있는 본질을 곡해할 우려가 크다.

물론 갑자사화에서는 폐비사건이라는 주변적인 요소가 강하게 작용한 것이 사실이다. 그러나 무오사화에서 신권세력 사이의 갈등이 지엽적인 사안에 불과했던 것과 마찬가지로, 갑자사화에서 폐비사건은 지엽적인 문제에 지나지 않았다. 바꿔 말해 사초문제가 없었더라도 무오사화가 일어날 가능성이 높았던 것처럼, 갑자사화 역시 폐비사건이 없었을지라도 터져 나올 수밖에 없는 한계상황에서 빚어진 것이다.

물론 갑자사화는 피화자의 대부분이 폐비사건에 연루된 사람들이었기 때문에, 오직 폐비사건으로 촉발된 사건으로만 오해받을 소지가 충분하다. 그러나 폐비사건 연루자들이 대거 죽임을 당한 것은 왕권을 강화하는 과정에서 불가피한 일이었다. 갑자사화의 기화자 역시 무오사화와 마찬가지로 왕권에 도전한 신권세력이었다. 다만 갑자사화에서는 소장 신권세력을 대신해 훈구세력이 기화자의 역할을 주도적으로 수행했다는 점이 무오사화와 차이가 있다.

갑자사화에서 기화자의 범위가 확대된 것은, 연산군이 무오사화를 거치면서 왕권에 대한 도전에 더욱 민감해진 것과 무관치 않다. 무오사화에서 소장 신권세력이 치명타를 맞고 조정에서 대거 축출됨에 따라 훈구세력이 신권의 대표세력이 되었다. 그러나 이는 일종의 반사이익에 불과했다. 훈구세력 사이에는 서로 이념적 공감대가 형성되어 있지 않아 소장 신권세력보다 결속력이 훨씬 떨어졌다. 따라서 이들이 무오사화의 부산물로 얻게 된 신권의 주도권은 실로 취약하기 그지없는 것이었다.

이에 반해 소장 신권세력은 성종조 이래 스스로의 노력으로 하나의 거대한 세력을 형성해 신권의 주도권을 장악했다. 이들은 이 같은 성과를 바탕으로 성종으로 하여금 군신공치의 통치이념을 적극 수용토록 하는 데 성공했다. 군신공치 이념의 확립은 성리학을 신봉하는 신권세력에게는 하나의 숙원사업이었다. 정도전이 제창한 군신공치 이념은 세종조에 집현전을 중심으로 실현 가능성을 내비치기도 했으나 이내 세조의 반격으로 물거품이 되고 말았다.

그러나 성종조에 홍문관의 창설을 계기로 부활에 성공한 소장 신권세력은 이후 언론 3사를 석권함으로써 명실상부한 신권의 대표세력이 되어, 성종에게서 군신공치의 수용을 확인 받았다. 이는 강력한 왕권주의자인 세조 때만해도 상상할 수 없는 일이었다. 소장 신권세력이 일거에 거세된 무오사화는 사실상 신권세력의 궤멸을 알리는 서곡이었던 셈이다. 무오사화에서 살아남은 훈구세력은 군신공치의 이상을 실현할 역량은 말할 것도 없고 의지조차 없는 집단이었다. 이들이 반사이익으로 얻게 된 신권의 주도권은, 이미 왕권강화 움직임에 탄력이 붙은 연산군의 왕권에 비하면 초라하기 그지없는 것이었다.

갑자사화는 이미 왕권과 신권 사이의 균형추가 왕권 쪽으로 현저하게 기울어져 있을 때 일어난 사건이다. 이 같은 상황에서는 신권세력의 경미한 불경행위도 자칫 대불경행위로 확대 해석될 소지가 많았다. 그러나 불행하게도 이와 유사한 사건이 계해년과 갑자년에 연이어 터져 나왔다. 갑자사화 당시 연산군이 폐비사건 등을 추죄한 데는 나름대로 이유가 있었다. 따라서 무턱대고 사화의 비극적인 결과만을 놓고 사건의 성격을 가화자와 피화자의 갈등구도로 파악하는 것은 잘못이다. 갑자사화의 성격을 정확히 파악하기 위해서는 기화자의 책임을 먼저 추궁해야만 한다.

최근에 나온 몇 편의 논문들이 기화자 문제를 조심스럽게나마 거론하고 있는 것은 매우 고무적이다. 그러나 아직도 기화자의 책임을 추궁하는 데는 소극적이어서 아쉬움을 주고 있다. 기화자를 분석하는 일은 조선왕조에 일어난 사화의 본질을 파헤치는 데 필수적인 선행과제라고 할 수 있다. 이 같은 작업을 소홀히 할 경우 가화자는 폭군이고 피화자는 충신이라는 도식적인 해석에서 헤어날 길이 없다.

　그렇다면 누가 갑자사화의 기화자일까? 우선 당시 경기감사를 지낸 홍귀달(洪貴達)을 들 수 있다. 그는 무오사화 당시 소장 신권세력의 일원으로 분류될 수도 있었으나, 김종직을 추종했다는 구체적인 정황이 없어 사화의 참화를 빗겨갈 수 있었다. 그러나 그는 소장 신권세력에 동조하는 태도를 겉으로 드러내지만 않았을 뿐 자신의 신념을 결코 버린 것은 아니었다. 그가 왕권에 도전하는 듯한 태도를 보이게 된 것도 바로 그의 이 같은 신념이 무의식적으로 표출된 결과라고 할 수 있다. 이 같은 점에서 볼 때 그는 분명 소장 신권세력으로 분류할 수 있다.

　홍귀달은 연산군 10년 3월 경기감사로 재직하던 중 세자빈 간택령이 내려진 상황에서 핑계를 대고 손녀딸의 입궐을 막았다. 이는 당시의 기준에서 볼 때 왕권에 정면으로 도전하는 불경으로 간주할 수 있는 위험한 행동이었다. 연산군은 평소 김종직에게 동정적이던 홍귀달을 의심해 오던 터에 이 같은 일이 일어나자 그에게 유배형을 선언하는 강경 조치를 취하였다. 이는 유사한 사건을 사전에 봉쇄하자는 판단에 따른 것이었다.

　연산군이 이 사건을 심각하게 받아들일 수밖에 없었던 데는 나름대로 이유가 있었다. 그것은 바로 홍귀달 사건이 벌어지기 6개월 전인 계해년 9월에 일어난 예조판서 이세좌(李世佐)의 불경사건 때문이었다. 홍귀달 사건과 이세좌 사건이 별개의 사안임에도 동일한 사례로 다루어진 것은 왕권이 우위를 점하게 된 당시의 상황과 밀접한 관련이 있었다. 두 사건이 당시 상황에서 어떤 의미를 지닌 것인지를 알아보기 위해서는 우선 이세좌 사건이 일어나게 된 배경부터 살펴볼 필요가 있다. 실록은 이 사건의 배경을 다음과 같이 기록하고 있다.

왕이 인정전에 납시어 양로연을 베풀었다. 전교하기를 "오늘 잔을
올린 재상들에게 회사배(回賜杯)를 내릴 때 반 이상을 엎지른 자가 있는
데 이런 일은 과연 어떤가" 하니, 승정원에서 아뢰기를 "과연 엎질렀다
면 매우 공손하지 못한 일로 신하로서 어찌 이런 일이 있겠습니까" 하
였다. 왕이 전교하기를 "예조판서 이세좌가 잔을 올린 뒤 과인이 회사
배를 내릴 때 과인이 잔대(盞臺)를 잡았는데도 이세좌가 술을 반이 넘게
엎질러 과인의 옷까지 적셨으니 국문하도록 하라" 하였다.《연산군일기》
9. 9. 11)

양로연은 나이 많은 원로재상들의 노고를 치하하기 위해 베푸는 잔
치이다. 이 양로연에서 예조판서 이세좌가 연산군이 내린 하사주를 반
이 넘게 흘려 왕의 곤룡포를 적시는 사건이 일어난 것이다. 연산군은
그대로 잔치를 치르기는 했으나 이세좌의 행동이 매우 불경하다고 생
각해 승정원과 협의한 뒤 그를 국문토록 하였다.

사실 그 누구도 이 사건이 다음해에 일어나는 갑자사화의 빌미가
될 줄은 몰랐다. 어찌 보면 이는 나이 많은 대신이 실수로 술을 흘린 것
으로 간주해 무던히 넘어갈 수도 있는 사건이었다. 그러나 생각하기에
따라서는 전혀 다른 추론도 가능하다. 왕이 술잔 그릇을 잡은 상황에서
술을 엎지를 가능성은 극히 희박했다고 볼 때, 이는 실수를 가장한 고
의적인 행동으로 여겨질 수도 있기 때문이다.

따라서 이 사건을 제대로 평가하기 위해서는 우선 이세좌가 과연
실수로 하사주를 흘린 것인지 여부를 판별해야만 한다. 이 같은 작업이
우선되어야만 이세좌가 술을 엎지른 행동을 논죄(論罪)할 수 있기 때문
이다. 연산군이 이세좌를 우선 국문토록 한 것도 이 같은 판단에 따른
것으로 보인다.

이세좌는 국문을 받는 자리에서 신체가 비둔해 숨을 헐떡거린 데다가 너무 조심한 나머지 실수로 이 같은 잘못을 저지르게 되었다고 진술했다. 이세좌의 이 같은 진술은 여러 정황에 비추어 진실일 가능성이 매우 높다고 보인다. 당시 적지 않은 신하들이 이세좌의 이 같은 변명을 옹호하면서 관대하게 넘어가 줄 것을 요청했다.

그러나 연산군은 이세좌의 이 같은 변명을 믿지 않았다. 연산군은 이세좌가 설령 고의적으로 술을 흘린 것은 아닐지라도, 평소 불경스런 마음을 품고 있었기 때문에 이 같은 일을 저지른 것으로 간주했다. 연산군은 왜 대신의 단순한 실수로 볼 수도 있는 문제를 속줍게도 이같이 판단한 것일까? 다음과 같은 전교를 보면 그 해답의 열쇠를 찾을 수 있다.

이계동(李季仝)이 일찍이 어탑(御榻)의 바로 옆자리에서 과일을 던져 기생을 희롱한 것도 대간이 그것을 가지고 말하였는데, 하물며 이세좌는 어탑 위에 올라와서 내가 친히 잔대를 잡았는데도 엎지르기를 이렇게 하였으니 이세좌의 죄는 이계동보다 더하다. 내가 처음에 본직만을 체임(遞任)한 것은 반드시 대간이 다시 죄줄 것을 청하리라 여겼기 때문인데, 지금 대간이나 조정에서 한 사람도 말하는 자가 없으니 이것은 이세좌의 위세가 두려워 그런 것이다. 이런 뜻으로 대간을 불러 말하라.(《연산군일기》 9. 9. 19)

이계동은 무관으로 입신하여 연산군 즉위 초부터 한성판윤과 병조판서, 의정부 우참찬 등을 역임한 뒤 연산군 재위 말년에 지중추부사로 재직하다 지병이 도져 죽은 원로대신이다. 이계동이 어탑의 옆자리에 앉아 술에 취한 나머지 기생에게 과일을 던지는 추태를 보였음에도 크게 문책당하지 않은 것은 연산군이 그를 각별히 총애했기 때문으로 보인다. 당시 대간들이 탄핵했음에도 연산군은 이를 대수롭지 않은 일로 치부한 것이다.

그런데 이세좌의 경우에는 연산군이 지적한 바와 같이 대간들의 탄핵이 전혀 없었다. 연산군은 이를 두고 대간들이 이세좌의 위세를 두려워했거나 아니면 이세좌에 대한 사사로운 정 때문에 감히 탄핵을 하지 못한 것으로 의심한 것이다. 연산군이 이계동의 경우와 같이 무던히 넘어가지 않고 이세좌의 행동에 강한 의구심을 품게 된 이유도 바로 여기에 있었다.

연산군의 이 같은 의심이 전혀 근거 없는 것은 아니었다. 이세좌의 집안은 훈구세력을 대표하는 당시 최고의 벌족이었다. 그의 집안은 숙부인 이극배(李克培), 이극증(李克增), 이극돈(李克墩), 이극균(李克均) 등이 모두 세조조 이래 정승을 지낸 명문가였다. 연산군이 이세좌의 불경스런 행동에 대해 대간들이 논박하지 않은 것을 두고 대간들이 그의 집안배경을 감안했기 때문으로 간주한 것도 무리는 아니었다.

사실 이세좌는 원인이야 어떻든, 연산군이 친히 잔대를 잡았는데도 하사주를 반이나 흘려 곤룡포를 적시는 불경죄를 저지른 것만큼은 부인할 수 없는 사실이다. 아무리 비둔하여 몸을 제대로 가누지 못하다가 술을 엎질렀다 하더라도 불경죄의 혐의를 벗어날 수는 없었다. 따라서 당시 대간들이 이를 두고 아무런 논박도 하지 않고 모른 체하고 넘어간 것은 사실 작은 문제가 아니었다.

이 일로 말미암아 연산군은 이세좌를 함경도 온성으로 유배 보내는 한편 이세좌를 탄핵하지 않은 대간들을 국문토록 조치했다. 연산군의 이 같은 강경조치는 분명 지나친 것으로 비칠 소지가 있다. 왕 앞에서 기생에게 과일을 던지는 불경이 몸이 비둔한 나머지 하사주를 흘려 곤룡포를 적신 불경보다 더 심한 것으로 생각할 수도 있기 때문이다.

연산군도 원로대신이 어쩌다 술잔을 엎지른 것을 가지고 파직하여 유배까지 보낸 것이 지나쳤다고 생각했는지 3개월 만에 그를 방면토록 조치했다. 그토록 강경하던 연산군이 왜 이 같은 유화책을 구사한 것일까? 이는 연산군이 일단 원로대신을 파직해 유배 보낸 것만으로도 신하들을 충분히 경계했다고 판단했기 때문이다.

그러나 연산군은 이세좌를 방면하면서 "나이가 많은 데다 학식도 있고 또한 이미 스스로 징계하였을 것이며 나아가 지금은 은혜를 반포하는 때이므로 특별히 놓아준다"는 단서를 달아놓았다. 이는 차후 그 누구라도 유사한 불경행위를 저지를 경우 이전보다 더욱 엄한 중벌을 각오해야만 한다는 경고의 메시지를 담고 있는 것이다. 연산군은 이세좌의 불경죄를 완전히 용서한 것이 아님을 명백히 밝힌 것이다.

이세좌는 방면조치가 내려진 지 3개월 만에 서울로 돌아오자마자 곧바로 대궐 앞으로 나아가 사은(謝恩)의 예를 갖추었다. 연산군도 대궐 문밖까지 친히 나가 이세좌에게 술을 내리며 그동안의 고생을 위로하였다. 다음 기록을 보면 당시의 해후 장면이 매우 감동적이었음을 알 수 있다.

전교하기를 "험난한 만 리 길에서 와 궐문 밖에서 사은하니 아직도 충성이 남아 있도다" 하였다. 왕이 이어 술을 하사하며 이르기를 "이것은 네가 전일 기울여 쏟은 것이다" 하니, 이세좌가 울면서 사례하였다.(《연산군일기》 10. 3. 3)

이세좌는 이 일로 말미암아 오히려 연산군의 총애를 받을 수 있는 전화위복의 계기를 맞게 되었다. 연산군은 이세좌에게 미안한 마음이 없지 않았고 이세좌 역시 지난 일을 교훈삼아 더욱 충성하고픈 마음이 있었을 것이기 때문이다.

그런데 일이 묘하게 꼬이기 시작했다. 대간들이 이번에도 이세좌의 방면에 대해 아무런 얘기를 하지 않은 것이다. 방면하는 것이 빠르다든지 아니면 잘했다든지 하는 얘기가 있어야 했는데, 이세좌에게 죄주길 청하지 않은 것과 마찬가지로 이번에도 가타부타 말이 없었던 것이다. 연산군은 이 때문에 깊은 고뇌에 빠지지 않을 수 없었다.

사실 어찌 보면 이세좌는 대간들 때문에 억울하게 파직되어 유배당했다고 볼 수도 있다. 만일 대간들이 사건 당시에 이세좌의 불경죄를 논했다면 연산군도 이계동의 경우처럼 그를 너그러이 봐줬을 가능성이 컸다. 그러나 이세좌는 자신의 문제를 둘러싸고 왕과 대간들이 묘한 신경전을 벌임으로써 양측 모두에게 요주의 인물로 낙인찍히는, 매우 곤혹스런 상황에 처하게 되었다.

이같이 미묘한 상황에서 이세좌를 완전히 나락으로 떨어뜨리는 홍귀달 사건이 터져 나왔다. 이로 말미암아 이세좌는 특은을 받은 지 불과 3개월 만에, 이미 마무리된 자신의 불경죄가 또다시 도마 위에 오르는 불운의 주인공이 되었다. 이세좌는 결국 홍귀달 사건의 불똥으로 사약을 받게 되었다.

사실 따지고 보면 이세좌는 억울한 측면이 있다. 홍귀달 사건은 이계동이나 이세좌가 범한 불경스런 행동과는 완전히 차원이 다른 것이었기 때문이다. 그렇다면 이미 죗값을 치른 이세좌마저 죽음으로 몰아간 홍귀달 사건은 어떻게 일어난 것일까? 실록은 사건의 배경을 다음과 같이 자세히 기록해 놓았다.

경기 관찰사 홍귀달이 아뢰기를 "신의 자식 참봉 홍언국(洪彦國)의 딸이 처녀이므로 예궐해야 되지만 마침 병이 있어 신이 홍언국을 시켜 사유를 갖추어 고하게 하였는데, 관계 관사에서 예궐하기를 꺼린다 하여 홍언국을 국문하게 하였습니다. 진정 병이 있지 않다면 신이 어찌 감히 꺼리겠습니까. 지금 곧 예궐하라 하더라도 역시 들 수가 없습니다. 신이 가장이기로 대죄(待罪)합니다" 하였다. 왕이 전교하기를 "지금 대간을 보면 재상은 세력이 두려워 말하지 않고, 고단하고 세력 없는 사람을 보면 반드시 탄핵하여 논란하기를 그치지 않는다. 지금 홍귀달이 아뢴 것은 대개 이세좌가 불경죄를 범하였는데도 중한 죄로 다스리지 않았기 때문이다. 전에 이세좌를 먼 곳으로 귀양 보냈는데 다시 피폐한 고을로 내쫓는 것이 마땅하다. 정배할 곳을 의논하여 아뢰도록 하라" 하였다.(《연산군일기》 10. 3. 11)

이 기록을 통해 알 수 있듯이, 이세좌는 홍귀달 사건으로 말미암아 엉뚱하게도 불경죄의 원조로 지목되어 또다시 귀양을 가는 신세가 되었다. 어찌 보면 억울하기 그지없는 노릇이었으나 그 자신이 불경죄의 원조처럼 인식된 상황에서 스스로 자신의 혐의를 부인하기는 어려웠다. 그의 두 번째 귀양은 주군을 능멸하는 전례를 남기지 않겠다는 연산군의 단호한 의지의 표현이었다. 이세좌는 한 번의 실수로 자신도 모르는 사이에 불경죄의 원조가 되어버린 것이다.

연산군은 두 사람의 불경죄를 같은 차원에서 논하였지만 사실 이 두 사건은 성격이 전혀 다르다. 홍귀달의 행위는 고의성이 확연히 드러나는 데 반해, 이세좌의 행동은 과실에 가깝기 때문이다. 홍귀달이 "설령 대궐에서 지금 곧 예궐하라 하더라도 역시 들 수가 없습니다" 하고 잘라 말한 것은 사실 불경스럽기 그지없는 언동이었다.

홍귀달의 손녀를 입궐하라 한 것은 세자빈을 고르기 위해서였다.

세자빈 간택은 왕통을 잇는 매우 중요한 행사이다. 그럼에도 홍귀달은 감히 병명도 밝히지 않은 손녀의 병을 핑계로 손녀를 예궐시킬 수 없다고 대거리를 하고 나선 것이다. 왕권에 대한 정면도전으로 해석할 수밖에 없는 언동이 아닐 수 없다.

손녀가 아파 거동하기 어렵다면 추후 몸이 나은 뒤 적당한 때를 보아 예궐토록 하겠다고 하면 될 것을 이토록 불경스럽게 말한 것이다. 설령 연산군이 아니라 다른 왕이었다 할지라도 대노할 수밖에 없는 불경스런 언사였다. 연산군이 이를 두고 격노한 것을 탓할 수는 없는 일이다. 당시 연산군은 계속 신하들을 너그럽게 대하다가는 장차 군왕을 능멸하는 단계에까지 이를지도 모른다고 판단했음이 틀림없다. 그가 이세좌를 조기에 방면한 일 때문에 홍귀달이 앙연(怏然)히 불경스런 말을 내놓게 되었다고 언급한 사실이 이를 증명한다.

이 사건으로 홍귀달은 서울에서 가장 먼 함경도 경원으로 유배 가게 되었고 이세좌 역시 강원도 영월로 귀양 가게 되었다. 그러나 연산군은 귀양 가던 홍귀달과 이세좌를 다시 잡아오게 하여 성 밖에서 형장을 때리도록 하였다. 유배 가는 재상을 다시 불러 곤장을 치는 것은 희귀한 일이 아닐 수 없다.

연산군은 이들의 불경죄를 참형에서 유배형으로 감해준 것이 못내 마음에 걸렸던 것으로 보인다. 단순히 유배형을 보내는 것만으로 신하들에게 경계를 보이기에는 미흡하다고 판단해 형장을 가형(加刑)했을 가능성이 높다. 이는 이세좌가 귀양 간 지 보름 만에 사약을 받은 사실을 보면 대략 짐작할 수 있다. 뒤늦게 연산군은 이번 기회에 위를 능멸하는 태도에 대해 일벌백계의 경고를 보내야 한다고 판단했음이 틀림없다. 이세좌에게 사약을 내리면서 밝힌 연산군의 다음과 같은 전교를 보면 이를 쉽게 확인할 수 있다.

위를 업신여기는 풍습을 고쳐 없애는 일이 끝나지 않았다. 이세좌는 선왕조에 큰일을 당하여 힘써 다투지 않았고 오늘에 와서는 나이와 지위가 모두 높아지자 교만 방종이 날로 방자하여 과인이 친히 주는 술을 기울여 쏟고 마시지 않았다. 이세좌에게 사약을 내리니 군왕에게 교만한 자의 경계를 삼는 것이다.(《연산군일기》 10. 3. 30)

향후 신권세력의 도전에 대한 연산군의 대응을 짐작케 해주는 대목이 아닐 수 없다. 연산군은 이세좌에게 극형을 내림으로써 신하들이 감히 왕권에 도전할 생각을 품지 못하게 하려 했다. 그러나 이세좌는 사약을 받기 전에 자진했다. 그가 어떤 연유에서 자진했는지는 실록의 기록만으로는 확인하기 어렵다.

그러나 이로써 연산군이 신하들의 불경이 이제는 한계수위를 넘은 것으로 인식하게 된 것만은 사실이다. 특히 이세좌가 죽으면서 종에게 "내가 죽으면 개가 찢어먹지 못하도록 하라"고 당부한 말은 연산군을 자극하고도 남음이 있었다. 이는 연산군에게 모종의 단호한 조치를 취하지 않으면 안 된다는 위기의식을 불러일으켰을 것이다.

홍귀달의 교수형은 불경죄 돌풍의 서막이었다

이세좌가 죽으면서까지 불경스런 언사를 함으로써 촉발된 연산군의 격노는 이제 역으로 홍귀달에게 옮겨가게 되었다. 그러나 홍귀달은 더 심한 불경죄를 저지른 것이기 때문에, 이세좌가 사약을 받은 마당에 설령 사약을 받는다고 해서 그리 이상할 것도 없는 일이었다. 그러나 홍귀달에게 내려진 형은 흔히 사대부에게 내려지는 사사형(賜死刑)이 아닌 교수형이었다. 다음 기록을 보면 그의 죄가 유배형에서 갑자기 교수형으로 비화된 배경을 대략 짐작할 수 있다.

전교하기를 "전에 홍귀달이 손녀가 병 때문에 즉시 예궐하게 할지
라도 갈 수 없다고 하였으니 그 말이 매우 공경하지 못하다. 이러한 자
는 살려두어도 쓸모가 없다" 하니, 유순 등이 아뢰기를 "홍귀달을 대죄
로 처치하여야 마땅합니다만, 전에 이세좌를 정죄할 때 홍귀달의 말은
실수에서 나온 것이라고 하셨으니 이제 무슨 법으로 죄주리까" 하였다.
전교하기를 "그때는 홍귀달의 죄가 이세좌에 견주면 차이가 있으므로
말의 실수라 하였을 따름이다. 홍귀달은 임금에게 오만함이 심하다. 이
제 바야흐로 풍속을 바로잡는 때이거늘 어찌 재상이라 하여 죄주지 않
을 수 있으랴. 교수형에 처하라" 하였다.(《연산군일기》 10. 6. 16)

이 기록을 보면 연산군은 당초 홍귀달의 불경죄를 그리 크게 생각
지 않았음을 알 수 있다. 그러나 엄밀히 말하면 홍귀달의 불경죄는 이
세좌보다 더한 것이었다. 고의성이 농후하기 때문이다. 연산군은 왜 처
음에 홍귀달의 불경죄를 이세좌의 그것보다 가볍게 생각한 것일까?

연산군은 당초 홍귀달의 불경죄에 대해서는 끝까지 추궁할 생각이
없었다. 연산군은 벌족 출신인 이세좌에게 중형을 내리는 것으로 신하
들에게 충분히 경계를 보일 수 있다고 판단한 것이다. 연산군은 불경행
위의 내용보다 든든한 배경을 가진 권문세족의 불경행위가 더욱 문제
라고 생각한 것이다. 구태여 벌족 출신도 아닌 홍귀달에게까지 중형을
내릴 필요는 없었던 것이다.

그러나 이세좌가 사약을 받을 즈음에 불행하게도 폐비사건의 내막
이 드러나기 시작했다. 이에 연산군은 이번 기회에 국모를 몰아내는 데
참여했던 과거의 불경죄까지 일거에 다스려야겠다고 결심하게 된다.
이세좌가 사사형을 받은 지 불과 3달 만에, 당초 이세좌보다 가볍게 처
리했던 홍귀달을 교수형에 처한 이유도 여기에 있었다.

요즘 사형을 집행하는 방법으로는 일반 형법상의 교수형과 군법상의 총살형밖에 없다. 그러나 당시에는 죄의 경중에 따라 저잣거리에서 목을 베는 참형(斬刑)을 비롯하여 목을 매어 죽이는 교형(絞刑), 비상으로 만든 사약을 내리는 사사형(賜死刑) 등이 있었다. 나아가 참형과 교형 가운데서도 죄의 경중에 따라 때를 가리지 않고 즉시 처형하는 참부대시(斬不待時)와 교부대시(絞不待時)가, 때를 가려 처형하는 참대시(斬待時)나 교대시(絞待時)보다 훨씬 중한 것이었다.

홍귀달을 교형에 처한 것은, 그의 죄가 이세좌의 죄보다 더 크다고 생각했기 때문이라고 보기보다는, 당시의 상황이 변해 있었기 때문이라고 보는 것이 옳다. 이는 폐비사건의 내막이 서서히 드러나면서 불경죄가 갑자사화를 관통하는 하나의 화두가 된 사실을 보면 쉽게 알 수 있다.

연산군의 이 같은 강경조치는 당시 상황에 비추어 크게 나무랄 수만도 없는 일이었다. 이미 무오사화의 전례가 있었음에도 다시 신하들의 불경스런 언동이 재연되었기 때문이다. 이세좌와 홍귀달의 불경한 언동으로 일기 시작한 이른바 '불경죄'(不敬罪)의 돌풍은 두 사람을 사지로 몰아넣는 것으로 그치지 않았다. 엉뚱하게도 폐비사건의 음습한 습기를 빨아들이면서 천둥번개를 동반한 폭풍우로 변하게 된 것이다.

당시 이 폭풍우를 비켜갈 수 있었던 사람은 극히 제한돼 있었다. 폐비사건 이전에 출사한 신하들 대부분이 '불경죄'라는 죄목에서 결코 자유로울 수 없었기 때문이다. 불경죄의 돌풍은 이세좌의 불경죄를 간하지 않았던 사람들을 추국하는 과정에서 폐비사건의 습기를 머금기 시작했다.

당시 좌의정으로 있던 이극균은 자신의 조카인 이세좌가 유배될 당시 이를 적극 반대하고 나섰다. 이후 이세좌에게 사약을 내릴 때도 신하들 대부분이 찬성하고 나섰음에도 그는 묵묵부답으로 일관했다. 이극균이 앙심을 품은 것으로 간주한 연산군은 그를 국문토록 했다. 연산군은 이극균이 자신의 조카를 비호하고 나설 때만 해도 이를 크게 문제삼지 않았지만, 그의 앙심을 확신한 이상 그를 국문하지 않을 수 없었던 것이다.

이제 이극균은 조카를 엄호한 일로 말미암아 군왕을 능멸하는 데 동조한 혐의를 받게 된 것이다. 현직 정승이 불경죄를 범한 조카를 엄호하고 나선 일로 국문을 받게 된 것은 결코 작은 일이 아니었다. 이세좌의 불경사건이 일어났을 때 그를 엄호한 사람은 비단 이극균만이 아니었다.

그런데도 유독 백관의 우두머리 격인 좌의정 이극균이 국문을 당하게 된 이유는 무엇일까? 이는 앞서 벌족 출신인 이세좌가 사소한 실수로 볼 수도 있는 사안으로 유배형을 받게 된 것과 같은 맥락에서 해석할 수 있다. 바로 이극균의 이의제기가 왕권에 대한 방자한 도전행위로 간주되었기 때문이다. 다음 기록을 보면 연산군이 유독 이극균을 지목하게 된 배경을 대략 짐작할 수 있다.

재상과 홍문관원 등을 불러 전교하기를 "이극균이 속으로 이세좌를 비호하면서 전일 경연에서 불궤(不軌 : 법이나 도리를 지키지 아니함, 반역을 꾀함)한 말을 하였으니 발호할 마음이 있어서 그런 것이다. 지금 풍속이 아름답지 못하여 과인이 다 개혁하려 하기 때문에 재상이나 조정 관원들 가운데 죄입은 자가 많은데, 아랫사람들은 반드시 과인을 만고의 폭군이라 할 것이다. 이극균은 평시에도 이세좌를 비호하려 하였다" 하니, 유순 등이 아뢰기를 "이극균은 대체로 공손한 마음이 없고 큰 소리로 과시하며 좋아하는 자는 등급을 뛰어 승진시키고 미워하는 자는 배척하며 깎아내리니 단정한 사람은 아닙니다" 하였다. 왕이 이르기를 "이세좌가 불경죄를 범했을 때 이극균은 부형된 자로서 문을 닫고 죄를 기다리기에 겨를이 없을 것인데도, 은밀하게 그 조카를 비호하여 위를 업신여겼으니 그 죄를 용서할 수 없다. 이극균은 대신이라 사약을 내린다는 뜻으로 중외에 효유하라"고 명하여, 의금부 경력 김영순을 보내서 사약을 내렸다.(《연산군일기》 10. 윤4. 12)

이극균은 불경죄를 범한 집안 조카를 엄호한 죄로 이세좌가 사약을 받은 지 1달여 만에 똑같이 사약을 받게 되었다. 그는 원래 참형에 처해질 상황이었으나 대신인 점이 고려돼 사약을 받은 것이다. 조카를 비호한 이유만으로 일국의 정승에게 사약을 내린 것은 언뜻 심한 감이 없지 않다. 그러나 당시 기준에서 보면 이를 무턱대고 탓할 것도 아니었다.

이극균은 이세좌의 죄를 논할 당시 '대불경'(大不敬)과 '불경'(不敬)의 차이를 거론하면서 조카를 적극 비호하고 나선 바 있다. 그의 주장인즉 자신의 조카는 대역모반과 같은 대불경죄가 아닌 단순한 불경죄를 범한 것이니 중죄로 논할 수 없다는 것이었다. 그의 이 같은 주장은 타당한 것으로 생각할 수도 있다.

그러나 문제는 중죄의 내용이었다. 앞서 언급한 바와 같이 당시 중죄의 종류에는 여러 가지가 있었다. 불경죄를 비록 대역모반에 해당하는 '참부대시'로 죄줄 수는 없다고 하더라도, 죄질에 따라서는 사약을 내리는 등의 중형이 불가능한 것도 아니었기 때문이다.

결국 이극균도 이세좌가 사사형에 처해지자 간당률(奸黨律)에 따라 처벌받지 않을 수 없게 되었다. 당시 간신의 무리를 참형에 처하는 이른바 간당률은 다음과 같은 세 가지 경우에 적용되었다. 우선 참소하는 말을 올려 그릇되게 사람을 죽게 한 경우, 둘째 사형에 처할 범죄에 대해 교묘한 말로 용서해줄 것을 청하여 신민들의 인심을 산 경우, 셋째 조정에 있는 관원이 붕당을 형성해 조정을 문란케 한 경우 등이 그것이다. 이극균은 사형에 처해야 하는 이세좌를 변호했으니 둘째 경우에 해당하는 셈이다.

물론 이극균은 구체적으로 불경죄를 범한 것이 아닌 만큼 사약을 내린 것은 지나친 감이 없지 않다. 그러나 당시 기준에서 볼 때 이극균은 사약을 받은 조카를 비호한 만큼 간당률을 적용할 수밖에 없었다. 이극균의 죽음은 일단 불경죄에 연루되면 비록 정승일지라도 목숨을 부지하기 어렵다는 사실을 보여주었다. 대소 신료 모두 불경죄에 걸리지 않기 위해 전전긍긍하는 상황이 초래된 것이다.

불경죄의 불똥이 폐비사건으로 튀다

그런데 불경죄의 돌풍은 이극균을 삼켜버린 뒤 이번에는 방향을 틀어 엉뚱하게도 폐비사건을 향해 돌진하기 시작했다. 폐비사건에 가장 깊숙이 관련했던 윤필상이 가장 먼저 돌풍에 휩싸이게 되었다. 폐비사건 관련자 가운데서 윤필상이 왜 가장 먼저 불경죄의 덫에 걸리고 만 것일까?

이세좌의 불경죄 사건이 일어날 당시는, 공교롭게도 폐비 윤씨에 대한 복위를 마치고 존호를 올리는 문제를 놓고 논의가 한창이었을 때다. 불경죄에 가차없이 참형을 가하고 있던 와중에 폐비의 존호 문제를 논의했다는 것은 여러모로 조짐이 좋지 않았다. 당시 윤필상은 맨 앞에 나서서 이세좌를 응징할 것을 요구하고 있었다. 나아가 그는 폐비 윤씨에게 존호를 올리는 문제를 논의할 때도 가장 앞장서서 이를 지지하고 있었다. 그러나 그는 폐비사건 때 가장 앞장서서 이를 찬성했던 인물이다. 그는 이제 상황이 뒤바뀐 것을 직감하고 폐비에게 존호를 올리는 일에 발벗고 나선 것이다.

당시 폐비에게 존호를 올리는 문제를 놓고 적잖은 논란이 있었다. 이미 윤씨의 묘를 이장도 하고 사당도 지은 만큼 자식으로서 더 효도할 것이 없다는 것이 그 반대 이유였다. 그러나 윤필상은 앞장서서 폐비에게 존호를 올리고 나아가 이장한 묘도 이제는 능으로 승격해야 한다고 주장하고 나선 것이다.

그는 연산군이 자신의 행적을 조만간 알게 되리라는 것을 전혀 예상치 못했다. 그는 이세좌를 죄줄 때도 불경죄로 단죄해야 한다며 가장 강경한 생각을 밝혔다. 그러나 그는 채 보름도 안 되어 자신이 불경죄의 대상이 되었다. 윤필상이 왜 갑자기 무슨 이유로 불경죄의 대상이 된 것일까? 다음과 같은 전지에 그 단서가 숨어 있다.

폐비문제를 논의할 때 의논에 참여한 재상과 폐비가 궁궐에서 나갈 때 시위한 재상, 그리고 사약을 내릴 때 참여한 재상들을 《승정원일기》를 상고하여 아뢰어라.(《연산군일기》 10. 3. 24)

《승정원일기》는 왕이 죽은 뒤에 편집하는 실록과 달리, 승지들이 매일매일 왕의 주변에서 일어나는 일을 빠짐없이 적는 것으로, 궁중에서 일어난 일을 아는 데는 이보다 좋은 자료가 없다. 연산군이 윤씨의 존호문제를 논의하는 과정에서 갑자기 폐비사건에 연루된 인물들을 《승정원일기》를 상고하여 보고하라고 지시한 것은 예상치 못했던 일이다. 연산군은 왜 갑자기 이 같은 지시를 내린 것일까?

아마도 연산군은, 일부 대신들이 윤씨에게 존호 올리는 문제를 왜 이토록 강력히 반대하고 나서는지 그 배경을 알고 싶어한 것으로 짐작된다. 당시 연산군은 반대의견을 제압하기 위해서라도 이들의 당시 행적을 소상히 알 필요가 있다고 판단했을 가능성이 크다. 이 같은 추론이 맞다면 윤필상은 엉뚱하게도 윤씨의 추존을 반대하는 대신들 때문에 사지로 몰리게 된 셈이다.

사실 연산군은 폐비사건 당시의 기록을 보고서야 비로소 윤필상의 행동이 시세에 영합하는 간신의 행동임을 알게 되었다. 연산군이 《승정원일기》를 토대로 한 보고서를 접하고 생모의 억울한 죽음에 대해 얼마나 소상히 알게 되었는지는 자세히 알 길이 없다. 다만 이 같은 전교가 나온 뒤 얼마 안 되어 폐비사건에 연루된 숱한 사람들이 줄줄이 추죄(追罪)된 점에 비추어, 그 보고서는 꽤 자세했던 것으로 짐작된다.

그렇다면 연산군은 무슨 근거로 폐비사건의 관련자들을 추죄한 것일까? 단순히 생모의 죽음에 한을 품고 그토록 엄청나게 많은 사람들을 무참히 죽음으로 내몬 것일까? 그러나 연산군이 폐비사건에 연루된 사람들을 치죄한 이유는 그렇게 단순한 것이 아니었다. 상식적으로 생각해도, 아무리 생모가 무함을 받아 억울하게 죽었다 할지라도 엄연히 부왕이 주도하여 이뤄진 사건을 손쉽게 뒤집을 수는 없는 일이다.

연산군은 폐비사건을 훗날 지존이 될 동궁의 앞날을 매우 위태롭게 만든 사건으로 파악했다. 바꿔 말해 폐비사건의 연루자들이 당시 동궁이던 자신에게 일종의 '예비적 불경죄'를 범했다는 것이 그의 생각이었다.

연산군은 윤필상을 "동궁의 안위를 돌보지 않고 성종에게 아부해 사직을 위태롭게 만들었다"고 질타했다. 이는 국모폐출에 앞장섬으로써 동궁의 앞날을 위태롭게 한 것은, 결국 훗날의 지존에게 비록 예비적이기는 하나 불경죄를 범한 것이나 다름없다는 논리였다. 크게 보면 '예비적 지존'인 동궁 시절에 일어난 '예비적 불경죄' 역시 본질적으로 일종의 불경죄일 수 있다.

　동궁은 흔히 국본(國本)으로 별칭된다. 이는 나라의 근본이라는 뜻이다. 따라서 동궁의 생모인 국모를 폐출하는 데 찬동한 일은 동궁을 위태롭게 한 것으로 곧 국본을 흔들리게 한 꼴이 된다. 이는 결국 종묘사직을 위태롭게 한 일종의 국사범이 되는 셈이다. 연산군은 바로 이같은 논리를 내세워 폐비사건에 연루된 인물들을 모두 일종의 예비적 불경죄로 치죄한 것이다.

　윤필상에게 예비적 불경죄를 적용한 것은 불경죄의 돌풍이 이제는 천둥번개를 동반한 폭풍우로 변했음을 의미하는 것이다. 그러나 연산군도 처음부터 예비적 불경죄의 대상을 확대할 생각은 아니었다. 윤필상이 유배된 지 1달 뒤에야 폐비사건의 주범으로 지목되어 죽임을 당한 사실이 이를 증명한다. 그러나 윤필상은 죽음에 이르러서도 자신의 잘못을 반성하기는커녕 연산군에게 원망만을 퍼부었다. 이 때문에 그는 대신들의 탄핵을 받아 사사된 지 불과 7일 만에 또다시 부관참시되는 참화를 입게 되었다.

　죽음을 앞두고 군왕을 저주한 윤필상의 행동은, 불경죄의 돌풍이 갑자기 뇌성벽력을 동반한 폭풍우로 돌변하는 결정적인 계기가 되었다. 당시 연산군은 자칫하다가는 왕권이 능멸당하는 일이 빚어질 것이라는 위기의식을 느꼈다. 결국 윤필상의 행동은, 면종복배를 일삼으며 왕권을 능멸하는 일체의 신권세력을 이 참에 뿌리뽑고야 말겠다는 연산군의 결심을 부채질한 셈이다.

　그리하여 윤씨의 폐출(廢黜)과 사사(賜死)에 연루된 사람들이 빠짐없이 예비적 불경죄 혐의자로 추급(追及)되었다. 사건 당시의 승지를 비롯해 언문교지를 번역한 자와 이를 읽은 자 등이 모두 연루되었다. 이들 모두는 윤씨의 폐출과 사사를 몸을 던져 저지하지 않았다는 이유로, 동궁의 안위를 위태롭게 한 예비적 불경죄의 죄목을 뒤집어쓰게 된 것이다.

결국 그동안 이 사건에서 한발 벗어나 있던 인사들까지도 미친 듯이 불어닥친 폭풍우에 그대로 날아가 버리고 말았다. 관련자들이 전원 삭탈관직, 유배된 것은 물론 일세를 풍미한 한명회를 비롯하여 정창손과 정인지 등 작고한 원로대신의 묘마저 석물이 날아가고 무덤까지 파헤쳐져 시신이 훤히 드러나는 참혹한 상황을 맞게 되었다.

당시 한명회를 비롯한 일부 대신들은 분명 억울한 측면이 많았다. 이들은 성종의 의지가 너무 강해서 폐비사건을 적극 막아낼 수 없었다고 보는 것이 옳기 때문이다. 따라서 이들은 윤필상과는 달리 억울한 측면이 있었다. 그러나 연산군의 생각은 달랐다. 연산군은 만일 이들이 몸을 던져 성종을 말렸으면 최소한 생모의 죽음만큼은 막을 수 있었다고 판단한 것이다.

연산군의 이 같은 생각은 사실 틀린 것이 아니었다. 성군을 자처한 성종이 설령 사약을 내릴 생각을 가지고 있었다 하더라도 신하들의 결사반대를 무릅쓰고 이를 강행하기는 어려웠을 것이다. 더구나 앞서 검토한 바와 같이, 윤씨가 국모의 자리에서 폐출된 것은 그렇다 치더라도 결코 죽을죄를 지은 것은 아니었다. 따라서 만일 신하들이 몸을 던져 저지했으면 윤씨는 죽지 않았을 가능성이 컸다고 보아야 한다.

아무튼 폐비사건에까지 불경죄의 범위를 확대한 것은 그 동기야 어떻든 과잉방위의 혐의를 벗을 수 없다. 사실 윤필상을 비롯한 일부 핵심관련자에게만 예비적 불경죄를 묻는 것이 옳았기 때문이다. 이미 죽은 한명회를 비롯해 폐비사건 당시 단역에 불과했던 우의정 성준(成俊) 등에게로 추죄의 범위를 확대한 것은 지나친 일이었다. 이 때문에 신권 세력의 도전을 분쇄하겠다는 당초의 의도가 크게 퇴색된 것 또한 부인할 수 없는 사실이다.

그러나 연산군의 생각은 달랐다. 그는 윤필상과 이극균 등이 지은 죄를 더욱 엄중히 따져 만세의 경계로 삼고자 했다. 이에 따라 윤필상 등은 시체의 목과 몸이 분리되어 방방곡곡에 돌려지는, 이른바 전시효수(傳屍梟首)의 형에 처해졌다. 반정세력은 이 같은 혹형을 고금에 없는 폭군의 만행으로 비판했다. 연산군은 왜 폭군으로 몰리기 십상인 이 같은 혹형을 선택한 것일까? 연산군의 다음과 같은 언급을 보면 그 까닭을 대략 짐작할 수 있다.

이극균·윤필상은 살아서는 교만하여 위를 업신여기고 죽으면서는 분한 마음으로 독을 내뿜었으니 이것은 천지간에 용납하지 못할 일이다. 이세좌도 죽을 때 역시 노복에게 성내었으니 또한 시신을 베어 함께 사방으로 돌려서 경계하게 하라. 윤필상·이세좌도 모두 능지하여 시체를 돌리게 하라. 정창손·심회(沈澮)·한명회 등은 처음에는 정지하기를 간하였다고 하지만 대신이란 큰일을 만나면 시종 고집해야 하는 것이다. 저들은 죽은 지 벌써 오래이니 다 썩은 뼈를 베는 것이 도움될 게 없지만, 부관참시하여 뒷사람들로 하여금 불충하면 죽은 뒤에 베임을 면치 못한다는 것을 알게 해야 한다.(《연산군일기》 10. 윤4. 21)

윤필상과 이극균 등은 죽을 때까지 앙심을 품은 이유로 능지처참에 이어 전시효수의 형벌을 당한 것이다. 연산군은 이들이 죽은 뒤에도 불경죄를 추궁하지 않으면 불경스런 신하들의 도전이 그치지 않을 것으로 생각한 것이다. 전시효수 등의 혹형을 내려 확고부동한 왕권강화 의지를 안팎에 확실하게 보여주겠다는 생각을 숨김없이 드러낸 셈이다.

성종 때 세상을 뒤흔들던 한명회와 정창손 등이 부관참시(剖棺斬屍)

의 형을 당한 것도 같은 맥락에서 이해해야 할 것이다. 이들은 윤씨의 죽음을 막지 못한 예비적 불경죄를 저질렀다는 이유로 이 같은 혹형에 처해진 것이다. 이세좌와 홍귀달에서 시작된 불경죄 파문이 급기야 예비적 불경죄로 확대 적용되면서, 많은 사람들이 사형과 유배를 당한 것은 물론 이미 죽은 자들까지도 부관참시의 형을 받게 된 것이다.

쇄골표풍은 지나친 과잉방위였다

그러나 연산군은 여기에 그치지 않았다. 이미 전시효수한 이세좌와 윤필상 등에게 또다시 '쇄골표풍'(碎骨飄風)의 형벌을 가했다. 쇄골표풍은 연산군 때 처음 만들어진 형벌로, 시체의 뼈를 빻아 바람에 날리는 것을 말한다. 요즘에는 화장을 한 뒤 그 유골을 빻아 만든 뼛가루를 강이나 산야에 날리는 일이 드문 일이 아니다. 그러나 성리학이 지배하던 당시에는 이 같은 일은 있을 수 없는 일이었다.

조상숭배를 중요한 덕목으로 삼던 당시에 쇄골표풍은 제사지낼 근거마저 없애버리는 극악한 처사로 인식될 수밖에 없었다. 이는 연산군을 전대미문의 폭군으로 모는 데 결정적인 근거가 되었다. 연산군은 왜 이들에게 쇄골표풍이라는 미증유의 혹형을 가한 것일까? 연산군의 다음과 같은 언급을 보면 그 해답을 찾을 수 있다.

이극균, 이세좌, 윤필상 등의 시체를 일찍이 들판에 버려 두어 매장하지 못하도록 하였으나 그 일족이 반드시 거두어 매장하였을 터이니 지금 다시 파내어 해골을 분쇄하여 형적을 없애는 것이 어떠할까.(《연산군일기》 10. 12. 15)

연산군이 쇄골표풍이라는 혹형을 내린 것은, 아무리 부관참시를 해도 일족이 그 뼈를 수습해 장사지낼지 모르니 아예 이 같은 가능성조차 없애버리려 한 것이다. 성리학의 기준에서 볼 때 이는 죽은 영혼이 제사 받을 근거를 박탈하는 것이므로 이보다 참혹한 형벌은 없는 셈이다. 연산군의 왕권강화 의지가 아무리 크더라도 그 처사가 이미 도를 넘어섰다는 지적을 받을 만한 사건이다.

그러나 연산군이 이 같은 결정을 내린 데는 나름대로 이유가 있었다. 일신의 보신만을 꾀하거나 가문의 위세를 믿고 죽는 순간까지 왕권을 능멸한 자들을 철저히 응징함으로써 신하들을 경계하려 한 것이다. 윤필상을 제외하면 윤씨 폐출사건과 관련된 사람 가운데 쇄골표풍을 당한 이는 없었다. 이는 갑자사화가 결코 윤씨의 죽음에 대한 한풀이가 아니었음을 보여주는 것이다.

이른바 갑자사화를 하나로 꿰는 분명한 흐름은 바로 불경죄인 것이다. 그러나 갑자사화는 피화자의 범위가 너무 넓고 적용된 형벌 역시 혹형이었다는 점에서 분명 폭군적 처사라는 비난을 받을 만한 것이었다. 연산군 역시 이 같은 혹형으로 많은 사람들이 주륙당한 일을 내심 언짢아했음이 틀림없다. 다음과 같은 언급을 보면 이를 쉽게 확인할 수 있다.

이제 죄인들을 엄한 형벌에 처치하면 중외가 놀라지 않겠는가. 그러나 요즘 시행한 것이 폭정에 가까우나 이렇게 하지 않으면 어찌 퇴폐한 풍속을 고쳐 바로잡을 수 있겠는가. 풍속이 어찌 문득 변할 수 있으랴. 천천히 10년을 살핀 뒤에야 그 변함을 알 수 있으리라. 감옥은 비어야 하고 옥송이 많이 쌓여서는 안 되니 지금 갇혀 있는 죄인과 쌓인 송사가 모두 얼마나 되는지 상고하여 아뢰어라.(《연산군일기》 10. 6. 2)

이 기록에서 알 수 있듯이 연산군은 자신이 폭군으로 몰릴 수도 있다는 사실을 잘 알고 있었다. 자신이 행한 쇄골표풍 등의 혹형이 지나친 것임을 알고 있었던 것이다. 그러나 그는 이 같은 방법을 동원하지 않고는 '퇴폐한 풍속'을 바로잡을 수 없다고 확신한 것이다. 그가 언급한 퇴폐한 풍속은, 신권세력이 왕권을 우습게 여기거나 능멸하는 일체의 도전행위를 의미하는 것이었다.

이상 살펴본 바와 같이, 갑자사화는 연산군이 신권세력의 도전을 발본색원한다는 차원에서 강도 높은 반격을 가함으로써 빚어진 참화이다. 따라서 갑자년에 폐비사건과 관련해 일어난 일련의 옥사만을 들어 이를 갑자사화로 명명하고, 연산군이 사적인 한풀이를 한 것으로 해석하는 것은 커다란 잘못이 아닐 수 없다.

이는 연산군이 갑자사화 이후에 취한 일련의 조치를 보면 쉽게 확인할 수 있다. 그는 갑자년 이듬해인 재위 11년 2월, 그동안 왕권에 도전하는 색채를 띠었던 일체의 사건에 대해 대대적인 추죄(追罪)작업에 들어갔다. 연산군은 유순 등에게 명하여 《승정원일기》등을 상고해 이전에 대간들이 논박하여 아뢴 일을 보고하도록 하였다.

이로써 대사헌 이자건 등이 과거 사헌부 장령 시절 왕명을 어기고 시를 짓지 않은 일을 포함해, 모두 9개의 불경죄 사건에 관련된 당사자들이 추죄되었다. 이는 연산군이 당시 사건을 어떤 시각에서 접근했는지 보여주는 실례가 아닐 수 없다. 연산군은 갑사사화를 기회로 삼아 그 이전에 있었던 신하들의 왕권에 대한 도전 사례를 모두 찾아내 응징하려 한 것이다. 연산군은 이 작업을 2년 뒤인 병인년까지 계속 추진해 나갔다.

갑자사화는 훗날 연산군을 폭군으로 모는 데 중요한 근거가 되었다. 현재 대부분의 학자들 역시 기화자의 '불경죄'와 '예비적 불경죄'

에 대한 책임추궁은 전혀 없이, 오직 사건의 전개과정 및 결과에만 초점을 맞추고 있다. 이는 자칫 연산군은 폭군이었다는 식의 무의미한 결론을 얻는 것으로 끝날 소지가 크다. 최근에 나온 여러 편의 논문이 이를 조심스럽게 언급하고는 있으나 아직 미흡한 실정이다.

갑자사화는 신권에 대한 왕권의 우위가 확고히 정립되는 과정에서 빚어진 사건이다. 따라서 혹형을 가차없이 적용한 이유 등을 제대로 찾아내기 위해서는 우선 기화자의 책임을 추궁해야만 한다. 이것이 전제되지 않는 한 연산군은 자칫 복수심에 불탄 미치광이 폭군으로 규정될 우려가 크기 때문이다.

연산군은 아무리 군신공치 이념이 불변의 진리로 통용될지라도, 왕권이 신권에 능멸당하는 지경에 이르러서는 안 된다는 확고한 신념을 지녔던 인물이다. 그는 자신의 이 같은 신념을 실천에 옮겼을 뿐이다. 따라서 갑자사화는 본질적으로 정당방위의 성격을 띠고 있었던 점을 간과해서는 안 된다. 네로의 '로마 대화재'나 진시황의 '분서갱유'와 마찬가지로 연산군의 '갑자사화' 역시, 당시 이 사건이 일어날 수밖에 없었던 필연적인 배경이 존재했던 것이다. 그것은 바로 당시 왕권과 신권세력 사이에 조성된 힘의 불균형, 그리고 군신공치의 해석을 둘러싼 군신간의 갈등이었다. 이 같은 '통치환경'을 고려하지 않고 분석할 경우, 갑자사화 역시 분서갱유 등과 같이 오해받을 소지가 큰 것이다.

물론 갑자사화는 피화자의 대부분이 '불경죄'나 '예비적 불경죄'의 죄목으로 참화를 당함으로써 '과잉방위'의 성격을 띠었다는 점을 부인할 수는 없다. 그러나 과잉방위 역시 그 본질은 정당방위인 것처럼, 갑자사화 역시 '정당방위'에서 출발했다는 사실을 과소평가해서는 안 된다.

__11. 간신오국(奸臣誤國)
임사홍은 성리학에 도전하다 간신으로 몰렸다

1960년대 신상옥 감독이 만든 영화 《연산군》을 보면, 당시 최고의 악역배우이던 이예춘이 임사홍으로 분(扮)하여 연산군을 복수의 화신으로 만드는 데 결정적인 구실을 하는 모습이 나온다. 이는 관객들이 '임사홍=간신'이라는 생각을 갖도록 하는 데 더없이 좋은 배역이었다. 이 영화는 물론 박종화의 소설 《금삼의 피》를 대본으로 한 것이지만, 현대를 사는 우리들이 연산군 때 인물들에 대해 얼마나 왜곡된 정보를 가지고 있는지 극명하게 보여준 사례가 아닐 수 없다.

동양의 역사에서 태평성세에 간신이 등장한 적은 거의 없었다. 설령 등장한다 하더라도 그의 활약이 크게 부각될 수도 없었다. 나라 전체가 풍요롭기 때문에 딱히 누구를 특정해 간신으로 몰아갈 이유가 없었을지도 모를 일이다. 이 때문인지는 몰라도 간신의 등장은, 곧 그가 활약한 시대가 곧 폭군이 지배하던 시대였음을 시사하는 하나의 징표로 인식되고 있는 것이 사실이다. 폭군으로 규정된 역대 제왕이 지배한 시기에는 반드시 간신이 등장하는 것도 이와 무관치 않다고 할 수 있다.

임사홍은 과연 연산군을 폭군으로 만드는 데 결정적인 구실을 한 천하의 간신이었을까? 임사홍이 만고의 간신인지 여부를 가리는 일은 연산군이 과연 폭군인지 여부를 가리는 데 중요한 평가잣대가 되는 셈이다. 《성종실록》을 비롯하여 《연산군일기》와 《중종실록》에 이르기까지 3대 실록에 걸쳐 천하의 간신으로 줄기차게 기록된 이는 임사홍 한 사람밖에 없다. 그는 과연 어떤 인물이었기에 이토록 엄청난 비난을 받게 된 것일까? 다음 기록을 보면 그 이유가 무엇인지 대략 짐작할 수 있다.

어느날 왕이 미복으로 임사홍의 집에 가서 그를 불러 술잔을 올리게 하였는데, 임사홍이 "엄숙의와 정소용이 모후를 참소하여 폐비하였다" 고 무함하니 임금 또한 울었다. 밤이 깊어 환궁하자 곧 엄씨와 정씨 두 후궁을 불러 손수 죽였다. 얼마 되지 않아 임사홍에게 공조참판이 제수 되었다. 그는 이조와 병조의 판서를 역임하면서 받은 뇌물이 거만에 이르렀다. 의금부도사 이사우(李嗣宇) 등이 그를 아비처럼 섬겼는데 임사 홍은 이들을 종처럼 대하였다. 임사홍이 이세좌 등과 틈이 있었는데 그 들을 다 참소하여 죽이니 사람들이 그를 흘겨보았다. 갑자년 이후에 옛 제도를 변경하고 대신을 살육하며 여러 차례의 큰 옥사가 일어났는데 모두 임사홍이 인도한 것이다.(《연산군일기》 12. 4. 17)

임사홍이 천하의 간신으로 몰린 근본이유는, 바로 그가 '서모장살' 사건의 교사범이자 '갑자사화'의 주범으로 낙인찍혔기 때문임을 직감 할 수 있다. 사관의 이 같은 평만을 토대로 보면 임사홍은 왕을 옆에 끼고 온갖 못된 짓을 자행한 간신의 전형임을 부인할 길이 없다. 그러나 앞서 검토한 바와 같이 연산군의 서모장살 사건은 터무니없는 왜곡이다. 나아가 임사홍은 갑자사화와 아무런 관련도 없었다. 그는 갑자사화 당시 오히려 이극균의 불경죄에 연루되어 국문을 당했다. 사관이 뻔한 사실조차 얼마나 악의적으로 왜곡했는지 보여주는 실례이다.

더구나 임사홍은 실록 어느 곳을 보더라도 왕에게 아부하는 말을 한 적이 없다. 그는 오히려 나름대로 뚜렷한 소신을 가지고 할 말을 한 것으로 나타나고 있다. 그런데도 사관은 그를 만고의 간신으로 기록하고 있는 것이다. 임사홍은 연산군이 폐위되는 날 척살(刺殺)되었기 때문에 변명할 수 있는 기회조차 얻지 못한 채 천하의 간신이 되었다고 할 수 있다. 임사홍의 억울함을 풀어주는 일은, 바로 연산군이 결코 폭군이 아니었음을 증명하는 셈이 된다고 할 수 있다.

임사홍은 폭넓은 식견을 지닌 인물이었다

임사홍은 성종 때 출사한 인물로, 그의 부친 임원준(任元濬)과 마찬가지로 성리학뿐만 아니라 관상학 등 잡학에도 매우 조예가 깊었다. 그는 한때 성종에게 적잖은 신임을 받기도 했다. 그가 성종 때 승지와 대사간 등을 역임한 사실을 보면 쉽게 알 수 있다. 그러던 그가 파직된 원인은 매우 하찮은 것이었다.

임사홍은 우승지로 있을 때, 도승지 현석규(玄錫圭)가 동료인 홍귀달과 성종 앞에서 팔뚝을 걷어붙이며 말다툼을 한 것을 두고 현석규를 힐난한 적이 있다. 군왕 앞에서 동료와 말다툼하는 것은 불경이라는 이유에서였다. 그가 도승지를 힐난한 것은 당연한 일이었다. 도승지와 일반 승지들은 서열의 차이만 있을 뿐 업무도 각각 분담되어 있고 품계 또한 똑같은 정3품이었다. 도승지 현석규가 왕 앞에서 팔뚝을 걷어붙이고 동료와 말다툼을 한 것은 불경스런 언동이 아닐 수 없다.

그러나 오히려 임사홍은 이 일로 사간원 대사간으로 체직되고 현석
규는 그대로 도승지의 자리에 남아 있게 되었다. 이는 분명 성종이 현
석규의 손을 들어준 것으로 해석될 여지가 많은 조치였다. 물론 그렇다
고 성종이 임사홍을 미워한 것은 아니다. 이는 그가 대사간으로 나아간
이듬해에 도승지로 발탁된 사실이 증명한다.

그러나 임사홍은 도승지로 있을 당시 홍문관과 예문관의 관원들과
커다란 논쟁을 벌이게 되었다. 이것이 바로 임사홍이 소장 신권세력에
게 간신으로 몰리게 되는 결정적인 계기가 된다. 당시 이 논쟁은 일종
의 이념논쟁에 가까운 것이었다. 사림세력이 맹신하는 성리학의 '재이
설'(災異說)에 임사홍이 정면으로 이의를 제기하고 나선 것이 이 논쟁
의 발단이다.

성종 9년 4월 대간들이 흙비[土雨]가 내린 것 등을 이유로 금주령
발포를 청하자, 임사홍은 이를 간접적으로 비판하면서 금주령을 단오
이후로 늦출 것을 건의했다. 그러나 임사홍의 이 같은 건의는 성리학의
이념상 이단으로 몰리기 딱 좋은 주장이었다.

흙비가 내리거나 뜻하지 않은 화재가 일어나면 이를 하늘이 내린
경고로 해석하는 재이설에서는, 그런 일이 생기면 제왕이 금주령을 내
리고 자신의 통치행위를 진지하게 반성하는 모습을 보이는 것을 당연
한 일로 여겼다. 그런데 임사홍은 대비전을 위한 단오잔치가 끝난 뒤
금주령을 내려도 늦지 않다고 진언한 것이다. 이는 사실 크게 문제삼지
않아도 될 문제였다. 임사홍도 금주 자체를 반대한 것은 아니었기 때문
이다.

그러나 소장 신권세력은 이에 발끈했다. 사실 임사홍의 발언은 어
찌 보면 재이설을 중요한 이론적 근거로 삼고 있는 성리학에 대한 정면

도전으로 비춰질 소지가 컸다. 그러나 당시 임사홍이 제시한 다음과 같은 논거를 보면 그의 주장에는 나름대로 분명한 이유가 있음을 알 수 있다.

저들은 흙비가 내리는 것을 재이라고 하고 또 장통방의 실화를 재앙으로 여기지만, 흙비는 대단한 재앙이 아니오며 장통방의 화재도 가옥이 나란히 있기 때문에 불길이 번져서 타게 된 것이니 형세가 반드시 그렇게 된 것입니다. 요즘 연일 활쏘기를 하는데 활을 쏘는 것은 술의 힘을 빌리는 것이므로 술이 없으면 할 수 없으며, 또 단오에는 의정부와 육조에서 예로써 마땅히 진연해야 하고 주상께서도 세 대비전에 별선(別膳)을 올려야 할 것이니, 단오 후에 술을 금하는 것이 적당하겠습니다. 대간이 말한 바가 어찌 다 옳겠습니까. 만약 옳지 못하다면 어찌 다 따를 수 있겠습니까. 만일 그 말이 마땅치 못하면 이따금 견책의 뜻을 보이는 것이 옳습니다.(**《성종실록》** 9. 4. 21)

임사홍은 재이설에 입각한 대간들의 주장을 한마디로 터무니없는 과장이라고 논박한 것이다. 대간을 비롯한 신진 사림들이 들고일어날 발언이었다. 이들은 특히 대간들을 견제할 필요성을 언급한 임사홍의 발언에 위기감을 느꼈을 가능성이 크다. 과연 며칠 지나지 않아 홍문관이 맨 먼저 임사홍을 탄핵하고 나섰다. 이들은 임사홍이 젊은 나이에 승지로 있으면서 주상을 오도하고 있다고 공격했다.

홍문관에 이어 대간과 예문관 관원까지 가세해 임사홍을 소인으로 지목하고 나서면서 사안이 점차 확대되는 조짐을 보였다. 이 소용돌이 속에서 성종은 처음에는 임사홍을 강력히 옹호하면서 오히려 홍문관원의 숙직제도를 파하는 조치까지 취하였다. 그러자 대간과 홍문관 관원들이 모두 벌떼처럼 일어나 임사홍 문제를 놓고 성종과 맞서는 형국이 되었다. 형세가 불리하게 돌아가자 성종은 임사홍을 버리는 선택을 하기에 이른다. 성종의 이중적인 통치행태가 여실히 드러나는 대목이다. 다음 기록을 보면 이를 쉽게 확인할 수 있다.

> 임금이 선정전에 나아가서 대간과 홍문관, 예문관의 관원을 인견하였다. 전한 이형원(李亨元)은 말하기를 "임사홍은 아첨하는 말을 올려서 흙비가 내린 것을 모두 재이가 아니라고 말하여 술을 금하는 것을 파하고자 하였으니 그 마음이 간사합니다" 하였다. 좌우에서 말하기를 "이제 임사홍의 정상이 이미 드러났는데 어찌 반드시 국문한 뒤에야 알겠습니까. 모름지기 곧 죄를 정하여야 합니다" 하였다. …… 응교 채수(蔡壽)는 말하기를 "그 아비 임원준도 경연당상이 되었으므로 만일 임원준을 파면하지 않겠다면 청컨대 신 등을 파직하소서" 하니, 임금이 말하기를 "마땅히 그대들의 말과 같이 하겠다" 하자 좌우에서 비로소 물러나갔다.(《성종실록》 9. 4. 28)

성종은 대간들과 홍문관 및 예문관원들의 끈질긴 논박을 견디지 못하고 임사홍을 버리기로 작심한 것이다. 성종은 임사홍을 파직하고 그의 부친 임원준의 경연당상직도 체직시킴으로써 비로소 대간들의 논박을 잠재울 수 있었다.

임사홍과 함께 대간들의 탄핵 대상이 된 임원준은 매우 특이한 인물이었다. 그는 세종 때 과거에 장원급제하여 집현전 부교리에 임명된 이후 승승장구하여, 성종조에는 예조판서를 거쳐 의정부 좌·우참찬에 이른 인물이다. 뛰어난 문장을 자랑한 그는 세조의 명을 좇아 풍수, 의약, 점복 등을 두루 섭렵해 잡학에도 일가견이 있었다.

　　그러나 김종직이 세조의 명을 어기고 잡학 수학을 거부한 것과 달리, 그는 세조의 명을 순순히 좇아 잡학을 두루 섭렵한 까닭에 사림들의 비난대상이 되어 있었다. 그가 임사홍이 파직될 때 동시에 탄핵을 받고 경연당상직에서 물러나게 된 것도 이와 무관치 않다. 당시 사림세력은 임원준과 임사홍을 '대임'과 '소임'으로 비칭(卑稱)하면서 이들 부자를 몰아내기 위해 혈안이 되어 있었다. 정통성리학의 관점에서 볼 때 임씨 부자 모두는 잡학을 중시한 이단으로 보일 수밖에 없었을 것이다.

임사홍은 확고한 신념을 지닌 인물이었다.

　　임사홍 부자의 거취를 둘러싼 성종과 대간들의 공방은 통치사적으로 볼 때 다음과 같은 세 가지 사실을 극명하게 보여주고 있다. 하나는 당시에 이미 언론 3사 등을 장악한 소장 신권세력이 신권의 주도권을 틀어쥐고 있었다는 사실이다. 이들은 대소 신료를 군자와 소인으로 구분하고, 자신들의 지론에 부합하지 않는 자를 소인으로 규정해 조정에서 내모는 데 주저함이 없었다. 당파의 조짐이 완연히 드러난 것이다.

　　둘째로, 임사홍은 당시로서는 매우 이단적이면서도 나름대로 독특한 신념을 지닌 인물이었다는 점이다. 그가 당시 이단으로 몰릴 것을 뻔히 알면서도 과감히 기존의 '재이설'을 논박하고 나선 것도 그의 이같은 신념에서 비롯된 것으로 짐작된다. 재이설은 일명 '참위설'로도 불리는 것으로 매우 미신적인 것이었다.

　　사실 정통성리학은 너무 명분론에 치우친 데다 미신적인 재이설을 너무 신봉하고 있었다는 점에 적잖은 문제가 있었다. 천지변화는 사계절의 변화가 그렇듯이 늘 일어나는 것인데도, 성리학은 이를 제왕의 부덕의 소치로 해석하는 미신적인 요소를 신봉하고 있었다.

재이설은 원래 한무제 때 동중서(董仲舒)가 제시한 미신적인 이론으로, 송대에 성리학자들이 이를 그럴듯한 이론으로 수용, 발전시켰다. 이 이론은 왕도주의에 입각한 '군신공치' 이념과 더불어 신권세력이 왕권을 제압하는 유력한 이론적 무기였다. 이 같은 점에서 자칫 이단으로 몰릴 위험을 무릅쓰고 재이설의 문제점을 날카롭게 파헤친 임사홍의 식견은 높이 평가할 만한 것이다. 더구나 대간들의 문제점을 지적하면서 통치권자의 결단을 촉구하고 나선 것은 당시 상황에서 볼 때 목숨을 건 도박에 가까운 일이었다. 그가 통치에 관해 나름대로 확고한 소신을 가진 인물이었음을 분명히 보여주는 사례이다.

셋째로, 임사홍에 대한 처리과정에서 성종의 우유부단하면서도 이중적인 모습이 적나라하게 나타나고 있다는 점이다. 성종은 개인적으로는 임사홍의 주장이 이치에 맞다고 생각하면서도, 대간들의 끈질긴 논박을 견디지 못하고 끝내 임사홍을 소인으로 규정하는 데 동의하고 만 것이다. 성종은 태평세월에 군왕으로 군림했기에 망정이지 분명 난세에는 무능한 군왕으로 평가받을 수밖에 없는 인물이었다. 자신이 옳다고 생각하는 것조차 관철하지 못한 점에서 볼 때, 군왕의 고독한 결단을 요구하는 난세에는 분명 무능하다는 평을 받을 수밖에 없는 것이다.

그러나 성종은 운이 좋게도 세조가 닦아놓은 토대 위에서 대간들과 적당히 타협하면서 통치를 펴나간 결과 성군이라는 칭송을 받게 되었다. 그가 태평시대에 걸맞은 성군으로 알려진 것은 일면 과장된 부분이 있다. 그는 군왕에게 가장 필요한 덕목인 결단력이 없었기 때문이다.

그럼에도 성종은 자신의 집안 일에 관한 한 고집스러운 이중적인 모습을 보여주었다. 이는 대간들의 엄청난 반대를 무릅쓰고 인수대비의 서열을 무리하게 안순대비의 위에 올려놓은 사례를 보면 쉽게 확인할 수 있다. 한때 총애하던 부인을 쫓아내 죽음으로 몰아간 것 역시, 며느리를 증오하는 인수대비를 기쁘게 하려고 저지른 일일지도 모를 일이다.

임사홍은 성종의 이 같은 이중적인 태도 때문에 연산군에게 발탁될 때까지 다시는 조정에 나올 수 없었다. 그러나 임사홍과 성종의 사적인 관계까지 단절된 것은 아니었다. 그의 두 아들이 모두 성종의 사위가 됨으로써 인척관계를 맺었기 때문이다. 이 때문인지는 몰라도 인수대비는 성종 19년 9월 임사홍의 집으로 피접(避接)을 가기도 했다. 비록 인수대비가 1달쯤 지나 월산대군의 집으로 거처를 옮기기는 했어도, 이는 성종이 여전히 임사홍을 총애했음을 보여주는 사례가 아닐 수 없다.

그러나 임사홍은 파직된 이후 성종이 죽을 때까지 근 10여 년 동안 조정에 발을 들여놓을 수 없었다. 대간들이 그의 입조(入朝)를 결사 반대하고 있는 상황에서 성종 또한 쉽사리 그의 출사를 명할 수는 없었을 것이다. 임사홍은 재야에 있을 때도 항시 대간들의 표적이 된 것이다. 다음 기록이 이를 잘 보여주고 있다.

사헌부 장령 황사효(黃事孝) 등이 서계(書啓)로 이르기를, "주상께서는 임사홍의 집을 놓고 소신들이 임금을 속였다고 하셨으나, 신 등이 거짓으로 꾸민 것이 아닙니다. 신들은 한성부 좌윤 김종직이 임사홍의 집에 갔을 때, 임사홍의 집이 넓고 화려함이 대궐보다 더한 것을 보고 '주상께서 만일 보시면 반드시 잘못이라고 하실 것'이라고 말했다는 얘기를 성준에게서 들었습니다" 하였다. 성준이 서계하기를 "신의 당숙인 정문형이 신에게 말하기를 '김종직도 임사홍의 집을 보고는 주상께서 보시면 지나치다고 하시지 않겠느냐고 했다' 하였습니다" 하였다. 왕이 전교하기를 "김종직을 불러서 묻게 하라" 하였는데, 김종직은 병

때문에 부르는 데 나오지 않았다.(《성종실록》 19. 12. 2)

원래 임사홍의 집이 매우 화려하고 사치하다고 말한 최초의 발설자는 바로 김종직이다. 그의 발언을 같이 갔던 정문형이 듣고 다시 이를 자신의 당질인 성준에게 전한 것이다. 대간들은 자신들의 상관인 성준에게 이 같은 얘기를 전해듣고 바로 탄핵에 들어간 것이다.

당시 대간들은 직접 확인도 하지 않은 채 임사홍의 집이 대궐보다 화려하게 지어지고 있다며 임사홍을 강력 비난하고 나섰다. 그리하여 성종이 공사현장에 직접 가서 확인하기까지 했다. 성종이 가서 보니 임사홍의 집은 그저 평범한 규모였을 뿐이다. 이에 발끈한 성종이 관계자들을 추궁하고 나선 것이다.

그러나 김종직이 병을 핑계로 대질심문에 나오지 않자 이 일은 흐지부지 끝나고 말았다. 조선 도학의 조종으로 칭송되는 김종직이 임사홍에게 매우 좋지 않은 감정을 품고 있었음을 짐작할 수 있다.

대간을 비롯한 사림세력이 임사홍을 그토록 악착같이 견제하고 나선 데는 김종직과 임사홍의 이 같은 악연이 작용했을지도 모를 일이다. 이는 이 사건을 대하는 사관의 태도를 봐도 어느 정도 짐작할 수 있다. 임금이 직접 가서 사실 여부를 확인할 정도의 사안이라면 최소한 이에 대한 사관의 평이 뒤따를 만한데, 아무런 언급도 없기 때문이다. 이 사건은 분명 김종직이 사실을 과장해서 표현한 데서 비롯되었다고 보아야 한다.

따라서 사관이 공평하게 사실을 기록했다면 최소한 김종직의 과장에 대해 한마디 촌평이라도 덧붙였어야만 했다. 그러나 아무런 언급도 없었다. 그렇다면 사관들은 김종직이 아무런 잘못이 없다고 본 것일까? 짐작컨대 사관들은, 김종직이 표현만 격하게 했을 뿐 사실을 터무니없이 과장한 것은 아니라고 생각했을지도 모를 일이다.

　그렇다면 자타가 공인하는 도학의 교조 김종직은 왜 이 같은 실수를 저지른 것일까? 아마도 김종직과 임사홍의 부친 임원준의 오랜 악연이 적잖이 작용했을 것이다. 앞서 보았듯이 김종직은 잡학을 배우는 것은 있을 수 없다고 반대해 세조의 노여움을 받아 파직된 바 있다. 이에 반해 임원준은 세조의 명을 충실히 따라 의약, 풍수, 역술 등에 해박한 조예를 쌓았다. 짐작컨대 김종직은 임원준의 이 같은 태도를 몹시 못마땅하게 생각했을 공산이 크다.

　임사홍 역시 그의 부친 못지않게 잡학에 조예가 깊었다. 임사홍은 당시 조정 관원 가운데서 중국 사신과 중국어로 얘기할 수 있는 거의 유일한 인물이기도 했다. 그가 연산군 때 사역원(司譯院)에 나가 중국어를 교습한 사실이 이를 증명한다. 연산군 역시 중국어를 배우고 싶어 했지만 대간들의 반대로 뜻을 이루지 못했다.

　임사홍은 자신의 중국어 실력에 자부심이 지나쳤는지 중국 사신이 예를 지키지 않았다고 나무란 일까지 있었다. 그는 이 일로 연산군에게 꾸지람을 듣기도 했다. 이는 그의 실력도 실력이지만 조선의 신하로서 자부심이 강했기 때문이기도 하다.

　임사홍은 또한 당대에 매우 뛰어난 서예가이기도 하였다. 그는 연산군 때 대소 행사에 따르는 주요한 글을 거의 도맡아 썼다. 당시 연산군 역시 자타가 공인하는 뛰어난 서예실력을 지니고 있었다. 이 같은 사실을 안 중국 사신들이 연산군의 친필을 부탁하는 곤란한 상황에서 임사홍은 연산군을 대신해 글을 써준 적도 있었다. 그의 서예실력이 만만치 않았음을 짐작할 수 있는 대목이다.

　그러나 임사홍은 당시 신권을 장악한 소장 신권세력의 고루한 이론에 감연히 맞선 결과 스스로 고립되는 불이익을 감수해야만 했다. 사실 임사홍의 처지에서 보면 이 같은 상황은 매우 답답하고 안타까운 일이었다. 김종직이 그토록 잡학이라고 타기한 의약, 관상, 풍수학 등도 성리학 못지않게 탄탄한 이론으로 무장한 당당한 학문이라고 할 수 있다. 오히려 이들 잡학은 재이설과 같은 미신적인 얘기를 수용한 정통성리학보다 훨씬 과학적이며 폭넓은 시야를 제공할 소지가 많았다.

이 같은 점에서 볼 때, 임사홍은 오직 주자만을 신처럼 떠받들며 명분주의에 함몰된 정통성리학자들의 고루한 주장에 적잖은 문제가 있다고 생각했을 공산이 크다. 임사홍이 성종 앞에서 미신적인 재이설을 통렬하게 비판하고 나선 것도 바로 자신의 폭넓은 학문에 기초한 확고한 신념에 따른 것으로 보인다.

연산군은 임사홍의 능력을 제대로 평가했다

성종과 달리 연산군은 즉위 초에 임사홍의 재주를 아까워하여 그에게 종2품 가선대부를 가자(加資)하여 장차 그를 쓰고자 하였다. 이는 임사홍의 능력을 나름대로 평가한 결과였을 것이다. 사실 임사홍의 능력은 이를 감당하고도 남음이 있었다. 그러나 성종 때 못지않게 대간들의 논박이 격렬하게 빗발치기 시작했다. 이들의 상소가 전례 없이 2개월을 넘긴 것을 보면 그 격렬함을 충분히 읽을 수 있다. 그러나 연산군은 임사홍을 탄핵하고 나선 대간들에게 단호히 맞서고 나섰다.

대간이 서계하기를 "신 등이 임사홍이 평생 동안 저지른 간악한 정상을 다 써서 아뢰었사온데, 전하께서 이런 범행을 옳다고 하신다면 이는 사직을 근심하시지 않는 것입니다. 근자에 경상도 다섯 고을에 우박이 내려서 곡물이 손상되고 나는 새가 맞아 죽었다 하니, 청컨대 허물을 자성하시어 재변을 늦추는 도리를 다하소서" 하였으나, 왕이 들어주지 않았다. 대간들이 또 차자(箚子 : 신하가 임금에게 올리던 간단한 서식의 상소문)를 올리기를 "임사홍 같은 간신에게 작위를 주어 관작의 남용됨이 이렇게까지 되었으니 고치지 않을 수 없습니다" 하니, 어서로 비답하기를 "사람을 갑자기 바꾸는 것이 마치 손바닥 뒤집기보다 쉽기는 하지만 한 번 그 사람을 버리면 끝내 쓰이지 않게 되는 것이다" 하였다. 대간들이 또 상소하자 왕이 상소 끝에 어필로 쓰기를, "경 등이 차자로 일과를 삼으니 백관을 규찰하고 풍속을 바로잡는 책임이 어디에 있는 것인가. 과인의 말을 소홀히 하지말고 대간의 직책에 맞게 하라" 하였다.(《연산군일기》 3. 5. 14)

임사홍의 가선대부 가자 문제를 둘러싼 대간들의 반발은 상상을 초월하는 것이었다. 임사홍의 가자 문제를 둘러싼 논란은 왕권과 소장 신권세력의 힘겨루기 양상으로 전개되었다. 대간들은 임사홍이 관직에 다시 나올 것을 염려한 것이다.

당시 임사홍은 성종 때 성리학의 재이설을 간접적으로 비판한 일 때문에 소인배로 몰리고 있었다. 사실 연산군도 임사홍을 자세히 모르는 상황에서 그를 변호하기란 쉽지 않았을 것이다. 대신들을 임면하고 자품을 하사하는 것은 인사대권을 지닌 왕의 고유권한이기는 하나, 대간들이 극렬하게 반대하면 이를 관철하기란 여간 어려운 게 아니다.

당시 대간들은 모두 60~70차례에 걸친 사직상소를 올려 임사홍에 대한 가자조치를 철회해줄 것을 강력히 주청했다. 연산군은 결국 "짐의 한정 있는 말로 대간들의 한없는 말에 대꾸하기가 어렵다"는 표현을 끝으로 더는 비답을 내리지 않았다. 임사홍 문제를 놓고 대간들과 더는 줄다리기를 하지 않겠다는 의지를 드러낸 것이다.

이는 또한 더는 왕권의 고유권한인 '서품권'(敍品權)에 개입하지 말라는 경고의 표시이기도 했다. 연산군은 우유부단했던 부왕과는 확실히 달랐다. 자신이 옳다고 생각한 바에 대해서는 조금도 양보할 수 없다는 최고통치권자의 의지를 여실히 보여준 것이다. 당시 연산군은 총사직을 무기로 끈질기게 나오는 대간들의 집단행동을 일종의 왕권에 대한 도전행위로 간주했다.

임사홍은 비록 연산군의 힘겨운 방어로 가선대부에 가자되었으나 실직(實職)에는 나아가지 못했다. 연산군도 대간들이 사생결단식 반발로 나오자 임사홍을 실직에 기용하지는 않겠다고 약속했기 때문이다. 임사홍은 연산군 6년에 들어서야 비로소 관직에 취임할 수 있었다. 그의 아들 임숭재가 간절한 사연으로 부친의 출사를 읍소한 것이 대신들의 마음을 움직였기 때문이다.

대신들은 합의 끝에 실권이 없는 한직에 임사홍을 취임시킬 것을 주청했다. 이로써 임사홍은 비록 한직이기는 했으나 정3품직인 돈녕부 도정에 나아가게 되었다. 그가 이미 20여 년 전에 종3품직인 도승지의 자리에 있었으니, 이는 따지고 보면 별것 아닐 수도 있다.

그러나 임사홍으로서는 성종 9년에 파직되어 20년이 넘도록 입조하지 못했으니, 비록 실권도 없는 돈녕부 도정의 자리였지만 매우 감읍했을 것이다. 이후 임사홍은 돈녕부 도정 취임을 계기로 출셋길을 걷기 시작한다. 그의 이 같은 출세는 그가 연산군에게 아부하는 간신이었기 때문에 얻은 결과가 아니었다. 이는 전적으로 그의 실력에 따른 것이었다.

사관은 임사홍을 갑자사화의 배후 교사범으로 지목했으나, 이는 역사적인 사실을 왜곡한 것이다. 임사홍과 유자광이 갑자사화 당시 이극균과 알고 지냈다는 이유로 죄를 받은 사실이 이를 명백히 보여주고 있다. 임사홍은 연산군 10년 4월 유자광과 함께 이극균과 사귄 사실이 드

러나 중형에 처해졌다가 곧 3천 리 유배에 해당하는 벌금형으로 감형
돼 가까스로 위기를 넘긴다.

그러나 곧 이극균에게 명함을 보내 교통한 사실이 밝혀져, 경기도
의 수자리(국경을 지키는 병사)로 충원되는 처지에 놓이게 되었다. 비
록 참형은 면했다 하더라도 직첩을 빼앗기고 잡색군(雜色軍)에 충군된
것은 엄청난 형벌이었음이 틀림없다. 어쩌면 이극균이 참형을 당하는
당시의 살벌한 분위기에서 그의 무리로 몰리지 않은 것만도 다행이었
을지 모른다.

임사홍은 이 같은 명이 내려진 다음날, 폐비사건 때 윤씨의 폐출을
극력 저지한 점 등이 고려되어 장형에 해당하는 벌금을 내는 것으로 감
형돼, 두 번째 위기를 넘긴다. 그가 갑자사화 당시 과거 이극균과 사건
일로 두 번이나 위기를 겪은 것은, 그가 갑자사화의 조연은커녕 단역도
될 수 없다는 사실을 증명하는 것이다.

성종 8년에 폐비논의가 처음 일어났을 때, 윤씨의 폐출을 몸을 던져
저지한 사람은 사실 임사홍뿐이었다고 해도 과언이 아니다. 이를 임사
홍이 장차 지존이 될 연산군을 염두에 두고 취한 행동으로 생각할 수
도 있을 것이다. 그러나 실록조차 임사홍을 모든 힘을 기울여 성종의
마음을 돌리기 위해 노력한 거의 유일한 인물로 묘사하고 있다. 임사
홍의 이 같은 행동을 음모의 일환으로 해석하는 것은 잘못이 아닐 수
없다.

이 사건 이후 임사홍에 대한 연산군의 신뢰는 더우 깊어졌다. 사관
은 이를 두고, 임사홍이 연산군의 총애를 굳히기 위해 대제학 김감의
집에서 자라고 있는 연산군의 둘째 아들인 창녕대군(昌寧大君)을 데리
고 갔다고 주장했다. 그러나 사관의 이 같은 주장은 설득력이 약하다.
대군을 양육하기 위해서는 왕의 총애가 전제되어야 한다. 기본적으로

연산군이 임사홍을 깊이 신뢰하지 않았다면, 임사홍이 설령 창녕대군을 양육한다고 해서 연산군의 총애를 굳힐 수 있는 것도 아니었다.

임숭재도 악의적으로 왜곡되었다

임사홍에 대한 왜곡은 임사홍을 그의 아들인 심숭재와 싸잡아 간신으로 몰아간 데서 절정에 이른다. 또한 임숭재가 연산군의 무도한 엽색 행각을 방조했다는 실록의 기록도 임사홍을 간신으로 모는 근거로 작용하고 있다. 그러나 임사홍이 교조적인 성리학의 논리에 따라 소인으로 몰린 것과 마찬가지로, 임숭재 역시 악의적으로 왜곡되었을 공산이 크다. 임숭재는 성종의 딸 휘숙옹주(徽肅翁主)에게 장가들었기 때문에 연산군과는 따지고 보면 처남매부 사이인 셈이다. 여러 정황에 비추어 대략 임숭재는 연산군과 비슷한 또래였을 것으로 보인다. 임숭재에 대한 연산군의 총애는 대단했다. 그러나 그는 연산군의 폐위되기 1년 전인 연산군 11년 11월 병으로 죽었다. 사관은 임숭재에 대하여 매우 비판적으로 써놓고 있다.

임숭재는 간흉하고 교활하기가 그 아비보다 심하여 극진히 위를 섬기어 사랑을 받으려고 왕의 행동을 엿보고 살펴 왕의 의중을 다 알았다. 그리하여 여러 번 미녀를 바치니 이에 왕이 매우 총애하고 신임하여, 임숭재의 집 사면에 있는 인가 40여 채를 헐어내고 담을 쌓아 창덕궁과 맞닿게 하였다. 그리고 매양 거기에 가서 마시고 노래하면서 밤을 세웠는데, 임숭재는 그 누이동생인 문성정 이상(李湘)의 처를 시침(侍寢)하게 하였으며 왕은 옹주까지 아울러 간통하였다. 임숭재는 노래와 춤이 능하여 춤출 때 몸을 움츠리면 아이들처럼 온몸의 팔다리가 재롱을 떨어 기교가 극치를 이루었으며 처용무에는 더욱 능했다. 그가 죽자 왕은 그

처를 간통한 일이 빌미가 될까 염려하여 내관을 보내 관을 열고 무쇠 조 각을 시체의 입에 물려 진압시켰다.(《연산군일기》 11. 11. 1)

연산군과 임숭재를 싸잡아 천하의 황음무도한 인물로 묘사한 이 기 록은 역사적 사실을 왜곡한 대표적인 사례이다. 반정세력은 임숭재를 그 아비 임사홍과 더불어 연산군을 폭군으로 모는 데 더없이 좋은 도구 로 이용한 셈이다. 사관의 이 같은 주장은 실록의 여러 기록과 비교해 보면 악의적인 날조임을 쉽게 알 수 있다.

우선 임숭재의 집 주변의 인가 40여 채를 헐어 대궐과 맞닿게 했다 는 기록부터 앞뒤가 맞지 않는 주장이다. 연산군이 성수청동(星宿廳洞) 어귀에 성을 쌓아 문을 내고 임숭재의 집 북쪽에도 작은 문을 내어 서 로 통할 수 있게 하라는 명을 내린 것은 연산군 11년 2월말의 일이다. 임숭재의 집으로 갈 때 대궐문을 빠져나가 빙 둘러 가는 것을 피하기 위해 성수청동 어귀에 성을 쌓아 문을 내라고 한 것이지, 임숭재의 집 과 대궐을 연결시킨 것은 아니다. 이는 연산군이 임숭재에게 집의 북쪽 에 작은 문을 내라고 명한 것을 보면 확연히 드러난다. 연산군은 대궐 에 인접한 민가를 헐어 대궐의 위엄을 높이는 데 심혈을 기울인 사람이 다. 그런 사람이 임숭재를 아무리 총애했다 하더라도 그의 집을 대궐과 연접케 했다는 것은 어불성설이다.

또한 임숭재가 자신의 여동생인 문성정 이상의 처에게 연산군을 수 청들게 했다는 것도 사관의 악의적인 조작일 공산이 크다. 연산군은 앞 서 검토한 바와 같이 결코 미색을 탐한 탕자가 아니었다. 그는 운치와 풍류를 아는 낭만적인 군주였다. 함부로 아무 여자와 통간하는 것을 싫 어하는 기질의 소유자였던 것이다. 이는 그가 재위 말년에 지은 다음과 같은 시를 보면 쉽게 확인할 수 있다.

색이란 하루아침의 일 공덕은 만고에 남으니 色是一朝功萬古

미녀 데리고 즐겨 놀 생각일랑 하지 마오 莫將紅粉並歡行

(《연산군일기》 12. 3. 8)

이 시가 보여주듯이 연산군은 아무 여자와 통간하는 그런 비루한 군주가 아니었다. 이런 관점에서 볼 때 연산군이 임숭재 몰래 그의 처이자 자신의 이복동생인 휘숙옹주와 간통했다는 기록은 곡필의 극치가 아닐 수 없다. 연산군이 자신이 총애하는 신하이자 매부인 임숭재 몰래 이복동생과 간통했다는 것은 상식적으로 있을 수 없는 일이다. 쫓겨난 군주를 폭군으로 몰기 위해 사관이 얼마나 곡필을 휘두를 수 있는지를 보여주는 좋은 사례이다.

그러나 사관은 임사홍과 마찬가지로 임숭재를 주군을 폭군으로 인도한 천하의 간신으로 규정했다. 임숭재를 이렇게 묘사하는 것만이 반정을 정당화하는 데 도움이 된다고 생각했는지도 모를 일이다. 《중종실록》에는 임숭재와 관련하여 다음과 같이 터무니없는 기록이 실려 있다.

임숭재는 일찍이 장녹수와 간통했는데, 장녹수가 연산군의 총애를 받게 되자 일이 탄로날까 두려워 몰래 장녹수에게 부탁하기를, "만약 평소 일에 대한 말이 나오거든 마땅히 임희재(任熙載)가 한 일이라고 대답해야 한다. 그러면 반드시 나를 믿고 시기함이 없을 것이며 너 또한 몸을 보전할 수 있을 것이다" 하였다. 이 때문에 화가 그 형에게 미친 것이다. 그런데 임숭재는 임사홍보다 앞서 죽었으므로 처형을 모면할 수 있었다.(《중종실록》 1. 9. 2)

임사홍에게는 임숭재말고도 임희재라는 아들이 있다. 그는 무오년에 사림세력과 교유한 일로 귀양을 갔다가 풀려난 뒤, 갑자년 때 다시 과거의 죄가 추죄되어 참형을 당한 인물이다. 임사홍은 임회재 때문에 무오사화 당시 국문을 당하기도 했다. 임숭재가 장녹수에게 자신과 간통한 사실이 거론되면 이미 죽은 임회재를 끌어들이라고 사주했다는 사관의 주장은 희극에 가깝다. 당시 청류(淸流)에 속했던 임회재가 노류장화(路柳墻花)였던 장녹수와 놀아났다는 것 자체가 있을 수 없는 일이기 때문이다.

장녹수는 앞서 언급한 것처럼 예종의 적자인 제안대군이 거느린 노복의 처였다. 이후 가무를 배워 기생으로 있다가 연산군의 눈에 띄어 후궁으로 들어오게 된 것이다. 그런데 언제 어떻게 임숭재와 장녹수가 눈이 맞아 간통을 했다는 것인지 이해할 수 없다.

만일 장녹수가 후궁으로 들어오기 전에 임숭재와 만났다면 이는 크게 문제삼을 일이 아니다. 후궁으로 들어오기 전에 만난 것을 놓고 간통이라고 말할 수는 없기 때문이다. 나아가 후궁으로 들어오기 전이라면 장녹수가 노류장화의 처지에 있었기 때문에 그 대상이 누구일지라도 비난할 일이 아니다. 장녹수가 후궁으로 들어간 뒤 임숭재와 간통을 했을 가능성은 희박하다고 보는 것이 옳다. 왕의 후궁이 외간남자와 간통을 한 사례는 조선왕조 전체를 통틀어 전혀 없기 때문이다.

따라서 이 같은 터무니없는 기록은 임사홍을 천하의 간신으로 만들고 연산군을 폭군으로 몰아가기 위한 날조로 해석할 수밖에 없다. 임사홍과 그의 아들 임숭재는 연산군에게 한없이 충성스런 인물이었다. 특히 임사홍은 앞서 살펴본 바와 같이 나름대로 확고한 신념을 가지고 있던 인물이기도 하다.

임사홍은 연산군에게는 둘도 없는 믿음직한 충신이었음에도 결정적인 순간에 연산군의 폐위를 막아내지는 못했다. 그 역시 연산군의 폐위가 이같이 갑작스럽게 일어날 줄은 전혀 예상하지 못했을 것이다. 사관들은 바로 이 같은 여러 이유에서 임사홍을 만고의 간신으로 몰아갔을 것으로 짐작된다. 임사홍을 철저한 간신으로 규정하지 않을 경우 반정거사의 정당성이 심히 훼손될 수밖에 없었기 때문이다. 임사홍은 물론 그의 아비 임원준과 그의 자식 임숭재가 모두 간신으로 몰린 것도 같은 맥락에서 이해할 수 있을 것이다.

제6장
연산군의 몰락 배경

세상사 개인사 근심치 말고 莫憂世事兼身事

모름지기 인간사 꿈속 일로 날리세 須着人間比夢間

《연산군일기》 6. 12. 26

# 1. 군주독치(君主獨治)

연산군은 자신의 치세를 과신했다

연산군은 갑자사화 이후, 왕권에 감히 도전할 소지가 있는 신권세력이 사라진 상황에서 일응 '군주독치'의 방향으로 나아간 것이 사실이다. 그러나 이는 오히려 연산군에게 지극히 위험한 것이기도 했다. 연산군은 바로 두 가지 점을 간과했기 때문이다. 우선 그는 신권세력이 무력해지면 모든 통치의 실패 책임은 군왕인 자신에게 그대로 날아올 수밖에 없다는 점을 간과했다. 신권세력이 밉든 곱든 반드시 일정한 힘을 가지고 존재해야 하는 이유가 여기에 있다.

나아가 신권세력의 무력화는 언뜻 왕권의 강화로 연결되는 듯하지만, 결국은 왕권의 붕괴를 재촉하는 요인으로 작용할 수 있다는 점을 연산군은 간과했다. 독재정이 흔히 폭정으로 흐르다가 결국은 스스로 붕괴되는 것도 바로 이 때문이다. 통치대권이 군왕 한 사람에게 집중되다 보면 필연적으로 제어장치가 없는 무한궤도열차의 질주가 시작되는 것이다. 따라서 아무리 군왕이 통치권력의 주도권을 잡았다 할지라도 신권세력이 운신할 수 있는 최소한의 공간을 허용해야만 하는 것이다.

연산군은 이같이 간단한 통치의 기본원칙을 무시했음이 틀림없다. 그는 갑자사화 이후에도 오로지 왕권강화만을 강구한 나머지 신권세력의 은밀하면서도 조직적인 반발 움직임을 알아차리지 못했다. 누르는 강도가 강하면 강할수록 반발 또한 크게 마련이다. 통치권력의 행사에서도 작용과 반작용의 법칙을 그대로 적용할 수 있는 것이다.

그러나 연산군은 폐위되는 그날까지 자신이 이룩한 업적에 도취된 나머지 신권세력의 은밀한 응집 움직임을 간과했다. 이는 거꾸로 해석하면 연산군과 같은 인물은 결코 폭군이 될 수 없다는 반증이다. 만일 연산군이 폭군이었다면, 반정과 같은 불의의 사태를 대비해 더욱 치밀한 대비책을 미리 마련해 놓았을 것이다. 연산군은 반정이 일어나는 당일, 숱한 도성 사람들이 길거리를 메우고 사태의 추이를 지켜볼 때까지도 반정이 일어난 것을 전혀 모르고 있었다. 그는 결코 폭군이 될 수 없는 그런 자질을 가진 인물이었다고 해석할 수밖에 없는 것이다.

연산군은 왜 자신의 통치에 대해 이토록 오만에 가까운 자부심을 가지고 있었던 것일까? 이는 상당부분 반정을 일으킨 자들에게서 그 원인을 찾을 수밖에 없다. 반정세력의 주장 구실을 한 박원종을 비롯하여 유순정(柳順汀), 성희안(成希顔) 등은 모두 연산군에게 엄청난 총애를 입은 사람들이었다. 단도직입적으로 말하면 이들 모두 면종복배한 배신자가 아닐 수 없다. 그나마 이들이 나름대로 확고한 신념을 가지고 이 같은 일을 벌였다면 반정의 정당성을 인정할 수 있다. 그러나 이들은 오로지 연산군을 폭군으로 몰아 자신들의 입지를 확보하는 데 급급했던 인물들이다.

연산군은 과민반응으로 사태를 악화시켰다

당시 반정이 이토록 손쉽게 일어날 수 있었던 배경은 무었일까? 우선 연산군으로 하여금 주적(主敵)이 어디에 있는지를 혼돈케 만든 사건을 들 수 있다. 바로 갑자사화가 한창 진행 중인 연산군 10년 7월에 터져 나온 익명서사건이다. 연산군을 비방하는 내용의 한글로 쓰여진 익명서가 발견됨으로써 조야(朝野)가 온통 발칵 뒤집힌 사건이다.

물론 익명서사건은 연산군 이전에도 있었다. 그러나 연산군 재위 당시의 익명서는 그 정도가 심각했다. 그 내용 등으로 보아 분명히 연산군에게 앙심을 품은 누군가가 뒤에서 조종한 것이 틀림없었다. 성종의 사위인 신수영(愼守英)이 자신의 집에 떨어진 투서를 보고 이를 비밀리에 가지고 와 연산군에게 보고하였다. 연산군은 곧바로 도성의 각 문을 닫고 도성 사람이 나가는 것을 엄금토록 명하였다. 이날 새벽에 익명서가 투입되었으니 범인이 이미 몰래 도성을 빠져나간 것이 아니라면 달아날 여지는 없었다. 그러나 결국 범인을 잡지 못했다.

연산군은 단서를 전혀 찾지 못하자 익명서를 넣은 사람을 잡아 아뢰는 자에게는 상으로 베 5백 필을 주도록 조치했다. 연산군은 신고를 독려하기 위해 베 5백 필을 모두 의금부의 문에 달도록 명했지만 아무런 성과도 거두지 못했다. 이 같은 상황에서 연산군이 취한 방법은 매우 극단적인 것이었다.

언문을 아는 자를 모두 한성부로 하여금 적발하여 고하게 하되, 알고도 고발하지 않는 자는 이웃 사람을 아울러 죄주어라. 어제 죄인을 잡는 절목을 성 안에는 이미 효유하였으니 이제 성 밖과 외방에도 이를 효유하라.(《연산군일기》 10. 7. 20)

언문을 아는 자를 모두 찾아내 그들의 언문 글씨체와 범인의 글씨체를 비교하여 적발토록 한 것은 무지막지한 조치가 아닐 수 없다. 이같은 조치는, 이 사건이 있었는지조차 모르던 일반백성들이 연산군의 통치에 뭔가 문제가 있다고 인식하게 되는 데 결정적인 구실을 했다고 볼 수 있다.

나아가 이 조치는 한글을 가르치는 것은 물론 사용하는 것조차 일절 금하게 하는 부작용을 낳았다. 요즘 기준에서 보면 혹독한 한글탄압사건으로 불릴 만한 일이었다. 한글학자들은 이를 흔히 '언문탄압사건'으로 규정하고 있다. 그러나 연산군이 특별히 언문을 탄압하려고 이같은 조치를 내린 것은 아니다.

어찌 보면 익명서사건은 조용히 끝날 수도 있는 일이었다. 범인 색출이 제대로 안 되면 그냥 없던 일로 치부할 수도 있는 일이었기 때문이다. 이는 설령 자신의 통치에 대한 과도한 자신감에서 비롯된 것이라 할지라도 분명 연산군의 실수였다. 어떠한 소문이든 한번 나게 되면 꼬리에 꼬리를 물고 부풀려지게 마련이다.

짐작컨대 이 익명서 소동으로 말미암아 항간에는 불온한 말들이 더욱 확산되어 유포되었을 것으로 보인다. 어찌 보면 반정거사의 당사자들은 항간의 이 같은 소문을 십분 활용해 반역을 꾀하고자 하는 강한 유혹을 받았을지도 모를 일이다.

그러나 연산군 10년에 일어난 이 익명서사건은, 이듬해 초에 일어난 종루벽서(壁書)사건에 비하면 그다지 심각한 것은 아니었다. 종루벽서사건은 사태가 자못 심각하게 돌아가고 있음을 구체적으로 보여준 사건이다. 그 벽서의 내용은 매우 충격적이었다.

임금을 시해하는 것은 경전에도 있다. 가엾은 백성들아, 나의 거병(擧

兵)을 따르라.(《연산군일기》 11. 1. 27)

이는 왕권에 대한 직격탄이었다. 연산군은 폭군이니 갈아엎어야 한다는 주장이기 때문이다. 연산군은 성종의 사위 민자방(閔子芳)이 비밀히 알려주어 벽서의 내용을 알게 되었다. 격노한 연산군은 대신들에게 이 벽서의 내용을 알고 있는지 물었으나 아무런 대답도 듣지 못했다. 이미 익명서사건으로 엄청난 소동이 난 것을 익히 알고 있는 대신들로서는 설령 종루벽서의 내용을 안다 하더라도 이를 감히 발설하기 어려웠을 것이다. 종루벽서사건은 그 내용으로 보아 갑자사화에서 참화를 입은 자들의 일족이 죽음을 무릅쓰고 감행했을 공산이 크다. 이는 말 그대로 군왕에게 정면도전을 선포한 것이기 때문이다.

종루벽서사건은 1년 전의 익명서사건과는 차원이 다른 것이었다. 노골적으로 거사가 일어날 것임을 예고한 것이기 때문이다. 연산군 역시 사태의 심각성을 깨닫고 범인을 샅샅이 뒤졌으나 끝내 찾지 못하고 말았다.

이 두 사건으로 말미암아, 연산군은 왕권에 도전하는 그 어떤 세력도 끝까지 추적하여 반드시 분쇄하고야 말겠다는 의지를 더욱 다지게 되었다. 연산군은 갑자사화 등으로 화를 입은 자들의 일족이 이 같은 일을 저지른 것으로 보고 ‘진유근리사’(鎭幽謹理使)를 유배지로 보내 유배 간 자들을 감시토록 했다. 연산군은 모반이 바로 자신이 신임하는 사람들 사이에서 은밀히 진행되고 있다는 사실을 까마득히 몰랐던 것이다. 이 같은 상황에서 익명서와 벽서사건의 배후 인물을 아무리 찾아봐야 부질없는 일이었다. 음모는 먼 곳이 아니라 바로 가까운 곳에서 진행되고 있었기 때문이다.

결국 연산군은 사건 발생 1년 반 만에 혐의를 받고 잡혀온 용의자들을 유배형에 처하는 것으로 사건을 마무리지었다. 연산군은 마지막까지도 갑자사화 등으로 화를 입은 자들의 일족이 반역의 음모를 꾸미고 있는 것으로 생각했다. 연산군의 이 같은 판단이 사태를 그르치는 데 큰 몫을 했다. 상식적인 판단과는 달리 반정의 주역들이 그가 가장 신임하던 신하들이었기 때문이다. 연산군은 강력한 엄벌주의로 반역을 비롯한 왕권에 도전하는 일체의 불경죄를 다스리려고 했지만 실패하고 말았다. 이는 앞서 지적한 바와 같이 주적이 어디에 있는지를 혼돈했기 때문이다.

연산군은 반정의 낌새조차 알아차리지 못했다

여기서 반정이 일어날 즈음에 연산군이 당시 상황을 어떻게 인식하고 있었는지 검토해볼 필요가 있다. 연산군은 갑자사화 후 대단한 만족감에 빠졌다. 이제는 왕권에 도전할 세력도 없거니와 세월은 태평을 구가하고 있기에 자신의 통치행위는 모두 태평성대에 어울리는 것이라고 생각했다. 익명서사건 등을 마무리짓는 교서를 발표하는 날 지은 시를 보면 이를 쉽게 확인할 수 있다.

> 풍속이 바뀌고 고쳐져 참으로 밝은 때로세 風移俗革正明時
> 봄빛이 화창해 감싼 경치가 기이하구나 春色輝和繞景奇
> 이로부터 태평세월 조야가 엄숙하니 自是太平朝野肅
> 술 옆에 차고 꽃가지 꺾음이 제일 좋으리 不如携酒折花枝
>
> 《연산군일기》 11. 1. 19)

이 시를 보면 알 수 있듯이, 연산군은 자신이 이룩한 태평세월의 특징을 조야(朝野)의 엄숙함에서 찾았다. 그러나 사실 태평세월과 조야의 엄숙함은 매우 대조적인 것이다. 조야가 생동하는 모습을 보이거나 최소한 평온한 모습을 보이는 것이 태평세월과 더 어울린다고 할 수 있다.

그러나 연산군은 조야의 엄숙함이 태평세월에 더 어울린다고 본 것이다. 이는 갑자사화의 폭풍우가 한바탕 휩쓸고 지나간 뒤의 상황을 연산군이 얼마나 안이하게 파악하고 있었는지 보여주는 것이다. 조야의 엄숙함은 사실 봄날의 화창함보다는 가을의 서늘함을 느끼게 해주는 것이다.

그러나 연산군은 조야가 이상할 정도로 엄숙해진 것을 봄날의 화창함으로 여겨 기고만장해 한 것이다. 연산군이 얼마나 사태를 그릇 판단하고 있는지는, 그가 백관들에게 존호를 받고 나서 2달 뒤에 2품 이상 관원과 승지들을 불러 잔치를 베풀며 읊은 다음과 같은 시에도 잘 나타나 있다.

> 조정에서 존호를 받으니 부끄러워 황망할 뿐 朝尊崇號愧吾荒
> 돕는 힘 버리지 않으면 국세는 날로 퍼지리 補力無弛國勢長
> 성대한 오늘 잔치 보기 드문 경사이니 今日華筵仍罕慶
> 즐거이 취하기를 달빛 볼 때까지 하여라 須期懽醉賞蟾光
>
> 《연산군일기》 11. 8. 27)

연산군은 이제야말로 신하들의 충성심을 믿을 만한 상황이 되었다고 판단한 것으로 보인다. 그러나 성대한 잔치가 있던 이날 공교롭게도 잔치 도중에 대궐에 커다란 불이 일어났다. 이날 불은 회랑 40여 칸을 태웠으니 제법 큰불이었다. 연산조에 들어와 궁궐에서 불이 나기는 이날이 처음이다. 실록은 이를 방화가 아니라 실화라고 기록하고 있으나 실화의 원인은 자세히 밝히지 않고 있다. 그러나 왜 하필 잔치가 있는 이날 불이 일어났는지 심상치 않다.

회랑 40여 칸을 태우는 불길이 치솟아 밤이 낮처럼 밝았을 터인데도 연산군은 연회를 멈추지 않았다. 이를 두고 사관은 화재가 일어났는데도 노래와 음악을 거두지 않고 새벽이 되어서야 파하였다고 비난하고 있다. 회랑 40여 칸을 태울 정도로 불이 났다면 연산군이 대취하지 않고는 모를 리가 없다. 그렇다면 연산군도 연회를 베푸는 도중에 화재 사실을 알았다고 보아야 한다. 그런데도 연산군은 왜 화재진화를 명하지 않고 주악(奏樂)으로 밤을 지새운 것일까?

이에 대해서는 여러 해석이 있을 수 있으나, 우선 연산군의 호방한 기질에서 그 원인을 찾을 수 있을 듯싶다. 그는 군왕이 불이 나는 것을 보고 당황하는 모습을 보이는 것은 적절치 못하다고 판단했을 가능성이 높다. 그러나 왕권강화에 그토록 집착하던 연산군이 대궐에 불이 났는데도 아무런 규명조치를 취하지 않은 것은 잘 이해가 가지 않는 대목이다. 연산군이 당시 사태를 너무 안이하게 대처하고 있었다는 반증이 아닐 수 없다.

연산군이 사태의 심각성을 전혀 파악하지 못했음을 보여주는 가장 극적인 실례로는, 그가 폐위되기 전날 중종의 생모인 자순대비에게 잔치를 베푼 사실을 들 수 있다. 연산군은 반정 바로 전날까지도 반정의 낌새를 전혀 눈치채지 못한 것이다. 어찌 보면 반정 당사자들이 바로 이날을 노렸는지도 모른다. 실록은 폐위 전날의 상황을 매우 간략하게 적어놓고 있다.

왕이 문소전과 혜안전에 친제하고 경복궁에 돌아와 대비에게 잔치를 올렸다. 전교하기를 "의정부와 육조는 창덕궁에서 잔치를 올리라"

하였다가, 이어 전교하기를 "날씨가 좋지 않으니 그만둬라" 하였다.(《연산군일기》 12. 9. 1)

　　연산군이 폐위되기 전날은 선왕들의 제사가 있던 날이다. 연산군은 자신의 폐위가 눈앞에 닥쳐왔는데도 태평스럽기 그지없었다. 이날 연산군의 행보 가운데, 의정부와 육조의 관원을 위한 창덕궁 잔치를 취소한 것은 약간 여운을 남기고 있다. 그러나 창덕궁 잔치를 취소한 것은 날씨 탓이니 그의 평상시 행보와 달리 볼 이유가 없다.

　　한마디로 연산군은 폐위되기 전날까지도 반정의 낌새조차 알아차리지 못한 것이다. 그는 늘 그랬던 것처럼 선왕의 제삿날을 맞아 친제를 한 뒤, 세 대비 가운데서 홀로 남은 자순대비에게 잔치를 베풀고, 이어 의정부와 육조관원들을 위한 잔치를 치르려 했다.

　　만일 이날 대비를 위한 경복궁 잔치에 이어 백관들을 위한 창덕궁 잔치가 있었다면, 연산군은 다음날 새벽 취한 채 폐위되는 험한 꼴을 당했을지도 모를 일이다. 반정은 연산군이 사태를 너무 안이하게 대처한 나머지 초래한 자업자득이 아닐 수 없다. 연산군은 폐위되기 전날 무슨 꿈을 꾸었을까? 사관은 반정이 일어나던 날 연산군의 모습을 다음과 같이 묘사하고 있다.

　　승지 윤장 등이 변을 듣고 급히 편전에 들어가 왕에게 사뢰니, 왕이 놀라 뛰쳐나와 승지의 손을 잡고 턱이 떨려 말을 하지 못하였다. 윤장 등은 바깥 동정을 살핀다고 핑계하고 차차 흩어져 모두 수챗구멍으로 달아났다.(《연산군일기》 12. 9. 2)

　　이 기록에서 알 수 있듯이 이날 반정은 연산군에게 청천벽력이었다. 턱이 떨려 말을 못 했다는 기록이 이를 뒷받침하고 있다. 호방한 군왕의 모습은 전혀 찾아볼 길이 없다. 물론 사관이 연산군의 최후를 폭군의 비참한 말로로 묘사하기 위해 이같이 표현했을지도 모른다.

반정으로 말미암아 연산군의 치세는 종지부를 찍었다. 아무런 대비책도 없이 무방비상태에서 당한 연산군에게 상황을 반전시킬 수 있는 수단이 있을 턱이 없었다. 연산군에게는 이미 엎질러진 물이었다. 한마디로 연산군은 자신의 치세를 지나치게 자만하다가 이 같은 화를 자초했다고 볼 수 있다. 자신감이 지나친 나머지 자신의 주변을 단속하지 않은 결과라고 볼 수 있다.

2. 유재시용(惟才是用)

연산군은 유자광을 활용하지 못했다

조선왕조의 사대부정치에는 치명적인 약점이 있었다. 바로 성리학의 통치이념인 왕도주의가 통치현실과 동떨어져 존재할 위험이 늘 도사리고 있었던 것이다. 따라서 사대부정치는 자칫 현실과 괴리되거나 아예 현실을 무시하는 사변적인 이상주의로 치달을 가능성이 농후했다.

따라서 이상을 포기하지 않으면서도 현실에 뿌리를 둔 지극한 통치를 하기 위해서는, 사대부정치의 약점을 보완할 수 있는 매우 현실주의적이면서도 창의적인 사고를 지닌 신하들이 필요했다. 그러나 아무리 창의적인 생각을 가지고 있는 신하라 할지라도 자신을 제대로 알아주는 주군을 만나기란 어렵다. 한명회는 조선왕조 5백년 역사에서 이 같은 행운을 누린 거의 유일한 인물이라고 해도 지나친 말이 아니다. 그는 탁월한 정치감각과 판단력으로 세조의 결단을 유도해 계유정난을 성공시켰다.

한명회가 이같이 뛰어난 역량을 지니게 된 데는 천부적인 자질도 있었겠지만 독특한 성장배경도 한몫했다고 보아야 한다. 한명회는 일찍이 부모를 여읜 탓에 어려운 환경에서 공부하면서 번번이 과거에 낙방하는 좌절을 맛봐야 했다. 그러나 그는 오히려 이 같은 역경을 겪으면서 성리학의 고루한 틀에 얽매이지 않고 세상을 좀더 넓게 내다볼 수 있는 안목을 갖게 되었다. 그가 계유정난이라는 창의적인 발상을 구체화할 수 있었던 것도 바로 이 같은 고단한 인생역정이 있었기 때문에 가능했던 것이다.

유자광은 자력으로 신분상의 한계를 극복했다

그런데 당대에 한명회와 같이 고단한 인생역정과 탁월한 정치역량을 지닌 인물이 한 사람 있었다. 그가 바로 유자광이다. 유자광은 한명회와 마찬가지로 매우 특이한 인물이었다. 두 사람 모두 과거시험을 통해서가 아니라 계유정난과 이시애의 난 토벌 등과 같이 변칙적인 방법을 통해서 출사하였다. 나아가 두 사람 모두 단종복위사건과 남이모반사건의 전모를 밝혀내는 데 결정적인 구실을 했다는 점에서도 흡사하다.

그러나 그들이 죽을 때의 모습은 전혀 달랐다. 한명회는 세조 때 이미 재상의 반열에 올라 성종이 즉위한 이후에는 당대 최고의 훈신이 되어 온갖 권세와 영화를 누리다가, 왕과 백관들이 애도하는 가운데 숨을 거두었다. 이에 반해 유자광은 온갖 질시를 받으며 정1품의 자리까지 올랐으나, 끝내는 간신이라는 누명을 쓰고 유배지에서 언제 죽었는지도 모르는 고혼이 되고 말았다.

유자광은 중종 때 간신으로 낙인찍혀 비명횡사한 이래 지금까지 신원(伸冤)이 안 된 채 역사 속에 파묻힌 인물이다. 유자광은 왜 한명회와 비슷한 숱한 공을 세웠음에도 만고의 간신으로 몰려 비참한 죽음을 맞이해야만 했을까?

유자광은 세조 때 정2품을 지낸 지중추부사 유규(柳規)의 서자이다. 그의 부친 유규는 경주부윤으로 재직하던 시절 뇌물을 쓴 죄인을 형장으로 신문하다가 죽인 일로 벼슬길이 막히게 된 매우 강직한 인물이었다. 그의 이복형 유자환(柳子煥) 역시 성종 때 사헌부 대사헌을 지낸 대단히 청렴한 인물이었다. 유자환은 성종 13년 전라도 관찰사로 나가 있다가 병으로 죽고 말았다.

유자광은 이복형인 유자환이 이같이 출세가도를 달리고 있을 때 일개 병사에 지나지 않았다. 당시의 법제로는 서얼출신은 과거시험을 보는 것 자체가 불가능했다. 그러나 그는 자신의 처지에 좌절하지는 않았다. 뛰어난 공을 세워 입신하는 방법을 선택했기 때문이다.

유자광은 자신의 이복형인 유자환이 죽던 그 해에, 이시애의 반란을 토벌하는 데 앞장설 것을 다짐하는 상소를 올렸다. 이것이 바로 유자광이 세조의 눈에 들게 된 직접적인 배경이 되었다. 서얼출신인 유자광으로서는 이 같은 방법을 통하지 않고는 입신하기가 어려웠을지도 모를 일이다. 유자광은 어찌 보면 한명회보다 뒤에 태어나 늦게 세조를 만났을 뿐이지 그 지략과 재주는 오히려 한명회를 뛰어넘는 바가 있었다.

이시애의 난이 평정된 뒤 세조는 유자광을 정5품인 병조정랑에 제수하였다. 서얼출신의 일개 병사에게는 더없이 파격적인 승진이었다. 이는 세조가 유자광의 기개와 재주를 높이샀기 때문에 가능한 일이었다. 그러나 유자광의 파격적인 승진에 대한 대간들의 반발은 의외로 강경했다. 그러나 세조는 뛰어난 군왕이었다. 다음과 같은 언급을 보면 이를 쉽게 확인할 수 있다.

옛 사람이 이르기를 "어진 이를 세우는 데 출신을 따지지 않는다" 하였으니, 사람을 얻는 것만을 중히 여길 뿐 어찌 귀천을 따지겠는가. 경들이 유자광같이 어질 수 있겠는가. 짐이 유자광을 허락하는 것은 특별한 은혜인데 짐의 특별한 은혜를 너희가 능히 저지하겠는가. 임금을 섬기되 너무 자주 간하면 욕이 되는 것이고, 친구와 사귀되 너무 자주 간하면 멀어지는 것이다. 혹시라도 다시 말하면 과인이 반드시 죄줄 것이다.(《세조실록》 13. 9. 28)

이 기록을 보면 세조의 그릇이 매우 컸음을 쉽게 알 수 있다. 그는 대간들의 논박을 일언지하에 물리쳐버린 것이다. 세조는 군왕으로서 자질이 뛰어난 인물이었다. 신분을 가리지 않고 충성심과 능력 있는 자를 과감히 발탁한 사실이 이를 증명한다. 그러나 대간들은 세조의 이같은 깊은 심중을 전혀 헤아리지 못했다. 오직 출신성분에만 얽매여 인재를 제한하려고 한 데서 성리학의 편협함을 쉽게 읽을 수 있다. 당시 성리학이 얼마나 봉건적인 적서(嫡庶)차별제도에 얽매여 있었는지를 보여주는 좋은 실례이다.

세조의 안목은 정확했다. 유자광은 이후 문과시험에서 장원을 하였기 때문이다. 물론 그가 장원을 한 것은 세조의 배려가 있었기에 가능했다. 당시 시험관이던 신숙주는 유자광의 논술이 문법에 맞지 않다는 이유 등을 들어 낙방시키려고 했다. 그러나 유자광이 낙방된 것을 이상하게 생각한 세조가 그의 답안지를 가져다 보고는 논술내용이 탁월하다며 장원급제시킨 것이다. 유자광의 실력도 실력이지만 인재를 알아본 세조의 안목에 더욱 높은 점수를 주지 않을 수 없다.

유자광은 장원급제한 뒤 정5품 정랑에서 4단계를 뛰어올라 정3품 당상관인 참지(參知)가 되었다. 이는 당시 조정관원으로 근무하던 사람이 문과에 장원급제할 경우 품계를 뛰어넘어 당상관으로 임명한 전례에 따른 것이었다. 만일 유자광은 세조가 계속 살아 있었다면 정승의 자리까지 올랐을지도 모를 일이다. 그러나 그를 알아주는 세조가 너무 일찍 죽었다. 유자광은 또다시 홀로 설 수밖에 없는 처지에 놓이게 된 것이다.

그러나 그는 예종이 들어선 뒤 오히려 큰 공을 세우게 되었다. 유자광이 세운 공은 모반사건을 고변한 일이었다. 예종이 즉위한 지 불과 한 달여 만에 일어난 남이의 모반사건은 유자광이 없었다면 결코 밝혀지지 않았을 사건이다.

이 사건의 주동자인 남이는 태종의 넷째 딸 정선공주의 아들이다. 그는 이시애의 난을 평정한 공로로 적개공신 1등에 책록된 뒤, 야인을 토벌한 공으로 오위도총부 도총관을 거쳐 병조판서에 올랐던 인물이다. 그러나 그는 예종이 훈구대신들의 건의를 받아들여 자신을 병조판서에서 해임하고 겸사복장에 임명한 데 커다란 불만을 품고 있다가 역모를 꾀한 것이다.

이 역모사건은 세조 때 우의정을 지낸 강순(康純)과 같은 인물이 개입된 데서 알 수 있듯이, 유자광의 고변이 없었다면 조선의 역사를 완전히 뒤바꿔놓을 수도 있는 사건이었다. 이 모반사건으로 주모자인 남이와 강순 등은 저자에서 책형(磔刑)을 당한 뒤 7일 동안 효수되는 극형을 받았다.

이 사건은 명백한 역모사건이었다. 그러나 오늘날까지도 많은 사람들이 유자광을 무고한 남이를 사지로 몰아넣은 간신으로 잘못 알고 있다. 이는 유자광을 미워한 사림세력이 만들어낸 날조가 이제까지 한 번도 제대로 걸러진 적이 없음을 의미한다. 유자광에 대한 왜곡이 얼마나 심각한지를 잘 보여주는 실례라 할 수 있다.

유자광은 성종 1년 4월 동료의 거짓 고변으로 꼼짝없이 죽게 될 처지에 놓이기도 했다. 당시 유자광은 대소 신료들에게 질시의 대상이었던 까닭에 자신을 적극적으로 변호해줄 사람도 없는 상황이었다. 그러나 유자광의 충성을 확신하는 세조비의 도움으로 겨우 결백을 밝힐 수 있었다.

이 일로 성종도 유자광에게 신뢰를 갖게 되었다. 유자광도 앞장서서 왕권보위에 발벗고 나섰다. 그가 당시 최고의 권신이던 한명회를 가차없이 논박하고 나선 것이 그 대표적인 사례였다. 당시 유자광은 상소를 올려 세조비의 계속적인 청정(聽政)을 주장한 한명회에게 직격탄을 날렸다. 당대 최고의 권신에게 정면공격을 감행한 것은 경악할 만한 일이었다.

사실 한명회가 성종이 성년이 되었음에도 세조비의 계속적인 청정을 요구한 것은 불경스런 모습이 아닐 수 없다. 당시 성종은 유자광의 상소가 옳다고 생각하면서도 한명회에게 특별한 조치를 취하지 않았다. 사실 세 대비전이 시퍼렇게 살아 있는 상황에서 한명회를 문책하는 것 자체가 대비전에 대한 불경으로 해석될 공산이 컸다. 더구나 성종으로서는 자신이 보위에 오르는 데 결정적인 막후조정 구실을 한 그를 무시할 수도 없었을 것이다.

당시 유자광의 탄핵상소로 가장 난처한 처지에 놓인 것은 대간들이었다. 자신들이 먼저 한명회의 불경을 탄핵하고 나서야 했는데도 이를 제대로 하지 못했기 때문이다. 대사헌을 비롯한 대간들은 사직을 청하지 않을 수 없었다. 이들은 왕이 사직을 허락하지 않자 오히려 유자광보다 더욱 격렬하게 한명회를 탄핵하고 나섰다.

대간들로서는 유자광의 탄핵상소로 직무유기의 책임을 느끼지 않을 수 없었을 것이다. 유자광보다 더욱 격렬하게 한명회를 탄핵하고 나선 것도 바로 이 때문으로 보인다. 그리하여 한명회도 더는 버틸 수 없게 되었다. 한명회는 이들의 논박이 구구절절 옳았기에 사직상소를 올리지 않을 수 없었다. 한명회의 사직상소는 새로운 시대의 개막을 예고하는 사건이었다. 유자광이 성종의 친정(親政)을 돕는 결정적인 공을 세웠다고 보아도 과언이 아니다.

성종은 유자광이 자신의 친정을 위해 위험을 무릅쓰고 한명회를 공격하고 나선 데 커다란 고마움을 느꼈음이 틀림없다. 성종이 새 내각을 구성하면서 유자광을 정2품직인 오위도총부 도총관에 임명한 사실이 이를 증명한다. 5위는 전국을 망라한 군사조직으로 이를 관리하는 도총부에는 5명의 총관이 있었다. 도총관은 요즘으로 치면 3군 참모총장쯤에 해당하는 막강한 자리이다. 성종이 대간들의 논박이 뻔히 예상되는데도 이 같은 조치를 취한 것은 유자광에 대한 깊은 신뢰를 표시한 것으로 해석할 수밖에 없다. 그러나 대간들은 유자광에게 허를 찔린 망신을 보복이라도 하듯 유자광의 출신성분을 들먹이며 도총관 임명문제를 집요하게 물고 늘어졌다.

그러나 성종은 이들의 반발을 무릅쓰고 자신의 의지를 관철했다. 성종은 신하들 가운데서 누가 유사시에 주군을 위해 온몸을 던져 충성을 바칠지를 알고 있었던 셈이다. 사실 유자광은 주군을 위해서라면 물불을 가리지 않고 온몸을 던져 일할 수 있는 사람이었다. 유자광은 성종의 이 같은 신뢰를 바탕으로 두 번째 탄핵대상을 물색하고 나섰다.

그는 당시 성종의 총애를 한없이 받고 있던 도승지 현석규를 지목했다. 당시 현석규는 성종 앞에서 같은 승지들과 팔뚝을 걷어가며 화를 내는 불경을 저질러 유자광의 탄핵대상이 되었다. 당시 승지들끼리 벌인 다툼에 고민하던 성종은 현석규를 그대로 유임한 채 임사홍을 비롯한 여타 승지들을 체임하는 선에서 이 사건을 마무리지었다. 그러나 이는 내심 현석규의 손을 들어준 것이나 다름없는 조치였다. 사태가 가라 앉자 현석규를 형조판서에 임명한 사실이 이를 증명한다.

당시 성종의 총애를 받던 현석규를 탄핵하고 나선 것은 대단히 쉽지 않은 일이었다. 탄핵이 소임인 사헌부 지평 김언신(金彦辛)이 현석규를 소인배로 몰았다가 오히려 국문을 당한 사실이 이를 증명하고 있다. 그러나 유자광은 소신에 따라 현석규를 논박하는 데 주저하지 않은 것이다. 성종은 언론이 소임인 김언신을 하옥하면서도, 오히려 언관도 아닌 유자광에게는 죄를 주기는커녕 거리낌없는 그 자세를 높이 평가하였다. 그러나 이 일로 대간들은 더욱더 유자광의 흠을 잡기 위해 혈안이 되었다.

대간들은 결국 이 사건이 난 이듬해에, 임사홍을 소인배로 몰아가면서 유자광을 임사홍 사건에 연루시켜 집요한 탄핵을 그치지 않았다. 모든 대간들이 들고일어나 유자광을 임사홍과 한패거리로 몰아붙였다. 그리하여 유자광은 임사홍을 지원하기 위해 김언신과 사전협의해 현석규를 탄핵한 것으로 몰리게 되었다. 성종의 명에 따라 의금부가 유자광과 김언신을 형장으로 신문한 결과 현석규의 죄목과 관련해 사전에 서로 논의한 사실이 드러났다.

결국 그는, 소인배로 몰린 임사홍의 사주를 받아 올바른 선비인 현석규를 무책임하게 비판하고 나선 죄를 뒤집어쓰고 쫓겨나게 되었다. 그리하여 임사홍은 의주로, 유자광은 동래, 김언신은 강계로 각각 유배되었다. 당시 대간들은 유자광을 완전히 제거할 생각으로 유배지에 있는 그를 역모의 주범으로 몰아갔다. 그러나 고변내용에 의심을 품은 성종의 조치로 그의 결백이 확인되었다. 유자광은 성종조에 들어서만 두 번이나 고변을 당했다가 가까스로 위기를 벗어나는 회귀한 경험을 한 셈이다. 대간들을 중심으로 한 소장 신권세력은 조그마한 꼬투리라도 잡히면 그를 가차없이 올가미에 집어넣기 위해 혈안이 되어 있었던 것이다.

이로 말미암아 유자광은 다시 조정에 나오기 극히 어려운 상황에 처하게 되었다. 당시 유자광은 주어진 상황을 그대로 받아들이면서 모든 것을 체념한 듯한 모습을 보였다. 이는 고향 근처 지역으로 유배지를 변경해줄 것을 요청한 그의 상소를 보면 쉽게 확인할 수 있다. 그는 노사신과 같은 일부 대신들의 동정에 힘입어 겨우 남원으로 양이(量移)될 수 있었다.

그러나 성종은 유자광을 노모 곁으로 보내면서도 그를 다시 등용할 생각은 결코 하지 않았다. 성종도 유자광에 대한 처우가 약간은 지나쳤다고 생각했는지, 남원으로 양이할 것을 명한 지 넉달 뒤 그에게 공신 녹권을 돌려주도록 조치했다. 일종의 특은을 베푼 것이다. 그러나 더 이상의 은총은 없었다. 유자광은 이후 성종이 죽는 그날까지 10여 년 동안 남원에서 노모를 모시며 그 뜻을 펴지도 못하고 여생을 마칠 수밖에 없는 상황에 처하게 되었다.

유자광이 무오사화로 사림세력의 표적이 되다

유자광은 공교롭게도 노모가 죽은 지 얼마 안 되어 성종마저 죽자 상소를 올려 모친의 상복을 벗고 성종의 상복을 입도록 허락해줄 것을 요청했다. 유자광의 이 상소는 연산군에게 자신의 존재를 알리는 계기가 되었다. 그러나 대신들과 소장 신권세력은 유자광의 행동을 새 임금에게 아첨하기 위한 술수로 규정하고 유자광을 격렬하게 비난하고 나섰다. 이들은 유자광이 다시 조정에 나올 것을 두려워한 것이다.

유자광의 충성심은 상소를 올린 지 3년이 지난 뒤에야 연산군에게 인정받게 되었다. 그는 연산군 3년 8월 특진관(特進官)에 임명되었다.

특진관은 성종 2년에 만들어진 벼슬로 실직은 갖고 있지 않으면서도 경연에 참석해 국정을 자문하는 자리였다. 유자광으로서는 유배된 지 10여 년 만에 처음으로 왕의 통치를 보좌할 수 있는 매우 중요한 자리에 나아가게 된 것이다.

그러자 또다시 대간들의 논박이 빗발쳤다. 이들은 유자광이 왕의 곁에서 자문을 할 수 있는 위치에 서게 되면 자신들에게 커다란 걸림돌이 될 것으로 생각했음이 틀림없다. 그러나 연산군은 대간들의 이 같은 논박에 아랑곳하지 않고 자신의 의지를 관철했다. 유자광은 특진관으로 재임하던 연산군 4년에, 이극돈에게서 김일손이 세조를 비난하는 글을 사초에 실은 사실을 전해듣게 되었다. 오직 주군에 대한 충성심으로 불타고 있던 유자광이 이 같은 사실을 전해듣고 가만있을 리는 만무했다. 무오사화로 말미암아 유자광은 소장 신권세력에게 그야말로 불구대천의 원수가 되어버렸다.

그러나 이들이 유자광을 원수처럼 생각한 것은 단순히 무오사화 때문만은 아니었다. 임사홍과 마찬가지로 유자광 역시 조선 도학의 비조로 숭앙되는 김종직과 악연이 있었던 것이다. 다음 기록을 보면 유자광과 사림세력의 악연이 매우 오래된 것임을 쉽게 확인할 수 있다.

유자광은 일찍이 호걸지사라 자칭하였으나 성질이 음흉하여 재능과 명예가 자기 위에 솟아난 자가 있으면 반드시 모함하려고 하였다. 일찍이 함양 고을에 노닐면서 시를 지어 군수에게 부탁하여 판자에 새겨 벽에 걸게 하였는데, 그 후 김종직이 이 고을 원이 되어 와서 말하기를 "유자광이 무엇이기에 감히 현판을 단단 말이냐" 하고, 즉시 명하여 철거하여 불사르게 하였다. 유자광은 성나고 미워서 이를 갈았으나 김종직이 임금의 총애를 받아 한창 융성하므로 도리어 그와 사귀려 하였다.

김종직이 죽자 만사(輓詞)를 지어 통곡하며 김종직을 당나라의 거유 한
유에 비유하기까지 했다. 무오년에 옥사가 일어나자 유자광은 〈조의제
문〉(弔義帝文)과 〈술주시〉(述酒詩)를 지적하여, "이는 다 세조를 지목
한 것으로 김일손의 악은 모두가 김종직이 가르쳐서 이루어진 것이다"
하고, 즉시 주석을 만들어 왕이 알기 쉽게 하였다. 왕이 유자광의 말을
좇아 김종직의 문집을 빈청 앞뜰에서 불태우게 하고 여러 도에 걸쳐 걸
려 있던 현판도 현지에서 철거하여 없애도록 하였다. 이는 함양의 원한
에 대한 보복이었다.(《연산군일기》 4. 7. 29)

이 기록을 보면, 유자광이 왜 훗날 조정에서 쫓겨나 유배지에서 비
참한 죽음을 맞이하게 되는지 짐작할 수 있다. 소장 신권세력은, 현판
사건으로 앙심을 품은 유자광이 무오사화를 일으켜 조선도학의 조종에
게 씻을 수 없는 치욕을 안겨주었다고 본 것이다.

그러나 앞서 검토했듯이 유자광은 무오사화에서 하나의 단역에 지
나지 않았다. 그가 설령 현판사건으로 김종직에게 앙심을 품었다 하더
라도 무오사화는 없는 일을 꾸며낸 사건도 아니었다. 왕권보위 차원에
서 보면 유자광은 오히려 두 번이나 지대한 공을 세운 셈이다. 남이의
역모사건과 김일손의 사초사건은 모두 왕권을 위협했다는 점에서는 같
은 것이었기 때문이다.

더구나 사림세력이 제시한 이른바 '함양 구원설(舊怨說)'도 억지 주
장이 아닐 수 없다. 이들의 주장대로라면 유자광은 그야말로 현판사건
의 앙심을 풀기 위해 김종직의 만사를 짓는 등, 소리장도(笑裏藏刀 : 겉
으로는 웃고 있으나 마음속에는 해칠 마음을 품고 있음을 이르는 말)의
술책을 구사하며 오직 때가 오기만을 기다린 복수의 화신이 되어야 한
다. 그러나 과연 부모의 원수도 아닌 사람에게 현판사건과 같은 사소한

일로 수십 년에 걸쳐 복수의 칼을 갈 수 있는 것일까? 이는 상식적으로 생각해도 있을 수 없는 일이다. 유자광을 희생양으로 삼기 위한 억지 주장으로 해석할 수밖에 없는 이유가 여기에 있다.

　김종직이 지은 〈조의제문〉과 〈술주시〉는 모두 중국고사를 인용하여 신하에게 억울하게 죽임을 당한 중국의 황제를 애도한 글이다. 〈조의제문〉은 항우에게 죽은 초나라 의제를 조문하는 내용으로 되어 있고, 〈술주시〉는 남북조시대에 사살당한 남조의 영릉을 애도한 도연명의 글에 그가 화답하는 형식으로 지은 시다. 두 개의 시는 비록 중국고사를 내용으로 하고 있으나, 사실상 세조에게 왕위를 빼앗기고 죽은 단종을 애도한 것이었다.

　이는 세조의 왕통을 부인한 것이나 마찬가지였다. 무오사화에 연루된 자들을 취조하는 일은 거의 전적으로 유자광이 도맡았다. 그는 한치의 소홀함도 없이 김종직 일당의 죄상을 소상히 밝혀냄으로써 군왕의 기대에 부응했다. 연산군은 유자광의 이 같은 공을 높이사 그를 종1품으로 승품(陞品)해 도총관에 임명하고 그의 아들 유진(柳軫)에게도 당상관의 벼슬을 내렸다. 유자광은 공교롭게도 성종 때 맡았던 총관직에 다시 임명된 것이다.

　그러나 대간들에게는 유자광의 일거수 일투족이 간신의 그것으로밖에 보이지 않았다. 미천한 서얼출신으로 모반을 고변하고 사초사건을 밀고하여 승승장구하는 유자광의 모습이, 그들에게는 사도(邪道)를 통한 벼락출세로밖에 보이지 않았을 것이다. 연산조에 들어서서 유자광에 대한 대간들의 공격은 매우 집요한 양상을 보였다. 조그마한 단서라도 나오면 이를 문제삼아 논박하기를 그치지 않았기 때문이다. 대간들은 마침내 연산군 5년 1월, 유자광이 생전복과 굴조개를 진상한 것을 꼬투리 삼아, 그가 왕에게 아부하기 위해 사사로이 진상을 했다고 강력히 규탄하고 나섰다.

'전복진상 사건'이라 부를 수 있는 이 사건의 경위는 다음과 같다. 당시 함경도에서 소요가 일자 연산군은 유자광을 직접 천거해 파견했다. 그런데 유자광은 도중에 생전복과 굴조개가 싱싱한 것을 보고 이를 파발마에 실어 대궐로 보냈다. 대간들이 이를 놓칠 리 없었다. 이들은 일제히 유자광에게 총공세를 펼치고 나섰다.

사실 유자광의 이 같은 행동은 두 가지 점에서 문제가 있었다. 하나는 소요진압이라는 막중한 왕명을 수행해야 하는 그가 어느 여가에 생전복 등을 마련할 수 있는가 하는 점이다. 또 하나는 신하들이 군왕에게 사사로이 진상을 하는 것은 법적으로 문제될 것은 없지만, 선비의 행동으로서는 매우 비루한 행동으로 여겨지고 있었던 점이다.

결국 유자광은 대간들의 집요한 공격을 받고 특진관직과 도총관직에서 모두 쫓겨나게 되었다. 강력한 왕권주의자인 연산군이 왜 유자광을 끝까지 옹호하지 못했을까? 연산군은 고육지책으로 이 같은 조치를 취한 것으로 보인다. 대간들의 공세 수위가 연일 높아지는 상황에서 우선 급한 불을 끌 필요가 있다고 판단했을 가능성이 크다. 연산군이 유자광을 체임한 지 2년 만에 그를 또다시 오위도총부 도총관으로 전격 발탁한 사실이 이를 뒷받침한다. 이는 대간들에 대한 연산군의 반격이라는 성격이 강한 조치였다.

연산군은 확실히 부왕과 달랐다. 연산군이 보여준 모습은, 유자광을 소인배의 일당으로 내몬 뒤 다시는 거들떠보지도 않은 성종의 그것과는 매우 다른 것이었다. 그러나 대간들은 또다시 유자광의 도총관 임명 문제를 놓고 지루하게 물고 늘어졌다. 연산군은 유자광의 체임을 주장하는 대간들의 주청을 단호히 물리쳤다. 그는 대간들이 탄핵한 바대로 일일이 해당 인사를 교체하면 왕권에 심대한 타격이 있을 것으로 보았다. 사실 대간들이 눈에 불을 키고 대신들의 허물을 찾을 경우 걸려들지 않을 사람이 없을 것이다.

그러나 유자광은 연산조에 들어와 비록 조정에 나오기는 했으나 세조 때와 같이 의정부나 육조의 실직(實職)에는 나아가지 못했다. 오위도총부 도총관 정도가 그나마 벼슬다운 벼슬이었던 셈이다. 이는 연산군에게도 어느 정도의 책임이 있는 것이기는 했으나, 대간들이 유자광을 집요하게 견제했기 때문이다. 헌신적인 충성심과 뛰어난 능력을 지닌 유자광과 같은 인물이 이같이 한직만을 돈다는 것은 연산군에게 결코 이로운 일이 아니었다. 연산군처럼 강력한 왕권주의자에게는 왕권보위를 위한 방패막이 구실을 할 인물이 반드시 필요했기 때문이다.

이 같은 상황에서 유자광이 갑자사화의 돌풍에 휘말려 낙백(落魄)하게 된 것은 연산군의 앞날에 치명적인 사건이었다. 사건 초기에 유자광은 이극균과 교제한 사실이 드러나 중형으로 논죄되었다가, 다행히 3천리 유형에 해당하는 벌금형만을 받게 되었다. 그러나 곧 이극균과 명함을 주고받은 사실이 드러남에 따라 경기도의 수자리로 충원될 위기에 처하게 되었다. 유자광에게는 성종 때의 악몽이 되살아날 수밖에 없는 상황이었다. 유자광은 바로 다음날 누대의 공신이었던 점 등이 고려돼 장형에 해당하는 벌금형으로 감형되었으나 관직은 박탈당하였다.

당시 유자광과 같이 연루된 임사홍은 곧바로 본직에 복귀했음에도, 유자광만이 본직에 복귀하지 못한 것은 연산군에게는 불행한 일이었다. 이 같은 조치는, 왕권의 보호막 구실을 할 수 있는 유력한 인물을 오히려 왕권과 적대적인 편으로 몰아세우는 계기로 작용했기 때문이다. 사실 왕실 차원에서 볼 때 공으로 치면 유자광의 공이 임사홍의 그것보다 크면 컸지 결코 작지 않았다.

임사홍을 본직에 복귀시키면서 자신만을 제외한 연산군의 이 같은 조치에 대해, 유자광은 노골적으로 표현은 하지 않았지만 매우 섭섭한 마음을 가졌을 가능성이 크다. 유자광은 파직된 뒤 근 1년 반 이상을 조정에서 쫓겨나 있어야만 했다. 이 일로 유자광의 충성심이 많이 떨어진 것이 확실한 듯하다. 다음 기록을 보면 이를 짐작할 수 있다.

> 백관에게 생치(生雉)를 차등 있게 하사하고 전교하기를, "유자광은 하사한 생치를 가지고 간 별감에게 대접을 하지 않았으니 국문하라" 하였다.(《연산군일기》 12. 1. 24)

연산군은 재위 12년 정초에 사냥해서 잡은 살아 있는 꿩을 가까운 대신들에게 골고루 나눠주었다. 그러나 유자광은 꿩을 가지고 온 대전별감을 대접해 자신을 배려한 성은을 감사히 여기는 몸짓을 보여주었어야 했음에도 그리 하지 않았다. 이는 유자광과 같이 모든 일에 사리 분별이 바른 사람으로서는 있을 수 없는 일이었다. 이로 미루어 유자광은 당시 적잖이 마음이 상해 있었던 것으로 짐작된다.

그의 반정 가담은 그가 그동안 보여준 충직한 신하의 모습과는 거리가 먼 것이었다. 그는 왜 이 같은 배반의 길을 걸은 것일까? 유자광은 대간들의 질시와 공박을 무릅쓰고 오직 왕을 위해 스스로 고립되는 것을 감수하면서도 충군(忠君)의 외길을 걸어온 인물이다. 그러던 그가 왜 주군을 배반하는 일에 가담했는지는 세밀히 검토해볼 만한 연구과제이다.

유자광의 이같이 엇갈린 행보는 크게 두 가지 측면에서 그 원인을 찾을 수 있을 듯하다. 하나는 갑자사화 당시 연산군이 임사홍은 복귀시키면서 자신만을 파직한 데 따른 섭섭함이 작용했을 가능성이다. 이는 언뜻 사소한 것으로 생각할 수도 있으나, 유자광과 같이 오직 주군만을 위해 헌신한 인물에게는 결코 작은 일이 아니었다고 보아야 한다. 자신에게 임사홍과 다른 대우를 하는 연산군을 보면서 느낀 실망은 상상 이상으로 컸을지도 모른다. 그가 성희안의 제의를 받고 선뜻 반정에 참여한 것도 결코 이와 무관치 않다고 보인다.

다음으로 생각할 수 있는 것은 이미 대세가 기울어졌음을 간파한 유자광이 대세에 동승해 새 왕을 섬김으로써 자신의 뜻을 펼치려 했을 가능성이다. 이는 언뜻 간신의 행보로 볼 수도 있으나, 유자광과 같이 신분의 한계를 뛰어넘어 자신의 뜻을 펴려 했던 인물에게는 충분히 있을 수 있는 일이다.

사실 기개와 지조를 숭상하는 선비에게는 자신을 알아주는 주군을 만나는 것보다 더한 영광이 있을 수 없다. 《전국책》을 보면 "선비는 알아주는 사람을 위해 목숨을 바치고, 여인은 사랑해주는 사람을 위해 화장을 한다"(士爲知己者死 女爲悅己者容)는 유명한 구절이 나온다. 유자광도 연산군이 자신을 알아주기를 간절히 바랐을 것이다. 더구나 남이의 모반사건과 무오사화 등에서 왕통을 부인하는 역도들을 일망타진하는 데 결정적인 역할을 했다고 자부한 유자광으로서는 더욱 그랬을 것이다.

자신을 알아주지 않는 주군을 버리고 자신을 알아주는 주군을 만나 장부의 뜻을 펴고자 하는 것을 탓할 수는 없는 일이다. 짐작컨대 이 같은 두 가지 이유가 복합적으로 작용해 유자광이 반정에 참여한 것으로 해석하는 게 옳을 듯하다. 유자광이 반정에 가담하지 않았다면 반정이 그토록 쉽게 성사되기는 어려웠을지도 모른다. 성희안은 유자광과 깊은 인연이 있기도 했지만 나름대로 유자광의 능력을 높이 평가하여 그를 반정에 끌어들인 것이다. 성희안은 그의 풍부한 지략을 이용해 반정계획을 주도면밀하게 작성하는 동시에, 고사에 매우 밝은 그의 해박한 지식을 통해 반정의 명분을 찾아내려 했을 것으로 보인다.

그러나 유자광은 반정에 가담했음에도 중종조 초기에 간신으로 몰려 끝내는 유배지에서 파란만장한 생애를 마감하는 비참한 최후를 맞이하게 된다. 그의 비참한 최후를 감안하면, 차라리 임사홍처럼 반정세력에게 죽임을 당하는 것이 좋았을지도 모른다. 그랬다면 주군에 대한 충성심 하나만큼은 높은 평가를 받았을지도 모르기 때문이다.

유자광은 중종과 대간들이 자신에게 사약을 내릴 것인지를 놓고 신경전을 벌이던 와중에 원인 모를 이유로 유배지인 강원도 평해에서 죽고 말았다. 당시 그의 나이가 이미 70세를 넘었으니 자연사했다고도 볼 수 있으나 변을 당했는지도 모를 일이다. 5대에 걸친 공신의 말로치고는 너무나 비참한 종말이 아닐 수 없다. 그는 반정에 참여해 1등공신에 올랐음에도, 겨우 1년여 뒤에 비참한 최후를 맞이하고 말았다.

연산군은 세조와 같은 안목이 없었다

유자광이 이처럼 비참한 최후를 맞게 된 것은, 바로 자신을 알아주는 주군을 제대로 만나지 못했기 때문이라고 할 수 있다. 세조가 보위에 올라 조선을 호령할 수 있었던 것은 전적으로 한명회가 있었기에 가능했다고 보아도 지나친 말이 아니다. 연산군은 바로 세조의 왕업을 보좌한 한명회와 같은 인물을 곁에 두지 못했다는 데 커다란 문제가 있었다. 힘을 바탕으로 하는 왕업을 성취하기 위해서는 지략과 충성심이 뛰어난 한명회와 같은 인물을 반드시 옆에 두었어야 했다. 한명회와 같은 일을 해낼 수 있는 인물이 바로 유자광이었던 것이다.

유자광은 지략과 충성심에서 결코 한명회 못지않았다. 그는 단지 서얼출신이라는 신분상의 약점이 있었으나, 이는 왕업을 도모하는 데는 그리 큰 문제가 아니었다. 연산군이 스스로의 힘으로 강력한 왕권을 구축한 것은 사실이나, 이를 차질 없이 유지하기 위해서는 유자광 같은 인물이 절실히 필요했던 것이다. 그러나 연산군은 유자광이라는 인물을 제대로 평가하지 못하는 우를 범했다.

연산군은 늘 나라의 흥망은 충성스런 신하들의 보필 여부에 달려 있다고 말했지만, 실상 그 자신은 소인배들을 충성스런 신하로 착각하는 잘못을 저지른 셈이다. 만일 세조가 한명회를 신임했듯이 연산군이 유자광을 곁에 두기만 했다면 신하들에게 쫓겨나는 일은 없었을지도 모른다.

유자광은 연산군의 신임을 받아 한명회 정도의 위치에 있었더라면 반정세력의 음모를 일찍이 적발해 이들 세력을 분쇄하고도 남을 인물이었다. 세조와 연산군은 모두 강력한 왕권주의자였음에도 통치의 요체를 파악하는 데는 차이가 있었다. 세조는 '유재시용'(惟才是用)이라는 원칙을 통찰하고 있었다. 강력한 왕권을 추구하는 제왕의 통치는 신권세력의 약화를 전제로 하기 때문에, 인재를 등용하는 데서도 마땅히 난세의 통치술을 구사해야만 한다. 그것이 바로 재능만 있으면 신분이 낮더라도 과감히 발탁해 사용하는 '유재시용'의 통치술인 것이다.

연산군의 치세와 같은 태평성세에는, 신권세력이 일정한 힘을 보유하면서 왕권에 복종하도록 하는 통치술을 구사해야 한다. 성종은 비록 이중적인 통치행태를 보이긴 했지만 이 같은 통치술을 구사하는 데 성공했다. 그는 유자광을 버림으로써 오히려 성군이라는 칭송을 받았다. 성종이 취한 것은 '유덕시보'(惟德是輔)의 통치술이다. 성종과 같이 성군으로 군림하고픈 군왕에게는 재주보다는 덕을 지닌 신하가 더욱 필요하다고 할 수 있다.

따라서 만일 연산군이 강력한 왕권주의자로 군림하고자 했다면 마땅히 난세에 준하는 '유재시용'의 통치술을 구사해야만 했다. 세조가 한명회를 발탁했듯이, 연산군은 유자광을 과감히 왕권의 울타리에 편입시켜 신권세력의 공격을 저지하는 최전선에 배치해야만 했다. 그러나 그는 지나친 자만심에 빠져 이를 소홀히 했다. 연산군은 강력한 왕권을 행사했을 때 필연적으로 나타날 수밖에 없는 모든 원성과 불만을, 아무런 보호방벽도 없이 홀로 뒤집어쓰는 형국을 자초한 것이다.

연산군은 무오사화 이후 소장 신권세력의 집요한 반격이 유자광에게 집중되었을 때 그에게 좀더 힘을 실어주어 왕권의 방어막으로 삼았어야 했다. 유자광의 거세는 곧 왕권에 대한 신권세력의 직공(直攻)을 의미하는 것이었기 때문이다. 유자광을 계속 왕권의 울타리 안에 포진시키기만 했더라도 막을 수 있었던 반정이라는 최악의 사태를 자초한 셈이다. 이는 난세에 준하는 상황이 도래했는데도 '유재시용'이라는 평범한 진리를 실천에 옮기지 못한 결과로 해석할 수밖에 없다.

태평성세에 강력한 왕권주의와 난세의 치도인 패도주의를 추구한 연산군이 '유재시용'의 통치술을 구사하지 않은 것은 천려일실(千慮一失 ; 슬기로운 사람이라도 여러 가지 생각 가운데는 잘못된 것이 있을 수 있음을 이르는 말)이 아닐 수 없다. 그 결과 연산군은 신하들에게 쫓겨난 조선왕조 최초의 군왕이 되었고, 유자광은 5대에 걸친 공신이었음에도 군왕을 오도한 만고의 간신으로 낙인찍혔다. 한명회나 유자광과 같은 인물을 단번에 알아보고 이들을 과감히 탁용(擢用)한 세조의 높은 식견과 과단성이 연산군에게는 상대적으로 적었다고 볼 수밖에 없다.

3. 등하불명(燈下不明)
연산군은 소인배를 충신으로 착각했다

중종반정은 폭군 축출을 명분으로 내세웠으나, 실질적으로 반정의 명분이 없었다는 점에서 적잖은 문제가 있다. 연산군이 통치를 잘못했다고 평가할 수는 있을지언정, 그 때문에 연산군을 반드시 폐위해야만 했는지는 의문이기 때문이다. 이는 연산군의 생모인 윤씨가 아무리 성종에게 죄를 지었다 할지라도, 그녀를 꼭 폐비하고 사사해야만 했는가 하는 의문과 맥을 같이하는 것이기도 하다.

반정세력은 비록 폭군을 몰아낸다는 명분을 내걸기는 했으나 이는 어디까지나 구실에 불과했다. 중종반정은 어디까지나 신하들이 자신의 군왕을 몰아낸 사건이라는 본질을 간과해서는 안 된다. 이는 원론적으로 말하면 일종의 반역에 해당하는 것이었다. 이 같은 분석은 다음과 같은 몇 가지 점에서 그 근거를 찾아낼 수 있다.

중종반정은 반역이었다

우선 연산조의 대소 신료들이 반정 이후에도 거의 그대로 현직을 유지한 사실을 들 수 있다. 역사적으로 폭군이 쫓겨날 때는 으레 폭군을 모셨던 대소 신료들 대부분이 간신으로 내몰려 죽임을 당하거나 배척당하게 마련이다. 그러나 중종반정의 경우에는, 임사홍과 왕비 신씨의 오라비인 신수근 등을 제외한 연산군 때의 신료들 대부분이 반정 후에도 거의 그대로 자리를 유지했다. 이는 통상적인 반정의 모습과는 거리가 먼 것이다.

정통성리학의 관점에서 보더라도 폭군이 나오게 된 일차적인 책임은 군왕을 오도한 간신들이 지게 되어 있다. 따라서 중종반정이 폭군 연산군을 몰아내는 것을 명분으로 내세웠다면 당연히 연산군을 모셨던 대소 신료들에게 응분의 책임을 물었어야만 했다. 그러나 중종반정에서는 이 같은 과정이 완전히 생략되었다. 오직 임사홍과 신수근 등만이 모든 책임을 뒤집어쓰고 척살되었을 뿐이다.

또한 중종반정은 반정의 당사자와 거사방식 등에도 적잖은 문제가 있었다. 반정 자체가 소수의 음모세력에 의해 구체적인 거사명분도 없이 급작스럽게 이루어졌기 때문이다. 우선 다음 기록을 보면 당시 거사방식에 적잖은 문제가 있었음을 쉽게 파악할 수 있다.

자정 무렵에 박원종 등이 곧바로 창덕궁으로 향하여 가다가 하마비동(下馬碑洞) 어귀에 진을 쳤다. 이에 문무백관과 군민 등이 소문을 듣고 분주히 나와 거리와 길을 메웠다. 먼저 한성판윤 구수영(具壽永) 등을 진성대군 집에 보내어 거사한 사유를 아뢴 다음 군사를 거느리고 호위하게 하였다. 또 윤형로(尹衡老)를 경복궁에 보내어 대비께 아뢰게 한 다음, 드디어 용사를 신수근·신수영·임사홍 등의 집에 나누어 보내어 위에서 부른다 핑계하고 끌어내어 쳐죽었다. 날이 밝을 무렵 유순정 등을 보내어 진성대군을 사제에서 맞아오게 하였다. 대군이 재삼 굳이 사양하였으나 중의에 못 이겨 드디어 연을 타고 궁궐로 나아가 사정전에 들었다. 이날 오후 2시에 백관이 대궐 앞마당에 들어와 반열을 지어선 다음 먼저 대비의 의지를 반포하였다. 진성대군이 익선관과 곤룡포를 착용하고 경복궁 근정전에서 즉위하여 백관의 하례를 받고 사면령을 반포하였다.(《중종실록》 1. 9. 2)

이 기록은 거사를 맨 처음 거론하게 된 과정부터 진성대군이 중종으로 즉위하기까지의 과정을 요약한 것이다. 이 기록을 보면 반정거사가 얼마나 급작스럽게 이루어진 것인지를 짐작할 수 있다. 이를 가장 상징적으로 보여주는 것이 바로 중종의 즉위 모습이다. 중종은 너무 시

중종이 즉위한 경복궁 근정전

익선관

간이 없어 즉위식 때 쓰는 면류관(冕旒冠) 대신 통상적으로 쓰는 익선관(翼善冠)을 쓰고 즉위했다.

조선의 역대 왕 가운데서 즉위식에서 익선관을 쓰고 행사를 치른 사람으로는 중종이 유일하다. 이는 당시에 반정 당사자는 물론 상궁과 내관들조차 면류관이 어디에 있는지 모를 정도로 황망한 상황에 있었음을 말해주는 것이다. 이는 바꿔 말해 거사가 얼마나 구체적인 계획도 없이 급작스레 이루어진 것인지를 보여주는 실례가 아닐 수 없다.

이같이 급작스런 반정에서 가장 문제가 되는 것은, 바로 다음 왕으로 내정된 인물이 과연 폭군 폐위를 정당화할 만한 식견과 자질을 갖춘 인물인가 하는 점이다. 만일 충분한 검증도 없이 반정세력의 들러리에 불과한 인물을 편의상 보위에 올리면 또 다른 폐립(廢立) 사태를 초래할 가능성이 매우 크기 때문이다.

그럴 경우 왕위는 한낱 반정세력의 전리품이 될 수밖에 없다. 왕권은 땅에 떨어지고 통치권력은 반정세력의 협잡도구로 전락할 뿐만 아니라, 심한 경우에는 왕통의 붕괴를 초래해 종국에는 왕조가 뒤바뀔 수도 있는 것이다. 신라 때의 장보고의 난과 고려조의 무신의 난이 바로 그 대표적인 실례이다.

실록의 기록으로 보아 당시 반정세력은 거사 당일에야 비로소 자순대비와 진성대군에게 거사 사실을 알리고, 장차 진성대군이 보위에 오를 것임을 통보했음이 틀림없다. 이들 반정세력은 자순대비와 진성대군이 거사에 관해 전혀 아는 게 없는 상황에서 무턱대고 보위에 오를 것을 요구한 것이다. 짐작컨대 자순대비와 진성대군 모두 이들의 이 같은 요청을 받고 적잖이 주저했을 것으로 보인다. 자칫 성급히 대답했다가는 역도의 괴수로 몰릴 수밖에 없기 때문이다. 실제로 광해군 때는 영창대군(永昌大君)과 인목대비(仁穆大妃)가 역도의 괴수로 몰려, 영창대군은 비명에 횡사했고 인목대비는 인조반정이 일어날 때까지 유폐되어 있어야만 했다.

이는 중종반정이 아무런 명분도 없이 급작스럽게 시세를 틈타 일어난 것임을 증명하는 것이다. 다음 왕으로 내정된 사람이 반정 사실 자체를 전혀 모르는 일이 빚어졌다는 것은, 결국 왕은 누가 되더라도 상관없었음을 의미하는 것이다.

반정이 반정으로서 정당성과 명분을 갖기 위해서는 반드시 다음 왕에 대한 기본적인 검증이 반정 이전에 끝나 있어야만 한다. 그런데 중종반정에서는 이 같은 과정을 생략한 채, 거사 당일에야 비로소 옹립내정 사실을 당사자인 진성대군에게 일방적으로 통보한 셈이다. 이는 중종반정이 진정한 반정이 될 수 없음을 보여주는 중요한 근거가 아닐 수 없다.

반정은 '현재의 폭군'을 몰아내고 '새로운 성군'을 모시는 신하들의 거의(擧義)로 규정할 수 있다. 따라서 반정은 기본적으로 다음 왕이 누가 될 것인지를 미리 정한 뒤에 거사를 결행해야 정당성을 확보할 수 있는데, 중종반정에서는 그 순서가 뒤바뀐 것이다.

또한 반정 당사자들이 연산군에게 커다란 은총을 입은 인물들이었다는 점에서 볼 때, 중종반정은 본질적으로 반역의 성격을 강하게 띠고 있다고 할 수 있다. 중종반정의 3대 핵심인물은 박원종과 성희안, 유순정이다. 그런데 이들은 모두 연산군에게 지극한 총애를 입은 자들이다.

그러나 이들은 주군의 총애를 저버리고 은혜를 원수로 갚았다. 반정이 얼마나 명분 없이 이뤄진 것인지를 증명하는 중요한 대목이다. 이들의 반역상은 이들이 반정에 이르기까지의 행보를 검토해보면 쉽게 알 수 있다.

우선 반정 3대장으로 불린 세 사람 가운데 두목에 해당하는 박원종은 연산군에게 한없는 은총을 입은 총신이었다. 사실 연산조에 박원종처럼 왕의 총애를 많이 받은 사람도 그리 많지 않았다. 실록은 연산군이 박원종에게 깊은 신뢰를 보낸 사례를 여러 해에 걸쳐 곳곳에 기록하고 있다. 박원종이 젊은 나이에 승정원 승지와 강원도 관찰사 등의 요직을 두루 거치게 된 것도 연산군의 이 같은 총애가 있었기에 가능했던 것이다.

박원종은 연산군이 속마음을 열어놓으며 대화를 나눌 정도로 총애한 몇 안 되는 인물 가운데 하나였다. 연산군은 밤중에도 박원종을 불러 사냥몰이의 감독을 맡기기도 했다. 무신을 밤에 불러 짐승몰이의 대장을 맡기는 것은 보통 일이 아니다. 밤중의 사냥처럼 경호가 취약할 때가 없기 때문이다. 이는 박원종을 총애하지 않았다면 상상할 수 없는 일이다.

반정의 기획자는 성희안이다

주군에게 한없는 총애를 받은 박원종이 무슨 이유로 반정거사에 앞장서게 된 것일까? 이는 박원종을 적극적으로 사주한 인물이 있었기 때문에 가능한 일이었다. 그가 바로 성희안이다. 그 역시 박원종과 마찬가지로 연산군의 두터운 총애를 받던 인물이다. 성희안은 반정에서 박원종 다음으로 중요한 역할을 한 것으로 알려지고 있으나, 사실 그는 반정을 계획하고 이를 실천에 옮기는 가장 중요한 역할을 한 인물이다.

성종 때 주로 홍문관과 사간원에서 근무한 사실로 알 수 있듯이, 성희안은 앞날이 매우 촉망되는 인물이었다. 그는 연산조 초기에 홍문관 부교리 등으로 재직할 당시 인수대비의 불사문제를 강력히 논박하고 나서 연산군과 마찰을 빚기도 했다. 그러나 그에 대한 조정의 신망은 매우 두터웠다. 그 대표적인 예로, 유자광의 이른바 '전복진상 사건'의 배경이 된 함경도 소요 사태가 발생했을 당시 조정의 관원들이 그를 조사 책임자로 추천한 사실을 들 수 있다.

당시 연산군은 대신들이 성희안을 추천했음에도 유자광을 지명했다. 유자광은 연산군에게 성희안을 종사관으로 데리고 갈 것을 주청해 이를 허락 받았다. 사실 이 같은 인연으로 유자광은 훗날 반정거사에 1등공신으로 참여할 수 있었다. 이는 성희안이 박원종 등에게 반정을 성사시키기 위해서는 유자광과 같이 역사에 해박한 사람이 필요하다며 적극 천거한 데 따른 것이다. 실제로 반정은 유자광의 지략 덕분에 성공한 것으로 전해지고 있다. 이처럼 유자광과 성희안은 매우 특이한 인연이었다.

성희안은 수많은 대소 신료들이 줄줄이 연루되어 목숨을 잃은 갑자사화의 와중에 형조참판에 제수되었다. 그에 대한 연산군의 신뢰가 간단치 않았음을 짐작할 수 있는 대목이다. 대소 신료들에게 두터운 신망을 받고 있던 성희안은 왕의 총애까지 받게 됨으로써 이제 탄탄대로를 걷게 된 셈이다. 모두들 그가 조만간 정승판서의 반열에 오를 것이라고 생각했다.

그러나 예기치 못한 일이 발생하면서 성희안에 대한 연산군의 신임에 금이 가게 되었다. 이는 결과론적이기는 하나 연산군에게 치명적인 일이었다. 성희안이 훗날 반정을 일으키는 주모자 역할을 하였기 때문이다. 성희안이 연산군의 총애를 잃게 된 가장 근원적인 이유는, 역설적이지만 그가 연산군의 지극한 총애를 받았기 때문이라고 볼 수 있다. 그가 짐승몰이를 책임지는 우상대장이 되지만 않았더라도 두 사람 사이가 벌어질 리는 없었기 때문이다.

연산 10년 10월 성희안은 깜박하여 보인(保仁)들이 금표 안으로 들어가는 것을 눈치채지 못했다. 보인이란 군역을 면하는 대신 군사들의 뒷바라지를 하는 자들을 말한다. 요즘으로 치면 후방에서 근무하는 공익요원에 준하는 자들이었다. 평시에는 비록 군사라 할지라도 금표 안에 들어갈 수 없었고, 사냥을 할 때는 오직 군사들만이 금표 안에 들어갈 수 있었다. 보인들은 짐승몰이 군사가 아니기 때문에 금표 안으로 들어가서는 안 되었다.

이는 요즘 기준에서 보면 큰 문제가 아닌 것으로 생각할 수도 있다. 보인 역시 정식 군사는 아니지만 군사들을 뒷바라지하는 준군사요원이었기 때문이다. 그러나 당시 금표는 왕권의 위엄과 권위를 표시하는 대표적인 상징물이었다. 연산군은 성희안에게 책임을 물어 의금부로 하여금 그를 국문하도록 명하였다. 어찌 보면 이 사건이 바로 성희안이 반정을 적극 획책하게 된 결정적인 계기가 되었다고 할 수도 있다. 성희안은 이 일로 말미암아 체직되었고, 사흘 뒤에 군율을 어긴 죄로 장 1백의 형벌을 받았다.

사건이 여기에서 마무리됐으면 별다른 문제가 없었을지도 모른다. 그러나 이 일이 있은 지 두 달 뒤에, 성희안은 참판직에서 좌천되어 '부사용'(副司勇)에 임명되었다. 부사용은 무관의 최말단 관직으로 품계는 종9품이었다. 그러나 연산군이 볼 때 금표 침범을 단속하지 못한 성희안의 죄는 용서할 여지가 없는 것이었다. 사냥은 단순한 놀이가 아니라 군법의 적용을 받는 군사훈련이었기 때문이다.

연산군 11년 7월 연산군이 좌천된 그를 불러 글을 짓도록 명했다.

연산군이 성희안을 완전히 버린 것은 아니라는 증거다. 그러나 성희안은 연산군의 총애를 다시 받을 수 있는 기회를 스스로 저버렸다. 이는 성희안이 연산군에게 총애 받는 것을 스스로 거부했다고 보는 게 옳을 듯하다. 연산군은 '홍문관을 혁파하다'라는 제목으로 그에게 글을 지어 바치게 했는데, 성희안은 연산군의 마음에 들 만한 글을 지어내지 않았다.

성희안은 내심 홍문관을 혁파한 연산군의 조치를 못마땅하게 생각했을지도 모른다. 그러나 성희안의 의도야 어떻든지 간에, 그의 글은 그의 변함 없는 충성심을 확인하려 했던 연산군의 기대를 저버린 것이었다. 이 사건 이후 1년여 동안 실록에는 성희안에 관한 기록이 전혀 나오지 않지만, 아마도 성희안은 부사용으로 좌천되어 있던 동안 거사를 성공시키기 위한 계책을 마련하는 데 골몰했을 것으로 보인다.

연산군의 몰락에는 신윤무의 배신이 결정적이었다

그러나 반정은 성희안과 박원종 두 사람만의 힘으로 일으킬 수 있는 일은 아니었다. 그렇다면 이들이 어떻게 자신들의 계획을 성사시킬 수 있었을까? 이들의 거사모의를 결정적으로 성사시킨 중요한 인물이 있었다. 그는 군기시(軍器寺)의 차석 책임자이던 신윤무(辛允武)다. 다음 기록을 보면 신윤무가 반정의 가능성을 확인해준 핵심인물임을 쉽게 파악할 수 있다.

군기시 부정 신윤무는 왕의 총애와 신임을 받는 이로, 평소에 늘 하루아침에 변이 있게 되면 화가 장차 몸에 미칠 것으로 생각하고 박원종 등에게 가서 말하기를, "지금 중외가 원망하여 배반하고 왕의 좌우에 있는 사람들도 모두 마음이 떠났으니 환란이 조만간에 반드시 일어날 것이오. 이장곤(李長坤)은 무용과 계략을 가진 사람인데 이제 망명하였으니 결코 헛되이 죽지는 않으리다. 만약 귀양 간 사람들을 불러모으고 각 군읍에 격문을 보내어 군사를 일으켜 대궐로 쳐들어온다면 비단 우리들이 가루가 될 뿐 아니라 사직이 장차 다른 사람의 손에 넘어갈 것이니 일이 그렇게 된다면 비록 하고자 한들 미칠 수 없게 될 것이오” 하니, 박원종 등이 뜻을 결정하였다. 이조판서 유순정은 함께 일할 수 있다 하고 그 계획을 말하자 따르므로, 이어 장정(張珽)·박영문(朴英文)을 불러 신윤무와 더불어 무사를 모을 것을 언약하였다.(《연산군일기》 12. 9. 2)

　　이 기록을 보면 신윤무가 반정거사의 가능성을 제시한 핵심인물임을 쉽게 알 수 있다. 동시에 이 기록은 반정이 얼마나 불순한 동기로 이뤄졌는지를 명백히 보여주고 있는 셈이다. 이장곤과 같은 인물이 귀양 간 사람들을 모아 쳐들어올 경우 자칫 연산군 일파로 몰릴지도 모르니 미리 선수를 치자고 부추긴 신윤무의 언급이 이를 증명한다.

　　신윤무가 반정의 선수를 빼앗길지도 모른다고 지목한 이장곤이 유배소를 탈출한 날짜는 연산군 12년 8월 17일이다. 그렇다면 신윤무가 박원종을 부추긴 때는 8월 17일 이후라는 얘기가 된다. 따라서 반정모의는 아무리 늘려 잡아도 불과 보름도 채 안 되는 기간 사이에 구체화된 셈이다. 반정이 얼마나 명분 없이 급작스럽게 일어난 것인지 보여주는 대목이다.

　　신윤무는 연산군의 재위 초기에 선전관으로 활동하다가 무기고를 실질적으로 관리하는 군기시 부정의 자리에 오른 인물이다. 신윤무에 대한 연산군의 총애는 대단했다. 연산군이 재위 8년 대간들의 반대를 무릅쓰고 그를 의주판관에 제수한 사실이 이를 증명한다. 당시 대간들은 그의 경력이 일천함을 이유로 들어 반대하고 나섰으나 연산군은 이를 묵살했다. 연산군이 신윤무를 얼마나 신임했는지 짐작케 해준다. 이는 연산군이 재위 10년 8월 의주판관으로 나가 있던 신윤무를 특별히 지목하여 중앙관직으로 자리를 옮기도록 한 데서 잘 나타난다. 반정 당시 신윤무는 요즘으로 말하면 청와대 경호실장에 해당하는 임무를 맡고 있었다.

그러나 그는 반정을 일으켜 주군의 등 뒤에서 비수를 꽂는 가장 비열한 모습을 보여준 인물이다. 도대체 연산군의 지극한 총애를 받던 신윤무가 배신자로 돌변한 이유는 무엇일까? 그가 반정을 획책한 것은 다른 이유가 아니었다. 오직 거사의 선수를 빼앗기지 않기 위해서였다.

이장곤의 도주는 거사를 앞당기는 촉매제가 되었다

그렇다면 신윤무가 박원종을 사주할 때, 자칫 거사의 선수를 그에게 뺏길 수도 있다며 거론한 이장곤은 과연 어떤 사람일까? 그는 실질적으로 반정에 참여한 적이 전혀 없음에도 반정을 촉발한 촉매제 구실을 했다. 이장곤은 자신의 실력만으로 입신한 사실이 보여주듯이 매우 무예가 뛰어난 사였다. 그가 연산군과 악연을 맺게 된 것은 전적으로 우연한 사건 때문이다. 그 역시 유자광 등과 함께 갑자사화 당시 이극균과 교통한 혐의로 국문을 받게 된 것이다.

그가 이극균과 교통했는지 여부는 실록의 기록만으로는 확인할 길이 없다. 다만 그의 공초내용을 보면 그와 이극균은 아무 관련이 없었던 것이 확실해 보인다. 이장곤의 주장이 사실이라면 그로서는 억울하기 그지없는 일이었을 것이다. 본인의 능력으로 승진했음에도, 이극균의 천거 때문에 출세한 것으로 오인을 받아 국문을 당했기 때문이다. 사실 이장곤은 무과에서 장원급제한 사실로도 알 수 있듯이, 이극균의 추천이 없었다 하더라도 자신의 능력만으로 능히 승진할 수 있는 자질을 갖춘 자였다.

그러나 이장곤은 연산군 11년 5월 장 1백에 고신(告身)을 모조리 박탈당하고 섬으로 내쫓기는 신세가 되었다. 이극균이 천거한 것만큼은 사실이었기 때문에, 이장곤은 이극균이 죽고 없는 마당에 그 혐의를 벗기가 쉽지 않았던 것이다. 이장곤이 유배 간 지 1년이 되던 해에, 연산군은 관찰사에게 이장곤이 자백할 때까지 목숨이 끊어지는 것을 따지지 말고 친히 형신(刑訊)토록 전교한다. 이장곤에 대한 연산군의 의심이 더욱 깊어지고 있었던 것이다. 이 같은 상황에서 이장곤은 유배지를 탈출하는 길을 선택하였다. 이는 당시 기준에서 볼 때 단순한 도주가 아니라 지엄한 왕명에 정면도전한 것으로 엄청난 사건이었다.

그의 망명으로 '거병설'(擧兵說)이 난무했다. 무예가 출중한 이장곤의 망명은, 사실 그의 거병설을 매우 있음직한 일로 믿도록 만들었을 공산이 크다. 무예가 출중한 이장곤과 같은 인물이 장차 거병을 할 것이라는 밑도 끝도 없는 항간의 소문은 진실 여부를 떠나 연산군을 심각하게 위협하는 일이 아닐 수 없었다.

그렇다면 이장곤은 망명한 뒤 어디에 몸을 은신하면서 무엇을 하고 있었던 것일까? 이장곤이 유배소를 탈출하여 망명길에 들어선 것은 연산군 12년 8월 17일이다. 연산군이 폐위되기 불과 보름 전의 일이다. 이장곤이 몸을 어디로 피신하여 망명생활을 했는지는 자세히 알 길이 없으나, 대략 실록의 기록 등에 비추어 그는 산속으로 숨어들어가 초근목피로 연명했을 것으로 짐작된다. 당시 연산군은 상금을 걸고 모든 도에 있는 군대를 풀어 그를 찾게 하였다. 이장곤의 망명은 망명 그 자체보다도 장차 반정이 일어날 것이라는 확신을 일반백성들에게 심어주었다는 점에서 연산군에게는 치명적인 사건이었다.

당시 연산군이, 이장곤이 중심이 된 난이 있을까 염려하여 대대적인 검거작전을 펼친 것은 결정적인 패착이었다. 이장곤을 체포하기 위해 숱한 군사를 풀어 민심을 흉흉하게 만들고 조정의 힘을 모두 소진한 것은 반정 당사자들에게 융단을 깔아준 격이었기 때문이다. 이장곤의 망명사건은 성질상 단순한 사건이었음에도 반정거사에 불을 지피는 엄청난 결과를 불러왔다. 연산군을 가까운 데서 모시던 신윤무가 이 일을 계기로 반심(叛心)을 품게 되었기 때문이다.

신윤무는 이장곤 등이 거사를 일으킨다면 자신의 목숨이 온전치 못할 것으로 생각했다. 연산군의 두터운 총애를 받던 그가 반심을 품고 박원종을 사주한 것은 연산군에게 치명타였다. 이는 마치 네로가 근위대장의 배반으로 다 이긴 승리를 놓치고 비참한 최후를 맞이한 것과 유사하다고 할 수 있다. 신윤무가 주군에게 충성했더라면, 당시의 정황을 정확히 읽고 있던 그에 의해 반정은 초기에 진압되었을 공산이 크다.

반정거사에서 박원종과 성희안 다음으로 거론되는 인물이 당시 이조판서로 있던 유순정이다. 이조판서라는 높은 직위에 있던 그가 왜 은혜를 원수로 갚은 것일까? 그는 성종 18년에 치러진 문과에 급제한 문관출신이었지만 무재 역시 출중한 인물이었다. 그는 연산군 4년에는 장래가 보장되는 사간원과 홍문관의 요직을 모두 거친 뒤, 이듬해 5월에는 사헌부 집의에 제수됨으로써 언론 3사를 두루 섭렵하는 드문 경력을 쌓게 되었다.

연산군은 유순정을 각별히 총애했다. 그가 반정 1개월 전 정2품에 특진돼 이조판서에 제수된 사실이 이를 증명한다. 그러나 그는 군왕의 지극한 총애를 입어 이조판서에 임명됐음에도 주군의 등에 칼을 꽂는 역할을 자임했다. 중종반정이 얼마나 배은망덕한 인물들에 의해 이뤄진 것인지를 극명하게 보여주는 것이다.

이상 살펴본 바와 같이 반정의 핵심인물들은 모두 연산군의 총애를 누구보다도 가장 많이 입은 자들이었다. 이들 역시 자신들이 주군의 은총을 오히려 배신으로 갚았다는 사실을 의식하지 못했을 리 없다. 그러나 이들은 이후 자신들의 배은망덕한 행위를 조금이라도 반성하는 모습을 보이기는커녕 후안무치한 모습만을 적나라하게 보여주었다.

사림세력은 반정공신의 도덕성을 인정치 않았다

박원종·성희안·유순정 등 이른바 '반정 3대장'은 공신록을 작성할 때 자신들의 이름은 올리지도 않았다. 이들 덕분에 갑자기 보위에 오른 중종에게는 이 같은 무언의 암시가 더욱 무섭게 느껴졌을 것이다. 신진 사림세력은 비록 반정거사에는 직접 가담하지는 않았지만, 자신들만이 반정 이후의 중심세력이 될 것이라고 확신하고 있었다. 힘은 비록 반정세력이 장악하고 있었지만 이들은 도덕적으로나 학문적으로 반정을 담당할 자들이 아니라고 판단하고 있었던 것이다. 그만큼 이들은 반정세력의 면면을 우습게 보고 있었다. 이는 사관이 반정을 평가한 대목에서 극명하게 드러난다.

반정 후 필연적으로 나타날 수밖에 없는 신권세력 사이의 이 같은 대립은, 조만간 주도권 장악을 둘러싼 신권세력간의 혈투가 전개될 것임을 예고한 것이다. 그 결과가 바로 기묘사화다. 이는 반정세력이 신진 사림세력을 일망타진한 사건이자, 주도권 장악을 둘러싼 신권세력의 갈등이 빚어낸 참화였다. 이들이 반정을 이룬 뒤 사림들에게 좋은 평가를 받지 못한 것도 따지고 보면 이 같은 배은망덕한 행위 때문인지도 모른다. 사관은 이들이 죽은 뒤 다음과 같이 평했다.

반정공신 박원종·유순정·성희안이 계속해 죽으므로 사람들은 모

두 당황하였는데 대저 박원종은 거친 잘못이 있었고, 유순정은 우매한
잘못이 있었고, 성희안은 경솔한 잘못이 있어 모두 나라를 다스리는 원
대한 꾀에 어두웠다. 이들은 사는 집의 사치를 극도로 하고 시첩은 그
곱고 아름다움을 극도로 하여 마음대로 방종하다가 생명을 잃는 데까
지 이르렀다. 좁은 국량으로 큰 공을 탐한 것이 스스로 분에 넘쳐 이와
같은 낭패를 일으킨 것이 어찌 아니겠는가.**《중종실록》** 8. 7. 27)

반정 3대장에 대한 이 같은 평은 매우 혹독한 것이었다. 이는 바로
사림세력이 반정세력을 어떻게 생각했는지 극명하게 보여주는 것이다.
사림세력은 비록 소인배들이 반정을 일으켰으나 그 결과는 옳은 것이
므로 그 공만큼은 인정했다. 그러나 이들은 소인배들의 소임이 이제는
끝났으므로, 향후 국정은 자신들과 같은 군자세력이 맡아야 한다고 생
각하고 있었던 것이다.

사림세력의 이 같은 생각은 곧 현실로 나타난다. 중종 5년 1월 대간
들이 박원종을 불경죄로 추국해야 한다고 주장하고 나선 것이 대표적
인 실례이다. 그러나 대간들의 이 같은 주청은 받아들여지지 않았다.
박원종은 당시 최고의 실세였기 때문이다. 유약한 중종으로서는 박원
종을 어떻게 할 처지가 아니었다.

그럼에도 중종은 대간들의 이 같은 모습을 보고 속으로는 매우 흡
족했을 것으로 짐작된다. 당대 최고의 권신인 박원종을 가차없이 논박
하고 나선 대간들의 모습을 보고, 중종은 이들을 견제할 수 있는 세력
을 적극 육성하고픈 충동을 강하게 느꼈을 것이다. 이 같은 충동은 사
림세력의 거두인 조광조를 발탁함으로써 구체화되었다.

이 같은 사실에 비추어 중종 역시 이들 반정세력을 견제해야 할 필
요성을 절감했다고 보아야 한다. 그리하여 반정공신은 점차 위험인물

로 배척되고 있었던 것이다. 그러나 박원종은 대간들의 이 같은 공박이 들어온 지 불과 3달 만에 세상을 뜨고 말았다. 그가 만일 오랫동안 살아 있었다면 어떤 험한 꼴을 당했을지도 모를 일이다. 박원종에 관한 사관의 다음과 같은 평을 보면, 당시 사림세력이 공신세력을 얼마나 하찮게 여기고 있었는지 쉽게 확인할 수 있다.

박원종은 무과로 출사했는데 배우지 못해서 학술이 없고 참소하는 말을 잘 믿었다. 일찍이 어떤 사람이 공훈이 있는 사람을 없애려고 꾀한다고 고하니 문관들을 모조리 제거하려 하다가 처족인 김세필(金世弼)의 만류로 그만두었다. 성질이 이기기를 좋아하여 임금 앞에서도 거침이 없었다. 뇌물이 사방에서 모여들고 남에게 주는 것도 정도에 지나쳤다. 연산군이 쫓겨나자 궁중에서 나온 이름난 창기들을 많이 차지하여 노비로 삼고 별실을 지어 살게 했으며 거처와 음식이 참람하기가 한도가 없으니, 당시 사람들이 그르게 여기었다.(《중종실록》 5. 4. 17)

박원종에 대한 사관의 평이 매우 통렬하다. 사실 박원종은 중종의 즉위 초부터 유자광과 더불어 사림세력에게 비판의 표적이 된 것이 사실이다. 그러나 그는 요행히도 유자광이 사림세력의 1차 표적이 되는 바람에 여기에서 벗어날 수 있었다. 그러나 그 역시 말년에는 대간들의 논박대상에서 벗어날 수 없었다.

박원종의 죽음은 중종조의 통치가 새로운 차원으로 전개될 것임을 예고한 전주곡이다. 그가 죽자 중종과 사림세력은 이제는 공신세력의 굴레에서 벗어나야만 한다는 생각을 품게 되었다. 박원종이 죽고 2년 뒤에는 당시 영의정으로 있던 유순정도 병으로 죽었다. 사관은 그가 뇌물을 좋아하고 인색하기 그지없는 데다 만년에는 여색을 밝혀 보약을 먹다 죽게 되었다고 신랄하게 비판했다.

사관의 이 같은 평이 얼마나 사실에 바탕한 것인지는 확인하기 어려우나, 유순정 역시 비록 직위는 영의정이었지만 사림세력에게는 소인배 취급을 당했음을 쉽게 확인할 수 있다. 유순정이 죽자 그의 뒤를 이어 영의정에 오른 성희안도 불과 7개월 만에 죽고 말았다. 중종 8년 7월에 이르러 마지막으로 남아 있던 성희안마저 죽자 이른바 '반정 3대장'의 시대는 막을 내리게 되었다. 사관은 성희안에 대해서만큼은 박원종이나 유순정에게 구사한 혹평을 가하지는 않았다. 반정의 세 공신 가운데 그나마 성희안만이 사관의 혹평을 면한 셈이다. 그러나 사관은, 그가 자잘한 친인척까지 모두 공신록에 올려놓는 등의 일 때문에 식자들이 대단치 않게 여겼다는 평을 달아놓는 것을 잊지 않았다.

지금까지 반정의 배경과 거사방식, 반정 당사자 등의 면모를 살펴본 결과, 중종반정이 얼마나 명분 없이 이뤄진 것인지 쉽게 확인할 수 있었다. 이들 반정공신들은 한낱 일신의 안녕과 부귀영화를 위해 시세를 틈타 자신들을 총애한 주군을 무참히 내친 소인배들에 지나지 않았다. 연산군은 재위 말년에 바로 이 같은 소인배들을 그지없이 충성스런 신하로 착각하는 우를 범했다. 자신의 치세를 지나치게 자만한 나머지 최고통치권자로서 지녀야 할 냉철한 판단력을 잃은 셈이다.

주군을 배반한 소인배들은 자신들의 행위를 정당화하기 위해 주군을 폭군으로 몰아갔다. 명분 없는 반정이 바로 연산군을 폭군으로 몰아간 근본 배경임을 이 같은 사실을 통해 새삼 확인할 수 있는 것이다.

제 7 장
연산군 몰락의
통치사적 의미

주름진 얼굴 구부러진 허리에 쑥대머리를 흩뜨리고　皺顏腰屈挑蓬頭

찬마루에 구부려 자며 옛날 놀던 일 생각하네　縮宿寒床憶舊遊

남들이 비웃으며 주름 제치고 보는 줄 알지 못하고　不覺人譏掀箔望

누가 짐의 호기 당하리 웃음 치며 과시하네　笑誇豪氣我傳誰

《연산군일기》 12. 7. 28

# 1. 군약신강(君弱臣强)

신권의 강화로 당파가 조성돼 국난을 자초했다

통치학 차원에서 볼 때 연산군의 몰락은 이후 조선의 통치사에 심대한 영향을 미쳤다. 따라서 연산군의 몰락은 단순히 폭군의 몰락 정도로 해석할 수 있는 사안이 아니다. 연산군 몰락이 가져온 여러 후유증 가운데서 우선 하극상의 만연을 들 수 있다. 이는 연산군이 몰락한 이후 신권세력이 힘으로 통치권력의 주도권을 장악하려는 풍조가 조성된 데 따른 부작용이었다.

중종은 자세한 내막을 알지도 못하였겠지만 반정세력의 주청에 아무런 이의도 달지 않고 그대로 재가했다. 중종이 공신세력의 주장에 별다른 이의도 제기하지 못한 채 아내를 내치고 만 것이 가장 대표적인 사례이다. 중종의 부인은 죽은 신수근의 딸이다. 신수근은 연산군의 처남이니 결국 중종은 연산군의 처조카사위이기도 했다. 중종과 신수근의 딸은 원래 매우 사이가 좋았던 것으로 알려지고 있다. 그러나 그는 대신들의 압력을 견디지 못하고 끝내 조강지처를 내치고 말았다. 신권세력이 왕의 조강지처마저 마음대로 내치는 지경에 이르게 된 것이다.

이어 반정세력은 연산군의 자식들을 귀양보낸 지 불과 10여일 만에 모두 사사했다. 비록 연산군이 폭군으로 낙인찍혀 쫓겨났다 할지라도, 아무 죄도 없는 어린 조카들마저 사사하라는 공신들의 주청을 중종이 순순히 따라서는 안 되는 일이었다. 이는 왕의 권한으로 얼마든지 막아낼 수 있는 일이었다. 정통성리학의 관점에서 볼 때도 아무 죄도 없는 왕자들을 오직 폭군의 자식이라는 이유만으로 죽이는 것은 용납할 수 없는 일이었다. 오히려 그 자손만은 살려주어 죽은 군왕의 제사만이라도 받들게 하는 것이 도리라고 가르치고 있었다.

연산군은 독살되었을 공산이 크다

조선왕조에서 폭군의 자식으로 몰려 어린 나이에 무참히 사약을 받은 경우는 연산군의 자식들이 유일하다. 훗날 폭군으로 몰린 광해군의 경우에도 그의 자식들이 폭군 아비를 둔 이유로 사약을 받지는 않았다. 다만 강화도에 유폐되어 있던 도중 담 밑의 땅을 파고 도망가려다 적발되어 죽기는 했으나, 아무 이유도 없이 이처럼 무참하게 사약을 받아 죽은 것은 아니다.

이는 사실 연산군을 죽이기 위한 사전조치로 해석할 수밖에 없다. 물론 실록에는 연산군이 급작스럽게 역질에 걸려 죽은 것으로 기록되어 있다. 그러나 연산군이 느닷없이 역질에 걸려 죽었다는 것 또한 쉽게 이해가 가지 않는 대목이다. 광해군은 49세에 폐위되어 강화도와 제주도 등지의 유배소에 머물면서도 무려 18년 동안이나 생존했다. 그런데 연산군은 불과 31세에 폐위되어 2달 만에 죽은 것이다. 멀쩡하던 연산군이 급작스럽게 죽은 것은 이상하기만 한 일이다.

연산군이 역질에 걸려 위독하다는 기록은 중종이 즉위하던 해 11월

7일 기록에 갑자기 나온다. 연산군이 폐위되어 교동으로 쫓겨난 지 2달만의 일이다. 그러나 당시 교동 수직장 김양필(金良弼)의 전후보고는 쉽게 납득이 가지 않는다. 왜냐하면 김양필이 11월 7일 보고할 때는 연산군이 역질에 걸려 위급하다고만 했을 뿐 죽었다고는 보고하지 않았다. 그러나 그는 11월 8일 보고에서는 연산군이 죽은 날짜를 소급해 이미 11월 6일에 죽었다고 보고했다.

김양필이 11월 8일 보고할 당시, 연산군의 사망일이 11월 8일인데도 착각하여 11월 6일 죽은 것으로 잘못 보고했다고 해석할 수도 있을 것이다. 그러나 이는 연산군의 죽음과 같이 중대한 사안을 날짜를 잘못 보고하거나 사관이 착각하여 죽은 날짜를 잘못 기록했을 리 만무하다는 점에서 신빙성이 떨어진다. 그렇다면 11월 7일과 11월 8일 사이에 뭔가 심상치 않은 일이 있었다고 보아야 한다.

우선 공신세력이 연산군이 살아 있는 것을 매우 불안해한 나머지 연산군을 몰래 죽였을 가능성을 배제할 수 없다. 이는 이들 공신세력이 연산군의 자식들을 연산군에 앞서 서둘러 죽인 사실을 감안해볼 때 전혀 근거 없는 것은 아니다. 만일 11월 6일에 연산군이 죽었다면, 왜 11월 7일 보고에서 연산군의 죽음을 보고하지 않고 연산군이 역질에 걸려 매우 위독하다고만 보고했는지 도무지 이해가 가지 않는다. 11월 8일 보고에서 황급히 연산군의 사망일을 11월 6일로 소급한 것은, 바로 자신들의 독살음모가 드러날 것이 두려워 이 같은 무리를 무릅쓴 것으로 해석할 수밖에 없다. 이 같은 추론이 맞다면 반정세력은 자신들이 모시던 주군을 내쫓은 것도 모자라 독살까지 감행한 셈이다. 반정이 얼마나 명분 없이 이루어진 것인지를 보여주는 사례가 아닐 수 없다.

사실 연산군을 만고의 폭군으로 몰아간 《연산군일기》는 연산군에 대한 역사적 사실을 왜곡하는 데 결정적인 근거가 되었다. 숱한 얘기들

연산군과 거창군부인 신씨의 묘 : 중종 8년(1513)에 강화 교동에서 이곳으로 이장되었다.

이 실록의 왜곡된 기록에 덧붙여지면서 연산군은 더는 거론할 여지도 없는 천하의 폭군이 되어버렸기 때문이다. 연산군에 대한 왜곡은 비단 실록에 그친 것이 아니었다.

연산군을 선왕으로 추봉했어야 했다

비록 폭군으로 지목되어 보위에서 쫓겨나 비명에 죽었을지라도 연산군은 한때 모든 신민들이 우러러보는 군왕이었다. 그를 선왕으로 추봉(追封)하지는 못할지라도 최소한 그의 제사만큼은 계속 잇게 하는 게 도리였다. 군신간의 의리와 형제간의 우의를 중시하던 당시의 기준으로 볼 때도 중종의 처사는 분명 잘못된 것이었다. 중종의 이 같은 처사는 당시 의리를 중시하던 선비들 사이에서 두고두고 문제가 될 수밖에 없었다. 이는 중종 13년에 연산군의 제사를 지내줄 후사문제가 적극 거론된 사실로도 쉽게 확인할 수 있다.

> 참찬관 김정국(金正國)이 아뢰기를, "천명이 부득이하여 사세가 비
> 록 이렇게 되었다 할지라도 제사를 끊지 않고 영구히 잇게 할 사람을 세
> 우는 것이 매우 후한 도리입니다. 그런데 지금 조정에서 모두 불가하다
> 하니 이것은 속마음이 넓지 못하고 사특하여 의심과 걱정을 하기 때문
> 입니다. 폐주는 비록 어둡고 황란(荒亂)해서 스스로 멸망하고 말았지
> 만, 그는 일찍이 신민들이 임금으로 섬기던 자입니다. 주상께서는 천명
> 으로 즉위하였으나 그의 후사를 끊게 한다는 것은 실로 후덕한 도리가
> 아닙니다" 하였다.(《중종실록》 13. 6. 1)

김정국의 주장은 비록 연산군을 왕으로 추봉할 수는 없다 할지라도
그의 제사만큼은 양자를 들여서라도 잇게 하자는 것이었다. 멸망한 고
려조의 왕들도 왕씨 후손을 찾아 제사를 받들게 했는데, 하물며 한때
군왕으로 군림한 연산군을 제사조차 못 지내게 하는 것은 의리에 합당
치 않다는 주장이었다. 이 같은 주장은 당시 선비들의 공론이었다고 보
아야 한다.

그러나 중종은 사리에 합당한 이 같은 제안을 무시해 버렸다. 연산
군의 제사문제 등과 관련해 미안한 마음을 가지고 있다고 하면서도 구
체적인 조치는 취하지 않았다. 중종의 이 같은 처사에 대한 비판은 비
단 중종조에만 그친 것이 아니라 3백여 년이 지난 후대까지 지속되었
다. 정조 때의 실학자 이긍익(李肯翊)이 《연려실기술》(燃藜室記述)에서
연산군의 후사(後嗣)문제를 거론한 김정국 등을 높이 평가하면서, 연산
군의 제사가 끊어지게 된 것을 매우 애석한 일로 평가한 것이 이를 증
명한다.

이 같은 사실을 통해, 중종반정은 이름만 반정일 뿐 사실은 반역에 가까운 것이었음을 쉽게 짐작할 수 있다. 물론 왕도주의를 내세웠던 당시 조선에서는 중종반정을 반역으로 해석하는 것은 불가능한 일이었다. 그러나 현대의 통치학적인 관점에서 볼 때 이는 분명 반역에 가까운 것이었다고 볼 수밖에 없다. 폭군을 몰아낸다고 한 것은 허울 좋은 명분이었을 뿐, 실질적으로는 반정의 명분이 없었기 때문이다.

연산군의 폐위가 얼마나 명분이 없는 것인지는 중종조에 공조참의로 있던 유숭조(柳崇祖)가 올린 상소를 봐도 알 수 있다. 유숭조는 연산군 때 대간으로 재직하다가 갑자사화에 연루되어 귀양을 가는 등의 고초를 겪은 인물이다. 그러나 그는 중종이 즉위한 뒤 다음과 같은 차자를 올려 연산군에 대한 대우를 제대로 하라고 과감히 요구하고 나섰다.

군주와 아비는 일체입니다. 아비는 비록 아비 도리를 못하더라도 아들은 아들 도리를 하지 않을 수 없습니다. 주나라의 유왕(幽王)과 여왕(厲王)은 무도하여 비록 악한 시호가 내려지기는 했으나 왕호마저 없어지지는 않았습니다. 전왕이 종사에 죄를 지었으니 진실로 종묘에 제사할 수는 없으나, 전왕을 위하여 하는 상례는 마땅히 왕의 장례를 쓰고 따로 상주를 세워 제사하며 중국에 부고를 내서 시호를 청하여 왕으로 해야 한다고 생각합니다. 중국에서 비록 묻지 않더라도 그 예가 마땅히 이와 같아야 할 것이고, 만약 묻는다면 부득불 미리 이를 위해 도모해야 합니다.(《중종실록》 1. 12. 9)

유숭조의 이 같은 주장은 연산군에 대한 조정의 처우가 잘못됐음을 통렬하게 지적한 것이다. 특히 연산군이 순순히 왕위를 물려준 것처럼 중국에 보고한 것은, 반정이 얼마나 명분 없이 이루어진 것인지를 보여주는 중요한 증거이다. 반정이 일어난 지 불과 3개월 만에 나온 유숭조의 이 같은 주청은 반정세력을 충분히 자극하고도 남을 만한 것이었다.

연산군의 정통성을 인정할 경우, 반정은 정통성이 있는 왕을 힘으로 몰아낸 반역에 가까운 배신행위로 해석될 수밖에 없다. 당시 반정세력은 자신들의 반역상이 드러날 것을 두려워해, 중국에 새 왕의 고명을 청할 때는 연산군이 스스로 중종에게 왕위를 양위한 것처럼 보고했다. 그러나 양위와 폐위는 하늘과 땅만큼의 차이가 있는 것이다. 이는 사실을 명백히 왜곡한 것이다. 반정이 대의명분에 합당한 것이었다면 반정세력은 떳떳하게 폐위사실을 밝혀야만 했다. 반정이 얼마나 명분 없이 일어난 것인지를 증명하는 대목이다.

연산군에게 양위 받아 보위에 오른 것으로 중국에 보고했다면, 중종은 당연히 연산군을 왕으로 대우하지 않으면 안 된다. 왕위승계가 정통성을 인정받기 위해서는 전왕이 죽은 뒤에도 왕으로서 존재하지 않으면 안 되기 때문이다. 사실 연산군도 폐위되는 당일 옥새 등을 순순히 내놓았다. 이는 비록 변칙적이기는 하나 일종의 양위행위로 볼 수도 있는 것이었다. 더구나 연산군이 비록 폐위된 뒤 군으로 강등되어 죽었다 할지라도, 중종이 왕위승계로 고명을 청해 중국측의 승인을 받았다면 당연히 연산군을 왕으로 추봉해야 했다.

그러나 연산군을 왕으로 추봉하는 일은 후세에도 결코 이루어지지 않았다. 중종의 후손인 역대 왕들은, 중종이 왕통의 정통성을 연산군에게 이어받은 것이 아니라 성종에게서 직접 승계한 것으로 해석했다. 그러나 연산군을 왕통의 줄기에서 배제한 것은 결과적으로 신권세력의 발호를 방조할 우려가 컸다는 점에서 심각한 것이 아닐 수 없다.

왕실의 처지에서 볼 때는 비록 폭군이 중간에 존재한다 할지라도 왕통이 차례로 연결된 것으로 해두는 것이 여러모로 유리하다. 왕조시대에 왕통이 중간을 생략하고 건너뛸 경우 신권세력이 발호할 우려가 있기 때문이다. 왕통이 생략되면 신민들에게 자신들이 살아온 역사를 스스로 부인하도록 강요하는 결과를 낳을 수밖에 없다. 이는 궁극적으로 주어진 상황에 불만을 품고 있는 신민들을 충동질하는 하극상의 유발요인으로 작용할 소지가 많았다.

폐위 등으로 말미암아 왕통이 생략될 수도 있다는 것은, 후에 옹립된 군왕조차 유사시에는 일개 사내로 전락할 수도 있음을 시사하는 것이다. 이는 결과적으로 신권세력이 군왕을 우습게 여기는 방자한 기풍을 조장할 우려가 큰 것이다. 이는 맹자가 주창한 폭군방벌론이 내포하고 있는 가장 위험한 요소이기도 했다. 따라서 왕통이 생략되면, 생략된 기간에 군림한 왕뿐만 아니라 그의 뒤를 이어 실질적인 정통성을 부여받은 왕조차 왕다운 왕으로서 제대로 대접받기는 어려운 것이다.

반정세력이 연산군을 왕통에서 배제한 것은, 바로 주군의 등에 칼을 꽂은 자신들의 반역상을 호도하기 위해서였다고 볼 수 있다. 유숭조는 반정세력의 기세가 하늘을 찌를 듯한 상황에서, 연산군에 대한 조정의 처사가 잘못되었다고 논박하고 나섬으로써 참다운 신하의 기개를 유감없이 보여주었다. 그는 비록 한때 연산군에 의해 유배당하기도 했지만 의로운 신하의 길이 어떤 것인지를 몸으로 보여준 셈이다. 반정공신들이 연산군의 지극한 총애를 입고도 왕의 등 뒤에서 칼을 겨눈 것과는 너무나도 대조적인 모습이 아닐 수 없다. 조선왕조는 이 같은 신하들이 있었기에 5백 년이나 이어졌는지도 모른다.

이에 반해 반정세력은 한낱 소인배에 지나지 않았다. 이들은 유숭조가 왜 연산군의 정통성을 인정하여 왕호를 중국에 상주하라고 주장했는지를 이해할 수 있을 정도의 식견과 국량(局量)을 지닌 인물들이 결코 아니었다. 유숭조의 차자로 촉발된 연산군의 왕호 문제를 놓고 이들이 벌인 논의를 보면 이들의 그릇이 얼마나 작았는지 알 수 있다.

유순·박원종 등이 의논드리기를, "성상께서는 폐왕을 위하여 상례가 극히 두터웠고 조정의 처치 또한 의심할 것이 없는데, 유숭조가 망령되어 가당치 않는 고사를 인용하여 이렇듯 굽은 말을 하니 도무지 그 이유를 알 수 없습니다" 하였다. 신용개 등이 의논드리기를, "국가에서도 이미 사위승습(辭位承襲)으로써 사연을 만들어 중국에 주청하였으므로 일견 부고를 알리고 시호를 청하는 것이 사리에 옳은 것 같으나, 조문하는 중국 사신이 올 때 국가에서는 왕의 상례를 써서 복제를 고쳐 대접할 것입니까. 이는 사세상 시행하기 어려운 바입니다" 하였다. 성몽정(成夢井) 등은 의논드리기를, "만약 중국 사신이 와서 전왕의 일을 물으면 이미 사위승습을 들어 임기응변으로 대응하였으니 이 또한 임기응변으로 대답하는 게 편리할 듯합니다" 하였다.(《중종실록》 1. 12. 11)

사위승습은 선왕이 자진하여 후왕에게 왕위를 양보하여 그에게 왕통을 잇게 하는 것을 의미한다. 위 기록을 보면 대신들과 대간들의 논의가 모두 편법으로 일관하고 있음을 알 수 있다. 이미 폐위가 아니라 양위로 보고해 놓고, 이제 연산군의 죽음에 대해서도 편법을 써 거짓으로 보고하자고 한 대목이 이를 증명한다.

대신암살 음모사건은 반정공신에 대한 불신에서 비롯되었다

중종도 자신이 명분 없는 반정으로 보위에 올랐음을 어느 정도나마 깨달았어야 했다. 그러나 중종이 연산군에게 미안함을 표시한 유일한 조치는, 강화도의 관원을 시켜 명절마다 제사를 올리도록 한 것뿐이다. 그러나 이에 따른 후유증은 간단치 않았다. 올바른 선비로 알려진 유숭조가 개입된 대신암살 음모사건이 일어났기 때문이다.

이 사건은 중종 2년 초 반정공신에 반감을 품고 있던 세력이 일거에 이들을 제거하려 한 암살미수 사건이다. 암살대상은 박원종, 유자광, 유순정 등이었고 음모의 당사자는 박경(朴經), 유숭조 등이었다. 유숭조와 같이 절의를 숭상하는 인물들이 연루된 점을 보면, 당시 반정세력이 사림세력에게 얼마나 인정받지 못했는지 짐작할 수 있다.

이들이 반정공신을 죽이려 한 이유는, 반정공신들이 또다시 난을 일으킬 소지가 크니 미리 제거하자는 취지에서였다. 반정공신들이 비록 반정을 내세웠지만, 그들의 도덕성 등에 비추어 반정을 내세울 만한 인물이 아니었음을 쉽게 알 수 있다.

이 음모는 그러나 심정(沈貞) 등의 고변으로 무위로 끝나고 말았다. 이 사건으로 말미암아 주모자는 대신을 모해하여 조정을 어지럽힌 죄목으로 참형에 처해졌고, 유숭조는 이들의 음모를 알고서도 고하지 않은 죄목으로 고신을 빼앗기고 먼 지방에 부처되었다. 연산군의 총애를 받고도 주군을 배반하여 반정 2등공신에 책록된 김감 등도 모의사실을 알고도 고하지 않았다는 죄목으로 고신을 빼앗기고 귀양 가게 되었다.

이로써 이 사건은 음모사건에 연루된 자들을 모두 귀양 보내는 선에서 대략 마무리되었다. 그러나 이 사건은, 당시 조야의 신망을 받던 박경과 같은 인물이 주도한 사실에서 알 수 있듯이, 반정공신들의 도덕성 등에 대한 근원적인 회의에서 출발한 것이었다.

중종시해 음모사건은 반정의 정당성 주장에 치명타를 가했다

앞서 말했듯이, 연산군의 폐위는 단순히 한 왕의 몰락에 그친 것이 아니라 동시에 왕권의 몰락을 초래하는 계기로 작용했다는 점에서 심각한 것이었다.

중종조 초기에 이 같은 우려가 바로 현실로 나타났다. 바로 일부 반정세력이 추진한 중종시해 음모사건이 그것이다. 앞서의 대신암살 음모사건은 그 대상이 반정공신에 한한 것이었으나, 이제는 왕 자체를 힘으로 제거하려는 움직임마저 나타나게 된 것이다. 반정세력이 자신들이 옹립한 중종의 정당성마저 인정하지 않은 것이다. 힘으로써 모든 것을 결정하겠다는 신권세력의 방자한 자세가, 이제는 자신들이 옹립한 군왕마저 임의로 갈아치우겠다는 역모로 비화된 셈이다.

중종시해 음모사건의 주동자는 바로 연산군의 등 뒤에서 칼을 꽂은 신윤무였다. 이는 어찌 보면 반역세력을 반정세력으로 미화한 데 따른 당연한 결과였는지도 모른다. 이 사건은 거사 준비단계에서 의정부의 종 정막개(鄭莫介)의 고변에 따라 주동자들이 급거 나포됨으로써 무산되고 말았다. 당시 신윤무는 반정 3대장이 모두 죽은 상황에서 최고의 무재를 자랑하는 공신이었다. 그는 반정 후 함경도 절도사와 의정부 우참찬, 형조판서 등을 역임했다. 그러나 그는 반정 3대장이 죽자 왕을 제거하여 통치권력을 사실상 장악하려는 엉뚱한 생각을 품게 되었다.

신윤무와 함께 중종시해를 꾀한 인물은 신윤무와 함께 1등공신에 책록된 박영문이다. 박영문은 반정 후 호조참판과 공조판서에 제수되었으나 대간들의 논박을 받아 곧바로 체임되는 우여곡절을 겪은 인물이다. 그는 이후 부산포에 왜구가 침입한 일로 경상도 순찰사에 제수되었으나, 대간들에 의해 자신이 체임된 일로 매우 커다란 불만을 품고 있었다. 이 때문에 그는 신윤무와 더불어 모반을 꾀하게 된 것이다. 정막개의 고변내용을 통해, 이들이 왜 모반을 꾀하게 되었는지 간략히 살펴보기로 하자.

신이 늦은 밤 전 병조판서 신윤무의 집 앞길을 지나다가 들어가 뵈

려고 사랑채 앞에 이르니 창문이 닫혀져 있고 등불이 밝혀졌는데 박영
문이 말하기를, "우리나라 문무 재상들 가운데 공이 있는 사람으로 누
가 유자광만 한 자가 있는가. 중국에서 찾더라도 많지 않을 것이다. 우
리들의 앞날이 어찌 유자광과 다르겠는가. 문관은 공이 없어도 1품이
되는데 우리 같은 사람이 1품이 되는 것은 어찌하여 안 된다는 것인가"
하니, 신윤무가 답하기를 "조정에 있는 동지들에게 약간 뜻만 비쳐 두
고 뒷날 왕이 거둥할 때 거사하는 것이 어떠할까" 하였습니다. 박영문
이 말하기를, "왕이 대궐에서 나올 때는 백관이 호종하고 군사들이 옹
위하므로 거사할 수 없다. 활터에서는 백관들은 모두 뒤떨어지고 선전
관이 활터로 먼저 들어갈 터이니 이때 거사하는 게 좋을 것이다. 돌아올
적에 두 정승을 치고 다음에 병조판서를 친다. 왕자군 가운데서 숙용 심
씨 소생인 영산군(靈山郡)을 세우는 것이 좋다" 하였습니다.(《중종실록》
8. 10. 22)

이는 실록의 기록을 축약한 것이기는 하나, 당시 신윤무와 박영문
은 언제 어느 곳에서 거사할 것인지 매우 세부적인 내용에 이르기까지
거사계획을 사실상 확정짓고 있었다. 비록 판서와 참판을 지냈다 하더
라도 일개 무부(武夫)에 지나지 않던 이들이 감히 군왕을 제거하려고까
지 한 것은, 근본적으로 연산군의 폐위에 따른 하극상 풍조에서 그 원
인을 찾을 수 있다. 이들이 9족이 주류되는 역모를 이토록 간단히 계획
할 수 있었던 사실이 이를 증명한다. 왕을 제거하고 자신들의 구미에
맞는 왕자를 새 왕으로 옹립하겠다는 발상 자체가 이미 신권세력이 왕
권을 우습게 보고 있다는 증거가 아닐 수 없다.

만일 신윤무와 박영문의 중종시해 음모가 차질 없이 진행되었다면,
고려 때의 무신정권 이후 5백 년 만에 역사상 두 번째로 무신정권이 들

어섰을지도 모를 일이다. 그러나 이들의 거사계획은 의정부의 종 정막개의 고변으로 물거품이 되고 말았다. 이들의 계획이 성사되었다면 조선의 역사는 완전히 새롭게 써어졌을 가능성이 크다. 연산군 역시 천하의 폭군으로 매도되지 않았을지도 모른다.

중종은 이들이 자복하지 않자 강행군을 위해 추국을 하는 관원들을 모두 대궐에서 자도록 하는 특명까지 내렸다. 신윤무의 모반사건은 중종이 즉위한 이후 최초로 일어난 모반사건이다. 이 사건은 앞서 언급한 대신암살 음모사건과 질적으로 차이가 있는 것이었다. 대신암살 음모사건은 중종의 왕통을 인정했으나, 중종시해 음모사건은 중종의 왕통마저 부인하는 것이었기 때문이다.

반정공신에까지 오른 신윤무와 박영문이 이 같은 모반을 꾀한 근본이유는 한낱 자신들의 영달에 있었던 것이다. 이는 반정세력이 내심으로는 사적인 영달을 위해 연산군을 폭군으로 몰아 내쫓았음을 보여주는 증거이다. 결국 역모사건이 중도에 들통남에 따라 신윤무와 박영문은 주륙을 당하고 이를 고변한 정막개는 당상관에 제수되었다.

일개 무관에 지나지 않던 신윤무 등이 시해를 꾀하게 된 배경은, 이들이 군왕도 여의치 않으면 몰아낼 수 있다는 생각을 품게 된 데 있었다. 연산군을 보위에서 끌어낸 전례가 바로 이들에게 이같이 불경스런 역심을 품도록 만든 것이다. 이는 박영문이 거사를 논의할 때 신윤무에게 "폐조 때에도 일이 쉽게 이루어졌는데 지금이라고 무엇이 어렵겠는가"고 반문한 데서 잘 나타나고 있다. 이는 바꿔 말해 "연산군도 몰아냈는데 중종을 몰아내는 것이 무엇이 어렵겠느냐"고 반문한 것이나 마찬가지다. 연산군의 폐위가 하극상 풍조를 만연시킨 근원임을 증명하는 실례이다.

중종시해 음모사건에서 알 수 있듯이, 당시 이 같은 폐풍은 신권세력 내에 이미 깊숙이 자리잡고 있었다. 이는 반정세력이 연산군을 몰아내고 별다른 접촉도 없던 진성대군을 새 왕으로 세울 때 이미 예고된 것이기도 하다. 이는 박영문이 아무런 접촉도 없던 영산군을 새 왕으로 선뜻 옹립하려고 한 것과 같은 맥락이기도 했다. 반정 당시 누가 왕이 되느냐 하는 것은 결코 중요한 문제가 아니었음을 보여주는 실례이다.

혼히 당쟁이, 선조 때 심의겸(沈義謙)과 김효원(金孝元)이 빚어낸 사소한 갈등에서 비롯된 것으로 알고 있다. 물론 이는 사림세력 사이의 갈등이라는 점에서 최초의 당쟁이라고 보아도 크게 틀림이 없다. 그러나 사림세력 사이의 갈등 이전에 훈구 공신세력과 신진 사림세력의 갈등이 이미 존재하고 있었다.

훈구세력과 사림세력의 갈등은 비록 후대의 당쟁과 같이 신권세력이 서로 붕당을 만들어 대립하는 식의 갈등은 아니었으나, 신권세력 사이의 갈등이라는 본질에서는 전혀 차이가 없었다. 따라서 조선왕조 당쟁의 시원은 중종조의 기묘사화에 있다고 할 수 있다. 연산군 때 일어난 무오사화와 갑자사화는 신권세력 사이의 갈등이 아니라 왕권과 신권세력의 갈등에 따른 것이기 때문에 당쟁으로 볼 수 없다.

따라서 당쟁의 기원을 중종조의 기묘사화에서 찾을 경우, 당쟁은 바로 연산군의 폐위가 몰고 온 폐해로 해석할 수밖에 없다. 당쟁은 원래 왕이 통치권력의 주변부로 밀려나 허울뿐인 군왕으로 존재하게 되면서 필연적으로 나타날 수밖에 없었던 부작용이다. 통치권력의 주도권이 신권세력간의 전리품으로 전락하게 된 데 따른 필연적인 권력투쟁이 바로 당쟁의 본질이라고 볼 수 있는 것이다.

이 같은 관점에서 볼 때 조선 후기를 멍들게 한 당쟁의 근원은 사실 연산군의 폐위에서 찾아야만 한다. 이는 연산군 때까지 유지되어 온 '강력한 왕권'과 '미약한 신권'이라는 통치권력의 틀이, 중종반정으로 말미암아 '미약한 왕권'과 '강력한 신권'이라는 정반대의 틀로 뒤바뀌었기 때문이다. 이 틀은 중종조 이래 조선왕조 말까지 한번도 변하지 않고 그대로 유지되었다. 따라서 중종반정 이후 거의 4세기에 걸쳐 진행된 조선왕조 통치체제의 특징은, 막강한 신권세력이 통치권력을 실질적으로 장악한 것이다.

역사적으로 볼 때 신권세력이 통치권력의 주도권을 잡은 나라치고 민심을 하나로 규합해 국세(國勢)를 밖으로 확장한 경우는 없었다. 민생안정과 국세확장은 강력한 왕권의 확립이 전제되지 않으면 절대적으로 불가능한 일이다. 연산군의 몰락으로 조선왕조는 강력한 왕권을 바탕으로 민생을 도모하고 국위를 신장할 수 있는 기회를 잃게 되었다. 그런 면에서 문무겸전을 통치이념의 하나로 삼았던 연산군의 몰락은 많은 아쉬움을 남기는 것이다.

_ 2. 반군역상(反君逆上)

힘의 논리에 따라 반정의 취지가 왜곡되었다

'반정'(反正)이라는 말은 원래《춘추공양전》에 나오는 '발란세반저정'(撥亂世反諸正)이라는 구절을 축약한 말로 어지러운 세상을 다스려 바른 세상으로 돌아간다는 뜻을 지니고 있다. 이때의 '저'(諸)자는 '지어'(之於)의 준말로 '제'가 아니라 '저'로 읽어야 한다. 또한 '반'(反)이라는 말 역시 반대라는 뜻을 지닌 접두사가 아니라 되돌려놓는다는 뜻을 지닌 동사이다. 곧 반정은 곧 부정(不正)한 난세의 상황을 정(正)의 치세로 돌려놓는다는 뜻을 지니고 있는 것이다.

이 말이 나오게 된 배경은, 춘추전국시대에 약육강식과 하극상의 풍조가 만연함에 따라 왕을 시해하고 왕위를 찬탈하는 이른바 '찬위시군'(簒位弑君) 현상이 빈발한 데 있었다. 당시 이 같은 현상을 제어하기 위한 논리로 등장한 것이 바로 반정의 논리였다. 반정은 원래 주군을 시해하여 왕위를 찬탈하려는 무리로부터 왕과 보위를 지킨다는 뜻을 지니고 있었던 것이다.

성리학적 반정논리에는 치명적인 결함이 있었다

이 같은 반정논리가 왜곡된 것은 맹자가 내세운 폭군방벌론이 성리학에 도입되면서부터였다. 폭군방벌론의 핵심은 아무리 왕일지라도 어질지 못하면 신하들이 힘으로 쫓아낼 수 있다는 데 있다. 맹자의 폭군방벌론이 이념적 근거로 내세운 것은 왕도주의였다. 맹자를 사상적 교조로 삼고 있는 성리학은 이른바 군신공치를 왕도주의의 구체적인 실현방안으로 채택했다.

두 이론 모두 신하의 처지에서 보면, 모시는 주군이 폭군이 아닐 경우에는 통치에 참여해 통치권력을 반분하되 만일 폭군일 경우는 힘으로 몰아낼 수 있음을 의미한다. 본질적으로 군신간의 상하 위계질서는 인정하되, 이는 어디까지나 주군이 폭군이 아닐 경우에 한한다는 단서가 붙어 있었던 셈이다.

이는 근본적으로 신권에 대한 왕권의 우위를 인정하지 않는 것은 물론, 상황에 따라서는 신권이 왕권을 압도할 수 있다는 사실을 적극 용인한 것이다. 성리학적 반정논리는, 바로 폭군이 시현하고 있는 '군주독치'의 상황을 폭군방벌론에 바탕해 힘으로써 '군신공치'의 상황으로 변혁하는 것을 합리화하는, 일종의 변혁논리로 등장한 것이다. 이해를 돕기 위해 이를 도식화하면 다음과 같다.

부정＝군주독치＝폭군＝패도주의
→ 반정＝폭군방벌
→ 정＝군신공치＝성군＝왕도주의

이 도식을 통해 확연히 알 수 있듯이, 성리학의 반정논리는 한마디로 말해 신권세력에 의해서만 '부정→정'이 실현될 수 있다는 논리에 기초한 것이다. 그리하여 반정논리는 이제 신권의 우위를 담보하는 왕도주의를 적극 실현하는 데 없어서는 안 될 막강한 이념적 무기로 등장하게 된 것이다. 그러나 이 같은 반정논리는, 만일 신하들이 자신들이 모시던 주군을 폭군이 아닌데도 힘으로 몰아낸 뒤 폭군으로 규정하고 나설 경우에 대한 제어장치를 가지고 있지 못하였다. 성리학적 반정논리의 치명적인 결함이 바로 여기에 있었다.

그러나 명분을 중시한 유가사상가들에게 반정의 논리는, 난세의 상황을 적극적인 방법을 통해 치세의 상황으로 변혁할 수 있는 그야말로 기막힌 해결책이 아닐 수 없었다. 유가사상가들은, 난신적자(亂臣賊子)에 의해 붕괴된 왕통과 왕업을 유지하기 위해서는 '부정'의 표상이 된 폭군을 몰아내고 '정'의 정통성을 지닌 새 인물을 옹립하는 게 사리에 맞다고 생각한 것이다.

이러한 성리학적 반정논리는 새로운 왕조를 창업할 때 흔히 원용되는 혁명론(革命論)과 더불어, 유가적 이상국가를 실현하는 데 없어서는 안 될 매우 중요한 이념적 무기로 간주된 것이 사실이다. 조선왕조의 개국은 바로 성리학적 혁명론을 원용해 성공한 대표적인 사례이다. 조선왕조는 어찌 보면 필연적으로 성리학적 혁명론과 쌍을 이루고 있는 성리학적 반정논리를 용인한 가운데 세워진 것으로 해석할 수도 있다.

혁명론은, 천명이 바뀌면 새로운 왕조를 세울 수 있다는 전제에서 출발하는 이론이다. 천명을 받은 자만이 제왕이 될 수 있다는 천명론(天命論)을 동태적으로 해석한 것이 바로 혁명론인 셈이다. 그러나 혁명은 역사상 같은 성씨로서 왕조를 뒤엎은 경우는 전무했기 때문에 곧 역성혁명(易姓革命)을 의미하는 것으로 해석되곤 하였다.

그러나 이론적으로 보면 동성혁명(同姓革命) 역시 얼마든지 가능한 일이었다. 만일 촉나라의 유비가 천하를 통일한 뒤 '촉한'이 아닌 완전히 새로운 제국을 건설했다면 역사상 처음으로 동성혁명이 이루어질 수도 있었다. 아무튼 여기서 알 수 있듯이 역성혁명은 왕조(王朝)와 왕실(王室)이 모두 바뀌는 경우이고, 동성혁명은 왕실은 바뀌지 않은 채 왕조만이 바뀌는 경우를 말한다고 할 수 있다.

그렇다면 왕조는 바뀌지 않은 채 왕실만이 바뀌는 경우에는 그 성격을 어떻게 파악해야 하는 것일까? 이는 아주 흔한 경우는 아니지만 역성혁명이 이뤄지는 과정에서 과도적인 단계로 등장한 적이 있다. 태조 이성계가 조선을 개국하기 직전 고려의 공양왕에게 왕위를 물려받은 뒤 잠시동안 고려라는 국호를 그대로 유지한 적이 있었다. 비록 과도적인 것에 불과했지만, 바로 이 경우가 왕조는 바뀌지 않은 채 왕실만이 바뀐 경우에 해당한다고 할 수 있다. 그러나 이러한 경우는 역사적으로 볼 때 모두 과도적인 단계에 불과했다. 따라서 왕조는 바뀌지 않은 채 왕실만 바뀌는 경우는 역성혁명이 진행되는 과정에서 나타나는 특이한 모습으로 해석하는 것이 옳을 듯하다.

이에 반해 반정은 왕조와 왕실이 바뀌지 않은 채 왕위(王位)만이 바뀌는 경우에 해당한다. 이 경우 반정과 구별해야 할 것은 왕실 내부의 각축으로 왕이 교체되는 경우이다. 이는 그 결과는 반정과 동일하나, 교체의 주역이 신권세력이 아니라 왕실 내부라는 점에서 반정과 다르다. 왜냐하면 반정은 오직 신권세력에 의한 왕의 교체만을 의미하기 때문이다. 왕실 내부의 각축으로 왕이 교체된 대표적인 예로는 태종과 세조의 경우를 들 수 있다.

'중종반정'은 언뜻 태종이 주도한 '왕자의 난'이나 세조가 일으킨 '계유정난'과 유사한 면이 있다. 전왕이 나가고 같은 왕실 내에서 새 왕이 등극했기 때문이다. 그러나 태종과 세조의 등극을 반정이라고 할 수는 없다. 신권세력에 의한 옹립이 아니라 왕실 내부의 각축에 따른 교체였기 때문이다. 따라서 반정은 왕조와 왕실은 바뀌지 않은 채 오직 신권세력에 의해 왕위만이 바뀌는 현상을 지칭한다고 할 수 있다.

반정은 조선성리학이 빚어낸 통치 왜곡이었다

조선왕조 5백년 역사에서 신하들에 의해 왕위가 교체된 경우는 오직 중종반정과 인조반정만이 있을 뿐이다. 그러나 조선왕조에 나타난 이 두 번의 반정은 비록 신하들에 의해 반정으로 미화되었지만, 과연 성리학에서 말하는 진정한 반정에 해당하는 것인지는 좀더 정밀히 분석해볼 필요가 있다. 연산군의 폐위가 과연 어떤 의미가 있는지를 분석하는 것은 결국 중종반정의 실체가 과연 무엇인지를 밝히는 작업과 동일한 의미를 지니고 있는 셈이다.

중국에서는 고대부터 현대에 이르기까지 숱한 제국이 명멸하는 와중에 많은 황제가 죽임을 당하거나 쫓겨나기는 했어도, 조선왕조에서처럼 신하들이 떼를 지어 모시던 주군을 몰아내고 새 황제를 옹립한 뒤 자신들의 행동을 반정으로 내세운 경우는 없었다. 중국에서는 반정보다는 차라리 거창한 혁명론을 동원해 새로운 나라를 세우는 방법을 선택한 것이다.

우리나라에도 고려조까지만 하더라도 많은 왕들이 신하들에게 비참히 살해되거나 제거된 적이 있지만, 조선왕조의 반정과 같은 유형은 존재하지 않았다. 그렇다면 왜 유독 조선왕조에서만 두 번에 걸쳐 반정이 일어난 것일까?

여기에는 이른바 '조선성리학'이라는 특수한 배경이 중요한 변수로 작용했다. 조선왕조의 반정은 바로 조선성리학이라는 독특한 통치이념이 빚어낸 특이현상이라고 보아도 크게 틀린 말이 아니다. 만일 고려 말에 조선성리학과 같은 통치이념이 지배했다면, 역성혁명이 아니라 반정의 논리를 동원한 새 왕의 옹립으로 연결됐을지도 모를 일이다.

통치학 차원에서 볼 때 조선성리학은 나름대로 긍정적인 면이 있었다. 그러나 명분론에 입각한 성리학을 더욱 교조적으로 해석해 지나친 명분론으로 치우쳤다는 점에서 적잖은 문제를 안고 있었다. 성리학은 맹자의 이른바 '왕패준별론'(王覇峻別論)을 채용한 까닭에, 성군과 폭군을 아주 엄격하게 구분하는 극히 이분법적인 사고체계를 가지고 있다.

그러나 왕패준별론은 모든 제왕들을 인의(仁義)라는 높은 도덕적 기준에 따라 매우 엄격하게 구분했기 때문에, 평범하거나 변변치 못한 제왕은 자칫 폭군으로 매도될 소지가 많았다. 이는 곧 신권세력이 자의적으로 왕을 폐립(廢立)하는 상황조차 억지 반정논리로 미화될 수 있음을 의미하는 것이었다. 왕권이 신권세력에 제압당하면 왕은 왕다운 왕이 될 수 없다. 왕이 언제든지 신하들의 합의에 따라 쫓겨날 수 있기 때문이다.

조선왕조 최초의 반정인 중종반정도 바로 반정논리의 최대 약점인 신권세력의 자의성을 배제할 수 없었다는 데 문제가 있었다. 당시 성리학적 반정논리를 내세운 중종반정이 정당한 반정으로 평가받기 위해서는 반드시 '부정→정'이라는 전제조건을 충족해야만 한다. 그러나 앞서 살펴보았듯이 중종반정은 비록 폭군방벌이라는 기치를 내세웠으나 실질적으로는 반정의 명분이 없었다. 따라서 반정세력은 애초부터 어떤 식으로든 연산군을 폭군으로 몰아세울 수밖에 없는 상황에 처해 있었다고 해도 지나친 말이 아니다.

원래 반정과 반역은 신하가 위를 범한다는 점에서는 본질적으로 같다고 할 수 있다. 반역(反逆)은 흔히 '정→부정'인 경우만을 생각하기 쉬우나 사실은 '정→정'인 경우와 '부정→부정'인 경우까지도 포함하는 말이다. 반역이라는 말 자체가 바로 군왕을 반대하고 위를 거스른다는 뜻의 '반군역상'(反君逆上)을 의미하기 때문에 '정→정'인 경우와 '부정→부정'인 경우까지도 반역의 범주에 들어갈 수 있다.

그러나 성리학은 이같이 다양하게 나타나는 반역의 모습에서 하나의 예외를 두었다. 그것이 바로 반정이다. 성리학에서 말하는 반정은 본질적으로는 반역임에도 그 위법성이 면제되는 특이한 경우에 해당한다고 할 수 있다. 반정은 바로 그 본질은 반역이면서도 결코 반역으로 평가되지 않는 유일한 경우라고 할 수 있다.

그러나 반정이 반역이면서도 반역이 아닌 것으로 평가받기 위해서는, 반드시 '부정→정'이라는 전제조건을 충족시키는 구성요건이 타당해야만 한다. 그 구성요건은 바로 타도의 대상인 군왕이 '부정'이어야 하고 새로 옹립한 군왕이 '정'이어야 하는 것이다. 중종반정 역시 이같은 요건을 충족시키기 위해 연산군을 폭군으로 규정하지 않을 수 없었을 것이다.

역사적 사실에 비추어볼 때, 폭군으로 낙인찍힌 군왕은 대부분 실질적으로는 부정이 아님에도 반역세력에 의해 부정으로 몰린 경우가 비일비재하다. 이 때문에 법가사상가들은 아예 반정 자체를 인정하지 않은 것이다. 설령 '부정→정'일지라도 그 본질은 반역이므로 결코 예외가 있을 수 없다는 것이 이들의 주장이었다. 이들은 반역의 종류에 예외를 둘 경우 엄청난 부작용이 뒤따를 것을 염려한 것이다.

이들은 폭군문제와 관련해서도 폭군이 나올 개연성은 상대적으로 희박할 뿐만 아니라, 설령 극악한 폭군이 등장한다 할지라도 법에 따른 확고한 통치체제와 관행만 갖추고 있으면 그 폐해를 최소화할 수 있다고 주장했다. 그래서 이들은 설령 극악한 폭군이 나올지라도 일정기간 동안만 참아줄 것을 당부한 것이다.

이에 대해 성리학에 입각한 반정찬성론자들은 상황을 근본적으로 뒤바꾸기 위해서는 신하들이 폭군을 힘으로 몰아내는 폭군방벌이 반드시 필요하다고 반박했다. 그러나 이들은 신하들이 모시던 주군을 폭군으로 규정할 수 있는 기준을 분명히 밝혀주어야만 하는데, 이에 대한 해답을 제시하지 못했다. 반정찬성론의 치명적인 약점이 바로 여기에 있는 것이다.

중종반정은 조선조 통치를 왜곡하는 단초가 되었다

중종반정은 앞서 검토한 바와 같이 반정세력의 도덕성에 치명적인 약점이 있었다. 따라서 이들이 연산군을 폭군으로 규정한 것 자체가 희극이 아닐 수 없다. 반정세력이 폭군의 증거로 내세운 숱한 사항 역시 그 내막을 들여다보면 모두 나름대로 이유가 있거나 대부분 날조된 것이었다.

따라서 중종반정은 ①반정세력 자체가 도덕적으로 모시던 주군을 평가할 자격이 없었던 데다가 ②이들이 제시한 연산군의 폭정내용도 날조, 왜곡된 것이었다. 이런 점에서 보면 중종반정은 반역에 지나지 않는다고 볼 수밖에 없다. 결국 연산군은 자격도 없는 신하들에게 쫓겨나 억울하게 폭군으로 몰리게 된 셈이다.

중종반정은 겉으로는 '부정→정'이라고 내세우고 있으나, 본질적으로 '정→정'의 형상을 띤 반역이었다고 규정할 수 있는 것이다. 중종반정이 '정→부정'이나 '부정→부정'이 아닌 것은 확실하지만, 결코 성리학적 반정에 해당하는 '부정→정'의 유형은 아니었던 것이다. 성리학의 관점에서 보더라도 '정→정'은 분명 반역일 수밖에 없다.

'정→정'의 반역상은 오히려 질적인 면에서 볼 때 '부정→부정'이나 '정→부정'의 경우보다 더욱 나쁜 모습이 아닐 수 없다. '부정→부정'의 경우는 비록 반역이기는 하되 거사의 명분만큼은 세울 수 있다. 선왕의 '부정'이 이미 뚜렷이 드러나 있기 때문에 '부정'을 뒤엎는 것 자체를 나무랄 수는 없기 때문이다. 나중에 새 왕조차 '부정'이라는 사실이 밝혀지더라도 우선은 현실적으로 드러난 것이 아니기 때문에 일응 신민들의 호응을 받을 소지가 크다.

예로 들어 부정한 쿠데타 정권을 또다시 부정한 쿠데타로 전복하는 경우를 상정하면 쉽게 수긍할 수 있을 것이다. 고려시대에 성립한 무신 정권이 바로 그 대표적인 실례이다. 왕을 마음대로 갈아치우면서 실질적인 통치권력을 소수의 무신세력이 돌아가면서 장악한 것은, '부정'을 '부정'으로 대체한 전형적인 반역의 유형이다.

그리고 '정→부정'의 경우는 그 반역상이 너무나 뚜렷해, 아예 거사의 명분을 세울 수조차 없기 때문에 거사 자체가 일어나기 어렵다. 이는 아무리 겉으로 반정을 내세운다 할지라도 멀쩡한 주군을 쫓아낸 것이기 때문에 엄청난 반발에 직면할 수밖에 없다. 거사의 명분을 세울 수 없는 모든 반역이 동서고금을 막론하고 순식간에 궤멸된 이유도 바로 여기에 있다. 이 경우가 바로 흔히 말하는 협의의 반역이다. 앞서 언급한 바와 같이 중종반정의 1등공신이던 신윤무가 중종을 시해하고 새 왕을 옹립했다면 바로 이 경우에 해당한다고 할 수 있을 것이다.

이와 달리 '정→정'의 경우는 반역의 악순환을 불러일으킬 소지가 가장 크다는 점에서 질적으로 가장 나쁘다고 할 수 있다. '정→정'이 용인될 경우, 신권세력이 대통의 정통성을 지닌 멀쩡한 주군을 임의로 교체할 가능성이 크기 때문이다. 이 경우 신권세력은 자신들의 반역을 반정으로 미화하는 파렴치한 짓을 서슴없이 자행할 것이다. 그 대표적인 사례로는 후한 말에 등장한 동탁 정권을 들 수 있다. 그는 어린 황제를 자신의 입맛에 맞지 않는다는 이유로 멋대로 바꿔버림으로써 천하의 영웅들을 격분시켰다.

신하들이 힘으로 밀어붙여, '부정'이 아닌 주군을 '부정'의 표상으로 만들어낸 것은 하극상이 극에 달했음을 의미하는 것이다. 중종반정 이후 불과 1백 년 만에 또다시 인조반정이 일어난 것도 이와 무관치 않은 것이다. 중종반정은 신하들에게 언제라도 명분만 조작할 수 있다면 왕조차 임의로 몰아낼 수 있음을 보여준 나쁜 선례로 남게 된 셈이다.

이는 어찌 보면 조선성리학의 극단적인 명분론이 불러온 부작용으로 볼 수 있다. 극단적인 명분론은 자칫 하극상을 정당화하는 이론적 무기로 악용될 소지가 컸기 때문이다. 조선성리학은 반역을 반정으로 미화할 수 있다는 엉뚱한 자신감을 신하들에게 부추겼다는 점에서 적잖은 문제가 있었다. 조선이 왕은 약하고 신하는 강한 신권국가가 된 것도 여기에서 많은 영향을 받은 것이다.

국가가 부강하기 위해서는 강력한 왕권이 뒷받침되어야 한다. 연산군은 조선왕조 전 기간에 걸쳐 가장 풍요로운 시대에 강력한 왕권을 추구했다. 문화예술을 애호한 연산군이 만일 정교한 통치술을 구사해 신권세력을 복종시키면서 왕권을 추구했다면 안팎으로 조선의 국세를 크게 떨칠 수 있었다. 그러나 그는 자신의 치세를 과신한 나머지 스스로 몰락하고 말았다. 성리학이 지배하는 나라에서 군왕이 정교한 통치술도 없이 강력한 왕권을 행사할 경우 어떻게 되는지 보여준 셈이다.

# 3. 곤자치도(袞子治道)

왕도와 패도를 적절히 혼용할 줄 알아야만 한다

자국의 통치사를 제대로 이해하려면 무엇보다 먼저 역사문화적 배경을 통찰하고 이에 합당한 평가기준을 설정해야 한다. 그러나 우리 상황은 정반대로 흐르고 있어 안타깝기만 하다. 특히 전문지식인 집단인 학계에 이 같은 경향이 짙게 나타나고 있어 적잖은 우려를 낳고 있다.

대표적인 실례로 지난 1980년대, 서양사의 분석잣대를 가지고 동양의 통치사를 재단한 일부 지식인들이 20세기 한국의 통치상황마저 '반식민봉건통치'로 규정한 것을 들 수 있다. 이들의 주장 가운데 '반식민'(半植民)에 대한 평가는 신제국주의의 핵심을 꿰뚫었다는 점에서 높이 평가할 만하다. 그러나 '봉건통치'에 대한 평가는 자신들이 비판한 신제국주의적 잣대를 가지고 스스로를 폄하하는, 비주체적이면서도 반역사적인 인식의 한계를 드러낸 셈이다.

중국에서 봉건통치는 기원전 3세기 진시황의 천하통일로 끝났다. 우리나라에서도 10세기 초 고려의 건국으로 사실상 봉건통치는 끝났다고 보아야 할 것이다. 한국이 오늘날에 이르기까지 봉건통치 상황에 머물러 있다고 주장하는 것은 서양사의 분석잣대를 획일적으로 적용한 위험천만한 발상이 아닐 수 없다. 서양의 평가잣대로 우리의 역사문화를 획일적으로 재단하는 것은 자칫 우리의 존재근거마저 부인할 소지가 크다는 점에서 적잖은 문제가 있다.

동양의 역대 통치사를 보면, 뛰어난 통치권자는 무릇 당대에 반드시 추진할 필요가 있다고 판단되는 사안이 있으면 어떤 비난이 쏟아질지라도 이를 강력히 밀어붙이는 뚝심이 있었다. 나라를 다스리다 보면 불가피하게 강압적인 조치를 취할 수밖에 없는 상황에 처하게 마련이다. 전란이나 국가 비상사태와 같은 특수 상황에서는 말할 것도 없고, 기득권세력의 이익에 반하는 정책을 과감히 펼치려면 이 같은 면모가 절실히 필요한 것이다.

현재 민주주의 이념은 마치 조선왕조의 왕도주의가 그랬던 것처럼 우리에게 불변의 통치이념으로 자리잡고 있다. 그러나 민주주의 이념이 불변의 통치이념으로 굳어지는 것은 매우 위험한 일이 아닐 수 없다. 예를 들어 국가안위를 책임지는 국방 문제는 민주화에도 한계가 있는 것이다. 통일에 대비한 강력한 군대를 양성하기 위해서는 언뜻 보기에 반민주적일 수도 있는 철저한 훈련과 통제가 필요하다.

나아가 인민들의 역량을 총결집해 내우외환의 위기를 극복하고 국세를 드높이기 위해서는, 강력한 지도자의 패도정치가 절실히 필요한 것이다. 이는 결코 왕도주의와 같은 이상적인 이념만으로는 이루어질 수 없는 것이다. 국가를 다스리는 데는 가정이나 여타 조직을 운영할 때와는 완전히 차원이 다른 국정의 논리가 존재하는 이유도 바로 이 때문이다.

고래로 뛰어난 역대 제왕은 예외 없이 이상주의적인 왕도와 현실주의적인 패도를 시의에 따라 적절히 혼용하는, 이른바 '왕패병용주의'를 채택했다. 모든 것은 시간에 따라 전혀 다른 모습으로 변화할 수 있는 것이다. 민심도 마찬가지다. 변화무쌍한 통치환경 속에서 고차원적이면서도 시의적절한 통치행위를 구사하기 위해서는 왕도와 패도를 적절히 섞어 사용할 줄 아는 지혜가 절대 필요한 것이다.

따라서 한 나라의 명운을 좌우할 수 있는 최고 통치권자는 굳어진 통치이념에 얽매여 자신의 통치행태를 획일화해서는 안 된다. 최고 통치권자는 무엇보다 먼저 국가의 안녕과 민생의 안정을 최우선 가치로 삼고 모든 변수를 종합적으로 판단해 신중히 결단을 내려야만 한다. 그러자면 당연히 국방·외교 문제뿐만 아니라 민생과 직결된 사회경제 정책에 이르기까지 왕도와 패도를 혼용하는 임기응변의 유연성이 절실히 필요한 것이다.

동서고금을 막론하고 시간과 공간의 벽을 초월해 존재하는 불변의 통치이념은 없는 법이다. 오직 있다면 세계국가 차원의 사해동포(四海同胞) 이념과 개별국가 차원의 국리민복(國利民福) 이념만이 있을 뿐이다. 지구상에 국가가 존재하는 한 한국의 최고 통치권자는 통치이념을 유연하게 채택, 적용할 필요가 있다는 사실을 절대 간과해서는 안 된다.

이는 난세의 성군은 치세의 폭군일 수밖에 없고 치세의 성군은 난세의 암군일 수밖에 없다는 역사적 진실에 바탕한 것이다. 군도(君道)는 신도(臣道)와는 차원이 다른 것이다. 군도의 요체는 오직 능력과 소신이 뛰어난 신하를 발탁해 적재적소에 배치함으로써 국사를 임기응변의 대원칙에 입각해 해결하는 데 있다.

따라서 최고의 통치권력을 상징하는 '곤직'(袞職)에 있는 사람은 비곤직자들과는 다른 차원에서 나라를 이끌어 나가야 한다. 곤직자는 무상하기 그지없는 세간의 평판을 두려워해서는 안 된다. 곤직자에 대한 정당한 평가는 반드시 사후에 내려지는 것이기 때문이다.

전설상의 제왕인 하나라의 우왕(禹王)은, 인민들이 던지는 기와 조각에 맞아 피를 흘리면서도 묵묵히 범람하는 황하에 둑을 쌓아 만고의 성군으로 불리게 되었다. 다스림을 뜻하는 '치'(治) 자는 우왕의 고사에서 나온 것이다. 고래로 뛰어난 통치자는 한결같이 세간의 평판에 아랑곳하지 않고 자신의 옳다고 생각하는 소신을 우직하게 밀고 나가는 모습을 보였다. 치도의 요체가 바로 여기에 있는 것이다.

통치자에게는, 아무리 왕도주의적인 분위기가 통치이념을 지배할지라도 패도적 접근이 절실할 때는 과감히 패도를 구사하는 결단력이 필요하다. 마찬가지로 아무리 패도를 구사하고픈 충동이 강하게 일지라도 왕도적 접근이 필요하다고 판단될 때는 과감히 왕도적 아량을 베푸는 절제 역시 절실히 필요하다.

이 같은 관점에서 볼 때 연산군은 교조적인 통치이념인 왕도주의에 함몰되지 않고, 자신이 옳다고 생각한 패도를 거리낌없이 구사한 소신있는 군왕이었다고 할 수 있다. 방자한 신권세력이 왕권에 강력한 도전을 해온 무오사화 때, 그가 왕도주의와 타협을 거부하고 과감히 패도적 해결방안을 모색한 것은 높이 평가받아야만 한다. 왕권이 능멸당하는 상황에서 군신공치는 그야말로 최악의 통치구도이기 때문이다.

물론 연산군의 통치행위는 왕도주의 시각에서 볼 때 분명 폭군의 소행으로 매도될 소지가 많은 것이 사실이다. 그러나 설령 왕도주의 편에 설지라도, 신하들이 모시던 주군을 내쫓은 일까지 무조건 반정이라는 미명으로 정당화할 수는 없는 것이다. 당시 조선과 마찬가지로 성리학을 통치이념으로 채택하고 있던 명나라에서는 황제권에 대한 신권세력의 도전을 결코 용납하지 않았다. 반정세력은 조선성리학이 제시하는 극단적인 왕도주의 이념을 내세워 자신들의 반역행위를 정당화한 셈이다.

원래 고정된 통치이념은 이념의 파당화와 폐쇄화를 불러일으키게 마련이다. 조선왕조가 연산군이 몰락한 이후 붕당구도의 신권국가로 나아가게 된 것도 왕도주의 이념이 굳어지면서 나타난 필연적인 귀결이었다. 성리학의 가장 큰 병폐는, 붕당구도의 성립에 따른 국론분열과 지나친 명분주의에 따른 임기응변능력의 상실이었다. 이는 필연적으로 국세의 약화와 이적의 침입을 촉발하는 요인으로 작용할 수밖에 없다.

성리학이 내세운 왕도주의는 겉으로만 '군신공치'를 내세웠을 뿐 사실은 신권의 우위가 뚜렷한 '진신독치'로 흐를 소지가 다분했다. 진정한 군신공치는 신권이 '군주독치'의 장식물로 전락해서도 안 되지만, 세도정치와 같이 왕권이 진신독치의 종속물로 전락해서도 안 되는 것이다. 조선왕조가 16세기 후반 이후 왜란과 호란을 잇달아 겪은 것도 연산군의 몰락이 가져온 왕권의 피폐화 현상과 무관치 않은 것이다.

더욱더 불행한 사실은 이 같은 국난을 겪고도 전혀 반성할 줄 몰랐다는 점이다. 조선은 오히려 '소중화'(小中華)라는 비현실적인 자대(自大) 의식에 빠져 점차 고립국가로 나아갔다. 이는 이미 한계를 드러낸 송대의 성리학을 교조적으로 받아들인 조선성리학이 필연적으로 다다를 수밖에 없는 불행한 귀착점이기도 했다.

이 같은 관점에서 볼 때, 연산군의 폐위는 '군약신강'(君弱臣强)이라는 비정상적인 통치환경을 조성함으로써 조선왕조의 앞날에 어두운 그림자를 드리운 결정적 사건이었다고 할 수 있다. 모시던 주군을 몰아낸 신권세력에게 면죄부를 부여한 조선성리학이 궁극적인 책임을 지지 않으면 안 되는 것이다.

물론 갑자사화 당시 신권세력의 도전 자체가 상대적으로 미약한 상황에서, 연산군이 강도 높은 패도적 대응을 한 것은 임기응변의 유연성을 상실한 것으로 평가할 수밖에 없다. 패도적 접근을 하고픈 충동을 자제하고 신하들을 감복시킬 수 있는 왕도적 아량을 과감히 베풀었어야만 했기 때문이다. 만일 그렇게 했다면 그는 후대에 풍류를 아는 제왕으로서 태평성세를 이끈 뛰어난 군왕으로 칭송받았을 가능성이 크다. 그러나 그는 왕도적 접근이 절실히 필요한 상황에서 오히려 더욱 강도 높은 패도를 구사함으로써 비극적인 상황을 맞이했다. 왕도와 패도를 적절히 혼용해 구사하는 것이 얼마나 어려운 일인지를 보여주는 좋은 실례이다.

그러나 연산군은 조선왕조 5백년을 통틀어, 군도는 왕도만으로 이루어진 것이 아니라 패도와 함께 이루어져 있다는 것을 극명하게 보여준 유일한 군왕이다. 그를 오직 과거의 왕도주의나 현재의 민주주의 잣대만을 동원해 폭군으로 재단하는 것은 비주체적이면서도 반역사적인 독단이 아닐 수 없다. 우리가 21세기 통일시대에 동북아 신질서의 중심국으로 우뚝 서기 위해서라도, 연산군을 재인식하여 우리가 현재 서 있는 좌표를 정확히 가늠할 필요가 있다.

참 고 문 헌

1) 기본서

《논어》, 《맹자》, 《관자》, 《순자》, 《열자》, 《한비자》, 《윤문자》, 《노자》, 《장자》, 《묵자》, 《양자》, 《상군서》, 《여씨춘추》, 《안자춘추》, 《춘추좌전》, 《공양전》, 《곡량전》, 《회남자》, 《춘추번로》, 《신어》, 《손자》, 《오자》, 《포박자》, 《안씨가훈》, 《세설신어》, 《신감》, 《잠부론》, 《염철론》, 《국어》, 《설원》, 《전국책》, 《논형》, 《정관정요》, 《자치통감》, 《사기》, 《한서》, 《후한서》, 《삼국지》, 《송사》, 《원사》, 《명사》, 《청사고》, 《고려사절요》, 《태종실록》, 《세조실록》, 《성종실록》, 《연산군일기》, 《중종실록》, 《선조실록》, 《광해군일기》, 《인조실록》, 《목은집》, 《서애집》, 《퇴계집》, 《율곡전서》, 《징비록》, 《난중일기》, 《동국통감》, 《동사강목》, 《연려실기술》, 《신증동국여지승람》, 《반계수록》, 《오주연문장전산고》, 《지봉유설》, 《우서》, 《성호사설》, 《목민심서》, 《서유견문》, 《매천야록》

2) 저서

강영민, 《조선시대 왕들의 생로병사》(태학사, 2002).

김두봉, 《조선왕조 기네스북》(씨앤씨그룹, 1998).

김영곤, 《왕비열전》(고려출판사, 1982).

김용삼, 《조선왕조 오백년 역사대탐험》(동방미디어, 1996).

동양사학회 엮음, 《東亞史上의 王權》(한울아카데미, 1993).

박봉규, 《연산군과 박문열전》(황제, 1995).

박연회, 《황제 연산군》(명문당, 1994).

박영규, 《한권으로 읽는 조선왕조실록》(들녘, 1996).

박충석, 《조선정치사상사》(삼영사, 1980).

신봉승 엮음, 《연산군시집》(시인사, 1987).

윤사순, 《한국유학사상론》(열음사, 1986).

윤정란, 《조선의 왕비》(차림, 1999).

이경식, 《조선전기 토지제도사연구》(일조각, 1986).

이덕일, 《누가 왕을 죽였는가》(푸른역사, 1998).

이병주, 《청사에 얽힌 홍사》(원음사, 1985).

이성무, 《조선초기 양반연구》(일조각, 1985).

이영화, 《조선시대 사람들》(가람기획, 1998).

이종항, 《한국정치사》(박영사, 1972).

이태진, 《조선시대 정치사의 재조명》(범조사, 1985).

이현희, 《신하와 왕비의 대결》(명문당, 1988).

이혜경, 《조선왕조 오백년사》(청솔, 1996).

임용한, 《조선국왕 이야기》(혜안, 1998).

전한주, 《실록 연산군이야기》(삼성서적, 1992).

정두희, 《조선초기의 정치지배세력연구》(일조각, 1983).

정비석, 《소설 연산군》(고려원, 1996).

최승희, 《조선전기 언관언론연구》(서울대출판부, 1983).

최신해, 《연산군의 마지막소원》(정음문화사, 1985).

한국고문서학회 엮음, 《조선시대 생활사》(역사비평사, 1997).

———, 《한국사 강의》(한울아카데미, 1989).

한스 크리스티안 후프 엮음, 윤순식 옮김, 《역사의 지배자》(오늘의책, 2002).

한영우, 《정도전사상의 연구》(서울대출판부, 1983).

岡田英弘, 이진복 옮김, 《세계사의 탄생》(황금가지, 2002).

西嶋定生, 변인석 편역, 《중국고대사회경제사》(한울아카데미, 1996).

松島隆裕 外, 조성을 옮김, 《동아시아사상사》(한울아카데미, 1991).

守本順一郎, 《東洋政治思想研究》(東京 : 未來社, 1967).

吳辰佰, 《皇權與紳權》(臺北 : 儲安平, 1984).

張君勱, 《中國專制君主政制之評議》(臺北 : 弘文館出版社, 1984).

3) 논문

김경진, 〈조선왕조실록에 기재된 효녀·절부에 관한 소고〉, 《아세아여성연구》 16(1977).

김기균, 〈연산조의 치적에 대한 재조명〉, 건국대석사논문(1987).

김　돈, 〈연산군대 군신권력관계와 그 추이〉, 《역사교육》 53(1993).

─────, 〈조선중기의 반정과 왕권의 위상〉, 《서울시립대전농사론》 7(2001).

김만규, 〈조선조 초기의 정치사상과 정책론 변동에 관한 연구〉, 연세대박사논문(1976).

김병곤, 〈조선전기승정원고─그 정치적 기능을 중심으로〉, 숭실대석사논문(1987).

김용덕, 〈조선시대 군주제도론〉, 《창작과비평》 11-2(1976).

김충렬, 〈조선조 성리학의 형성과 그 정맥〉, 《대동문화연구》 13(1979).

김태영, 〈초기사림파의 성격에 대하여─김종직을 중심으로〉, 《경희사학》 (1980).

목정균, 〈조선중종조 제도언론연구〉, 고려대박사논문(1985).

무능거사, 〈이조불교사〉, 《불교》 15(1925).

박한미, 〈햄릿과 황제연산군에 나타난 복수의 유형과 죽음의 수용〉, 경상대석사논문(2001).

서병상, 〈여악의 발달과 그 생활상〉, 《효성여대어문학연구》 4(1991).

송수환, 〈갑자사화의 새 해석〉, 《사학연구》 57(1999).

신천식, 〈조선조 연산군의 교육탄압정책과 교육사조〉, 《명지사론》 7(1995).

심승구, 〈조선존기 정치사에 대한 시론-연산군대를 중심으로〉, 《국민대북악논총》 11(1993).

이봉춘, 〈연산조의 배불책과 그 추이의 성격〉, 《동국대불교학보》 29(1992).

이상배, 〈조선중기 익명서사건의 특징과 정치사회상〉, 《사림》 15(2001).

이옥선, 〈조선조 사화기의 권력구조에 관한 연구〉, 이화여대박사논문 (1990).

이이화, 〈역사의 심판은 준엄하다-전두환·세도정치·연산군〉, 《월간중앙》 155(1988).

이태진, 〈16세기 사림의 역사적 성격〉, 《대동문화연구》 3(1979).

정동일, 〈연산군금표비연구〉, 한성대석사논문(1995).

정억기, 〈16세기초 경제변동에 대한 一研究-연산조를 중심으로〉, 홍익대 석사논문(1986).

조광국, 〈16세기 초엽 기녀제도 개편양상〉, 《규장각》 23(2000).

한희숙, 〈연산군대 도적활동의 사회적 조명〉, 《숙명여대한국학연구》 (1996).

홍성봉, 〈조선조 역대 왕의 수명과 그 사인〉, 《한국인구학회지》 14-1(1991)